Tourismus und Identität

Vietnam-Reisen als Identitätsarbeit von in Deutschland lebenden Việt Kiều

Inaugural-Dissertation
zur Erlangung der Doktorwürde
der
Philosophischen Fakultät
der
Rheinischen Friedrich-Wilhelms-Universität
zu Bonn

vorgelegt von

Kerstin Schiele

aus

Magdeburg

Bonn 2017

Gedruckt mit der Genehmigung der Philosophischen Fakultät
der Rheinischen Friedrich-Wilhelms-Universität Bonn

Zusammensetzung der Prüfungskommission:

Prof. Dr. Karoline Noack, Institut für Archäologie und Kulturanthropologie
(Vorsitzende/Vorsitzender)

Prof. Dr. Christoph Antweiler, Institut für Orient- und Asienwissenschaften
(Betreuerin/Betreuer und Gutachterin/Gutachter)

PD Dr. Kirsten Endres, Max-Planck-Institut für Ethnologische Forschung
(Gutachterin/Gutachter)

Prof. Dr. Stephan Conermann, Institut für Orient- und Asienwissenschaften
(weiteres prüfungsberechtigtes Mitglied)

Tag der mündlichen Prüfung: 25.11.2016

Tourismus und Identität

Tourismus und Identität

Vietnam-Reisen als Identitätsarbeit von in Deutschland lebenden Việt Kiều

Kerstin Schiele

Bibliografische Information der Deutschen Nationalbibliothek

Die Deutsche Nationalbibliothek verzeichnet diese Publikation in der Deutschen Nationalbibliographie; detaillierte bibliografische Daten sind im Internet über http://dnb.dnb.de abrufbar.

Tourismus und Identität:
Vietnam-Reisen als Identitätsarbeit von in Deutschland lebenden Việt Kiều.
Kerstin Schiele
Berlin: regiospectra Verlag 2017

ISBN 978-3-940132-98-7

Layout: regiospectra
Cover: regiospectra
Coverabbildung: Lê Văn Sơn

Printed in Germany

© regiospectra Verlag Berlin 2017
All rights reserved. No part of the contents of this book may be reproduced in any form or by any means without the prior written permission of the publisher.

www.regiospectra.de

Inhaltsverzeichnis

Abbildungs- und Tabellenverzeichnis ix
Danksagung xi

1 Einleitung: Vietnam-Reisen und Identität 1
   1.1 Thematik und Relevanz 1
   1.2 Forschungsstand 7

2 Begriffsklärungen und Gründe der Migration 17
   2.1 Việt Kiều – eine semantische Begriffsbestimmung 17
   2.2 Việt Kiều – eine Diaspora? 19
   2.3 Migration der Việt Kiều 24
      2.3.1 Weltweite Motive für die Migration 25
      2.3.2 Motive für die Migration nach Deutschland 27

3 Methodisches Vorgehen und Herausforderungen angesichts mobiler Befragten 31
   3.1 Befragung und Vorbereitung der Feldforschung 32
   3.2 Feldforschung und Datengewinnung in Vietnam 35
   3.3 Auswertung und Analyse 43
   3.4 Übersicht über die Gesprächspartner_innen 46

4 Vietnam-Reisen und der touristische Blick unter Việt Kiều 57
   4.1 Reisen als motiviertes Heraustreten aus dem Gewohnten – eine theoretische Annäherung 59
   4.2 Reisemotive 61
   4.3 Tourismusart 73
   4.4 Reisetypologie 82
   4.5 Việt Kiều und der *Tourist Gaze* 93
      4.5.1 Tourist Gaze 94

4.5.2	Visualisierungen – Anmerkungen zur Fotografie	96
4.5.3	Der Akt des Fotografierens für Việt Kiều	97
4.5.4	Touristische Orte und Räume – theoretischer Hintergrund	100
	4.5.4.1 Touristische Räume	101
	4.5.4.2 Erinnerte Orte	103
4.5.5	Tourist Gaze auf bestimmte touristische Orte	103
4.5.6	Tourist Gaze auf Menschen – Otherness und Authentizität	121
	4.5.6.1 Touristischer Blick auf andere Reisende	122
	4.5.6.2 Touristischer Blick auf Vietnames_innen	135
	4.5.6.3 Touristischer Blick auf ethnische Minderheiten	152
4.6 Zusammenfassung		166

5 Aspekte der identitären Konstruktionsarbeit der Việt Kiều zu ihrem Aufenthalt in Vietnam 171

5.1 Identität – eine theoretische Annäherung 171

5.2 Việt Kiều sein oder nicht sein? 182

    5.2.1 „Subjektive" Definitionen und zugeschriebene Eigenschaften von Việt Kiều 182

    5.2.2 Identifikation mit dem Begriff Việt Kiều 187

    5.2.3 Zusammenfassung 206

5.3 Reisen in die Heimat oder in die Fremde? 207

    5.3.1 Was ist Heimat? 207

    5.3.2 Multiple Heimaten 213

    5.3.3 Zusammenfassung 224

5.4 Rückreise zur Revitalisierung religiöser Praktiken 225

    5.4.1 Religiöse Revitalisierung in Vietnam und Entwicklung in Deutschland 226

    5.4.2 Religiöse Revitalisierung durch die Rückreise 229

    5.4.3 Zusammenfassung 233

	5.5 Reisen und die Rolle der vietnamesischen Küche für den Identitätsbildungsprozess	234
	5.5.1 Essen, Identität und Tourismus	235
	5.5.2 Geschichte und Funktionen des Essens in Vietnam und in der Diaspora	240
	5.5.3 Bedeutung des Essens für die Interviewpartner_innen	247
	5.5.4 Zusammenfassung	261
6	Resümee und Ausblick	263
Literatur		271
Register		283

Tabellen- und Abbildungsverzeichnis

Tabelle 1: Ankünfte der Việt Kiều in Vietnam 7
Tabelle 2: Leitfaden für die Interviews 42
Tabelle 3: Übersicht der Interviewpartner_innen 48
Tabelle 4: Zusammenfassung der Reisemotivationen nach Vietnam 73
Tabelle 5: Übersicht der Identitifikationsmöglichkeiten der Befragten 188

Abb. 1: Thematische Überschneidungen 9
Abb. 2: Karte Vietnam 38
Abb. 3: Geschätztes Alter der Interviewpartner_innen nach Gruppen 46
Abb. 4: Reisetypologie der Interviewpartner_innen 84
Abb. 5: Foto von Nha Trang 104
Abb. 6: Foto vom Kaiserpalast in Huế 108
Abb. 7: Foto von Mỹ Sơn 113
Abb. 8: Foto vom Hồ-Chí-Minh-Mausoleum 115
Abb. 9: Foto von der Hạ-Long-Bucht 119
Abb. 10: Foto vom Markt Đồng Văn, Provinz Hà Giang 154
Abb. 11: Touristischer Rahmen der Việt Kiều 179
Abb. 12: Identitätskonstruktion 181

Danksagung

Das Forschen und Schreiben einer Dissertation ist oftmals ein einsamer Prozess, der aber ohne konstruktive Kritik, hilfreiche Anregungen, nützliche Impulse und motivierende Worte von Betreuenden, Familie und Freund_innen nicht möglich gewesen wäre.
Herzlichst danken möchte ich deshalb Prof. Dr. Christoph Antweiler und PD Dr. Kirsten Endres.
Außerdem möchte ich mich von Herzen bedanken bei:

- Lê Văn Sơn,
- Arno Schiele und Hiltrud Wenzel,
- der gesamten PhD-Gruppe,
- Lydia Schöppner, Dr. Timo Duile und Dr. Holger Niehlen.

Darüber hinaus möchte ich Prof. Dr. Phạm Quang Minh und dem Deutschen Akademischen Austauschdienst (DAAD) für die Unterstützung meiner Feldforschung in Vietnam danken.
Besonders möchte ich mich an dieser Stelle bei all jenen bedanken, die das Thema der Arbeit durch ihre Auskunftsbereitschaft, Offenherzigkeit und Herzlichkeit zum Leben erweckt haben: Meine Gesprächspartner_innen. Herzlichen Dank!

1 Einleitung: Vietnam-Reisen und Identität

„Die Reise gehört zu den ältesten und allgemeinsten Figuren menschlichen Lebens" konstatierte Enzensberger in seiner Theorie des Tourismus 1958 (Enzensberger 1962). Aber erst die rasanten Entwicklungen nach dem Ende des Zweiten Weltkrieges ließen aus dem Tourismus ein Massen- und Weltphänomen werden, sodass 2015 weltweit 1,2 Milliarden internationale Tourist_innenankünfte zu verzeichnen waren. Für 2016 prognostiziert die *World Tourism Organization* (UNWTO) ein Wachstum von vier Prozent an internationalen Ankünften (UNWTO 2016: 3). In einer globalisierten Welt sind nicht nur Waren und Güter in einem stetigen internationalen Austausch begriffen, sondern auch Menschen über alle Grenzen hinweg vernetzt. Diese zumeist virtuelle Vernetzung von Menschen wird durch den Tourismus und das Reisen physisch-real. Gleichzeitig ruft die Begegnung mit Menschen und fernen Ländern Fragen nach dem Selbst, der eigenen Identität und Kultur hervor. Der Kontakt mit Menschen einer anderen Kultur lässt uns unsere eigene kulturelle und individuelle Identität bewusst werden und diese reflektieren. Was geschieht aber mit der Bewusstwerdung der Identität, wenn Menschen sowohl mit der Kultur des Herkunftslandes als auch mit der Kultur des Destinationsgebietes vertraut sind?

1.1 Thematik und Relevanz

Um zu veranschaulichen, warum Reisen für Auslandsvietnames_innen (Việt Kiều) wichtig sind, möchte ich als thematischen Einstieg eine Interviewpartnerin zu Wort kommen lassen.

> Ja. Also meine letzte große Reise durch Vietnam war vor knapp vier Monaten. War meine erste Station Sài Gòn und von dort aus bin ich erst nach Vũng Tàu gefahren. Aus dem Grund, weil ich sehen wollte und nachempfinden wollte, was mein Vater damals empfunden hat. Weil der von dort aus damals auf das Boot gekommen ist und dann fliehen konnte. [...] Wir sind aber ein bisschen weiter weggefahren auf der Suche nach diesen Fischern und Fischerbooten. Ja, und was mich da beeindruckte, dass die Fischer natürlich sehr, sehr arm sind. Aber, ja, wie man das vom Markt halt kennt. Dann sind da auch viele

Tourismus und Identität

Leute. Es geht laut her und alle sind fröhlich und am Lachen. Ja, und dann hab ich mit einem gesprochen und einige haben selber Erfahrungen gemacht als Bootsflüchtlinge. Ja, leider mussten die zurückkehren und dann wieder als Fischer arbeiten. [...] Das tat mir so leid, dass mein Vater fliehen konnte und die Fischer eben nicht. Ich würde es aber jedem gönnen, dass sie das geschafft hätten. [# 3]

Oh Mann. Ich weiß nicht. Ich glaube diese Gefühle, die ich in diesen Dingen habe. Und was dann so [vorhanden] ist, [ist] größtenteils von meinen Eltern. Hab ich übernommen diese Gefühle, aber deswegen negative (lacht). Würd ich sagen. Diese Gefühle. Ja. Ich bin da [Kaiserpalast in Huế] nicht gewesen und ich werde da niemals hingehen. [# 97]

Das ist ein Unterschied zwischen den Reisen und Wohnen. Weil davor war ich die beiden Male zu kurz [in Vietnam]. Und da hat mir das sehr, sehr gefallen, weil das anders als Deutschland ist. Und hier ist man freier, wenn man [sich] weniger an irgendwelche Regeln, Normen halten muss. Weniger Knigge, würde ich sagen, ist hier (lacht). Ja, und dann sind Leute untereinander, ja herzlich, also offener, herzlicher würde ich sagen. Ich kann's nicht beurteilen, weil ich weiß nicht, wie's zwischen Deutschen und Deutschen ist in Deutschland. Weil ich bin nie wirklich Deutsche, obwohl ich da geboren bin und aufgewachsen bin. Vom Aussehen her bin ich keine Deutsche, sondern, weiß nicht, ob es an meinem Aussehen dann liegt, aber ich fühlte mich niemals wohl in Deutschland, niemals als Teil. Aber auch so hier, dass du auch hier [in Vietnam] kein Teil bist, sondern woanders aufgewachsen bist. Und dann passieren Sachen, die du einfach nicht verstehst hier [in Vietnam]. [# 110]

Ja und jetzt ist [es] aber so. [...] Ich habe gedacht, ich habe die Motivation, dass ich was ändern will für die Kinder und die Frauen hier [in Vietnam]. Und deswegen Entwicklungsarbeit machen möchte. Jetzt ist es aber so, dass [ich] überhaupt nicht dachte, [dass ich] wahrscheinlich hier echt Jahre lang lebe. Das fordert viel von mir, viel Opfer. [# 111]

Man darf nicht machen, was man will. [...] Keine Ahnung. So, es gehört sich nicht für ein Mädchen. Ein Mädchen sollte nicht laut lachen. Darf einem Mann widersprechen. Und so gehts die ganze Zeit. So, das ist im wirklichen Leben. Weil ich halte mich natürlich daran. So wenn nicht hier von meiner Familie. Dass ich niemals meine Großtante verschrecken [würde], auch wenn die irgendwas Unsinnig[es] redet. Ich würde niemals widersprechen. Niemals. Wie wenn die sagen würden: Bring dich um, dann würd ich mich auch umbringen (lacht). Es ist echt wirklich so, dass ja. [# 113]

Ja, und dieses gibt mir ein Unwohlgefühl. Ich fühle mich nicht mehr so wohl [hier zu leben] wie vorher auf meiner [Reise]. Ja, jetzt ich bin allein auf mich allein gestellt. Ich habe nicht wirklich Freunde gefunden. Auch Freunde überhaupt geworden. Ja, weil vor allem die Vietnamesen irgendwie. Ich möchte zu ihnen gehören. Aber es geht irgendwo nicht. Das ist so schwer. Es sind so viele Sachen, die ich nicht verstehe oder verstehen will. Und dann ist aber auch, dass die Vietnamesen das auch nicht verstehen wollen. [# 116]

Einleitung: Vietnam-Reisen und Identität

> Ja, hier ist viel zu tun. Das wollte ich eigentlich nur sagen (lacht). Hier ist echt viel durcheinander und traurig, dass die oberen Mächte nicht auf Verbesserung, auf ihr Volk oder. Weil es leidet auch, wenn es nicht so von außen. Das is eigentlich auch so was Asiatisches. Von außen immer aussehen, das Gesicht wahren, sagt man. Und dann im Innern sieht das so. Im Innern hört man generell, die Vietnamesen ertragen viel. Unglaublich eigentlich. Das zeigt auch die Stärke und nicht Schwäche. Ja, aber irgendwann, wer weiß, was dann passiert. Ja, aber das ist beeindruckend an meinem Volk, muss ich sagen, diese Stärke und Ausdauer. Die westlichen Länder, die schauen dann auch mit Mitleid auf uns nicht so Entwickelten. Aber ich finde, wir sind so viel stärker, weil wir dieses Chaos, diese Armut, diese Ungerechtigkeit, weil wir die ertragen können überhaupt. [# 142]

Diese Zitate stammen aus einem Interview mit der in Deutschland geborenen und aufgewachsenen Frau Van (25 Jahre alt), die in Vietnam unterwegs ist. Ihr Vater ist Vietnamese und zählt zu den sogenannten Bootsflüchtlingen (*boat people*). Er gehört zu der ersten Generation der infolge des Krieges zwischen Vietnam und den USA (1964-1975) nach Deutschland migrierten Vietnames_innen. Frau Van als Tochter zählt zur zweiten Generation der Auslandsvietnames_innen (Việt Kiều). Frau Van war bereits mehrfach in Vietnam auf Reisen. Zum Zeitpunkt des Gespräches, aus dem der vorangegangene Auszug stammt, ist sie in Hà Nội, um bei einer ausländischen Organisation zu arbeiten und Entwicklungsarbeit zu leisten. Dieses Zitat von Frau Van verdeutlicht bereits die Problematiken, mit denen Việt Kiều konfrontiert sind. Frau Van ist Deutsche und lebt in Deutschland. Deutsch ist ihre Muttersprache, aber sie spricht auch Vietnamesisch. Sie ist nicht nur mit Deutschland, sondern auch mit Vietnam vertraut und ist somit durch beide Kulturen geprägt. Dadurch entstehen kulturelle Aushandlungs- und Identitätsprozesse, die insbesondere durch eine Reise angestoßen werden. Die Reise und der Tourismus nach und in Vietnam dienen als Katalysator für diesen Aushandlungsprozess.

Das Beispiel von Frau Van zeigt, dass sie die Reise nutzt, um nach ihrer familiären Vergangenheit und ihren Wurzeln zu suchen, die sie als Angehörige der zweiten Generation noch nicht kennt. Sie ist weiterhin auf der Suche nach einem identitären Ankerplatz, wie die Aussage, weder Deutsche noch Vietnamesin zu sein, veranschaulicht. Das Hin- und Hergerissensein, das Aushandeln der eigenen Identität und Zugehörigkeit ist die zentrale Fragestellung dieser Arbeit.

Tourismus und Identität

Gleichzeitig kommt sie auf der Reise mit Menschen in Kontakt und besucht bestimmte Orte, die diesen Aushandlungsprozess in Gang bringen. Außerdem zeigt das Beispiel des Kaiserpalastes in Huế, dass auch die Entscheidung, diesen Ort während ihrer Reise nicht zu besuchen, beispielsweise durch ihre Eltern beeinflusst ist. Dieses Phänomen wird anhand des Konzeptes des *Tourist Gaze* für bereiste Orte und begegneten Menschen untersucht.

Parallel dazu wird in der Arbeit der Frage nachgegangen, wie sich Việt Kiều sowohl aus der ersten als auch der zweiten Generation hinsichtlich ihrer identitären Zugehörigkeiten positionieren. Ist es bei allen Befragten dieser Untersuchung so problematisch, wie es das Beispiel Frau Vans erahnen lässt? Sie spricht auch davon, dass Vietnam anders ist als Deutschland. Spielt diese Andersartigkeit beziehungsweise das Konzept von *Otherness* für Việt Kiều im Tourismus eine Rolle?

Die Arbeit ist in einem gesellschaftlich-kulturwissenschaftlichen Feld zu verorten, da die kulturellen Aushandlungsprozesse und Identitätsprozesse der Việt Kiều während einer Reise nach Vietnam untersucht werden. Wie diese Aushandlungsprozesse während ihrer Reise in ihr „Heimatland" Vietnam ablaufen und herausgefordert werden, ist Gegenstand der Dissertation. Während der Reise in Vietnam werden durch Kontakte mit Menschen und Orten die bestehenden Bilder herausgefordert. Eingang in die Untersuchung soll das im Tourismus bedeutsame *Otherness*-Konzept finden.

Daraus ergeben sich zwei Schwerpunkte in dieser Arbeit: Reise und Identitätsarbeit. Folgende Forschungsfragen sind für die vorliegende Arbeit relevant. Für den ersten Schwerpunkt ergeben sich:

1. Wie ist das Reiseverhalten der Việt Kiều zu charakterisieren? Wie lässt sich das Phänomen der Vietnam-Reise der Việt Kiều beschreiben? Durch welche Parameter ist es gekennzeichnet? Welche Bilder von Vietnam machen sich Việt Kiều während der Reise? Wie gestaltet sich der Kontakt mit Menschen und Orten in Vietnam?

Für den zweiten Schwerpunkt sind nachfolgende Fragen bedeutsam:

2. Wie laufen Identitätsprozesse während der Reise in Vietnam ab? Welche konkreten Aspekte der Identitätsbildung lassen sich finden? Welchen Einfluss hat die Reise auf Identitätsbildungsprozesse, ihre Zugehörigkeiten und Identifikationen? Anhand welcher Aspekte lässt sich die Identitätsarbeit konkretisieren?

Diese zwei Schwerpunkte schlagen sich in der zweigeteilten Struktur der Arbeit nieder. Bevor ausführlich auf diese zwei Schwerpunkte eingegangen wird, wird in diesem Kapitel der Stand der Forschung bezüglich Tourismus und Identität für Diaspora-Gemeinschaften eruiert. Im anschließenden Kapitel werden die in dieser Arbeit verwendeten Termini Việt Kiều und Diaspora erläutert. Es wird die Frage beantwortet, ob Việt Kiều überhaupt eine Diaspora-Gemeinschaft bilden und wie diese charakterisiert wird.

Nachdem der Kontext und die verwendeten Begriffe der Arbeit im Kapitel 2 zum besseren Verständnis vorgestellt wurden, wird im Anschluss dargelegt, wie die Daten für diese Arbeit erhoben und ausgewertet wurden. Darüber hinaus werden ebenfalls die Interviewpartner_innen vorgestellt.

Im Kapitel 4 wird der erste Schwerpunkt zu den Vietnam-Reisen der Việt Kiều beleuchtet. Es untergliedert sich einerseits in einen theoretischen Teil, der dazu dient Reisemotive, -arten und eine Typologie der Việt Kiều-Reisenden vorzustellen. In einem weiteren Unterkapitel wird der Frage nachgegangen, welche Bilder sich Việt Kiều während der Reise machen und wie sie Orten und Menschen begegnen.

Im Kapitel 5 wird dann der zweite Forschungsschwerpunkt der Identitätsarbeit untersucht. Hierbei wird nach einer theoretischen Annäherung an den Begriff Identität gefragt, ob sich die Befragten mit dem Begriff Việt Kiều identifizieren oder ob sie für sich alternative Bezeichnungen gefunden haben. Mit der Frage, ob sie sich mit dem Begriff Việt Kiều identifizieren oder nicht, geht auch die Frage einher, wie aus ihrer Sicht andere, insbesondere die einheimische Bevölkerung in Vietnam, sie wahrnehmen.

Die Identifikation der Việt Kiều stellt eine von insgesamt vier Teilidentitäten der Befragten dar, die sich aus dem Datenmaterial herauskristallisiert haben. Als weitere Teilidentität wird auf das Konzept der Heimat eingegangen. Wo verorten Việt Kiều ihre Heimat und ist Heimat mit dem Beherrschen der vietnamesischen oder deutschen Sprache verknüpft? Diese Fragen werden im Unterkapitel 5.3 analysiert. Im darauffolgenden Unterkapitel wird das Augenmerk auf die religiöse Teilidentität der Việt Kiều gelegt. Anschließend wird die Bedeutsamkeit des vietnamesischen Essens für den Identitätsbildungsprozess der befragten Việt Kiều untersucht.

Tourismus wird von vielen Disziplinen untersucht. Der Schwerpunkt dieser Arbeit ist eine kulturwissenschaftliche Annäherung. Mit diesem interdiziplinären Ansatz aus Tourismus und Kulturwissenschaft lassen sich identitäre Aushandlungsprozesse während der Reise untersuchen. Die Untersuchung des Reiseverhaltens von Việt Kiều und der Identitätsarbeit auf der Reise ist zwischen Tourismus, Mobilität, Identität und Diaspora-Gemeinschaften verortet. Bislang wurde ein solches Thema nur marginal bearbeitet. In der Hinsicht schließt die vorliegende Arbeit eine Lücke in der Forschung (Vgl. siehe Unterkapitel 1.2).

Des Weiteren ist ein Anstieg der Việt-Kiều-Reisen nach Vietnam nach 1986, im Zuge der auf dem sechsten Parteitag der Kommunistischen Partei Vietnams (KPV) beschlossenen Erneuerungspolitik, zu verzeichnen, wie die nachfolgende Tabelle verdeutlicht. Allerdings wird dieser Reisegruppe im Vergleich zu internationalen Tourist_innen von vietnamesischer Seite bisher kaum Aufmerksamkeit geschenkt, wie an der Schwierigkeit, offizielle von den vietnamesischen Behörden veröffentlichte statistische Daten zu erlangen, ersichtlich wird.[1]

Diese Arbeit trägt dazu bei, auf die Bedeutung der Việt-Kiều-Reisenden insbesondere für den Tourismus aufmerksam zu machen. Denn bisher wurde lediglich davon ausgegangen, dass Mitglieder einer Diaspora wie die Việt Kiều nur für Familien- und Verwandtenbesuche nach Vietnam reisen (Nguyen und King 2002). Die Arbeit zeigt, dass dem nicht ausschließlich so ist.

---

[1] Việt Kiều werden offiziell als Teil der internationalen Tourist_innenankünfte gezählt.

Tabelle 1: Ankünfte der Việt Kiều in Vietnam (Thai 2009: 238f.; Waibel 2004: 142; Alneng 2002: 130)

Jahr	1988	1990	1992	2000	2009
Việt-Kiều-Ankünfte	8.000	68.825	80.000	400.000	1.000.000

Weiterhin ist das Thema relevant, da die vorliegende Untersuchung dabei hilft, Defizite der individuellen Vergangenheitsbewältigung und Fragen nach der eigenen Identität aufzudecken und somit für einige Việt Kiều (den Teilnehmenden und den zukünftigen Lesern) einen Beitrag zur Erklärung ihrer eigenen Identität und ihres eigenen Reiseverhaltens leistet.

Die Arbeit ist somit auch für jene interessant, die wie Việt Kiều ihre Heimat verlassen mussten oder wollten und in der Ferne, aber auch während der Rückreise in die „alte" Heimat mit Identitätsfragen konfrontiert sind.

1.2 Forschungsstand

Wie schon der Titel *Tourismus und Identität: Vietnam-Reisen als Identitätsarbeit von in Deutschland lebenden Việt Kiều* vermuten lässt, geht es in der vorliegenden Arbeit um ein genuin mobiles Phänomen. Es ist deshalb mobil, weil das Phänomen eine eigene Dynamik besitzt, sowohl in Bezug auf die Identitätsarbeit als auch mit Blick auf die Bedingungen für die Reisen der Việt Kiều.

Dass sich die Sozialwissenschaften, aber auch die Tourismuswissenschaft, intensiv mit Mobilität beschäftigen, zeigen insbesondere nachfolgende Zitate von Großmann und Rochlitz:

> Mobilität bedeutet Beweglichkeit des Menschen innerhalb eines definierten sozial-räumlichen Systems. Der Begriff der *räumlichen* Mobilität steht synonym für horizontale, geographische, territoriale oder regionale Mobilität. Alle diese Begriffe bringen die Bewegung des Menschen in sozialen und natürlichen Räumen zum Ausdruck. Die *räumliche* (horizontale) Mobilität grenzt sich zur *sozialen* (vertikalen) Mobilität ab. Während sich die räumliche Mobilität auf die verschiedenen Formen der personellen Ortsveränderung bezieht, betrifft die soziale Mobilität die sozialstrukturelle und sozialdemographische Entwicklung und Gliederung der Gesellschaft. Zwischen beiden bestehen Wechselwirkungen. (Großmann und Rochlitz 1993: 180, Herv.i.O.)

> Hinsichtlich des sozialen Inhaltes, des Zweckes und ihrer Ursachen können verschiedene Formen der Mobilität unterschieden werden: *Migrationelle* Mobilität [...], *Alltägliche* Mobilität [...], *Touristische* Mobilität [...]. (Großmann und Rochlitz 1993: 181, Herv.i.O.)

Grundsätzlich erfolgt eine Einteilung in räumliche und soziale Mobilität, wobei sich ersteres auf die Ortsveränderung bezieht und letzteres auf gesellschaftliche Auf- und Abstiege. Auch in diesen Zitaten werden Formen wie eine migrationelle und touristische Mobilität unterschieden, wenn die Ursachen analysiert werden. Es geht in der vorliegenden Untersuchung um eine räumliche Mobilität, die sich in zweierlei Hinsicht darstellt: Eine Ortsveränderung, hervorgerufen durch Migration nach Deutschland, ohne die die zweite Ortsveränderung, die Reise und der Tourismus, nicht möglich wäre. Das zeigt, dass die migrationelle und die touristische Mobilität miteinander verwoben sind, weil sie – wie im vorliegenden Fall – einander bedingen.

Seitdem in den 1990er Jahren Globalisierungsprozesse in den wissenschaftlichen Blick gerückt sind, fand zunehmend das Themenfeld Mobilität mehr Beachtung (Lenz 2010: 23), sodass sich die *Mobility Studies* als junges und interdisziplinäres Forschungsfeld entwickelten. Mit dem *mobility turn* (Urry 2007) in den Sozialwissenschaften hat sich die Sichtweise auf soziale Phänomene folgendermaßen geändert:

> Such a turn is spreading in and through the social sciences, mobilizing analyses that have been historically static, fixed and concerned with predominantly aspatial ‚social structures'. Contributions form cultural studies, feminism, geography, migration studies, politics, science studies, sociology, transport and tourism studies and so on are hesitatingly transforming social science and especially invigorating the connections, overlaps and borrowings with both physical science and with literary and historical studies. The mobility turn is post-disciplinary.[...] The mobility turn connects the analysis of different forms of travel, transport and communications with the multiple ways in which economic and social life is performed and organized through time and across various spaces. (Urry 2007: 6)

Der *mobility turn* greift bisherige räumliche Analysen auf, betont aber den mit dem *turn* einhergehenden Perspektivwechsel, dass Raum vor allem sozial strukturiert ist und vom Sozialen geprägt wird und dass das Soziale im Sinne der oben genannten Definition von Großmann und Rochlitz mobil ist.

Einleitung: Vietnam-Reisen und Identität

In einem sozial geprägten und mobilen Raum reisen die Việt Kiều von Deutschland nach Vietnam. Während der Reise nach und in Vietnam werden Việt Kiều mit Situationen und Interaktionspartner_innen konfrontiert, die zu einer identitären (Neu-)Positionierung und (Neu-)Aushandlung der befragten Việt Kiều führen. Diese Positionierungen und Aushandlungen der Subjekte bezeichnen Keupp et al. (Keupp 2013) als Identitätsarbeit. Das Zusammenwirken der verschiedenen Thematiken in dieser Arbeit veranschaulicht die nachfolgende Abbildung.

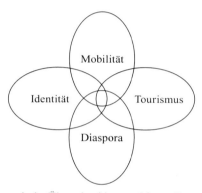

Abb. 1: Thematische Überschneidungen (eigene Darstellung)

Mit dem rasanten, weltweiten Anstieg des Tourismus nach dem Zweiten Weltkrieg zu einem der weltweit größten Wirtschaftszweige (Hall und Page 1999: 1) begann bereits in den Sechziger- und Siebzigerjahren die Beschäftigung mit diesem Phänomen. Seitdem ist der wissenschaftliche Korpus zum Thema Tourismus international kontinuierlich angestiegen und ist heute schwerlich in seiner Gesamtheit zu überblicken. So hat sich die Tourismuswissenschaft als eigenständige Disziplin etabliert, wobei sich aufgrund der Interdisziplinarität der touristischen Themen auch andere Fächer wie die Ethnologie (Antweiler 2005), Soziologie (Cohen 1984) oder die Wirtschaftswissenschaft mit ihr beschäftigen und weitere Schnittmengen ausloten. In der Folge haben sich auch verschiedene Formen des Tourismus herauskristallisiert: Einerseits entwickelten sich Formen wie beispielsweise der Öko- oder Ethnotourismus (Cohen 1989; Trupp und Trupp 2009b), bei denen die Destination und die Einheimischen in den Fokus rücken, und andererseits aber auch Formen wie Backpacking-Tourismus (Binder 2005), Binnentourismus (Singh 2009), Wissenschaftstourismus (Thurner 2009; Schlehe 2003) oder Diaspora-Tourismus (Coles und Timothy 2004b; Ali und Holden 2011; Timothy 2011), welche die Reisenden, die diese Formen betreiben, in den Blick nehmen.

Die Thematik der Arbeit wird in der Literatur am ehesten unter Diaspora-Tourismus diskutiert. Coles und Timothy verstehen Diaspora-Tourismus als „tourism primarily produced, consumed and experienced by diasporic communities" (2004a: 1). Diaspora-Tourismus gehört zu den Formen des Tourismus, die erst zu Beginn des neuen Jahrhunderts vermehrt das Interesse der Forschung wecken. Die zahlreichen Migrationsbewegungen der letzten 50 Jahre aufgrund von Flucht, Vertreibung, Familienzusammenführungen, Arbeitssuche und -aufnahme führten dazu, dass das Phänomen des Diaspora-Tourismus erst entstehen konnte.

Thomas beschreibt den Zusammenhang zwischen Migration und Tourismus folgendermaßen: „Migration is in many senses the inverse of tourism, both reflecting different political and class relations" (Thomas 1997: 161). Im Fall des Diaspora-Tourismus ist das Phänomen erst durch vorherige Migration denkbar. Ohne Migration wird der Diaspora-Tourismus obsolet. Dass das Phänomen des Diaspora-Tourismus in den nächsten Jahren weiterhin präsent sein und weiter an Brisanz zunehmen wird, lassen die derzeitigen Flüchtlingswellen in Europa und die weltweiten Migrationen bereits erahnen.

Mit Diaspora-Tourismus beschäftigen sich erstmalig umfangreich die bereits zitierten Autoren Coles und Timothy (2004b) in ihrem Sammelband *Tourism, Diasporas, and Space*. Sie zeigen, dass bislang sowohl die *Diaspora Studies* als auch die Tourismuswissenschaft einander wenig Beachtung geschenkt haben (Coles und Timothy 2004a). Deshalb versuchen sie das Phänomen innerhalb des Tourismus folgendermaßen einzubetten:

> Diaspora tourism is not an activity that takes place in isolation, divorced from other structures and agencies. Diaspora tourists occupy time and space with other tourists. They routinely compete with non-diaspora tourists for access to resources, attractions, amenities and services. (Coles und Timothy 2004a: 19)

Trotz dieser Überlappungen und Schwierigkeiten der Abgrenzung mit den nicht-diasporischen Tourist_innen haben Coles und Timothy sechs charakteristische Arten von Diaspora-Reisenden ausgemacht: 1. Auf der Suche nach ihren Wurzeln reisen Angehörige einer Diaspora in das Heimatland; 2. genealogischer Tourismus auf der Suche nach familiären „routes and roots"; 3. Verwandte aus dem Heimatland besuchen die Angehörigen in der Diaspora; 4. nicht-diasporische Tourist_innen reisen zu Zielen der Diaspora; 5. Besichtigungen von Transiträumen, die „in the process of diasporic scattering" genutzt werden; 6. Angehörige der Diaspora reisen zu Destinationen im Gastland, wo sie sich eigene Erholungs- und Urlaubsräume geschaffen haben (Coles und Timothy 2004a: 14-16). Diese Arten geben einen Eindruck davon, welche Motive der Reise die Diaspora-Reisenden verfolgen. In einer späteren Darstellung erläutert Timothy, dass der Begriff des Diaspora-Tourismus ebenfalls noch weitere Synonyme wie „diasporic return visits, ,ethnic tourism', genealogy-based or roots travel, youth solidarity travel to motherlands" (Timothy 2011: 407) kennt. Da diese Ausprägungen und Muster zu speziell und differenziert sind und die in der vorliegenden Arbeit Befragten nicht in vollem Umfang abdecken, wird folglich von Diaspora-Reise bzw. Tourismus gesprochen.

Eine theoretische Annäherung an das Phänomen des Diaspora-Tourismus versucht Hollinshead, indem er Homi K. Bhabhas Konzepte des Dritten Raumes und der Hybridität für Fragen der Identität im Diaspora-Tourismus fruchtbar macht (Hollinshead 2004). Anhand der Theorie von Bhabha in Kombination mit Diaspora-Tourismus stellt er Leitfragen für weitere Forschungen auf. Einige davon, wie beispielsweise die Frage: „To what degree is the given diasporic traveller's `vacation` (to the diasporic homeland) a tourist trip and/or a pilgrimage?", ist für meine Arbeit ergiebig (Hollinshead 2004: 44f.).

Erste empirische Arbeiten bezüglich des Diaspora-Tourismus liefern Nguyen und King (2003; 2004), Carruthers (2008) sowie Ali und Holden (2011). Nguyen und King untersuchen in ihrem 2003 veröffentlichten Journalartikel australische Việt Kiều der ersten Generation und die Einflüsse, die das Reiseverhalten nach Vietnam bedingen. In der quantitativen Studie wurden in Australien lebende Vietnames_innen, Familienangehörige in Vietnam und Australier_innen befragt, um Ähnlichkeiten und Unterschiede der kulturellen Einstellungen in Bezug auf das Reiseverhalten herauszufinden (Nguyen et al. 2003). Die Untersuchung dieser drei Gruppen zeigte auf, dass kulturelle Werte der Việt Kiều sich durch den Aufenthalt im Gastland Australien verändern, was Unsicherheiten in ihrer vietnamesischen Identität verursacht und sie eine *migrant adapted culture* entwickeln, sodass das Schlüsselmotiv der Reise nach Vietnam die Bewahrung ihrer Identität ist. Veränderungen nehmen sie nur an, wenn diese im Einklang mit der konfuzianischen Sozialphilosophie stehen (Nguyen et al. 2003: 105). Hervorzuheben ist, dass die touristischen Attribute in Vietnam für Australier_innen eine schöne Landschaft, Freundlichkeit sowie Einzigartigkeit und eine interessante Kultur und Geschichte sind und Việt Kiều mehr Wert auf Komfort, Bequemlichkeit, Prestige und der Aufrechterhaltung familiärer Bindungen legen. Die Autor_innen begründen dies mit einer westlichen und östlichen Weltsicht. Ersteres betont die Individualität und die Suche nach neuen Erfahrungen, was die Wahl der Reiseziele beeinflusst. Letztere ist durch Kollektivität gekennzeichnet und betont die Pflege familiärer Beziehungen. Folglich ergeben sich, gemäß Nguyen et al., drei Motive für die Reise nach Vietnam: „cultural heritage, family maintenance, and marriage" (Nguyen et al. 2003: 104).

In einem ein Jahr später veröffentlichten Artikel gehen Nguyen und King, basierend auf derselben quantitativen Studie, der Frage nach, welche Beziehung zwischen der von den Việt Kiều adaptierten Kultur und dem Reiseverhalten besteht. Hervorzuheben sind insbesondere zwei von ihnen identifizierte Gruppen von Việt Kiều: Die Việt-Kiều-Reisenden und diejenigen, die bisher noch nie nach Vietnam gereist sind. Erstere gaben häufiger an, ein Gefühl von „Vietnamese-ness" zu empfinden und Vietnam als ihr Heimatland zu betrachten. Die Nicht-Reisenden hingegen gaben eher ein Gefühl von „Australian-ness" und Australien als ihre Heimat an (Nguyen und King 2004: 180). Diejenigen, die eine Reise nach Vietnam antreten, sind, gemäß der Autor_innen, insbesondere durch die konfuzianische Philosophie von Pflicht und Respektbezeugung gegenüber den Eltern beeinflusst. An anderer Stelle erwähnen sie, dass als Hauptmotiv der Reise, neben den bereits genannten Familienbesuchen, auch Urlaub von einem Drittel der befragten Reisenden angegeben wurde. Das spielt aber bei der weiteren Analyse und Interpretation keine weitere Rolle (Nguyen und King 2004: 182). Die Autor_innen betonen in beiden Aufsätzen, dass die Reise nach Vietnam durch Pflichterfüllung und Familienbesuche motiviert ist. Diese aufschlussreiche quantitative Studie lässt allerdings die Interpretation der Motive des Urlaubs offen. Denn den befragten Việt Kiều wurden Fragebögen in Australien vorgelegt, die nicht das Reiseverhalten in Vietnam und die Identitätsbildungsprozesse während der Reise beantworten können. Die Frage nach der Zugehörigkeit der Việt Kiều aus Deutschland wird auch in der vorliegenden Arbeit untersucht, allerdings durch qualitative Interviews mit reisenden Việt Kiều gestützt. Damit liefert die vorhandene Untersuchung Erklärungsmuster und Interpretationen, die durch eine quantitative Studie nicht erreicht werden können.

Dass es vielfältige Motive für die Reise nach Vietnam gibt, konstatiert Carruthers in seiner ethnographischen Analyse der diasporischen Popkultur der Việt Kiều in Australien und deren Sicht auf Hồ-Chí-Minh-Stadt:

> While a very few exile elites continue to deny themselves the pleasure of returning to Vietnam, for the majority of overseas Vietnamese, going back for family visits, tourism and religious and other activities has become a mundane matter. (Carruthers 2008: 71)

Eine weitere empirische, aber qualitative Studie zum Diaspora-Tourismus lieferten Ali und Holden (2011) in ihrer Untersuchung über die Rolle des Tourismus auf die Identitätsbildung der in Großbritannien lebenden Pakistani. Die Autoren nutzten ethnographische Methoden wie Interviews und teilnehmende Beobachtung, um Informationen von 24 Gesprächspartner_innen, die der ersten bis dritten Generation der pakistanischen Diaspora angehören, zu erhalten. Mit einem Fokus auf den „myth of return", der ein charakteristisches Merkmal einer Diaspora ist, wird untersucht, ob die britischen Pakistani diesen Mythos bedienen, indem sie zurückreisen und ob die Reise der Rückversicherung der nationalen Identität dient. So fanden Ali und Holden heraus, dass eine Rückreise für die erste Generation dazu dient, den „myth of return" aufrechtzuerhalten, und darum, sich weiterhin als Pakistani zu sehen. Für die zweite Generation ist die Reise durch Ambivalenz gekennzeichnet, denn sie stellen Pakistan als Heimatland infrage und haben ein Gefühl von Ruhelosigkeit, die durch das Leben zwischen zwei nationalen Identitäten entsteht (Ali und Holden 2011: 86-89). Diese interessante Studie fokussiert die verschiedenen Generationen der britischen Pakistani und ihre nationale Identität. Meine

Arbeit geht damit über Ali und Holdens Studie hinaus, da die vorliegende Untersuchung das Reiseverhalten im „Heimatland" unter tourismus- und identitätsrelevanten Gesichtspunkten analysiert.

Andere Untersuchungen der vietnamesischen Diaspora wurden zu verschiedenen Aspekten erbracht. In Bezug auf Identität analysiert Thomas (1997) die verschiedenen Sichtweisen der Vietnames_innen in Australien und Vietnam und wie die vietnamesische Identität herausgefordert und neu ausgehandelt wird. Ihre ethnographische Studie betrachtet die Erfahrung und Wahrnehmung der Heimat Vietnam von einer kleinen Gruppe in Australien lebender Vietnames_innen. Thomas konstatiert, dass durch das Schaffen einer vietnamesischen Identität in Australien sowohl die Diaspora als auch Vietnames_innen in Vietnam Gemeinsamkeiten und Unterschiede in ihrer Wahrnehmung voneinander herausbilden, wobei sie sich häufig gegenseitig stereotypisieren. Auf diesen Prozess wirken insbesondere die historischen Veränderungen als Narrative auf beide Gruppen ein (Thomas 1997). In diesem Artikel spielt die Reise nach Vietnam keinerlei Rolle. Allerdings sind es gerade auch diese Wahrnehmungen voneinander, die durch eine Rückreise nach Vietnam herausgefordert und neu ausgehandelt werden. In der vorliegenden Arbeit wird diese Wahrnehmung zumindest für eine Gruppe, die nach Vietnam reisenden Việt Kiều aus Deutschland, untersucht.

Einen anderen Aspekt der Rückreise nach Vietnam bespricht Thai (2009) in seiner Analyse von transpazifischen Eheschließungen von in den USA lebenden männlichen Việt Kiều. Thai findet heraus, dass die Reise nach Vietnam den Männern dazu dient, sich vom Verlust ihres Status, der durch die Migration verursacht wurde, zu erholen. Denn die Untersuchten befinden sich in den USA in einem „Niedriglohn-Status", durch den sie bisweilen Jahre arbeiten müssen, um ausreichend Geld für eine Rückreise nach Vietnam sparen zu können. Während ihrer Reise in Vietnam nutzen sie dann das Preisgefälle, um zu konsumieren. Das suggeriert bei den Einheimischen in Vietnam, dass sie einem höheren Einkommensstatus angehören. Diese Transformation durch die Reise steigert ihre Heiratsfähigkeit und ihren Selbstwert (Thai 2009). Wie in der vorliegenden Arbeit hat Thai in seiner Studie auch Motive der Reise von Việt Kiều nach Vietnam untersucht, allerdings nur eins: Heirat. In der vorliegenden Arbeit stellte sich dieses Motiv der Reise als nicht relevant heraus.

Koh (2015) untersucht die Narrative von Zuhause und Zugehörigkeit von remigrierten Việt Kiều der zweiten Generation. Sie zeigt auf, dass diese in Hồ-Chí-Minh-Stadt lebenden Angehörigen der zweiten Generation eine Ambiguität hinsichtlich dieser Narrative zu Vietnam aufweisen. Einerseits ist Vietnam „the "best" place for them to be "for now"", andererseits betrachten sie ihre Herkunftsländer wie die USA, Kanada und Australien als „"real" and "safe" homes" (Koh 2015: 19). Ein Empfinden von Unsicherheit in Vietnam geht einher mit einer unklaren und undurchsichtigen Politik der vietnamesischen Regierung bezüglich des Umgangs mit Việt Kiều, obwohl sich dieser Umgang infolge der Öffnungspolitik positiv – zumindest auf dem Papier – entwickelt hat (Koh 2015). Diese Studie ist in der Hinsicht relevant, dass die Frage der Zugehörigkeit auch in dieser Arbeit eine Rolle spielt, aber in Bezug zu den reisenden Việt Kiều und nicht auf eine Generation beschränkt beleuchtet wird.

Einen spannenden Aspekt beleuchtet Kelly Le (2014), indem sie in einer multidisziplinären Studie mit qualitativen Methoden die zweite Generation von Việt Kiều befragt, die sich aus beruflichen Gründen in Hồ-Chí-Minh-Stadt niederlassen. In dieser Untersuchung der umgekehrten Diaspora-Migration analysiert Le den Identitätsprozess und die Auswirkungen des Lebens im „Heimatland" am Beispiel der Besichtigung der Củ-Chi-Tunnel[2] in der Nähe von Hồ-Chí-Minh-Stadt. Die Befragten in Les Studie, die ausschließlich Frauen sind, zeigen, dass sie nach dem Besuch einer Tour der Củ-Chi-Tunnel durch eine physische Begegnung oder Disengagement Identitäten rekonfigurieren. Gleichzeitig schaffen sie es durch den Besuch, historische Ideologien, die einem solchen ehemaligen Ort des Krieges innewohnen, zu überwinden (Le 2014). Le analysiert hier ausschließlich remigrierte weibliche Việt Kiều der zweiten Generation aus den USA hinsichtlich ihrer Identitätsaushandlungen durch den Besuch eines politisch aufgeladenen Touristenortes.

Bezüglich der deutschen Việt Kiều gibt es bislang keine wissenschaftliche Auseinandersetzung, weder im Hinblick auf Identität noch auf Diaspora-Tourismus. Beschäftigt wurde sich bisher lediglich mit der Integra-

---

[2] Das unterirdische, kilometerlange Tunnelsystem von Củ Chi diente den nordvietnamesischen Widerstandskämpfer_innen während des Krieges gegen die US-Amerikaner_innen als Unterschlupf und Kommandozentrale.

tion von Vietnames_innen in Deutschland sowie Unterschieden zwischen den neuen und alten Bundesländern (Wolf 2007; Kleinschmidt 2013). Einerseits richtet meine Arbeit den Blick auf Diaspora-Tourismus der deutschen Việt Kiều und untersucht dabei sowohl Männer als auch Frauen aller Generationen. Andererseits werden, was bisher noch nicht geschehen ist, Việt Kiều während ihrer Reise in Vietnam zu ihrem Reiseverhalten befragt. Damit wird eine Forschungslücke bezüglich der deutschen Việt Kiều und des Diaspora-Tourismus geschlossen.

2 Begriffsklärungen und Gründe der Migration

2.1 Việt Kiều – eine semantische Begriffsbestimmung

Die Erläuterung des Begriffs Việt Kiều ist notwendig, da dieser nicht nur objektive und subjetive Bedeutungen kennt, sondern auch stark in einen gesellschaftlichen Kommunikationsprozess eingebettet ist, der identitäre Aushandlungsprozesse der so bezeichneten Gruppe auslöst.

Bei einem Blick in ein vietnamesisches Wörterbuch lässt sich folgende Erklärung für den Begriff finden: Việt Kiều heißt *người Việt ở nước ngoài*, also Vietnames_innen, die im Ausland leben. Ein fast identischer Begriff dafür ist „*người Việt hải ngoại*". Das lässt sich am besten mit der englischen Übersetzung von „Overseas Vietnamese" wiedergeben. *Người Việt ở nước ngoài* findet vor allem offiziell und formell Verwendung (Carruthers 2008; Lauser 2008; Koh 2015: 182). Das hat zur Folge, dass der Begriff Việt Kiều in Vietnam gemeinhin als informell angesehen wird. Diese zwei offiziell verwendeten Begriffe sind sehr allgemein gehalten. Mit dem Begriff Việt Kiều setzt sich beispielsweise Dang Phong präziser auseinander:

> The word *Kieu* is of Chinese origin, and was used to denote people from one country coming to live in another country, becoming citizens of that country or living as though they were citizens there. So the term Kieu, according to its meaning in Chinese, does not include people who go abroad to study or to work for their country of origin. *Kieu* refers to the sort of people who lead real lives in a country which is the place neither of their origins nor of their parents'. Their economic, social, cultural and political lives are grounded in their country of residence. They maintain links with their country of origin only in terms of sentiment and nostalgia. This sort of people is referred to a s *Kieu dan* (or diaspora). In Vietnam, people have long used the word *Kieu* not only to denote Vietnamese people living abroad, but also to speak of foreigners residing in Vietnam. (Dang 2000: 185)

Mit diesem Zitat bezieht er sich konkret auf eine diasporische Gemeinschaft im engen Sinne, die keine über Nostalgie hinausgehenden Kontakte zum Heimatland hat. Das Aufnahmeland ist für Việt Kiều und für deren Eltern nicht das Ursprungsland. Das impliziert, dass auch die zweite

Generation Việt Kiều nicht dazu gezählt wird. Weiter betrachten sie einerseits das Aufnahmeland nicht als ihre Heimat, obwohl sich ihr Leben dort konzentriert und sie andererseits nur durch Nostalgie mit Vietnam verbunden sind. Insbesondere die Verengung des Begriffs auf eine sentimentale, nostalgische Erinnerung an das Ursprungsland und auf eine dem Aufnahmeland nicht zugewandte zweite Generation sind zu kurz gegriffen, denn dass der Bezug darüber hinaus geht, zeigt die vorliegende Arbeit über Vietnam-Reisen der Việt Kiều.

Dang Phong beschreibt darüber hinaus, wie sich der Begriff semantisch verändert hat. Vor 1975 wurde der Begriff eher unproblematisch verwendet, da die wenigen im Ausland lebenden Vietnames_innen das nordvietnamesische politische System unterstützten (Dang 2000). Eine negative Konnotation erhielt der Begriff erst durch die im Zuge des Krieges zwischen Vietnam und den USA geflohenen Vietnames_innen, da diese in den Augen der vietnamesischen Regierung als Verräter_innen galten. Im Rahmen der gegenwärtigen Reformpolitik versucht die Regierung diese Spannungen, die sich semantisch im Begriff Việt Kiều widerspiegeln, zu entschärfen, indem sie das gemeinsame kulturelle Erbe und die Blutlinie, die die Vietnames_innen weltweit verbinden, stärker in den Fokus rückt als politische Ansichten und Ideologien. Koh konstatiert bezüglich dieser neuen Entwicklungen:

> The central message implicit in contemporary state discourse is that overseas Vietnamese remain essentially Vietnamese wherever they are, regardless of when they left the country, or for that matter, whether or not they were born in Vietnam. (Koh 2015: 184)

Dieses Zitat stellt lediglich den Umgang des Staates mit dem Begriff Việt Kiều dar. Dass der Begriff darüber hinaus diverse Konnotationen und vielfältige Zuschreibungen durch die als Việt Kiều Bezeichneten und der Bewohner_innen Vietnams selbst erhalten kann, wird in dieser Arbeit gezeigt.

2.2 Việt Kiều – eine Diaspora?

Hier wird der Frage nachgegangen, ob es sich bei Việt Kiều um eine Diaspora handelt und welche definitorischen Grenzen vor allem zu den gängigen Begriffen von Migration, Transnationalismus und Mobilität zu ziehen sind.

Die Genese des Begriffes Diaspora zeigt, dass er in der Theologie und in der Religionswissenschaft vorwiegend historisch für jüdische, griechische und armenische Gemeinschaften im Exil verwendet wurde und damit insbesondere negative Konnotationen wie Exilerfahrung und traumatische Vertreibung umfasst(e). In den 90er Jahren des letzten Jahrhunderts wurde der Begriff von den Kultur- und Sozialwissenschaften aufgegriffen und in diesem Rahmen semantisch neu ausgerichtet. Seitdem kann Diaspora vor allem in Verbindung mit Globalisierungsprozessen und Erfahrung von Migration auch positiv konnotiert sein (Mayer 2005: 7).

Die etymologische Herleitung des Begriffes veranschaulicht bereits ein erstes wichtiges Kriterium für die Konstituierung einer Diaspora. Aus dem Griechischen stammend bedeutet Diaspora „sich zerstreuen". Diese häufig traumatische Zerstreuung erfolgt weltweit in zwei oder mehrere Länder. So unterschiedlich die Definitionsversuche von Diaspora in der wissenschaftlichen Literatur auch ausfallen, das Merkmal der Zerstreutheit lässt sich bei allen finden. Die Verteilung in mehrere Länder fern der Heimat ist auch ein Unterscheidungskriterium zu Migration, bei der lediglich das Herkunfts- und Aufnahmeland in den Blick genommen wird (Ackermann 2010). Ähnliches trifft auch auf den Begriff Transnationalismus zu. Im Umfeld der Internationalen Beziehungen entstanden, steht er für transnationale Organisationen wie die *North Atlantic Treaty Organization* (NATO) oder die *United Nations* (UN) (Vertovec und Cohen 1999: xx) oder für wirtschaftliche transnationale Beziehungen, die zwischen zwei Ländern bestehen. Diese transnationalen Strukturen finden über nationalstaatliche Grenzen hinweg statt. Die Beschäftigung von Diaspora berücksichtigt darüber hinaus auch immer die Beziehungen zwischen den Mitgliedern einer Diaspora in unterschiedlichen Ländern.

In Hinblick auf die weiteren Merkmale des Diasporabegriffes konstatiert William Safran neben der weltweiten Verstreuung, dass die Mitglieder eine Diaspora die Erinnerung oder sogar einen Mythos an das Heimatland aufrechterhalten, Gedanken an eine Rückkehr zu den Ahnen hegen, sich der Rekonstruktion der Heimat widmen, da sie sich im Aufnahmeland nicht integriert fühlen, und ein ausgeprägtes Gruppenbewusstsein haben (Safran 1991: 83f.). Diese sehr eng gefasste Definition von Safran schließt laut Clifford viele Diasporen aus, sodass er den Begriff ausdehnt und insbesondere den Rückkehrgedanken vernachlässigt (Clifford 1994).

Darüber hinaus wurden einige Versuche unternommen, die Annäherung an Diasporen systematischer zu betrachten. Cohen entwickelte eine Typologie, in der er sechs verschiedene Typen von Diasporen unterscheidet, die auf die Gründe abstellen, weshalb sich eine Diaspora gebildet hat: zum Beispiel eine Opferdiaspora, Arbeitsdiaspora u.a. (Cohen 2008). Problematisch an dieser Typologie ist, dass eindeutige Zuschreibungen zu einem Typ Diaspora häufig nicht zu leisten sind. Diese Schwierigkeit soll folgendes Beispiel einer meiner Interviewpartnerinnen verdeutlichen: Frau Hoas Vater kam als Vertragsarbeiter in die damalige Deutsche Demokratische Republik (DDR) und holte seine Frau und seine Tochter nach. Als die Familie in der DDR vereint war, versuchten sie gemeinsam, in die Bundesrepublik Deutschland (BRD) zu flüchten. Erst bei einem zweiten Versuch gelang ihnen die Flucht. Dieser Fall zeigt, dass Frau Hoas Familie sowohl als Mitglieder einer Arbeitsdiaspora als auch einer Opferdiaspora betrachtet werden kann.

Eine weitere Differenzierung versuchte Vertovec mit drei Determinanten, um Diasporen zu definieren. Mit der ersten Determinante charakterisiert Vertovec Diaspora als soziale Form, in der bestimmte Sozialbeziehungen entstehen, die durch Geschichte, Geographie und Spannungen in der politischen Orientierung sowie ökonomische Strategien in der Diaspora geprägt sind. Zweitens liegt einer Diaspora ein spezifisches Bewusstsein zugrunde, das durch Multilokalität gekennzeichnet ist. Die dritte Determinante zeichnet sich durch eine spezielle kulturelle Produktion innerhalb der Diaspora aus, da ihre Mitglieder durch weltweite Ströme an der (Re-)Produktion von Kultur beteiligt sind (Vertovec und Cohen 1999: xviiff.).

Mit Blick auf die Việt Kiều, von denen die Mehrzahl als *boat people*[3] bekannt geworden sind, zeigt sich, dass sie dieses Merkmal einer Diaspora

---

[3] Sie werden als *boat people* bezeichnet, da sie die Flucht aus Vietnam über das Südchinesische Meer in Booten antraten.

erfüllen, da sie infolge des US-amerikanisch-vietnamesischen Krieges in verschiedene „westliche" Länder geflohen sind und sich dort dauerhaft niedergelassen haben. Die Vertragsarbeiter_innen, die in die DDR kamen, weisen zwar nicht den Aspekt des traumatischen und unfreiwilligen Verlassens aus Vietnam auf, sind aber dennoch insbesondere in Osteuropa in mehreren Ländern verstreut. Viele der ehemaligen Vertragsarbeiter_innen blieben nach dem Ende des Ost-West-Konfliktes und der deutschen Wiedervereinigung in diesen Ländern (Nguyễn An Hà 2011).

Die Merkmale der Aufrechterhaltung eines Heimatmythos und des Gruppenbewusstseins von Safran treffen auf die *boat people* in Deutschland zu. Sie halten bis heute nach ihrer unfreiwilligen Flucht nach Deutschland einen Mythos an die südvietnamesische Republik Vietnam aufrecht, geprägt von einem starken Gruppenbewusstsein, wünsch(t)en sie sich eine Rückkehr zum Land ihrer Ahnen. Gerade letzterer Punkt scheint angesichts der Öffnung des Landes und der Lockerung der Restriktionen für Việt Kiều obsolet, denn es ist ihnen jederzeit möglich, in das Land ihrer Ahnen zu reisen. Allerdings sei hier angemerkt, dass auch die Gruppe der *boat people* in Deutschland in sich sehr heterogen ist und es hierin sowohl ein konservatives als auch gemäßigtes Lager gibt. Ersteres verweigert jegliche politische Kontaktaufnahme mit der Heimat, bis das kommunistische System sich nicht grundlegend transformiert hat, und hält die Erinnerung an die imaginierte, glorreiche Zeit der südvietnamesischen Republik Vietnam aufrecht.[4] Letzteres hingegen versucht, sich durch kleine Schritte an das Regime in Hà Nội anzunähern und dadurch positiven Einfluss zur Verbesserung der Lage in Vietnam zu bewirken.[5] Auch Vertovecs Determinanten von Diaspora treffen auf die *boat people* zu. Insbesondere der Aspekt der Multilokalität ist bei dem untersuchten Sample festzustellen, da alle Befragten Verwandte, Bekannte oder Freunde in anderen Ländern haben und Kontakte zu diesen unterhalten.

---

[4] Teilnehmende Beobachtung beim Bundesverband der vietnamesischen Flüchtlinge in der Bundesrepublik Deutschland e.V. am 24.11.2012 in Mönchengladbach.

[5] Diese Zersplitterung innerhalb der Gemeinschaft der *boat people* ist ebenso paradigmatisch für Việt Kiều in Australien (Thomas 1997) und in den USA (Le 2014).

Allerdings stellt sich bei allen Definitionsversuchen die Frage, ob diese das gesamte heterogene Sample repräsentieren und wie insbesondere mit der zweiten Generation der ehemaligen Bootsflüchtlinge und den aus Gründen des Studiums nach Deutschland Gekommenen umgegangen werden soll beziehungsweise ob sie ebenfalls zur vietnamesischen Diaspora gehören. Ein Blick auf die verschiedenen und umfangreichen Fallstudien zu Việt Kiều in den USA (Le 2014; Aguilar-San Juan 2009), in Kanada (Dorais 2001), in Australien (Thomas 1997) oder Frankreich (Vaillant 2013) bringen für die Beantwortung der Frage keine Lösung, da sie sich unmittelbar auf die Gruppe der geflüchten Vietnames_innen konzentrieren. Deshalb wird nachfolgend nochmals auf die theoretische Auseinandersetzung mit dem Problem der Generationen rekurriert, denn es ist fraglich, ob die Kriterien der Diaspora für die nächsten Generationen ebenso relevant sind.

Angesichts der Tendenzen, dass diasporische Gemeinschaften den Nationalstaat einerseits herausfordern, andererseits aber einen „long distanced nationalism" (Virinder Kalra)[6] zwischen dem Residenzland und der früheren Heimat verfolgen, der ebenfalls die nachfolgenden Generationen betrifft, schlagen You Jae Lee und Sergio Costa vor, Diaspora weniger als einen Begriff zu sehen als vielmehr einen Prozess oder Diskurs, der den Nationalstaat hinterfragt und einen komplexen Interaktionszusammenhang von diasporischen Gemeinschaften herstellt. In diesem Zusammenhang betont Kien Nghi Ha, dass das Diasporakonzept durch ein Spannungsverhältnis charakterisiert ist, welches weitreichende Konsequenzen für die nachfolgenden Generationen hat und diese immer noch betrifft.

Bezüglich der Diasporaerfahrungen in unterschiedlichen Generationen konstatiert Safran ebenfalls ein Spannungsverhältnis, das durch „generational reproduction of homeland features in the diaspora, such as food, music, and sociopolitical organizations" (Safran 2004: 17) beschrieben werden kann. Wie bereits oben angedeutet, umfasst die Annäherung an das diskursive Phänomen der Diaspora drei Bezugspunkte, die sowohl

---

[6] Alle Zitate, der in diesem Absatz genannten Personen, sind Mitschriften entnommen, die anlässlich der Tagung „Asiatische Deutsche in Berlin" am 21.06.2012 im HBC in Berlin gemacht wurden.

räumlich als auch symbolisch sein können: der Ort des Aufenthaltes, das Ursprungsland und die Aufenthaltsorte der anderen Mitglieder der Diaspora. Die von Safran angesprochene (Re-)Produktion der nächsten Generation in der Diaspora insbesondere in kulturellen Aspekten als ein weltumspannendes Netzwerk zeigt exemplarisch der in Deutschland aufgewachsene Rapper Viet Phuong Dao alias Fawng Daw, der in den USA lebt und seine Lieder in den Sprachen Deutsch, Englisch und Vietnamesisch verfasst und sich insbesondere auch mit Identitätsfragen beschäftigt.[7]

Dieses diasporische Dreieck nimmt nicht nur die Beziehungen der Việt Kiều zur Heimat in den Blick, sondern auch das Verhältnis des vietnamesischen Staates zu den Auslandsvietnames_innen. Mit der Einleitung des Reformprozesses *đổi mới* 1986 begann die Kommunistische Partei ebenfalls die schrittweise Lockerung der Einreisebestimmungen für Việt Kiều. Besonders bedeutsam in dieser Hinsicht war der Beschluss des *politbureau on the overseas Vietnamese affairs* in der Resolution 36 von 2004. Neben den ökonomischen Aspekten, die für Việt Kiều erleichtert werden sollen, sind unter anderem auch Verbindungen von Heimat und Familie ausdrücklich erwünscht, solange sie die nationale Einheit, die territoriale Integrität und Unabhängigkeit nicht infrage stellen beziehungsweise bedrohen (Politbureau on the Overseas Vietnamese Affairs 2004).

Mit der Einleitung der Erneuerungspolitik 1986 in Vietnam verbesserte sich ebenfalls das politische Verhältnis zwischen der BRD und Vietnam. Waren die Beziehungen bis zum Ende des US-amerikanisch-vietnamesischen Krieges nicht vorhanden, wurden erste Annäherungen durch die vietnamesische Intervention in Kambodscha wieder gestört (Phạm 2010). Dieses Verhältnis drückt auch die Beziehungen der in der BRD als *boat people* lebenden Vietnames_innen mit dem Heimatland aus, die die Verbindungen mit Vietnam, die, bis auf familiäre Kontakte, durch Ablehnung gekennzeichnet waren. Anders sahen die Beziehungen der DDR mit dem vietnamesischen Staat aus. Bereits während des US-amerikanisch-vietnamesischen Krieges unterstützten sich beide Länder zum Beispiel

---

[7] Beispielsweise sind hier die Lieder „Việt Kiều", „Viet World Wide" oder „For My Nation" zu nennen, die einerseits die weltweite Verbindung zwischen *home-host-diaspora* verdeutlichen, erscheinen aber andererseits auch charakteristisch für identitäre Aushandlungen in der nächsten Generation.

beim Bau von Fabriken und der Ausbildung hochqualifizierter Fachkräfte, was nach dem Ende des Krieges durch die Entsendung von Vertragsarbeiter_innen fortgesetzt wurde (Phạm 2010).

In meiner Arbeit wird Diaspora somit als ein Begriff verstanden, der durch ein soziales, identitäres und politisches Spannungsverhältnis gekennzeichnet ist. Damit wird den Ausführungen von You Jae Lee, Sergio Costa und Kien Nghi Ha gefolgt. Diese Spannungen bestehen nicht nur in der Generation von Vietnames_innen, die zwangsweise nach Deutschland gekommen sind, sondern setzen sich fort in identitären Auseinandersetzungen in der zweiten Generation sowohl bei den Nachkommen der *boat people* als auch bei den freiwillig gekommenen Vertragsarbeiter_innen. Dieses diskursive Phänomen der Diaspora ist geeignet, um die komplexen identitären und sozialen Aushandlungen der Việt Kiều in Deutschland während ihrer Rückreise in Vietnam zu beschreiben.

2.3 Migration der Việt Kiều

Die Gründe für eine Entscheidung, die Heimat zu verlassen, sind vielfältig. Politische, soziale, ökonomische oder klimatische Ursachen im Ursprungsland, auch *Push*-Faktoren genannt, veranlassen weltweit Millionen von Menschen, in andere Länder zu migrieren. Dass Migration nicht unidirektional vom globalen Süden[8] in den globalen Norden verläuft (Pries 2001), zeigen insbesondere Migrationsströme wie beispielsweise eine intraregionale Migration in Südostasien (Vorlaufer 2011: 67ff.). Die Ströme von Menschen haben nicht nur Auswirkungen auf die Herkunftsländer (z.B. Deviseneinnahmen durch Rücküberweisungen, demographische Probleme), sondern auch auf die Aufnahmeländer (z.B. mangelnde

---

[8] „Mit dem Begriff wird eine im globalen System benachteiligte gesellschaftliche, politische und ökonomische Position beschrieben. Globaler Norden hingegen bestimmt eine mit Vorteilen bedachte, privilegierte Position. Die Einteilung verweist auf die unterschiedliche Erfahrung mit Kolonialismus und Ausbeutung, einmal als Profitierende und einmal als Ausgebeutete. Die Einteilung in Süd und Nord ist zwar auch geographisch gedacht, aber nicht ausschließlich. [...] Mit dem Begriffspaar wird versucht, unterschiedliche politische Positionen in einem globalen Kontext zu benennen, ohne dabei wertende Beschreibungen wie z.B. „entwickelt", „Entwicklungsländer" oder „Dritte Welt" zu benutzen." (glokal e.V. 2012)

Aufnahmekapazitäten, Ausbeutung). Zum Verständnis der weltweit verstreut lebenden Vietnames_innen wird nachfolgend ein kurzer Überblick über die verschiedenen und komplexen Motivationen für das (un-)freiwillige Verlassen Vietnams gegeben und anschließend die Situation für Deutschland erläutert.

2.3.1 Weltweite Motive für die Migration

Die unterschiedlichen Motive für die Migration von Vietnames_innen stehen in unmittelbaren Zusammenhang mit historischen und aktuellen Entwicklungen innerhalb des Landes. Deshalb werden die Migrationswellen chronologisch dargestellt.

Bereits während der französischen Kolonialzeit sind eine kleine Zahl Vietnames_innen der Oberschicht, des Mandarinats, für Studien nach Frankreich migriert. Als prominenteste Vertreter sind hier Phan Chu Trinh und Hồ Chí Minh zu nennen (Großheim 2011: 17ff.), da sie später eine wichtige Rolle im Kampf für die Unabhängigkeit Vietnams einnahmen. Im Laufe der Zeit reisten insbesondere junge Männer und Studenten nach Frankreich, um dem Krieg in der Heimat zu entkommen. Nach der Ausrufung der Unabhängigkeit durch Hồ Chí Minh im September 1945 flohen auch Vietnames_innen mit französischer Staatsbürgerschaft, später auch vermehrt Katholiken (Hardy 2004: 225). Infolge des Genfer Abkommens 1954 migrierten circa eine Million Vietnames_innen innerhalb des Landes, vor allem von Nord- und Südvietnam (Hardy 2004).

Den Höhepunkt der Migration von Vietnames_innen ins Ausland stellt der US-amerikanisch-vietnamesische Krieg dar. Der Rückzug der USA aus dem Krieg trieb die mit den USA sympathisierenden und antikommunistisch eingestellten Vietnames_innen zunächst weiter nach Süden, um dem Vorrücken der nordvietnamesischen Armee zu entkommen. Das immer weitere Vorrücken in den Süden veranlasste aus Angst tausende Vietnames_innen, das Land zu verlassen. Die Flucht hatte überwiegend politische Gründe, aber es konnten auch sozioökonomische Ursachen vorliegen (Thai 2009: 237). Thai unterscheidet innerhalb des über viele Jahre andauernden vietnamesischen Exodus sechs Fluchtwellen. Die erste begann bereits vor dem Fall Sài Gòns 1975. Die zweite Welle veranlasste insbesondere ethnische Chinesen, von 1978-79 das Land zu verlassen. Die meisten Vietnames_innen versuchten in einer dritten Welle zwischen 1978 und 1982, einer Verfolgung in Vietnam zu entfliehen (Thai 2009). Dies geschah auf dem Landweg über benachbarte Länder wie Kambodscha und Laos nach Thailand, aber auch nach China (Vaillant 2013: 88). Eine sehr große Zahl Vietnames_innen versuchte die Flucht aus Vietnam über den Seeweg, den viele nicht überlebten. Vietnames_innen, denen es gelang, über das Südchinesische Meer in ein Nachbarland einzureisen, wurden meistens in Zwischenstationen in Thailand, den Philippinen, Malaysia, Indonesien oder Hongkong in Flüchtlingslager untergebracht. Diejenigen, die auf See von Frachtern oder Rettungsschiffen wie der deutschen *Cap Anamur* mit der Besatzung um Rupert Neudeck geborgen werden konnten, gelangten zumeist, wie im letzten Fall, direkt in die Aufnahmeländer. Schätzungen gehen davon aus, dass durch internationale Hilfe mehr als eine Million Vietnames_innen[9] gerettet werden konnten (Kleinschmidt 2013). Eine vierte Fluchtwelle bestand in den Jahren 1983-1989 überwiegend aus Asylsuchenden. Darüber hinaus beschreibt Thai noch eine fünfte Welle nach 1989, die sich aus Asylsuchenden und Umgesiedelten aus den philippinischen und thailändischen Lagern zusammensetzten. Die sechste und letzte Welle bestand aus Vietnames_innen, die im Rahmen von Familienzusammenführungen Vietnam verließen (Thai 2009: 257). Infolge des Krieges zwischen den USA und Vietnam flohen insgesamt mehr als zwei Millionen Vietnames_innen aus ihrem Land (Thai 2009: 237).

Aufgrund der militärischen Intervention der USA in Vietnam lag es insbesondere in der Verantwortung der Vereinigten Staaten, sich um vietnamesische Flüchtlinge und ihre Aufnahme zu kümmern. So nahmen von 1975 bis 1996 die USA mit 64 % die meisten Flüchtlinge auf, gefolgt von Kanada (11,9 %), Australien (11,5 %) sowie Frankreich (3,4 %) und Großbritannien (1,8 %) (Vaillant 2013: 101).[10]

Diese zuvor beschriebenen Flüchtlingswellen waren unmittelbar eine Folge des US-amerikanisch-vietnamesischen Krieges und der Wiedervereinigung Vietnams unter kommunistischer Führung. Die Einführung von

---

[9] Unter den Flüchtlingen waren, wenn auch in geringerer Zahl, Kambodschaner_innen und Laot_innen (Kleinschmidt 2013).
[10] Auf Deutschland wird im Nachfolgenden noch genauer eingegangen.

đổi mới hatte zur Folge, dass die politisch motivierte Migration abnahm. Das heißt aber nicht, dass Migrationsbewegungen nicht mehr stattfinden. Vielmehr verlassen Vietnames_innen seit den 90er Jahren zum Beispiel im Rahmen von Familienzusammenführungen oder zum Zweck einer Heirat das Land (Khuê Pham 2014).

Durch den verbesserten Lebensstandard in Vietnam infolge des Reformprozesses können mehr junge Vietnames_innen zum Studieren ins Ausland reisen. Trotz der Verbesserungen in Vietnam lassen sich weiterhin zahlreiche illegal migrierende Vietnames_innen auf eine unsichere und gefährliche Reise in den globalen Norden ein, in der Hoffnung dort ein besseres Leben beginnen zu können.

2.3.2 *Motive für die Migration nach Deutschland*

Die voran skizzierten Migrationswellen aus politisch-ideologischen und sozioökonomischen Gründen während der Kriegszeiten und der neueren Migration ab den 90er Jahren gestalten sich ähnlich für Deutschland. Allerdings ergibt sich historisch gesehen aus der Existenz zweier deutscher Staaten eine besondere Konstellation für vietnamesische Migrant_innen in der BRD einerseits und in der DDR andererseits.

Die Anzahl der Vietnames_innen in der Bundesrepublik und der DDR vor 1975 betrug lediglich einige Hundert (Wolf 2007: 2). Erst die Ereignisse zum Ende des US-amerikanisch-vietnamesischen Krieges, die eine humanitäre Hilfe für die vietnamesischen Flüchtlinge notwendig machte, veranlasste die BRD Ende 1978, die ersten 163 *boat people* einzufliegen. Die anfangs vorgesehene Aufnahme von 10.000 Kontingentflüchtlingen[11] wurde schnell als unzureichend erachtet und auf 38.000 erhöht (Kleinschmidt 2013). Bis circa 1986 wurden diese 38.000 Vietnames_innen auf die verschiedenen Bundesländer relativ gleichmäßig verteilt, wo sie sich dauerhaft niederließen und sich gut in die BRD integrierten (Wolf 2007: 4).

---

[11] Kontingentflüchtlinge sind infolge von humanitärer Hilfe aufgenommene Personen, die durch den *United Nations High Commissioner for Refugees* (UNHCR) aus den Lagern der vietnamesischen Nachbarländer an Drittländer – so auch in die BRD – gebracht wurden (Wolf 2007).

Anders gestaltete sich die Situation der in die DDR migrierten Vietnames_innen. Denn diese Migration beruhte auf bilateralen Abkommen zwischen der DDR und der Sozialistischen Republik Vietnam. Bereits in den 50er Jahren kamen vietnamesische Studierende oder Auszubildende in den östlichen Teil Deutschlands. Am bekanntesten wurden die 1955 einreisenden Vietnames_innen, die als Moritzburger bekannt wurden und in Moritzburg bei Dresden die Schule besuchten. Die meisten von ihnen kehrten nach der Beendigung der Ausbildung nach Vietnam zurück. Bis zum Regierungsabkommen 1980 über die Vertragsarbeit zwischen der DDR und seinem „Bruderstaat" kamen weiterhin zahlreiche Studierende, Lehrlinge und Wissenschaftler_innen in den sozialistischen deutschen Staat. Ab April 1980 bis 1989 kamen etwa 59.000 Vertragsarbeiter_innen in die DDR. Die unabhängig ihrer Qualifikation beschäftigten Vietnames_innen arbeiteten überwiegend in Fabriken und wurden nicht in die ostdeutsche Gesellschaft integriert, da sie nach einem Aufenthalt von fünf Jahren wieder nach Vietnam zurückkehren sollten. Der Aufenthalt war stark reglementiert. Bei Verstößen wurden die betroffenen Personen sofort nach Vietnam abgeschoben (Wolf 2007: 7).[12]

Schwierig gestaltete sich die Situation der Vertragsarbeiter_innen nach der deutschen Wiedervereinigung. Ungefähr die Hälfte von ihnen nahm eine von deutscher Seite geleistete Abfindung an und kehrte nach Vietnam zurück. Im Rahmen des 1995 geschlossenen Rücknahmeabkommens zwischen der Bundesrepublik und Vietnam kehrten circa 10.000 Vietnames_ innen zurück, was lediglich ein Viertel der im Vertrag festgelegten Personen ausmachte (Wolf 2007: 9). Für alle, die sich entschieden weiterhin in der BRD zu bleiben, blieb der Aufenthaltsstatus lange Zeit ungewiss. Erst 1997 erhielten ehemalige Vertragsarbeiter_innen durch eine Änderung im Ausländergesetz eine unbefristete Aufenthaltserlaubnis, sofern sie eine Arbeit nachweisen konnten (Wolf 2007: 9). Somit sind die Ausgangsbedingungen für die Einrichtung eines neuen Lebens in Deutschland zwischen den *boat people* und den Vertragsarbeiter_innen fundamental verschieden.

Neben den Bootsflüchtlingen und den Vertragsarbeiter_innen lebten 2010 auch circa 3.000 Studierende aus Vietnam in Deutschland (Phạm

---

[12] Zu Verstößen gehörten beispielsweise politische Betätigung oder eine Schwangerschaft (Wolf 2007: 7).

2010: 72). Hinzu kommen Gründe der Heirat, der Familienzusammenführung und ebenfalls illegal in die BRD migrierte Vietnames_innen auf der Suche nach Arbeit und besseren Lebensbedingungen. Nach der deutschen Wiedervereinigung kamen Vietnames_innen illegal vor allem aus Osteuropa nach Deutschland (Großheim 2010).

Heute leben ungefähr 125.000 Menschen mit vietnamesischer Herkunft in Deutschland. Diese Zahl beinhaltet auch Vietnames_innen, die eingebürgert wurden, aber nicht deren in Deutschland geborene Kinder (Großheim 2010; Wolf 2007; Schmiz 2011). Die zahlenmäßig größten vietnamesischen Gemeinschaften leben heute insbesondere in den Bundesländern Bayern (ca. 12.082) und Berlin (ca. 11.695) (Wolf 2007: 2). Das Beispiel Berlin verdeutlicht, dass die ehemaligen Vertragsarbeiter_innen, überwiegend in den Ostberliner Stadtteilen Lichtenberg und Mahrzahn wohnend, und die ehemaligen *boat people*, in den westlichen Stadtbezirken lebend, sich bewusst voneinander abgrenzen. Diese „Ost-West-Mauer" besteht in Bezug auf die Vietnames_innen im gesamten Deutschland (Großheim 2010). Die heute anzutreffenden Schwierigkeiten innerhalb der Gemeinschaft der *boat people* oder der Vertragsarbeiter_innen lassen sich auf die fundamental unterschiedlichen Ausgangsbedingungen in Deutschland und der verschiedenen politischen Ideologien der beiden Gruppen zurückführen.

Seit den 90er Jahren und verstärkt zu Beginn des 21. Jahrhunderts ist aber auch eine Remigration von Việt Kiều nach Vietnam festzustellen. Es entschlossen sich insbesondere diejenigen, die als Vertragsarbeiter_innen in die DDR kamen, dauerhaft in die Heimat Vietnam zurückzukehren. Einerseits war die Sehnsucht nach der Heimat und dem Land der Ahnen groß, andererseits haben sich mit *đổi mới* vor allem die wirtschaftlichen Rahmenbedingungen in Vietnam verbessert, sodass einige Deutsch-Vietnames_innen dies zum Anlass nahmen zu remigrieren (Schöningh 2011).

Aber auch Angehörige der sogenannten zweiten Generation von im Ausland lebenden Vietnames_innen wenden sich dem Land der Eltern und Ahnen zu. Die Untersuchung für US-amerikanische Rückkehrer_innen von Kelly L. Le zeigt, dass sie sich für eine längere Zeit in Vietnam niederlassen. Als Grund gibt Le an, dass die Befragten aus ihrer alltäglichen Routine in den USA ausbrechen wollten und sich somit in einem „rites de passage", einer Übergangsphase, befinden (Le 2014: 82). Die Dauer des

Aufenthaltes der von Le Befragten geht über das allgemeine Maß einer touristischen Reise von maximal einem Jahr hinaus und dient der Arbeitsaufnahme in Vietnam. Allerdings handelt es sich im Fall von Les Befragten um Personen, die wieder in die USA zurückkehren und damit nicht dauerhaft in Vietnam bleiben. In der vorliegenden Arbeit wird der Fokus auf jene Auslandsvietnames_innen gerichtet, die sich in Vietnam nicht dauerhaft – von einem kurzzeitigen mehrwöchigen bis hin zu mehrere Jahre dauernden Aufenthalt – aufhalten.

3 Methodisches Vorgehen und Herausforderungen angesichts mobiler Befragten

Qualitativer Forschung liegen verschiedene Forschungsparadigmen zugrunde, „die sich in ihren theoretischen Annahmen, in ihrem Gegenstandsverständnis und methodischem Fokus unterscheiden" (Flick 2002: 33). Allerdings lassen sich zwischen den Forschungsparadigmen wie dem symbolischen Interaktionismus, der Ethnomethodologie und des Strukturalismus/ der Psychoanalyse und seinen neueren Entwicklungen[13] gemeinsame Standpunkte ausmachen (Flick 2002: 51). Da alle diese Ansätze für die qualitative Forschung von Bedeutung sind (LeCompte und Schensul 2010: 76), bilden die Gemeinsamkeiten die Grundlage für diese Arbeit. Dazu gehören: Verstehen als Erkenntnisprinzip. Mittels der noch zu erläuternden Methoden wird das Phänomen der Vietnam-Reisen der Việt Kiều und ihre Identitätsarbeit von innen heraus, also aus der Sicht der Befragten und den von ihnen geschilderten Situationen heraus, verstanden. Dazu zählt weiterhin, zunächst jede_n Befragte_n, seine/ihre Sicht und die genannten Situationen einzeln zu rekonstruieren, um daraufhin Gemeinsamkeiten, Unterschiede oder aber eine Typologie zu entwickeln. Durch die Sicht der Befragten wird darüber hinaus ein Ausschnitt ihrer Wirklichkeit konstruiert. Als letzte Gemeinsamkeit der Paradigmen dient der „Text als empirisches Material" in seiner aufgenommenen und transkribierten Form als „Grundlage von Rekonstruktion und Interpretation" (Flick 2002: 50).

Um die im vorangegangenen Kapitel gestellten Forschungsfragen angemessen beantworten zu können, sind Methoden der empirischen Sozialforschung zum Einsatz gekommen, die im folgenden Kapitel ausführlich dargestellt werden. Dabei wird einerseits auf die Datenerhebung und Datensammlung, andererseits auf die Auswertung der Daten einzugehen sein. Hierbei spielt insbesondere die Feldforschungssituation in Vietnam mit ihren Herausforderungen und Problemen eine wichtige Rolle.

---

[13] Wie dem interpretativen Interaktionismus, Studies of Work oder dem Poststrukturalismus.

Tourismus und Identität

3.1 Befragung und Vorbereitung der Feldforschung

Vietrames_innen leben über ganz Deutschland verteilt. Es gibt jedoch bestimmte regionale Konzentrationen, vor allem in Berlin, wo sich die größte vietnamesische Gemeinschaft befindet. Aufgrund dieser Zerstreutheit im Bundesgebiet mussten spezielle Methoden zum Einsatz kommen, um möglichst viele Vietnames_innen zu erreichen und Interviewpartner_innen zu generieren. Am geeignetsten erschien die Erstellung eines Fragebogens, der folgende zwei Ziele haben sollte:

1. Verschaffung eines Überblicks über das allgemeine touristische Verhalten der deutschen Việt Kiều nach Vietnam,[14]
2. Generierung von Kontakten für Interviews in Vietnam.

Der Fragebogen wurde anhand der in der empirischen quantitativen Sozialforschung üblichen Fragebogentechniken erstellt (Porst 2011; Kirchhoff et al. 2010) und umfasste nachstehende Themenschwerpunkte:

1. Sozialdemographische Daten,
2. Motive für die Migration nach Deutschland,
3. Reisen nach Vietnam,
4. Fragen nach Interviewbereitschaft während der nächsten Vietnamreise.

Allerdings wurden sozialdemographische Daten nicht wie üblicherweise zum Ende eines Fragebogens abgefragt (Kirchhoff et al. 2010: 19), sondern zu Beginn. Grund dafür war die Annahme, dass Fragen zur konkreten Migration der Việt Kiều „heikle Fragen" (Porst 2011: 124) darstellen und zu negativen Assoziationen führen könnten, die am Anfang des Fragebogens gestellt, zu einem verfrühten Abbruch der Befragung hätten führen können.

Die Fragen wurden nach den „10 Geboten der Frageformulierung" (Porst 2011: 95) und Regeln der Fragenstrukturierung (Kirchhoff et al. 2010: 27) formuliert, wobei es sich überwiegend um geschlossene Fragen handelte. Dem Fragebogen wurde eine Titelseite vorangestellt, auf der

---

[14] Auf die Einbindung der Ergebnisse des Fragebogens wurde verzichtet, da es den Rahmen dieser Arbeit sprengen würde.

Angaben zu Name und Adresse der Absenderin, Thema der Befragung, Grund der Befragung, Anonymität, Freiwilligkeit und Datenschutz vermerkt wurden.

Da die Gruppe der Việt Kiều in Deutschland aufgrund ihrer Migrationserfahrungen sehr heterogen ist und nicht von allen das Beherrschen der deutschen Sprache vorausgesetzt werden konnte, wurde der Fragebogen zweisprachig, sowohl auf Deutsch als auch auf Vietnamesisch, erstellt. Die vietnamesische Variante wurde mit mehreren Muttersprachlern auf sprachliche Richtigkeit und Verständlichkeit überprüft und diskutiert. Gleichzeitig wurde durch die Zweisprachigkeit des Fragebogens einer größeren Bandbreite der heterogenen Gruppe die Teilnahme ermöglicht.

Nach dem Erstellen des Fragebogens in Papierform entschied ich mich diesen in gleicher Weise auch als Online-Fragebogen – ebenfalls zweisprachig – zu konzipieren, wodurch die Erreichbarkeit der potentiellen Teilnehmer_innen erhöht werden sollte. Der Online-Fragebogen wurde mit der webbasierten Befragungssoftware EFS Survey des Unipark-Programms von QuestBack erstellt. Beide Fragebogenvarianten wurden im Rahmen von Pretests getestet und überarbeitet.

Anschließend wurde der Fragebogen auf mehreren Wegen verteilt und bekannt gemacht. Einerseits wurde er postalisch an vietnamesische sowie deutsche Bekannte verschickt. Von letzteren war bekannt, dass sie in ihrem Umkreis vietnamesische Freunde und Bekannte haben. Ein weiterer Weg, auf die Befragung aufmerksam zu machen, war die Bekanntmachung über vietnamesische Organisationen in Deutschland[15]. Hierbei wurde darauf geachtet, dass Organisationen aus verschiedenen Bundesländern angeschrieben wurden, um die deutschlandweite Zerstreutheit der Việt Kiều im Ergebnis abbilden zu können. Die postalische Sendung an die vietnamesische Organisationen enthielt lediglich ein Anschreiben (nicht den gesamten Fragebogen), in dem der Link des Online-Fragebogens angegeben war. Die postalische Übermittlung wurde in den Fällen gewählt, in denen keine E-Mail-Adressen der Organisationen verfügbar waren. Waren E-Mail-Adressen vorhanden, wurde der Link des Online-

---

[15] Zum Beispiel: Verein der Vietnamesen Leipzig e.V.; Diem Hong – Gemeinsam unter einem Dach e.V. Rostock; Verein der Freien Vietnamesen in Bad Kreuznach; Deutsch-Vietnamesischer Kulturverein e.V. Dresden.

Fragebogens auf diese Weise versendet. Es sei an dieser Stelle darauf hingewiesen, dass es sich zu keiner Phase der Forschung um ein quantita-tives Forschungsdesign handelte. Der Fragebogen diente dazu, einen ersten Überblick über den Forschungsgegenstand zu bekommen und in Kontakt mit Vietnames_innen in Deutschland zu kommen.

Der Online-Fragebogen wurde von August 2012 bis August 2013 freigeschaltet. Parallel zum Beginn der Online-Befragung wurde der Feldforschungsaufenthalt in Vietnam organisiert. Zu Beginn der Befragung hatte der postalisch versendete Fragebogen und die Versendung an vietnamesische Organisationen nicht den erhofften Rücklauf. Der Online-Fragebogen konnte zwar Teilnehmer_innen verzeichnen, allerdings war die Bereitschaft für ein Gespräch in Vietnam sehr gering. Um die Teilnehmer_innenzahl und auch die Zahl der nach Vietnam Reisenden zu erhöhen, nutzte ich die Möglichkeit auf einer bekannten Webseite für in Deutschland lebende Vietnames_innen, die ausschließlich in Vietnamesisch verfasst wird, mithilfe eines Banners auf der Webseite auf meinen Online-Fragebogen und mein Forschungsvorhaben aufmerksam zu machen.

Nachdem dieser Banner im Februar 2013 auf der Webseite hochgeladen wurde, war ein rapider Anstieg der Teilnehmer_innenzahl am Online-Fragebogen zu verzeichnen.[16] Nach Deaktivierung und Bereinigung des Online-Fragebogen-Samples im August 2013 konnte ein Stichprobenumfang von 173 Teilnehmenden ausgemacht werden. Die Ergebnisse des Fragebogens – postalisch als auch online – gaben einen ersten Überblick und Eindruck über die Thematik, wurden aufgrund des sehr umfangreichen Interviewmaterials nicht mit in die vorliegende Arbeit eingebunden. Sie bildeten aber die Grundlage für den daraufhin entwickelten Leitfaden für die Interviews.

Die Teilnehmer_innen des Fragebogens, die einem Gespräch in Vietnam zustimmten, gaben für eine weitere Kontaktaufnahme ihre Kontakt-

---

[16] So gelangten zum Beispiel in der 8. Kalenderwoche 2013, dem Beginn der Werbung auf der Webseite, 128 Personen über diesen Banner zum Online-Fragebogen. In den Wochen vor Nutzung der vietnamesischen Webseite waren es in einer Hochphase lediglich 37 Personen. Hier sei alledings anzumerken, dass es sich nur um Personen handelt, die sich für den Banner auf der Webseite interessierten und diesen anklickten. Dies sagt noch nichts über die tatsächliche Zahl der Teilnehmer_innen aus, die den Online-Fragebogen ausfüllten und beendeten.

daten – in den meisten Fällen die E-Mail-Adresse – an. Diese Abfrage der Kontaktdaten war notwendig, da der Fragebogen ansonsten anonym ausgefüllt wurde. Anschließend wurde per E-Mail mit den Interaktionspartner_innen Kontakt aufgenommen und ihnen wurden Fragen über ihre geplante Reise nach Vietnam gestellt. Wie nun die Begegnung im Feld ablief, welche Herausforderungen sich logistisch ergaben und wie insbesondere die Zusammenarbeit mit der vietnamesischen Gastuniversität verlief, wird im Folgenden erläutert.

3.2 Feldforschung und Datengewinnung in Vietnam

Seit der Einführung von *đổi mới* gegen Ende der 1980er Jahre haben sich nicht nur die wirtschaftlichen und politischen Rahmenbedingungen verändert, sondern auch das Klima für internationale Wissenschaftler_innen, im Land zu forschen. Allerdings ist das bisher vorherrschende sozialistische, positivistische Paradigma empirischer Sozialforschung als „apolitical quantitative methods" (Scott et al. 2006: 31) zu verorten und nur langsam im Begriff, sich durch die nächste jüngere, im „Westen" ausgebildete Generation zu wandeln. So scheint es nur konsequent, dass internationale Wissenschaftler_innen in Vietnam häufig auf Schwierigkeiten stoßen. Diese bestehen nicht nur im qualitativen Forschungsdesign, sondern sind ebenso von der Thematik, der Lokalität und dem Untersuchungsgegenstand abhängig.[17]

Das Forschungsumfeld in Vietnam ist durch einen „top down"-Ansatz geprägt, das bedeutet, dass internationale Wissenschaftler_innen eine Forschungsgenehmigung auf dem offiziellen Weg beantragen müssen und für die konkrete Forschung, zum Beispiel auf lokaler Ebene, einen „roten Stempel" der höheren staatlichen Behörde benötigen (Scott et al. 2006; Bonnin 2010; Turner 2013). Für den Erhalt der Forschungsgenehmigung ist eine Kooperation mit einer vietnamesischen Universität oder einem Institut in Vietnam notwendig.

---

[17] Nach wie vor ist die Bearbeitung sensibler Themen, die zum Beispiel ethnische Minderheiten oder andere marginalisierte Gruppen wie Con Lai Mỹ in Vietnam betreffen, für ausländische Wissenschaftler_innen durch einen erheblichen bürokratischen Aufwand und viel Geduld gekennzeichnet.

Die Feldforschungsgenehmigung erhielt ich von der *Trường Đại Học Khoa Học Xã Hội và Nhân Văn* (VNU – University of Social Science and Humanities) in Hà Nội. Damit konnte die Feldforschung in Vietnam von Januar bis August 2013 stattfinden. Da Hà Nội und Hồ-Chí-Minh-Stadt die zwei größten Städte Vietnams sind und über die Flughäfen beider Städte alle internationalen Reisenden und somit auch Việt Kiều in das Land kommen, musste die Wahl des Aufenthaltes auf eine dieser beiden Städte fallen. Aufgrund meines früheren einjährigen Aufenthalts in Hà Nội und einer entsprechenden Vertrautheit mit der Stadt sowie vorhandener Kontakte habe ich für die achtmonatige Feldforschung als Ausgangspunkt Hà Nội gewählt. Der Zeitraum wurde aus zwei Gründen gewählt: Einerseits war der Zeitrahmen von sechs Monaten durch ein Forschungsstipendium des DAAD begrenzt, andererseits wurde der Aufenthalt um weitere zwei Monate verlängert, um noch weitere Interviews führen zu können.

Die zu Beginn des Unterkapitels beschriebenen Schwierigkeiten hinsichtlich der Forschungsgenehmigung und der bürokratischen Hürden vor Ort traten nicht ein, was sich vermutlich aufgrund des Themas, einer Untersuchung des Reiseverhaltens von deutschen Việt Kiều und deren Identitätsbildungsprozessen während der Reise in Vietanm, erklären lässt. Denn der Untersuchungsgegenstand scheint sich einer Kontrolle durch die vietnamesischen Behörden zu entziehen, da die Gespräche überwiegend auf Deutsch stattfanden und die Interaktionspartner_innen größtenteils deutsche Staatsangehörige sind.

Der „rote Stempel" war aber unabdingbar, um zusätzlich zu den Gesprächen mit Việt Kiều Zugang zu und Informationen von vietnamesischen Behörden zu erhalten. Zu den besuchten vietnamesischen Behörden und Institute gehörten *Tổng Cục Du Lịch Việt Nam* (National Administration of Tourism), *Viện Nghiên Cứu Châu Âu* (Institute for European Studies), *Hội Hữu Nghị Việt Đức* (Vietnamesisch-Deutscher Freundschaftsverein). Die Auskunftsbereitschaft variierte sehr stark von der jeweiligen Einrichtung.

Da die „Heimat" von Việt Kiều in Vietnam aufgrund unterschiedlicher Migrationserfahrungen sowie landesinterner Migration an verschiedenen Orten lokalisiert ist, die sie während einer Reise in Vietnam besuchen, musste ich auf diese diversen Lokalitäten eingehen, um Gespräche führen zu können. Eine Feldforschung, die an verschiedenen Orten stattfindet, kann als *multi-sited ethnography* (Marcus 1995) bezeichnet werden. Diese *multi-sited ethnography* reagiert auf komplexe Untersuchungsgegenstände, die insbesondere durch Globalisierung seit Mitte der 1980er Jahre emergierten (Marcus 1995) und dadurch eine Alternative zur klassischen Feldforschung an einem Ort, in einer Gemeinschaft und für eine längere Forschungsphase bildet. Dieser Ansatz ist vor allem in Bereichen wie Migrations- oder Tourismusstudien relevant (Grigoleit 2009; Binder 2005). Durch die Globalisierung werden entfernte Orte miteinander verbunden, die durch eine *multi-sited ethnography* in ihrer Komplexität untersucht werden können, wobei allerdings, worauf Marcus (1995: 99) hinweist, keine holistische Repräsentation verfolgt wird. Marcus entwickelt verschiedene *modes of construction*, die eine *multi-sited ethnography* definieren: Folge den Menschen, der Metapher, der Handlung, der Biografie oder dem Konflikt (Marcus 1995: 105ff.). In der hier vorliegenden Untersuchung wird den Menschen auf ihrer Reise nach Vietnam gefolgt. Die Gespräche mit Việt Kiều während der Reise in Vietnam haben im Gegensatz zu solchen nach der Reise in Deutschland den Vorteil, dass Eindrücke und Vorstellungen von der Reise nicht durch eine zeitliche und räumliche Distanz verändert wiedergegeben werden. Weiterhin konnten die Interviews so in einer für die Befragten gewohnten Umgebung während des Vietnamaufenthaltes stattfinden.

Abb. 2: Karte Vietnam (Quelle: Lê Văn Sơn)

Methodisches Vorgehen und Herausforderungen angesichts mobiler Befragten

Gesprächssituationen in Vietnam

Zur Datengewinnung sind während meiner Feldforschung Methoden wie Leitfadeninterviews, *photo elicitation* und teilnehmende Beobachtung zum Einsatz gekommen. Die Interaktionspartner_innen wurden überwiegend via E-Mail nach dem Ausfüllen des Online-Fragebogens kontaktiert. Diejenigen, die durch Bekannte und Interviewpartner_innen an mich vermittelt wurden, habe ich telefonisch kontaktiert. Die Interviews wurden aufgrund der unterschiedlichen Aufenthaltsorte der Interaktionspartner_innen in Hà Nội, Đà Nẵng, auf der Insel Phú Quốc und in Hồ-Chí-Minh-Stadt geführt. Dabei wurde auf die Wünsche der Interviewpartner_innen dahingehend eingegangen, dass sie den Treffpunkt bestimmen konnten. Das hatte den Vorteil, dass sie Orte wählen konnten, die für sie schnell zu erreichen sind und an denen sie sich wohl fühlen. Ein Teil der Interviews wurde bei den Betreffenden und deren Familien zu Hause geführt, sodass ich einen Eindruck vom familiären Umfeld gewinnen konnte. Der andere Teil der Interviews fand an von den Interaktionspartner_innen gewählten öffentlichen Orten wie Cafés statt. Das hatte zur Folge, dass die Gespräche einerseits durch Bedienungen hin und wieder gestört wurden und andererseits durch eine allgemeine unruhige Atmosphäre gekennzeichnet waren.

Das Einverständnis der Befragten vorausgesetzt, wurden alle Interviews mittels eines Aufnahmegerätes aufgezeichnet, um eine optimale Auswertung der Gespräche zu gewährleisten. Für den Fall, dass die Gesprächspartner_innen Informationen zu meinem Forschungsprojekt in schriftlicher Form haben wollten, hatte ich ein Informationsblatt mit wichtigen Angaben zu Ziel der Befragung, Anonymität und meine Kontaktdaten vorbereitet. Bei den auf Vietnamesisch durchgeführten Interviews war für den Fall von Kommunikationsschwierigkeiten ein Dolmetscher anwesend.

An alle Teilnehmenden wurden Fragen in Form eines Leitfadeninterviews gestellt (Flick 2002: 117ff.). Der Leitfaden gliederte sich in drei Teile, wie in Tabelle 2 abgebildet ist. Um einen Einstieg in das Gespräch zu finden, wurde eine allgemeine Erzählaufforderung formuliert, die den ersten Teil des Interviews darstellt und zugleich Kapitel 4, das touristische Verhalten der Việt Kiều, beleuchtet. In diesem ersten Teil des Gespräches wurden den Teilnehmer_innen nach der Erzählaufforderung Fotografien von touristischen Orten in Vietnam vorgelegt. Weil „Fotos von den Interpretationen und Zuschreibungen derer geprägt [sind], die sie aufnehmen oder betrachten", sollten idealerweise die Interviewten die Fotos machen und auswählen (Flick 2002: 223f.). So sollten anfänglich die Befragten vor Fahrtantritt eine Einwegkamera erhalten, um während der Reise in Vietnam Fotos zu machen und sie im Anschluss zur gemeinsamen Besprechung zu nutzen und mir zur Auswertung zur Verfügung zu stellen. Da die Befragten aus verschiedenen Orten Deutschlands und zu unterschiedlichen Zeiten anreisten, war es nicht möglich, sie vor Reisebeginn zu treffen, um ihnen die Kameras auszuhändigen. Einige Befragte wurden zu Beginn ihrer Reise in Vietnam interviewt, weshalb es schwierig war, von den Interviewpartner_innen eigene, während der Fahrt mit eigenen Kameras gemachte Fotos zu erhalten.

Aufgrund dieser Schwierigkeiten entschied ich mich, den Interviewten Bilder vorzulegen, die ich vor Beginn der Feldforschung während längerer, auch touristischer Aufenthalte fotografiert hatte. Die Motivauswahl sollte einerseits eine Vielfalt touristischer Orte in Vietnam ausdrücken, andererseits bestimmte Aspekte repräsentieren. Zu den Aspekten gehörten verschiedene historische Orte, Naturlandschaften sowie eine Alltagsszene, die symbolische Bedeutungen inne haben (Näheres dazu siehe Unterkapitel 4.5.5 und 4.5.6.3). Die Tatsache, dass allen Befragten dieselben Fotos vorgelegt wurden, gewährleistete eine bessere Vergleichbarkeit der Antworten.

Diese als *photo elicitation* bekannte Methode hat den Vorteil, dass sie „evokes information, feelings, and memories that are due to the photograph's particular form of representation" (Harper 2002: 13). Ein Foto kann individuelle Erzählungen durch seinen bloßen Inhalt hervorrufen. Einerseits dienten die Fotografien für den Fall, dass das Gespräch ins Stocken gerät, um weitere Informationen zu erhalten und das Interview am Laufen zu halten. Andererseits unterstützten die Bilder Folgendes: „how informants use the content of the images as vessels in which to invest meanings and through which to produce and represent their knowledge, self-identities, experiences and emotions" (Pink 2007: 82). Darüber hinaus stellte *photo elicitation* eine geeignete Methode dar, um während des Gespräches mit den Teilnehmer_innen imaginär zu den Orten zu reisen, da es mir nicht möglich war, alle Interaktionspartner_innen an diese Orte während ihrer Reisen zu begleiten und vor Ort zu befragen.

Im zweiten Teil des Gespräches wurden insbesondere Fragen nach der Identität der Interviewten erfragt, wobei es zwischen erstem und zweitem Teil bereits zu einigen Überschneidungen kommt, sodass es während des Gespräches zu keinen abrupten Themenwechseln gekommen ist.

Der dritte Teil ist ein Bilanzierungteil, in dem die Befragten neue Themen, aber auch Bewertungen einbringen konnten (Helfferich 2011: 179). Die in Tabelle 2 in der Spalte „Check" genannten Stichworte dienten dazu, während des Gesprächs zu überprüfen, ob die Befragten dazu bereits etwas geäußert hatten. Falls dies nicht der Fall war, konnten anhand der Stichworte Nachfragen gestellt werden. Die Fragen der dritten Spalte unterstützten den Gesprächsverlauf für den Fall, dass das Interview ins Stocken geriet oder die Befragten vom Thema abwichen. Mit der Fragebogenreihenfolge wurde in den Gesprächen flexibel umgegangen und abhängig von dem Gesagten der Befragten entschieden, ob Fragen schon beantwortet wurden oder Nachfragen notwendig waren.

Nach den Gesprächen wurde die Interviewsituation jedes Teilnehmenden in einem Protokollbogen festgehalten, um einerseits persönliche Angaben des Befragten auf Grundlage des Interviews festzuhalten und um andererseits formale, wichtige Angaben, die vor oder nach der Interviewaufzeichnung gemacht worden waren, sowie die Interviewatmosphäre aufzuzeichnen, was die spätere Interpretation unterstützen sollte (Helfferich 2011: 193, 201).

Während der achtmonatigen Feldforschung in Vietnam habe ich insgesamt 15 Interviews geführt. Ein weiteres Interview fand im Anschluss an die Feldforschung in Deutschland statt. Die in Deutschland Befragte kehrte gerade von ihrer Vietnam-Reise zurück. Darüber hinaus fließt in die Auswertung ein Reisetagebuch, das mir per E-Mail zugesandt wurde, mit ein. Im Verlauf des Aufenthaltes in Vietnam habe ich des Weiteren sechs Interviews mit Vietnames_innen geführt, die für längere Zeit in Deutschland gelebt hatten, nun aber wieder in Vietnam wohnten, sodass sie nicht in die hier untersuchte Gruppe der Việt Kiều fielen. Da es dennoch interessant schien, etwas über den vietnamesischen Binnentourismus zu erfahren, wurden jene Vietnames_innen zu ihrem Reiseverhalten in Vietnam und zu ihren Erinnerungen über Deutschland befragt. Andererseits sollten diese sechs Interviews zur Ergänzung des bereits vorhandenen Datenmaterials über die Việt Kiều dienen. Aufgrund der Fülle des Gesprächsmaterials der 17 befragten Việt Kiều wurde entschieden, in der vorliegenden Arbeit auf die Einbettung der sechs Interviews mit den Vietnames_innen zu verzichten. Darüber hinaus fließen Erkenntnisse, die im Rahmen der teilnehmenden Beobachtung (bei erneuten Treffen und Einladungen der Befragten) gemacht wurden sowie informelle Gespräche mit Việt Kiều und Vietnames_innen in Vietnam und Deutschland mit in die Arbeit ein, sofern sie thematisch einen Mehrwert an Erkenntnissen liefern. Die vorliegende Arbeit hat aufgrund ihrer begrenzten Anzahl von Interviews (insgesamt 17 in die Analyse einfließende Gespräche) eher explorativen Charakter und kann in weiteren Untersuchungen ausgebaut werden.

Tabelle 2: Leitfaden für die Interviews (in Anlehnung an Helfferich 2011: 186)

Leitfrage (Erzählaufforderung)	Check – wurde das erwähnt?	Aufrechterhaltungs- und Steuerungsfragen
Teil I Während einer Reise nach Vietnam erlebt und sieht man viel. Können Sie mir von Ihrer bisherigen Reise, Erlebtem und Gesehenem erzählen?	Orte, Orte besonderer Bedeutung, Orte wo man nicht hin will, Menschen (Viet (Nord, Süd); Ethn. Minderheiten), Exotik Rituale, Wohnen, Essen, Souvenirs (fake o. original), Entscheidung u. Info über Ziel, Häufigkeit der Reise (Finanz.), Verwandte aus VN auch nach Dtl.? Verwandte in USA? Andere Länder reisen? Fotos	Können Sie dazu noch etwas mehr erzählen? Können Sie das etwas genauer schildern? Und dann? Wie ging das weiter? Wie war das mit …?
Ich würde Ihnen gerne ein paar Fotos zeigen. Vielleicht können Sie mir erzählen, was Sie beim Anblick der Bilder denken.		
Eine Reise nach Vietnam ist für mich wie …	*Übergang von Teil I zu Teil II*	

Teil II Können Sie mir von Ihrem Leben in Deutschland erzählen? Und wie die Reise nach Vietnam für Sie ist/ wie Sie sich fühlen?	Einschränkung (Dtl., VN), Wohlfühlen, Erwartungen, Pflicht, Zwang, warum in Deutschland?	
Im Ausland lebende Vietnames_innen werden als Việt Kiều bezeichnet. Sehen Sie sich selbst als Việt Kiều?	Welche Konnotation hat der Begriff für Sie?	
Teil III Wir haben über Ihre Reise in Vietnam gesprochen. Vielleicht gibt es aber noch etwas anderes, das Ihnen am Herzen liegt/ das Sie ergänzen möchten?		

3.3 Auswertung und Analyse

Zu Beginn der Arbeit lag der Fokus auf dem ersten Forschungsfragenkomplex zum Reiseverhalten der Việt Kiều. Als ich während der Feldforschung mit der Transkription der Interviews mit Hilfe des Programmes F4 begann, konnte ich sogleich einen ersten Überblick über das Datenmaterial gewinnen. Daraus entwickelte sich im Verlauf der Befragungen als weiterer Schwerpunkt der Arbeit der Aspekt von Identitätsfragen während der Reise. Woraufhin ich auch die Leitfragen nochmals anpasste. Dieser Auswertungs- und Analysestil folgt der *Grounded Theory* nach Strauss und Corbin, wonach nicht nur Textabschnitte, die wichtig erscheinen, transkribiert werden, sondern das gesamte Gesprächsmaterial (1996: 14f.). Das soll vermeiden, dass bereits zu Beginn des Forschungsprozesses selektiv gearbeitet und somit das Ergebnis in eine interpretative Richtung gelenkt wird.

Neben der vollständigen Verschriftlichung des Tonmaterials erfolgte die Transkription nach den Transkriptionsregeln von Kruse (2009: 132ff.). Diese besagen, dass Wort für Wort, Pausen, Aktzentuierungen und Endintonationen transkribiert werden, um anschließend eine rekonstruktive Analysemethode auf vier Aufmerksamkeitsebenen durchführen zu können (Kruse 2009: 147f.). Bei Auszügen aus den Interviews in dieser Arbeit wurde auf diese detailreiche Darstellung der Transkription verzichtet, um eine bessere Lesbarkeit herzustellen. Allerdings wurden an wichtigen Stellen in den Interviews Betonungen durch Großschreiben der entsprechenden Wörter beibehalten, sofern dies der Untermauerung des Gesagten und der Interpretation diente. Bei Auslassungen in den Gesprächen wurden ebenfalls zur besseren Lesbarkeit in eckigen Klammern Ergänzungen vorgenommen. Das Doppelkreuz (#) hinter den Zitaten weist auf die Position der Aussage im Interviewtranskript hin.

Nach dem Transkribieren der Interviews wurde die Anonymisierung vorgenommen, das heißt, dass Namen und genannte Orte der Interviewpartner_innen, sofern diese Orte nicht wichtig für das Verständnis des Gespräches waren, geändert wurden. Die drei auf Vietnamesisch geführten Interviews wurden bereits in Vietnam von drei Muttersprachlern transkribiert. Die Tatsache, dass drei verschiedene Personen die vietnamesischen Gespräche transkribiert haben, bedingt sich durch die Schwierigkeit, Vietnames_innen zu finden, die sich mit der Transkription von aufgezeichneten Interviews auskannten und gleichzeitig die Zeit hatten, ein Gespräch zu transkribieren. Die so angefertigten drei Transkripte wurden anschließend nochmals von einem weiteren Muttersprachler und mir angehört und überarbeitet.

Die Gesprächstranskriptionen wurden hinsichtlich der zwei Forschungsschwerpunkte der Arbeit geprüft. Die Analyse des verschriftlichten Interviewmaterials erfolgte mittels der Software MAXQDA (Kuckartz 2010) nach der achtmonatigen Feldforschung in Vietnam. Als erster Schritt wurde anhand der Vorgehensweise der *Grounded Theory* analysiert, das heißt, dass die Daten in drei Hauptphasen kodiert werden: offenes, axiales und selektives Kodieren. Bei einem ersten Lesen der Texte wurden durch das offene Kodieren Codes beziehungsweise in-vivo-codes gebildet, die sich aus dem Material selbst ergeben. Anschließend wurden beim axialen Kodieren die Texte hinsichtlich der vorher vergebenen Codes nochmals gelesen und mit anderen Textstellen abgeglichen, um Oberkategorien zu bilden. Später wurden diese verschiedenen Kategorien im Rahmen des selektiven Kodierens gebündelt und abstrahiert, um Kernkategorien zu formulieren (Strauss und Corbin 1996). Damit konnte ein offenes Herangehen an die Interviews gewährleistet und eine vorschnelle Interpretation vermieden werden.

Methodisches Vorgehen und Herausforderungen angesichts mobiler Befragten

Im zweiten Schritt wurden die bereits kodierten Interviews erneut mit der rekonstruktiven Analysemethode nach Kruse auf den vier Aufmerksamkeitsebenen (Interaktion, Syntax, Semantik und Erzählfiguren und Gestalt) untersucht. Bei dieser Analysemethode handelt es sich um eine „mikrosprachliche Beschreibung sprachlich-kommunikativer Phänomene", durch die „‚Sinn' [...] nicht in den Text hineingelegt [wird], sondern [...] aus dem Text herausgearbeitet werden [soll]" (Kruse 2009: 147). Diese zwei Analyseschritte sicherten eine mikroskopische Auswertung der Interviews.

Um größtmögliche Offenheit der qualitativen Forschung zu erreichen, war es notwendig, bei allen einzelnen Schritten der methodischen Umsetzung das eigene Relevanzsystem „zurückzunehmen", indem „man sich auf sein eigenes Relevanzsystem selbstreflektiv sensibilisiert, sich also auf seine Akte der Selbstauslegung beim Fremdverstehen gerade auch theoretisch sensibilisiert" (Kruse 2009: 25). Das heißt, dass insbesondere mein Vorwissen, vor allem in den Interviewsituationen, aber auch bei der Interpretation des Datenmaterials, in einem selbstreflektiven Prozess überprüft wurde, um eine „vorschnelle, tautologische Sinnkonstruktion auf der Basis des Vor-Wissens" zu vermeiden (Kruse 2009: 24). Mein persönliches Relevanzsystem hat sich während mehrerer längerer, nicht-touristischer und touristischer Aufenthalte in Vietnam herausgebildet. Berichtete Erlebnisse der Interviewpartner_innen, vor allem der zweiten Generation Việt Kiều, deckten sich hin und wieder mit meinen eigenen Erfahrungen, die dann mit den Interviewaussagen in einem selbstreflektiven Prozess überprüft und rekonstruiert wurden, um voreilige Interpretationen zu verhindern.

Darüber hinaus wird der Verstehensprozess und die „Fremdwahrnehmung des Forschers [...] von innenpolitischen Machtverhältnissen überschattet" (Heidemann 2011: 39) beziehungsweise beeinflusst. In der vorliegenden Arbeit spielen politische und historisch-politische Entwicklungen in Vietnam gegenüber den Việt Kiều eine Rolle. Das kommt insbesondere dann zum Ausdruck, wenn in den Interviews die Flucht aus Vietnam oder die politische Entwicklung thematisiert wurden.

Auch meine persönliche Rolle blieb nicht nur auf die der Forscherin beschränkt. Aufgrund der Thematik der Arbeit fragten mich die Gesprächspartner_innen häufig zu meiner Meinung und Erfahrung als Touristin oder ich erhielt Empfehlungen beziehungsweise sogenannte Insider-Tipps für bestimmte touristische Orte.

3.4 Übersicht über die Gesprächspartner_innen

Die Gruppe der Befragten weist einen heterogenen Charakter auf und umfasst 16 Gespräche und eine Reisetagebuchaufzeichnung. Wie der Abb. 3 zu entnehmen ist, ist die Mehrheit der Interviewten zwischen 20 und 29 Jahre alt und entsprechend übermäßig stark repräsentiert. Hingegen verteilen sich die weiteren sechs Interaktionspartner zwischen 30 und 69 Jahren und sind damit gering vertreten.

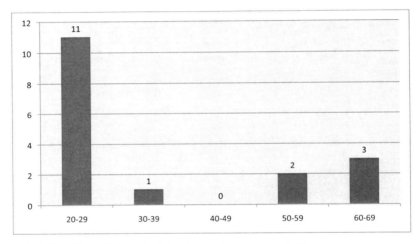

Abb. 3: Geschätztes[18] Alter der Interviewpartner_innen nach Gruppen

Hinsichtlich der Geschlechterverteilung liegt ein ausgewogenes Verhältnis von neun zu acht vor. Hervorstechend ist weiterhin, dass zufällig alle neun Frauen in die dominante Altersgruppe von 20 bis 29 Jahren fallen. Damit variierte das Alter der acht Männer zwischen 20 und 69 Jahren. Acht Gesprächspartner_innen (hierzu zählt auch der Reisetagebuchschreibende) wurden in Vietnam geboren, alle weiteren in Deutschland.

Diese acht in Vietnam geborenen Personen weisen unterschiedliche Migrationshintergründe auf. Die erste Migrationsgeneration umfasst

---

[18] Das Alter musste bei einigen Gesprächspartner_innen geschätzt werden, da einige keine konkreten Angaben diesbezüglich gemacht hatten.

sowohl *boat people* als auch Vertragsarbeiter_innen, aber schließt auch eine Migration zu Bildungs- und Heiratszwecken und Familiennachzug mit ein. Sie sind somit in Vietnam durch elterliche Erziehung und den Schulbesuch, teilweise sogar durch einen Hochschulbesuch sozialisiert.

Für diese acht Personen, drei davon weiblich, ist Vietnamesisch ihre Muttersprache. Ihre Deutschkenntnisse reichen von sehr gut bei den Jüngeren (alle drei sind Frauen) bis zu kaum vorhandenen Sprachkenntnissen bei den Älteren, weshalb die Gespräche bei drei von ihnen in vietnamesischer Sprache stattfanden (plus ein auf Englisch verfasstes Reisetagebuch). Drei von ihnen sind zur Ausbildung oder als Vertragsarbeiter in die DDR gekommen. Da sie mit dem Ziel in die DDR einreisten, dort nur zu arbeiten, aber nicht dauerhaft zu blieben, erhielten sie keine oder eine geringe Sprachausbildung. Nach der deutschen Wiedervereinigung hatten sie einen vakanten Aufenthaltsstatus. Um dauerhaft in Deutschland bleiben zu können, mussten sie eine Arbeit vorweisen können. Das führte dazu, dass sie sich um ihr Überleben sorgten und auch nach der Klärung des Aufenthaltsstatus insbesondere Berufe als Koch, im Einzelhandel oder im Hotel ausübten, in denen umfangreiche Deutschkenntnisse keine große Rolle spielten (siehe Tabelle 3).

Zwei dieser acht Personen sind zum Zeitpunkt der Befragung als Studentinnen an einer deutschen Hochschule eingeschrieben. Sie wurden ebenfalls in diese Studie mit aufgenommen, da aufgrund ihrer deutschen Partner, mit denen sie zusammenleben, davon auszugehen ist, dass sie eine längere Zeit, wenn nicht sogar dauerhaft, in Deutschland bleiben und damit gleichsam als Việt Kiều zu betrachten sind.

Die neun weiteren Interaktionspartner_innen gehören der zweiten Generation an. Acht von ihnen wurden in Deutschland geboren, einer ist in der Schweiz geboren und aufgewachsen. Hier muss ein Blick auf die Elterngeneration geworfen werden, um eine Aussage zu den Migrationshintergründen machen zu können. Von fünf Teilnehmenden der zweiten Generation sind beide Eltern als *boat people*, und von dreien ist jeweils nur ein Elternteil, in allen Fällen der Vater, nach Deutschland gekommen. Die Eltern einer Teilnehmerin sind erst als Vertragsarbeiter_in in die DDR und von dort in die BRD geflüchtet. Der berufliche Hintergrund der gesamten Gruppe variiert von Angestellte_r, Selbstständige_r bis zu Doktorand_in. Ihre Vietnamesischkenntnisse reichen von geringen bis sehr guten Sprachfertigkeiten. Es ist auffällig, dass unter den Befragten insbesondere die Kinder der früheren Bootsflüchtlinge stark vertreten sind.

Die Namen der Befragten, die alle Vietnamesisch waren, sind zum Schutz ihrer Privatsphäre geändert worden. Da es im Vietnamesischen eine größere Vielfalt an Vor- als an Nachnamen gibt, wurden den Befragten vietnamesische Vornamen zugeteilt. Auch wenn es im Deutschen unüblich ist, jemanden mit dem Vornamen und der Anrede „Frau" oder „Herr" anzusprechen, soll dies hier dennoch aus Respekt und Höflichkeitsgründen geschehen.

Mit Blick auf die Wohnsitzverteilung der interviewten Việt Kiều zeigt sich eine gute Streuung innerhalb Deutschlands, was der zuvor angesprochenen bundesweiten Verteilung entspricht. Dass viele der Gesprächspartner_innen in Nordrhein-Westfalen wohnen, lässt sich vermutlich dadurch erklären, dass zu Beginn des Online-Fragebogens dieser in meinem näheren Umkreis gestreut wurde.

Tabelle 3 gibt eine Übersicht über die Befragten. Details sowie Informationen zur Kontaktaufnahme und Interviewsituation der einzelnen Interaktionspartner_innen finden sich nachstehend.

Tabelle 3: Übersicht der Interviewpartner_innen

	Alter*	Geschlecht	Beruf	Wohnsitz**	Motive für Migration
1. Generation (Kindheit in Vietnam; Muttersprache Vietnamesisch)					
1. Phuong	55	M	Koch	NS	Bootsflüchtling
2. Nhat	60	M	Koch	BW	Studium
3. Binh	55	M	Hotelangestellter	k.A.	(Vertrags-)Arbeit
4. Hai	60	M	Einzelhandel	SA	(Studium), Vertragsarbeit
5. Tu	k.A.	M	k.A.	k.A.	Ausbildung DDR

Methodisches Vorgehen und Herausforderungen angesichts mobiler Befragten

6. Huyen	22	W	Selbstständig	Berlin	Familiennachzug
7. Ha	23	W	Studentin	NS	Studium, Partner
8. Lanh	27	W	Studentin	NRW	Studium, Partner
2. Generation (Kindheit in Deutschland und der Schweiz; Muttersprache Deutsch)					
9. Ngoc	27	W	Doktorandin	NRW	Vater Bootsflüchtling
10. Loi	31	M	Angestellter	NRW	Vater Bootsflüchtling
11. Trang	25	W	Angestellte	VN	Eltern Bootsflüchtlinge
12. Lieu	23	W	Studentin	NRW	Eltern Bootsflüchtlinge
13. Tho	24	M	Student	NRW	Eltern Bootsflüchtlinge
14. Hoa	21	W	Studentin	BW	Vater Vertragsarbeiter, Mutter Familiennachzug, Flüchtlinge
15. Van	25	W	Angestellte	NRW	Eltern Bootsflüchtlinge
16. Hung	28	M	Doktorand	CH	Vater Bootsflüchtling
17. Hien	26	W	Angestellte	VN	Eltern Bootsflüchtlinge

* Geschätztes Alter.
** Soweit der Wohnsitz zum Zeitpunkt des Interviews in Deutschland war, erfolgt die Einteilung nach Bundesländern. Im Fall von Frau Trang und Frau Hien (jeweils Vietnam) sowie Herrn Hung (Schweiz) nach Ländern. Herr Tu hat auch auf meine Nachfrage zu seinem Reisetagebuch per E-Mail leider keine Angaben zu Alter, Beruf und Wohnsitz gemacht.

Tourismus und Identität

Erste Generation Việt Kiều

Herr Phuong ist geschätzt 55 Jahre alt und geht in einer niedersächsischen Stadt in einem Restaurant der Beschäftigung als Koch nach. Er ist verheiratet und Vater von zwei Kindern. Herr Phuong gehört zu jenen Befragten, die nicht über den Online-Fragebogen für das Gespräch gewonnen wurden. Durch bereits existierende Kontakte erhielt ich in Vietnam die Kontaktdaten von Herrn Phuong. Obwohl ich die Telefonnummer von Herrn Phuong durch persönliche Beziehungen erhalten hatte, gestaltete sich die erste Kontaktaufnahme schwierig. Er machte sich Sorgen darüber, welche Fragen ich stellen würde und war unsicher, ob er dem Interview zustimmen sollte. Nachdem ich hinsichtlich der zu stellenden Fragen konkreter wurde und betonte, dass es sich nicht um politische Fragen handeln würde, stimmte Herr Phuong einem Termin für die Befragung zu. Das Interview fand bei ihm im Wohnzimmer des Hauses seiner Eltern in Đà Nẵng statt und es waren neben mir und einem Dolmetscher, die Mutter und der Neffe von Herrn Phuong anwesend. Da ich den Befragten auf Deutsch sehr schlecht verstanden habe, traf ich die Entscheidung, das Interview auf Vietnamesisch zu führen. Herr Phuong war freundlich und offen, hat aber auf persönliche Nachfragen nur bedingt geantwortet. Zu Fotos, die ich ihm vorlegte, konnte er keine Aussagen treffen. Auch hinsichtlich seines Migrationsgrundes nach Deutschland hielt er sich bedeckt. Lediglich aus der Durchsicht des gesamten Interviewmaterials lässt sich die Vermutung ableiten, dass Herr Phuong als Bootsflüchtling nach Deutschland gekommen war.

Herr Nhat ist mit circa 60 Jahren der gleichen Altersgruppe wie Herr Phuong zuzurechnen. Er ist ebenfalls Koch in einem Sushi-Restaurant, aber in Baden-Württemberg und gibt an, eine Ausbildung als Maschinenbauingenieur absolviert zu haben. Den Grund für seine Migration nach Deutschland lässt er offen. Herr Nhat ist Vater von drei Kindern. Er wurde auf meinen Fragebogen über den Banner auf der vietnamesischen Webseite, die für in Deutschland lebende Việt Kiều als Informationsplattform dient, aufmerksam. Herr Nhat hat mich direkt nach seiner Ankunft in Hà Nội angerufen und so selbst den Interviewtermin vereinbart. Das Gespräch fand im Haus seiner Mutter statt. Da die gesamte Familie in der näheren Umgebung lebt, waren die Mutter, die Schwester, der Bruder sowie die Schwägerin und zwei Neffen bei dem Interview ebenfalls anwesend. Auch hier war ein Dolmetscher dabei. Das Gespräch wurde auf Vietnamesisch durchgeführt. Die Interviewatmosphäre zeichnete sich aufgrund der Anwesenheit vieler Familienmitglieder durch Unruhe aus. Diese wurde durch ein laut eingestelltes Fernsehgerät verstärkt. Die Familienmitglieder warteten gespannt auf meine auf Vietnamesisch gestellten Fragen. Angesichts der Anwesenheit der Familie konnten Fragen an Herrn Nhat als Việt Kiều bezüglich seiner Familie nicht gestellt werden. Herr Nhat hat mich anlässlich seiner bevorstehenden Rückreise nach Deutschland zu einem Abschiedsessen zu Hause mit der gesamten Familie eingeladen.

Herr Binh gehört mit circa 55 Jahren ebenfalls in die Altersgruppe von Herrn Nhat und Herrn Phuong. Er ist verheiratet, hat Kinder und arbeitet in einem Hotel. Zu seinen Motiven, nach Deutschland zu migrieren, äußerte sich Herr Binh nicht. Die Schwester des Befragten ist über den Banner auf der vietnamesischen Webseite auf den Fragebogen aufmerksam geworden und hat ihn dort ausgefüllt. Anschließend reagierte Herr Binhs Schwager auf meine Kontaktaufnahme per E-Mail und übermittelte mir die Telefonnummer von Herrn Binh. Das Gespräch fand auch auf Vietnamesisch am späten Abend im Haus seiner Eltern in Hà Nội statt. Zu Beginn war ein Bekannter Herrn Binhs anwesend, der dann aber das Haus alsbald verließ.

Herr Hai gehört mit ungefähr 60 Jahren gleichfalls der Altersgruppe der bereits vorgestellten Befragten an. Er besitzt als Einzelhändler einen kleinen Laden und ist im Im- und Export tätig. Herr Hai lebt mit seiner Frau und den Kindern in einer Stadt in Sachsen-Anhalt. Hinsichtlich seiner Gründe, nach Deutschland zu migrieren, gibt Herr Hai an, zunächst zum Studium Anfang der 70er Jahre in die DDR gekommen zu sein. Wegen des Krieges entschied er sich, nach Vietnam zurückzukehren. In den 80er Jahren ist er dann im Rahmen der Abkommen zwischen der DDR und Vietnam über die Vertragsarbeit wieder nach Deutschland eingereist und dann in der Folge dort geblieben. Er hat den Fragebogen über den Banner der vietnamesischen Webseite ausgefüllt. Nach dem ersten E-Mail-Kontakt rief Herr Hai mich direkt selbst an, um einen Gesprächstermin zu vereinbaren. Das Gespräch fand auf Deutsch im Haus seiner Familie in Hà Nội statt. Sein jüngerer Bruder wohnte dem Interview bei. Die Familie war gleichsam am Gespräch interessiert. Hin und wieder wurde das Interview durch Fragen auf Vietnamesisch des jüngeren Bruders unterbrochen. Das Gespräch endete damit, dass Herr Hai mich zu einer Gedenkfeier eines verstorbenen Familienmitglieds eine Woche später einlud. Diese Einladung nahm ich an.

Herr Tu gehört auch zur ersten Generation der älteren Việt Kiều. Herr Tu verfasste während seiner Vietnam-Reise im Frühjahr und Sommer 2013 ein Reisetagebuch auf Englisch, das er mir per E-Mail übersandte. In einer weiteren E-Mail schickte er Informationen bezüglich seines Lebenslaufes und den Motiven, in Deutschland zu leben. Er absolvierte eine Berufsausbildung in der DDR. Allerdings bleiben einige Fragen offen, da die Kommunikation ausschließlich schriftlich verlief. Herr Tu ist der einzige Teilnehmer dieser Untersuchung, der einer ethnischen Minderheit, den Tày, angehört.

Frau Huyen (circa 22 Jahre alt) ist mit zwölf Jahren im Rahmen der Familienzusammenführung zu ihrer Mutter nach Berlin gezogen. Sie hat dort eine Ausbildung zur Yogalehrerin gemacht. Die Kontaktaufnahme erfolgte durch einen Bekannten. Das Gespräch fand im Haus von Frau Huyens Großmutter in Hà Nội statt.

Frau Ha ist Anfang 20 und gehört ebenfalls zur ersten Generation der Việt Kiều, denn sie ist in Vietnam geboren und aufgewachsen. Sie hat in Hà Nội Deutsch studiert und war bereits für ein Jahr als Au-Pair in Deutschland gewesen, bevor sie nun für ein weiteres Studium nach Deutschland gekommen ist und gemeinsam mit ihrem deutschen Freund in Niedersachsen lebt. Frau Ha hatte den Online-Fragebogen ausgefüllt und gab dort ihre Kontaktdaten an. Frau Ha und ich wählten in einem telefonischen Vorabgespräch ein öffentliches Café in Hà Nội als Ort für die Befragung aus.

Frau Lanh ist die einzige Interviewpartnerin, die in Deutschland befragt wurde. Direkt nachdem ich von der Feldforschung in Vietnam nach Deutschland zurückgekehrt war, ist Frau Lanh nach Vietnam gereist. Aufgrund der zeitlichen Nähe zwischen der Reise Frau Lanhs und dem Interviewtermin, entschied ich mich, das in Deutschland geführte Gespräch mit in die Auswertung und die vorliegende Arbeit mit einfließen zu lassen. Frau Lanh, zum Zeitpunkt des Interviews 27 Jahre alt, ist zur Aufnahme eines Studiums nach Nordrhein-Westfalen gezogen, wo sie nun gemeinsam mit ihrem deutschen Partner lebt. Den Kontakt zu Frau Lanh stellte eine Freundin in Vietnam her. Das Gespräch fand bei ihr zu Hause statt.

Zweite Generation Việt Kiều

Frau Ngoc ist 27 Jahre alt und hat einen wirtschaftlichen Studiengang erfolgreich beendet und arbeitete zum Zeitpunkt des Interviews an ihrer Promotion. Sie lebt mit ihrem Partner in Nordrhein-Westfalen. Durch das Ausfüllen des Online-Fragebogens und der Angabe ihrer E-Mail-Adresse konnte ich mit Frau Ngoc in Kontakt treten. Die Befragte entschied sich als Treffpunkt für ein öffentliches Café im Zentrum von Hô-Chí-Minh-Stadt. Während des Gespräches war die Musik sehr laut eingestellt, sodass die Aufzeichnung durch viele Hintergrundgeräusche gekennzeichnet ist. Aufgrund der hohen Fluktuation der Gäste des Cafés war es dort unruhig. Ihr Partner war ebenfalls anwesend. Frau Ngoc beherrscht ein wenig die vietnamesische Sprache. Ihre Mutter ist Deutsche und ihr Vater ist als Bootsflüchtling nach Deutschland gekommen.

Frau Lieu ist zum Zeitpunkt des Interviews circa 23 Jahre alt. Sie studiert im Bachelor einen wirtschaftlichen Studiengang und lebt in Nordrhein-Westfalen. Sie hat ebenfalls den Online-Fragebogen ausgefüllt, woraufhin ich den Kontakt herstellen konnte. Ich traf mich mit Frau Lieu an einem zentralen Treffpunkt in Hô-Chí-Minh-Stadt und anschließend wählten wir dann ein Café in der Nähe für das Gespräch aus. Frau Lieu beherrscht Vietnamesich. Beide Eltern sind als Bootsflüchtlinge nach Deutschland migriert. Aufgrund der hohen Fluktuation der Gäste des Cafés war es dort unruhig.

Frau Trang ist 25 Jahre alt und in Deutschland geboren und aufgewachsen. Sie hat dort einen Bachelor in Wirtschaft abgeschlossen und arbeitet zum Zeitpunkt des Gesprächs bei einer ausländischen Firma in Hô-Chí-Minh-Stadt. Diese Tätigkeit erachtet sie nur als vorübergehend. Frau Trangs Eltern sind beide Bootsflüchtlinge. Den Kontakt mit ihr vermittelte eine andere Interaktionspartnerin. Frau Trang lud mich für das Gespräch zu sich nach Hause in Hô-Chí-Minh-Stadt ein.

Herr Tho ist ebenfalls in Deutschland geboren und aufgewachsen. Er studiert als ungefähr 23-Jähriger in einem Bachelor ein sozialwissenschaftliches Fach in Nordrhein-Westfalen. Das Studium hat er für ein Jahr

Tourismus und Identität

unterbrochen, um in dieser Zeit in Hô-Chí-Minh-Stadt zu arbeiten. Beide Eltern sind als Bootsflüchtlinge nach Deutschland migriert. Für das Interview wählte Herr Tho ein Café in der Innenstadt von Hô-Chí-Minh-Stadt aus. Die Aufzeichnung des Gesprächs ist aufgrund der Örtlichkeit durch laute Nebengeräusche und Musik im Café gekennzeichnet. Herr Tho ist sehr gesprächig und erzählt sehr ausführlich, was sich in der Länge des Gespräches niederschlägt. Er ist gegenüber Vietnam und seinem Aufenthalt sehr positiv eingestellt, was sich in seinen Aussagen widerspiegelt. Herr Tho ist jedoch nicht unkritisch und benennt Missstände.

Herr Loi ist mit 31 Jahren der einzige Befragte in der Altersgruppe der 30-39-Jährigen. Er ist in Deutschland geboren und aufgewachsen. Herr Lois Wohnort ist in Nordrhein-Westfalen. Seine Mutter ist Deutsche und sein Vater ist als Bootsflüchtling nach Deutschland gekommen. Seine Vietnamesisch-Kenntnisse sind sehr begrenzt. Er hat eine Ausbildung im IT-Elektrobereich gemacht und arbeitet darin seit 15 Jahren. Den Kontakt für das Gespräch stellte eine Interviewpartnerin her. Ich traf Herrn Loi in einem Café in Hô-Chí-Minh-Stadt, in dem die Musik sehr laut im Hintergrund lief, sodass die Aufzeichnung viele Nebengeräusche aufwies. Herr Loi berichtete sehr sachlich und nüchtern.

Frau Hoa ist mit 21 Jahren die Jüngste dieser Befragung. Sie ist in Baden-Württemberg geboren und aufgewachsen und studiert nun dort. Sie ist für einen Vietnamesisch-Sprachkurs nach Hô-Chí-Minh-Stadt gekommen. Ihr Vater ist als Vertragsarbeiter in die DDR gezogen, wo er erfolgreich versuchte, seine Frau aus Vietnam nachzuholen. Zusammen sind sie dann aus der DDR in die Bundesrepublik geflohen. Der Kontakt zu Frau Hoa konnte über eine deutsche Freundin hergestellt werden. Das Interview fand auf der Insel Phú Quốc, im äußersten Süden Vietnams gelegen, statt. Nach dem Gespräch musste ich feststellen, dass die Tonaufnahme nicht funktioniert hatte, sodass ich sofort ein Gesprächsprotokoll anfertigte.

Frau Hien ist zum Zeitpunkt des Interviews ungefähr 26 Jahre alt. Sie ist in Deutschland aufgewachsen und hat in Nordrhein-Westfalen ein sozialwissenschaftliches Studium abgeschlossen. Sie arbeitet nun bei einer ausländischen Firma in der Abteilung Marketing in Hà Nội. Frau Hiens Eltern sind als Bootsflüchtlinge nach Deutschland migriert. Eine deutsche Bekannte stellte via E-Mail den Kontakt zu Frau Hien her. Ein erster verabredeter Termin kam nicht zustande. Eine zweite Verabredung

Methodisches Vorgehen und Herausforderungen angesichts mobiler Befragten

fand in einem Café in Hà Nội statt. Frau Hien empfand selbst das Café als zu unruhig und laut für ein Interview, sodass sie den Vorschlag machte, das Gespräch bei sich zu Hause weiterzuführen, was dann auch geschah.

Frau Van ist circa 25 Jahre und in Nordrhein-Westfalen aufgewachsen. Sie hat ein kulturwissenschaftliches Studium abgeschlossen und arbeitet nun für eine begrenzte Zeit in einer ausländischen Organisation in Hà Nội. Ihre Eltern gehören zur Gruppe der Bootsflüchtlinge. Die Kontaktaufnahme erfolgte über die von ihr im Online-Fragebogen angegebenen Kontaktdaten. Telefonisch wurde als Treffpunkt ein Platz in Hà Nội gewählt und anschließend gemeinsam ein Café ausgesucht. Da das Café schlecht besucht war, konnte das Gespräch ohne Nebengeräusche und Unterbrechungen stattfinden, sodass es mit fast zwei Stunden Gesprächsdauer auch das längste von allen Interviews wurde. Im Gespräch ist auffällig, dass Frau Van viel lacht und auch ernste Themen durch Lachen begleitet werden.

Herr Hung ist Ende 20 und in der Schweiz aufgewachsen. Er hat ein gesellschaftswissenschaftliches Studium abgeschlossen, in dem er nun promoviert wird. Sein Vater ist Bootsflüchtling und er beherrscht die vietnamesische Sprache. In einem Café im Zentrum Hà Nộis haben wir am späten Abend das Treffen vereinbart, weshalb wir beide als letzte Gäste das Lokal verließen.

4 Vietnam-Reisen und der touristische Blick unter Việt Kiều

In diesem Kapitel wird der erste Schwerpunkt der Arbeit, das Reiseverhalten der Việt Kiều, anhand des Interviewmaterials analysiert, dargestellt und gegebenenfalls um Erkenntnisse der teilnehmenden Beobachtung und informeller Gespräche ergänzt. Dabei beschäftigen sich die Unterkapitel 4.1 bis 4.5 mit dem Reiseverhalten und der Beschreibung des Phänomens und sind deshalb deskriptiver Natur. In einem theoretischen Teil (4.1) werden tourismusspezifische Begriffe erläutert und etwaige Überschneidungen und Problematiken herausgearbeitet, um anschließend die vielfältigen Reisemotive (4.2) der Việt Kiều darzustellen. Damit wird nach dem *Warum* der Reise gefragt. Darüber hinaus werden die Präferenzen hinsichtlich einer bestimmten Tourismusart (4.3) herausgearbeitet, wobei auf das *Was* der Reise geschaut wird. Eine Typologie (4.4) der Việt-Kiều-Reisenden beantwortet die Frage nach dem *Wie* der Reise. In dem darauffolgenden Unterkapiteln ab 4.5 geht es um die Frage, welche Bilder sich Việt Kiều auf der Reise von Vietnam machen und wie sich der Kontakt mit Menschen und Orten gestaltet. Dies wird anhand der Konzepte des *Tourist Gaze*, *Otherness* und Authentizität erläutert.

Das Phänomen der Vietnam-Reisen der Việt Kiều wäre ohne Änderungen in der Haltung des vietnamesischen Staates gegenüber Việt Kiều vermutlich nicht in so ausgeprägter Form vorhanden. Der vietnamesische Staat hat die Bedingungen geschaffen, in denen Việt Kiều wieder in die „Heimat" (*về quê hương*) zurückkehren können. So begann mit der Einleitung des Reformprozesses *đổi mới* 1986 die Kommunistische Partei nicht nur mit Wirtschaftsreformen, sondern ebenfalls mit Veränderungen hinsichtlich der Việt Kiều. Für den vietnamesischen Staat galten Auslandsvietnames_innen als „diaspora-as-bridge", wodurch sich Vietnam neben Rücküberweisungen und ausländischen Direktinvestitionen auch Wissens- und Technologietransfers, Zugang zu anderen Märkten und politischen Einfluss in den Aufnahmeländern der Việt Kiều erhoffte (Koh 2015: 181). So hat sich die offizielle Haltung dahingehend entwickelt, dass Việt Kiều für die nationale Einheit bedeutsam sind und ihre Zugehörigkeit aufgrund von „"bloodlines", "origins" and "homeland"" zu Vietnam außer Frage steht (Koh 2015: 181). Die zentrale Aussage dieses staatlichen Diskurses ist, dass "overseas Vietnamese remain essentially Vietnamese wherever they are, regardless of when they left the country, or for that matter, whether or not they were born in Vietnam" (Koh 2015: 184).

Konkrete Änderungen waren, dass Vorschriften bezüglich des Sendens von Geld und Waren nach Vietnam und auch die Einreise- und Aufenthaltsbestimmungen für Việt Kiều gelockert wurden. Beispielsweise wurde die Visaausstellung in Botschaften erleichtert, Việt Kiều können den Einreise- und Abreiseort in Vietnam selbst wählen und es wurde ihnen erlaubt, bei ihren Verwandten zu bleiben. Vorher mussten Việt Kiều, wenn sie in Vietnam reisen wollten, die Erlaubnis durch die Provinz oder die Stadt, wo sie sich aufhielten, einholen. Im Rahmen der Reformen wurde diese Regelung abgeschafft, was das Reisen in Vietnam für Việt Kiều bedeutend erleichterte (Dang 2000).

Hinsichtlich der Einstellung der Regierung gegenüber Việt Kiều ist der Beschluss des *politbureau on the overseas Vietnamese affairs* in der Resolution 36 von 2004 bedeutsam. Neben den ökonomischen Aspekten, die für Việt Kiều erleichtert werden sollten, sind unter anderem auch Verbindungen von Heimat und Familie ausdrücklich erwünscht, solange sie die nationale Einheit, die territoriale Integrität und Unabhängigkeit nicht infrage stellen beziehungsweise bedrohen (Politbureau on the Overseas Vietnamese Affairs 2004). Seit der Resolution 36 sind ebenfalls einige Gesetze verabschiedet worden, die insbesondere Ausnahmeregelungen für Visa, das Recht auf Eigentum und ein einheitliches Preissystem für alle Vietrames_innen sowie die doppelte Staatsbürgerschaft betreffen. Entsprechend konnten Việt Kiều und Angehörige ein Fünfjahresvisum beantragen. Allerdings ist es aufgrund der mangelnden Rechtsstaatlichkeit in Vietnam für Việt Kiều schwierig, insbesondere Regelungen bezüglich des Rechts auf Eigentum einzufordern, da die lokalen Ebenen Schwierigkeiten haben, Gesetze der nationalen Ebene zu implementieren (Koh 2015: 185ff.). Zusammenfassend lässt sich sagen, dass die Erleichterungen für Việt Kiều hinsichtlich der Einreise und des Aufenthaltes nach Vietnam es ihnen ermöglichen, einfacher und beinahe zu jeder Zeit nach Vietnam zu reisen.

4.1 Reisen als motiviertes Heraustreten aus dem Gewohnten – eine theoretische Annäherung

Eine synonyme Verwendung der Begriffe Reise, Tourismus, Fremdenverkehr und sogar Mobilität, wie es Grümer (1993: 17) vorschlägt, und damit komplexe Phänomene in einen Topf zu werfen, verkennt die Unterschiede zwischen den Begriffen – insbesondere im Fall von Mobilität, weil es durchaus mehr als Tourismus ist (Vgl. Kap. 1.2). Deshalb ist eine synonyme Verwendung zum tieferen Verständis des Phänomens der Vietnam-Reisen der Việt Kiều nicht sinnvoll.

Da der Begriff Mobilität bereits an anderer Stelle vorgestellt wurde (Vgl. Kap. 1.2), wird hier nur auf die Begriffe Reisen, Tourismus und Fremdenverkehr eingegangen. Dazu werden zunächst definitorische Eingrenzungen der drei Begriffe vorgenommen. Zahlreiche Versuche wurden unternommen, um den Begriff Tourismus zu definieren. So wurden je nach Herangehensweise und Disziplin unterschiedliche Schwerpunkte (z.B. mit Blick auf die Tourismusindustrie, den Konsum, das Reiseverhalten oder die Reisemotive) in der Definition gelegt (Burns 1999: 29-31). Eine Schwerpunktsetzung soll hier vermieden werden, um das Phänomen in seiner Komplexität zu verstehen und für die hier untersuchten Việt Kiều nutzbar zu machen. Zwei allgemeine Begriffsbestimmungen – eine für den deutschen Sprachraum und eine internationale – werden nachfolgend vorgestellt. So versteht Kaspar unter

> Fremdenverkehr oder Tourismus [die] Gesamtheit der Beziehungen und Erscheinungen, die sich aus der Ortsveränderung und dem Aufenthalt von Personen ergeben, für die der Aufenthaltsort weder hauptsächlicher und dauernder Wohn- noch Aufenthaltsort ist. (Kaspar 1996: 16)

In dieser Definition findet der im deutschen Sprachraum lange gebrauchte Begriff des Fremdenverkehrs Verwendung. Der Begriff Tourismus wird heute synonym für Fremdenverkehr genutzt und hat diesen weitestgehend abgelöst. Fokus dieser Begriffsbestimmung ist einerseits die Gesamtheit der Beziehungen und Erscheinungen, was dem Tourismus Systemcharakter verleiht, da alle Bereiche einbezogen werden und in Beziehung zueinanderstehen. Die Bereiche umfassen sowohl die ökologische, politische, ökonomische als auch sozio-kulturelle und technologische Umwelt, die den Tourismus, aber auch sich gegenseitig beeinflussen. Andererseits wird

Tourismus und Identität

ebenfalls betont, dass es sich bei der Destination nicht um einen dauerhaften Aufenthaltsort handelt. In den zur Definition gehörenden Erklärungen führt Kaspar aus, dass es sich bei dem Aufenthaltsort insbesondere nicht um einen Arbeitsort handelt (Kaspar 1996: 12f., 16).

Als internationale Definition wird hier auf die der *World Tourism Organization* (UNWTO) von 1991 zurückgegriffen:

> Nach dieser Definition bezeichnet der Begriff Tourismus die Aktivitäten von Personen, die sich an Orte außerhalb ihrer gewohnten Umgebung begeben und sich dort nicht länger als ein Jahr zu Freizeit-, Geschäfts- und anderen Zwecken aufhalten, wobei der Hauptreisezweck ein anderer ist als die Ausübung einer Tätigkeit, die vom besuchten Ort aus vergütet wird. (UNWTO nach Opaschowski 2002: 21f.)

Diese Definition ist ähnlich der vorherigen, betont aber die Veränderung des Ortes außerhalb der gewohnten Umgebung und geht auf die Motive ein, aus denen der Ortswechsel stattfindet. Hierbei wird nicht ersichtlich was unter „anderen Zwecken" zu verstehen ist. Dies lässt Raum für Interpretationen. Eingeschränkt wird die Interpretation durch die Betonung darauf, dass der Aufenthalt nicht entlohnt wird. Dieser Ortswechsel und Aufenthalt an der ungewohnten Destination sollte unter einem Jahr, also nicht dauerhaft sein.

Was unterscheidet Tourismus nun von der Reise? In dieser Hinsicht bietet Opaschowski folgende Definition von Reise an:

> Fahrt nach Orten außerhalb des ständigen Wohnsitzes zwecks Erholung, Erlebnis, Sport, Bildung, Kultur, Vergnügen, geschäftlicher oder beruflicher Betätigung oder aus Anlass familiärer Ereignisse (Verwandtenbesuche). (Opaschowski 2002: 25)

Diese Begriffsbestimmung geht nicht einfach von einer Synonymität touristischer Grundbegriffe aus, sondern ist im Gegenteil weitaus allgemeiner als die oben genannten Tourismusdefinitionen, denn es wird beispielsweise bei der Reise-Definition nichts über die Dauer ausgesagt. In Bezug auf eine Reise werden explizitere Motive vorgestellt. Diese können bei einer Reise auch Verwandtenbesuche und berufliche Motive, also auch eine Entlohnung für die Tätigkeit, einschließen. Die Reise ist damit allumfassender und allgemeiner als Tourismus.

Darüber hinaus wird Urlaub umgangssprachlich häufig synonym mit einer Urlaubsreise und somit mit einer Ortsveränderung gleichgesetzt und dient nicht beruflichen Gründen. Urlaub kann aber auch lediglich als die Zeit verstanden werden, in der man nicht arbeitet und folglich beim Arbeitgeber Urlaub genommen hat (Opaschowski 2002: 19, 27).

Diese Definitionen werden im Folgenden dazu verwendet, um zu untersuchen, ob es sich bei den Reisen der Việt Kiều um Tourismus handelt oder der Begriff der Reise aussagekräftiger ist. Nachfolgend wird unterschieden zwischen der Reise nach Vietnam und den Reisen innerhalb Vietnams. Bei ersterem werden die Zwecke und Motive bestimmt, aus denen die Interviewten nach Vietnam reisen; bei letzterem wird darauf eingegangen, ob die Befragten in Vietnam touristisch unterwegs sind.

4.2 Reisemotive

Warum reisen Việt Kiều nach Vietnam? Diese Frage wird in diesem Unterkapitel untersucht. Nguyen und King gehen in ihrer Studie davon aus, dass Việt Kiều der ersten Generation lediglich nach Vietnam reisen, um Verwandte zu besuchen. Tourismus spielt in ihrer Untersuchung eine untergeordnete Rolle (Nguyen et al. 2003). Dass die Motive für eine Reise nach Vietnam vielfältig sind, wird in diesem Unterkapitel veranschaulicht. Außerdem werden im Vergleich zur Studie von Nguyen und King auch Angehörige der zweiten Generation Việt Kiều miteinbezogen.

Unter Reisemotive wird nachfolgendes verstanden:

> Unter *Reisemotiven* verstehen wir die Gesamtheit der individuellen Beweggründe, die dem Reisen zugrunde liegen. Psychologisch gesehen handelt es sich um Bedürfnisse, Strebungen, Wünsche, Erwartungen, die Menschen veranlassen, eine Reise ins Auge zu fassen bzw. zu unternehmen. Wie andere Motive auch sind sie individuell verschieden strukturiert und von der soziokulturellen Umgebung beeinflußt. (Braun 1993: 199)

Reisemotive als die Gesamtheit der individuellen Beweggründe zu verstehen, macht deutlich, dass es sich nicht nur um ein einziges Motiv, das zur Reise veranlasst, handeln muss. Die Motive werden durch verschiedene Faktoren beeinflusst. In der folgenden Darstellung wird lediglich auf die Reisemotive und nicht auf die sie bestimmenden Einflüsse eingegangen.

Ein Blick auf die Reisemotive der Việt Kiều zeigt, dass auch für die hier Befragten mehr als ein Motiv für die Reise nach Vietnam ausschlaggebend sein kann. Um aber einen besseren Eindruck von den Hauptmotiven zu gewinnen, werden die weniger oft genannten Gründe vernachlässigt, sodass in dieser Arbeit die Hauptmotive besser herausgearbeitet werden können. Deshalb werden nachstehend die Hauptmotive zum Zeitpunkt des Interviews erläutert und anschließend jene von vorherigen Reisen nach Vietnam – sofern Aussagen dazu getroffen wurden – dargestellt. Es konnten folgende Motive für die Reise *nach* Vietnam in den Gesprächen herausgefunden werden: Familie, Urlaub, Familie und Urlaub, Arbeit. Die Motive stellen zugleich die Struktur des Kapitels dar und werden um Erläuterungen der Interviewten zu den Reisen *innerhalb* Vietnams ergänzt.

Familie

Einige Befragte der ersten Generation nennen die Familie als Reisemotiv nach Vietnam. Zur ersten Generation gehört beispielsweise Herr Phuong, der als Bootsflüchtling nach Deutschland kam. Er gibt auf meine Frage, was er in Vietnam macht, an:

> P: Ich bin in Vietnam, ich beschreibe das so, ich besuche meine Eltern.
> K: Ja.
> P: Ich besuche die Familie, das ist alles.[19] [# 7-9]

Herr Phuong reist ausschließlich für die Familie nach Vietnam. Er betont dies nicht nur durch die nochmalige Wiederholung seiner Aussage, sondern auch an späterer Stelle des Gesprächs. So sagt er: „Aber diese Fahrt ist meine Mutter krank, sodass ich nach Hause zurückkehren muss, weil ich mich um die Mutter sorge und meine Pflicht erfüllen muss, die Pflicht eines Kindes, das ist alles" [# 31].[20] Auch Herr Hai, ebenfalls zur ersten Generation gehörend, aber als Vertragsarbeiter nach Deutschland gekommen, reist nur für die Familie nach Vietnam:

> [Ich] besuche meine Mutti von [meiner] Frau. Sie ist krank. Sie ist jetzt über 93 Jahre alt. [...] Tradition von Vietnam, wenn krank, dann muss [man] kommen, [um] zu besuchen. Ich möchte auch nicht nur besuchen, ich möchte besuchen

---

[19] (Eigene Übersetzung) „P: Chú ở Việt Nam, chú diễn tả như này đi, chơi với lại thăm cha mẹ thôi. K: Dạ. P: Thăm gia đình thôi."

[20] (Eigene Übersetzung) „nhưng mà chuyến này là má chú bệnh, nên chú phải ráng chú đi về để chú lo cho bà già để làm tròn bổn phận, chữ hiếu của một người con thôi."

auch Lào Cai, wenn gut gesund, dann möchte ich auch nach Sài Gòn. [...] Aber wegen Gesundheit diesmal noch nicht ganz gut, ich bleibe hier in Hà Nội. [# 7]

Herr Hai besucht die Familie gleichfalls aus gesundheitlichen Gründen und er unterstreicht wie Herr Phuong, dass dies eine Tradition ist und er damit seine Pflicht erfüllt, auch wenn es sich dabei um seine Schwiegermutter handelt. Weiterhin gibt er an, dass er auch gerne innerhalb Vietnams verreist wäre. Das zeigt, dass er durchaus Reisepläne innerhalb Vietnams gehabt hätte, wenn die Gesundheit seiner Schwiegermutter es zugelassen hätte. So wurde aus der Reise ein Besuch der Familie in Hà Nội.

Herr Phuong und Herr Hai sind bereits zahlreiche Male nach Vietnam gereist. Ihre Motive, der Familie wegen zu kommen, werden nicht explizit von der Definition der UNWTO gedeckt. Da sie aber während ihres Aufenthaltes keiner bezahlten Tätigkeit nachgehen, kann die Familie als „anderer Zweck" im Sinne der UNWTO-Definition (siehe Unterkapitel 1.1) bezeichnet werden, sodass sie unter die Begriffsbestimmung des Tourismus fallen. Allerdings ist ihnen der Ort, da es sich um die Heimat der Familien handelt, an denen sie selbst aufgewachsen sind, nicht unbekannt und ungewohnt. Zieht man aber die erste Definition von Kaspar (1996: 16) heran, in der es lediglich um die Ortsveränderung geht, würden die Motive der beiden Befragten der ersten Generation ebenfalls zum Tourismus dazuzurechnen sein. Ihre Motive decken sich mit der Definition einer Reise laut Opaschowski. Daraus wird geschlussfolgert, dass Familienbesuche sowohl die Definition der Reise als auch des Tourismus abdecken.

Urlaub

Eine Ausnahme im Hinblick auf die erste Generation bilden Herr Tu und Frau Ha, denn sie sind in Vietnam, um zu reisen und Urlaub zu machen. Herr Tu kam vermutlich als Auszubildener in die DDR und gab in seinem Reisetagebuch an, mit einem deutschen Freund von Nord- nach Südvietnam zu reisen. Diese Reise erfüllt die Kriterien der Definitionen der UNWTO und von Kaspar, weshalb es sich bei Herrn Tu um Tourismus handelt. Allerdings gibt er auf eine Nachfrage per E-Mail an, dass er, solange seine Eltern lebten, aus Pflichterfüllung seinen Eltern gegenüber oft nach Vietnam gereist ist [# 222-224]. Aus diesem Grund kann die jetzige Reise von Herrn Tu als Urlaub und Tourismus bezeichnet werden. Bei früheren Reisen musste aber als Hauptmotiv von Familienbesuchen ausgegangen werden.

Frau Ha kam zum Studium nach Deutschland und blieb dort wegen ihres deutschen Partners. Sie gibt an:

> Also bisher haben wir immer Urlaub in Vietnam gemacht. Seitdem wir uns kennengelernt haben, dann ist [mein Partner] immer nach Vietnam geflogen, seinen Urlaub hier zu machen. Eigentlich auch noch erst zwei Mal haben wir Urlaub zusammen gemacht. [# 15]

Frau Ha spricht explizit davon, dass sie in Vietnam Urlaub gemacht hat. Sie verwendet damit den Begriff Urlaub im umgangssprachlichen Sinne einer Urlaubsreise. In dem Gespräch berichtet sie ausführlich von ihrer diesmaligen Reise. Ungewöhnlich ist, dass sie nur auf eine Frage hin kurz erwähnt, dass sie das Tét-Fest[21] bei ihrer Familie verbracht hat [# 100], aber ansonsten sehr detailreich ihren Urlaub mit ihrem Freund beschreibt. Deshalb kann für ihre Reise nach Vietnam angenommen werden, dass der Urlaub im Mittelpunkt steht. Für Frau Ha ist es wichtig, sich „nicht nur einfach [zu] erholen, sondern doch etwas Neues [zu] erleben und noch was Neues [zu] wissen" [# 27]. Das Erleben von Neuem, dass sie an Orte fährt, an denen sie bislang noch nicht war, deutet daraufhin, dass sie sich außerhalb der gewohnten Umgebung mit ihrem Partner in Vietnam bewegt, und verstärkt gleichzeitig die Annahme, dass sie den Urlaub als vorrangig betrachtet. Deshalb fällt Frau Has Reise nach Vietnam unter die Definition des Tourismus. Bei Frau Ha und Herrn Tu ist nicht nur die Motivation, nach Vietnam zu reisen, touristischer Art, sondern auch der tatsächliche Aufenthalt und die Rundreisen innerhalb Vietnams. Auch der Urlaub als Reisemotiv von Herrn Tu und Frau Ha werden von der Definition der Reise und des Tourismus gedeckt.

Familie und Urlaub

Des Weiteren gibt es jene unter den Interviewpartner_innen, die angeben, dass sie sowohl der Familie als auch des Urlaubs wegen nach Vietnam rei-

---

[21] Vietnamesisches Neujahrsfest.

sen. Sie geben beide Motive für die Reise nach Vietnam als Hauptmotive an. So berichtet Herr Loi, der zur zweiten Generation zu zählen ist: „Bisher war es so, wenn ich nach Asien gekommen bin, bin ich überwiegend gekommen, um die Familie zu besuchen und Urlaub zu machen" [# 4]. Herr Loi spricht hier sogar davon, dass diese Motivationen bei der jetzigen Reise, aber auch bei den bislang getätigten Reisen vorherrschend waren.

Auch Angehörige der ersten Generation geben Familie und Urlaub als Zweck der Reise nach Vietnam an. Herr Binh sagt, dass „der Hauptzweck der Rückkehr Urlaub ist und die Verwandtschaft zu besuchen" [# 4].[22] Ebenso berichtet Frau Lanh, die zum Studium nach Deutschland kam und aufgrund ihres deutschen Partners blieb, mit dem sie nun auch nach Vietnam reist:

> Wollten wir auch nach Hội An und nach Đà Nẵng fahren, aber ja, da hat es auch nur geregnet. Und das Wetter ist auch nicht schön und so. Und dann haben wir gedacht, okay, wir bleiben da in Hà Nội und machen wir was mit Familie, machen wir was mit Freunden zusammen. [# 5]

Frau Lanh und ihre Begleitung planten auch, in Vietnam Urlaub zu machen und somit touristisch aktiv zu sein und die Familie zu besuchen, allerdings mussten sie ersteres aufgrund des schlechten Wetters absagen.

Auch Herr Nhat, gleichfalls erste Generation, erzählt von zwei Motivationen:

> Dieses Mal bin ich hauptsächlich in Hà Nội, Sài Gòn, hauptsächlich reise ich. Zweitens fahre ich die Verwandten in der Heimat in Thái Bình besuchen und noch einige schöne Orte. [# 3][23]

Im Gegensatz zu Herrn Binh und Frau Lanh nimmt Herr Nhat eine Hierarchisierung dieser zwei Reisemotive vor, wobei der Hauptgrund die Reise ist und der Familienbesuch zweitrangig. Er betont am Ende des Zitats, dass er einige schöne Orte besichtigen möchte, was nochmals bekräftigt, dass er Urlaub macht.

Die vorhergehend vorgestellten Aussagen zu Familie und Urlaub der Befragten zeigen, dass mit einer Reise nach Vietnam zwei Motive verknüpft

---

[22] (Eigene Übersetzung) „Mục đích chính là được về nghỉ phép và về thăm họ hàng."
[23] (Eigene Übersetzung) „Lần này chủ yếu chú đi Hà Nội, Sài Gòn, chủ yếu chú đi du lịch. Thứ hai là đi thăm bà con quê hương ở Thái Bình, Hà Nam, và một số thắng cảnh nữa."

werden und fast einen gleichen Stellenwert einnehmen. Diese zwei Motive der Reise nach Vietnam sind durch die Definition des Tourismus gedeckt. Da sie bewusst auch Urlaub innerhalb Vietnams machen, ist der Aufenthalt touristischer Art. Die als gleichwertig genannten Reisemotive sind definitorisch ebenfalls sowohl als Tourismus als auch als Reise zu bezeichnen.

Arbeit

Ein Teil der Interviewpartner_innen gab als Hauptmotiv für die jetzige Reise nach Vietnam an, dort einer Tätigkeit nachzugehen. Es handelt sich bei jenen um Angehörige der zweiten Generation. Die Befragten üben zwar eine (teilweise) entlohnte Tätigkeit aus, sprachen aber alle zum Zeitpunkt des Interviews davon, diese Tätigkeit nur temporär auszuüben und anschließend wieder nach Deutschland zurückzukehren.[24] Bei den Interviewten, die für ihre Arbeit entlohnt werden, handelt es sich um Frau Trang, Herrn Tho, Frau Hien und Frau Van. Letztere hat vor Aufnahme einer bezahlten Tätigkeit sogar noch ein Praktikum gemacht. Bei all jenen handelt es sich bei der Reise nach Vietnam nicht um Tourismus im Sinne der oben stehenden Definitionen nach Kaspar und der UNWTO, denn die Hauptmotivation war eine Arbeitsaufnahme in Vietnam. Allerdings kann trotz der Arbeitsaufnahme von einer Reise gesprochen werden, denn die Definition von Opaschowski umfasst auch „berufliche Betätigung" (2002: 25). Wenn man aber auf die weiteren Ausführungen dieser vier Gesprächspartner_innen schaut, dann zeigt sich allerdings, dass sie innerhalb Vietnams durchaus touristische Reisen unternehmen.

Frau Trang ist während ihrer bisherigen Arbeit in Hồ-Chí-Minh-Stadt, wo sie sich schon ein halbes Jahr aufhält, noch nicht dazu gekommen zu reisen, berichtet dann vom Jahr davor, in dem sie ein Praktikum gemacht hat und mit Familienmitgliedern touristisch unterwegs war. Gleich zu Beginn des Gespräches geht Frau Trang auf alle früheren Vietnamreisen ein:

> Ich bin schon recht viel in Vietnam gereist, weil seit ich klein bin, sind wir alle drei Jahre nach Vietnam geflogen. Weil da haben meine Großeltern noch gelebt und dann haben wir dann die Eltern von meinem Vater besucht, alle

---

[24] Von einigen ist bekannt, dass sie bereits wieder in Deutschland sind.

> drei Jahre seit ich, glaube ich, sechs bin, sind wir regelmäßig nach Vietnam geflogen. Und jedes Jahr im Sommer, also jedes Mal, wenn wir hier waren im Sommer, sind wir eigentlich ziemlich viel durch Vietnam gereist. Ich hab eigentlich schon fast alles von Vietnam gesehen, bis auf Mekongdelta, da war ich noch nicht, aber sonst Zentralvietnam, Nordvietnam und hier im Süden habe ich das wichtigste, habe ich sozusagen gesehen. [# 3]

Für ihren derzeitigen Aufenthalt ist Frau Trang aus dem Grund der Arbeitsaufnahme gekommen. Ob sie ihre weitere Zeit noch für Reisen genutzt hat, muss offen bleiben. Aber die Darstellung der früheren Reisemotive zeigt, dass sie durchaus aus Motiven des Familienbesuchs und des Urlaubs mit ihrer Familie von Deutschland gekommen ist. Ihr letzter Aufenthalt ein Jahr zuvor hatte ebenfalls den Zweck der Aufnahme eines Praktikums. Während dieser Zeit unternahm Frau Trang eine touristische Fahrt innerhalb Vietnams mit Familienangehörigen.

Zum Zeitpunkt des Gespräches hatte Herr Tho bereits zwei Rundreisen während seines einjährigen Arbeitsaufenthalts in Hô-Chí-Minh-Stadt gemacht, von denen er im Verlauf des Interviews ausführlich berichtet. Allerdings ist dieser Vietnamaufenthalt nicht sein erster, wie dem folgenden Zitat zu entnehmen ist:

> Ich war bereits sieben Mal in Vietnam, aber nur als Touri, also immer bei meinen Verwandten zu Besuch, und so durch Vietnam gereist bin ich nicht. Und jetzt leb ich ja hier und das ist komplett anders, also Leben oder Urlaub in einem Land zu machen, ist [wie] Tag und Nacht. [# 69]

Herr Thos Motive für frühere Vietnam-Reisen und für seinen jetzigen Aufenthalt sind verschieden. Er spricht hier davon, dass er bislang als Tourist in Vietnam war, fügt dem aber sofort hinzu, dass er nur die Familie besucht hat und nicht innerhalb Vietnams gereist ist. Prinzipiell kann ein Familienbesuch – wie oben bereits erwähnt – die UNWTO-Tourismusdefinition als „anderer Zweck" erfüllen. Interessant ist hier, dass Herr Tho sich selbst als Tourist sieht, obwohl er zum Besuch dort ist. Für ihn ist es nicht gegensätzlich, obwohl er bei früheren Aufenthalten keine Reisen in Vietnam gemacht hat. Er kommt sofort wieder auf seinen aktuellen Aufenthalt zu sprechen und betont, dass das Leben und somit auch Arbeiten – was er gerade macht – ein Unterschied zum Urlaubmachen in Vietnam ist. Herr Tho weist hier auf die in der Literatur häufig erwähnte Dichotomie von Alltag und Urlaub hin. Das Motiv für die Reise Herrn Thos nach Vietnam zum Zeitpunkt des Gesprächs ist die Arbeitsaufnahme und fällt somit nicht in die Definition von Tourismus, wohl aber in die der Reise. Da eine Ortsveränderung stattfindet und er nach dem Jahr Aufenthalt wieder nach Deutschland zurückgekehrt ist und auch eine berufliche Tätigkeit ausübt, deckt sich das mit den Definitionskriterien für eine „Reise". In dieser Zeit ist er aber sehr wohl zwei Mal touristisch im ganzen Land unterwegs. Es handelt sich bei Herrn Tho folglich um eine Reise nach Vietnam und Tourismus innerhalb des Landes.

Auch Frau Hien ist, seit sie in Hà Nội arbeitet, mehrfach unterwegs gewesen. Sie berichtet, dass sie „in Ninh Bình, Mai Châu, dann gibt's südlich von Mai Châu noch das Ngô Luông Nature Resort, wo die Thái *people* leben" [# 14], gewesen ist. Frau Hien hatte sich zunächst Destinationen in der Nähe von Hà Nội ausgewählt, die sie und ihre Begleitung gut mit dem Moped erreichen konnten. Für sie ist dieser Aufenthalt in Vietnam nicht der erste, wie folgende Aussage belegt:

> Okay. Ich glaube ich fange einfach mal von vorne an, als ich das erste Mal alleine in Vietnam war. Das war nämlich die schönste Reise nach Huế. [# 3]

Frau Hien beginnt in ihrer Erzählung mit den Reisen nach und in Vietnam, bei denen sie alleine unterwegs war. Das lässt vermuten, dass sie vor diesen Fahrten bereits mehrere Male in Begleitung nach Vietnam gekommen war. Auch dieses Beispiel veranschaulicht, dass das Motiv für die Reise nach Vietnam zum Gesprächszeitpunkt die Arbeitsaufnahme ist, aber es sich um Tourismus innerhalb des Landes handelt.

Daneben ist auch Frau Van, bevor sie ihre Arbeit in Hà Nội aufgenommen hat, zweimal durch Vietnam gereist. Am Ende der ersten Reise absolvierte sie ein kurzes Praktikum, um anschließend nochmals mit einer Freundin von Nord- nach Südvietnam zu fahren, um sich ausgewählte Orte anzuschauen. Aber auch sie berichtet von früheren Reisen mit ihrer Familie nach Vietnam:

> Als ich jünger war, war ich nur als ich elf war und dreizehn ja, weil viel zu teuer für uns und nicht wegen dem Flug, sondern du hast die Verpflichtung, wenn du zurückfliegst, dass du auch jede Menge Geschenke mitbringst, und die sind teuer. Das heißt, du gibst zig tausend Euro für nur deinen Flug aus, sondern zehntausend Euro, weil du musst ja Geldgeschenke und andere Geschenke haben. [# 73]

Frau Van erzählt, dass sie mit ihrer Familie, als sie ein Kind war, lediglich zwei Mal nach Vietnam reiste. Auch wenn sie es nicht direkt erwähnt, aber die weiteren Aussagen deuten an, dass das Motiv der Reisen im Kindesalter Familienbesuche waren. Außerdem wird deutlich, dass das Motiv der Reise, wie Braun (1993) in seiner Definition von Reisemotiven konstatiert, durch die „sozio-kulturelle Umgebung" beeinflusst werden. Im Fall von Frau Van wird das Motiv der Reise – der Familienbesuch – durch die Verpflichtung, Geschenke mitzubringen, beeinflusst, was dazu führte, dass sie seltener nach Vietnam reisen. Frau Van ist, zusammengefasst, zur Arbeitsaufnhame nach Vietnam gereist, aber ebenfalls innerhalb des Landes mehrfach touristisch unterwegs gewesen.

Bei den soeben vorgestellten Befragten war die Hauptmotivation für ihre Reise nach Vietnam die Arbeitsaufnahme, aber sie haben diesen Zweck mit Tourismus innerhalb des Landes verbunden. Bei vorherigen Reisen bestanden die Motive überwiegend darin, die Familien zu besuchen, was in den Bespielen von Frau Trang, Herrn Tho und Frau Van in Begleitung von Familienangehörigen aus Deutschland stattfand.

Waren die Motive der gerade vorgestellten Personen zum Zeitpunkt des Interviews die bezahlte Arbeitsaufnahme in Vietnam, was damit eindeutig nicht unter die Tourismusdefinition fällt, sondern unter die der Reise, gestalteten sich die Abgrenzungen bei den nachfolgenden Interviewten etwas problematischer und uneindeutiger, da sie einer unbezahlten Tätigkeit während ihres Vietnamaufenthaltes nachgehen.

Handelt es sich bei den unbezahlten Tätigkeiten von Frau Lieu, Frau Hoa und Herrn Hung während ihrer Reisen nach Vietnam um Tourismus? Beispielsweise berichtet Frau Lieu von ihrer Motivation, weshalb sie diesmal, zur Zeit des Interviews, in Vietnam ist:

> Ich find's cool, dass ich das diesmal als nicht mehr Touri alles erleben kann und auch mal hier bin, um zu helfen und irgendwie, also es macht sehr viel Sinn für mich nach Vietnam zu kommen und den Vietnamesen zu helfen. [# 143]

Frau Lieu macht einen Freiwilligendienst in Hồ-Chí-Minh-Stadt, bei dem sie ihre Fertigkeiten einsetzen möchte, um vor Ort Vietnames_innen zu helfen. Grundsätzlich wird eine Freiwilligentätigkeit nicht bezahlt. Je nachdem, ob es sich um staatliche, wie zum Beispiel den Bundesfreiwilligendienst, oder um private Vermittlerorganisationen handelt, müssen die

Freiwilligen für ihre Tätigkeit sogar teilweise Geld bezahlen.[25] Diese Art der Reise hat in der Literatur bereits als Freiwilligentourismus oder Voluntourismus Eingang gefunden und wird entsprechend kontrovers diskutiert (Sin 2009). Obwohl die Freiwilligentätigkeit als Tourismus bezeichnet wird, lässt sich aufgrund des Zitates von Frau Lieu als Hauptmotiv die Tätigkeit an sich ausmachen. Da sie zum Gesprächszeitpunkt erst einige Wochen in Vietnam war und sofort mit ihrem Freiwilligendienst begonnen hat, konnte sie lediglich von vormaligen Reisen nach Vietnam und deren Motive berichten:

> Also, das erste Mal war ich mit meiner Mama hier. Da war ich so noch [im] Teenageralter. Da sind wir natürlich die ganzen Strände haben wir abgeklappert hier in der Nähe, Mũi Né, so Sanddünen, Vũng Tàu, glaube ich, das ist auch so Strand. Ja, und dann das zweite Mal war ich mit meinem damaligen Freund in Vietnam. Da habe ich eine Reise gemacht. Sind wir von Hongkong nach Hà Nội geflogen und haben da einen Freund besucht, der da zur Zeit lebt und den besucht. [# 11]

Frau Lieu ist bislang drei Mal nach Vietnam gereist, wobei die Motive der zwei ersten Reisen touristischer Natur waren, denn sie ist mit ihrer jeweiligen Begleitung zu touristischen Orten gereist und hat damit auch den Besuch eines Freundes verbunden. Bezüglich der derzeitigen Reise, bei der sie den Freiwilligendienst absolviert, hegt Frau Lieu die Absicht, nach Beendigung ihrer Tätigkeit ebenfalls ein wenig innerhalb Vietnams herumzureisen:

> Ich bin wahrscheinlich drei, vier Tage da [in Nha Trang], weil ich habe da auch zur Zeit einen Kollegen, den ich kenne, der studiert Geologie und ist auch aus Deutschland und forscht da gerade irgendwas, und da möchte ich den noch schnell erwischen. [# 103]

Das zeigt, dass sie trotz Tätigkeit in Hồ-Chí-Minh-Stadt touristische Aktivitäten im Land plant.

Frau Hoa besuchte einen Vietnamesisch-Sprachkurs in Hồ-Chí-Minh-Stadt, nachdem sie mit einem Familienmitglied aus Deutschland eine Rundreise in Vietnam gemacht hatte. Da eine Reise zum Erlernen einer

---

25 Beim Bundesfreiwilligendienst „Weltwärts" erhalten die Teilnehmer_innen gewöhnlich finanzielle Unterstützung für Unterkunft und Verpflegung.

Sprache in der Regel als Bildungsurlaub bezeichnet wird und in Verbindung mit touristischen Aktivitäten steht, kann die von Frau Hoa gemachte Reise trotz der unbezahlten Tätigkeit des Sprachenlernens als „anderer Zweck" der UNWTO-Tourismusdefinition zugerechnet werden. Tatsächlich besuchte Frau Hoa während ihres Bildungsurlaubes nach Beendigung des Sprachkurses die Insel Phú Quốc. Vor diesem Aufenthalt hatte Frau Hoa das Land zwei Mal mit ihrer Familie aus Deutschland bereist, einmal im Alter von sieben und ein zweites Mal im Alter von elf Jahren [# 22]. Auch Frau Hoa erwähnt im Verlauf des Gespräches, dass die Häufigkeit der Reisen von den finanziellen Möglichkeiten ihrer Familie abhängen, weil Familienangehörige in Vietnam Geldgeschenke erwarten. Aus diesem Grund sind ihre Eltern oder nur ein Elternteil hin und wieder auch ohne sie und ihre Schwester nach Vietnam gereist. Auch hier sind die Reisemotive von der sozio-kulturellen Umgebung beeinflusst.

Ähnlich problematisch ist die Zuordnung von Herrn Hung, der für einen Feldforschungsaufenthalt nach Vietnam gekommen ist. Was darunter genau zu verstehen ist, beschreibt er im nachfolgenden Zitat:

> Also ich bin hergekommen, um für meine Feldforschung, meine Abschlussarbeit und mit dem Ziel Interviews zu führen und Institute zu besuchen und da deren Bestände zu klären. [# 9]

Herr Hung möchte für seine Abschlussarbeit Interviews führen und Archivbestände sichten. Das ist seine Hauptmotivation für die Reise, obwohl er auch die Zeit seines Aufenthaltes nutzt, um vor allem in Nordvietnam Ausflüge und Reisen zu unternehmen. Diese Form des Reisens – um im Rahmen einer Feldforschung Daten zu erheben – wird unter Wissenschaftstourismus diskutiert (Thurner 2009). Thurner versteht unter dem Begriff Wissenschaftstourismus „professionelles Reisen im Dienst an der Wissenschaft, also etwa an der Forschung oder manchmal auch zwecks Teilnahme an Tagungen, Kongressen, Symposien und Konferenzen" (Thurner 2009: 156f.). Schlehe betont hingegen, dass Wissenschaftler_innen nicht per se Tourist_innen sind, sondern, dass Forscher_innen beispielsweise

> bei einem Feldforschungsaufenthalt vielfältige Rollen ein[nehmen], eine davon ist die der Touristin oder des Touristen und zwar zumindest dann, wenn wir uns nicht unmittelbar am Forschungsort, sondern in der Umgebung befinden. (Schlehe 2003: 37)

Beide Ansätze zeigen die touristische Komponente eines Feldforschungsaufenthaltes auf, weshalb Herr Hungs Aufenthalt ähnlich den Geschäftsreisen, die auch zu Tourismus zählen, unter „andere Zwecke" der Tourismusdefinition zu rechnen ist. Hinsichtlich der Häufigkeit seiner Vietnamreisen spricht Herr Hung lediglich davon, dass er schon dreizehn Mal dort gewesen sei.

Die Reisemotivationen zur Aufnahme einer Beschäftigung in Vietnam sind im Falle der unbezahlten Tätigkeiten der Befragten wie dem Freiwilligendienst, dem Sprachkurs und auch dem Feldforschungsaufenthalt, da sie zu „anderen Zwecken" der UNWTO-Definition zu zählen sind, dem Tourismus zuzuordnen. „Andere Zwecke" können folglich für die Befragten, die einer unbezahlten Tätigkeit nachgehen, in Bildungsurlaub, Freiwilligendienst und Forschungsreise ausdifferenziert werden.

Anders sieht es, wie vorangehend dargestellt werden konnte, bei jenen Interviewpartner_innen aus, die nach Vietnam reisen, um eine entlohnte Beschäftigung aufzunehmen. Hierbei handelt es sich nicht um Tourismus nach Vietnam im Sinne der genannten Definitionen, sondern um eine Reise.

Zusammenfassend lässt sich sagen, dass die Motivationen, um nach Vietnam zu reisen, sehr vielfältig sind. Nicht alle Motive lassen sich so problemlos wie Urlaub sowie Urlaub und Familie der Tourismusdefinitionen zuordnen. Insbesondere der Reisezweck des Familienbesuchs (mit kleinen Ausflügen)[26] und der bezahlten Arbeitsaufnahme zeigen, dass hier nicht in vollem Umfang von Tourismus nach Vietnam gesprochen werden kann. Deshalb wird an dieser Stelle vorgeschlagen, zwischen einer Reise *nach* Vietnam und Reisen *innerhalb* des Landes zu differenzieren. Daraus ergibt sich folgende Bezeichnung mit der alle Interviewpartner_innen, gleich welches Motiv der Reise zugrunde liegt, abgedeckt sind: Eine Reise[27] nach Vietnam, aber Tourismus innerhalb des Landes. Denn alle Befragten sind mehr oder weniger touristisch in Vietnam unterwegs gewesen. Jene Interviewten, die derzeit zur Arbeitsaufnahme in Vietnam sind, haben bei früheren Reisen Familie und Verwandte besucht und dies

---

[26] Ausführlich dazu Unterkapitel 4.4.
[27] Da eine Reise wesentlich unspezifischer ist als der Begriff Tourismus, soll dieser hier Verwendung finden.

häufig mit touristischen Reisen im Land verbunden. Nachfolgende Tabelle fasst die in diesem Kapitel gewonnen Ergebnisse nochmals kurz zusammen. Dabei stellt X die Motive der Reise zum Zeitpunkt des Interviews dar und (X) jene Motive von vorherigen Reisen, sofern die Befragten dazu Angaben gemacht haben.

Tabelle 4: Zusammenfassung der Reisemotivationen *nach* Vietnam (eigene Darstellung)

	Familie	Urlaub	Familie/Urlaub	Arbeit
Phuong	X			
Huyen	X			
Ha		X		
Ngoc			X	
Loi			X (X)	
Trang			(X)	X (X)
Lieu		(X)		X
Tho	(X)			X
Hoa	(X)			X
Van	(X)			X
Hung				X
Nhat			X	
Binh			X	
Hai	X			
Hien				X
Lanh			X	
Tu	(X)	X		

4.3 Tourismusart

In der Tourismuswissenschaft sind mit Blick auf die Reisenden detaillierte Unterscheidungen der Tourismusarten vorzufinden. Sie dienen einerseits dem Zweck, das umfangreiche Phänomen des Tourismus zu strukturieren, anderseits aber auch um entsprechend der Bedürfnisse der Reisenden Marketingstrategien entwickeln zu können. Bislang sind solche Einteilungen, die auf das Was der Reise abzielen, für Việt Kiều nicht unternommen worden.

Kategorisierungen der Arten des Tourismus wurden beispielsweise von Kaspar (1996) vorgenommen. Er unterscheidet zwischen sechs Arten: Erholungstourismus, kulturorientiertem Tourismus, gesellschaftsorientiertem Tourismus, Sporttourismus, wirtschaftsorientiertem sowie politikorientiertem Tourismus (Kaspar 1996: 16f.). Um die Tourismusart eines Reisenden bestimmen zu können, wird nach dem hauptsächlichen Reisegrund gefragt, was im Gegensatz zu den Tourismusformen steht, die auf die äußeren Merkmale abzielen (wie zum Beispiel Massen- oder Individualtourismus). Mit Blick auf die Einteilung der Tourismusarten von Kaspar erscheint es schwierig, zwischen den einzelnen Motiven klar unterscheiden zu können. Da es sich um die Hauptmotive einer Reise handelt, ist es natürlich, dass es auch Überschneidungen zwischen den einzelnen Arten geben kann oder mehrere Arten die Motivation für eine Reise bilden können.

Das zeigt sich auch mit Blick auf die Interviewpartner_innen, bei denen die Hauptgründe der Reise innerhalb Vietnams nicht immer klar und eindeutig zu bestimmen sind. Präferenzen der Tourismusarten lassen sich aber trotz Überschneidungen finden. Bei den von den Interviewten erwähnten Arten handelt es sich um Erholungs-, Natur- und Kulturtourismus. Diese Arten des Tourismus überschneiden sich teilweise mit jenen von Kaspar eruierten Arten. Im Fall des Naturtourismus hat sich aus den Interviews eine zusätzliche Kategorie ergeben und für einige weitere von Kaspar genannten Arten haben sich wiederum keine Belege in den Gesprächsaussagen gefunden. Nachfolgend sollen kurz die einzelnen Arten und ihre Darstellung durch die Interaktionspartner_innen erläutert werden. Etwaige Überschneidungen wurden kenntlich gemacht.

Erholungstourismus

Auffallend bei der Analyse der Aussagen zum Erholungstourismus ist, dass die Befragten in Bezug auf Erholung insbesondere auf Strandbesuche und -urlaube zu sprechen kommen. Erholung finden die Befragten an Stränden, die schön sind, an denen das Wasser klar und es ruhig ist. So ein ideales Bild eines Strandes entdecken beispielsweise Herr Tho und Frau Hoa auf der im Süden gelegenen Insel Phú Quốc [Tho # 33, Hoa # 57]. Dort

Vietnam-Reisen und der touristische Blick unter Việt Kiều

scheint die Umwelt und Umgebung intakt und noch nicht durch äußere Einflüsse beeinträchtigt zu sein wie zum Beispiel in Vũng Tàu, einem Badeort unweit von Hồ-Chí-Minh-Stadt. Herr Tho beschreibt Vũng Tàu in Abgrenzung zu den Stränden auf der Insel Phú Quốc folgendermaßen:

> Vũng Tàu war ich ja auch. Vũng Tàu ist ein schöner *local* Strand, gut für Sài Gòner, zwei Stunden entfernt mit einem Wagen kann man für einen Tag hingehen. Ist nicht so mein Ding. Der Strand ist *crowded*. Der Strand is nicht schön, […]. Auch oft wenn es von *local crowded*, ist auch dreckig und langweilig. Man hat da vielleicht noch die Jesusstatue, zu der man hochgehen kann, aber das war's dann auch schon. Deswegen ist es nicht so mein *favourite*.[28] [# 40]

Herr Tho grenzt sich hier klar von den einheimischen Badegästen ab und erläutert, wie er den Strand wahrnimmt. Der Strand steht nicht auf seiner Wunschliste, da er überfüllt ist. Für ihn ist es somit kein Strand, an dem er sich erholen könnte. Auch Frau Van bemängelt bei ihrem Besuch den Strand von Mũi Né: Der „Strand ist nicht natürlich, kein Platz zum Liegen wegen der Hotels, keine Natur, nur Strand, Hauptsache viele Gäste" [# 62]. Sie nimmt ebenfalls die negativen Auswirkungen durch die Eingriffe in die Umgebung war, was dazu führt, dass sie einen nochmaligen Besuch des Strandes ablehnt und ihn dementsprechend nicht als einen Ort der Erholung wahrnimmt. Abgesehen von diesen zwei beobachteten negativen Beispielen wird insbesondere der Strand von Nha Trang als ein Ort der Ruhe, der Sonne, also der Erholung beschrieben. Gleichzeitig werden im Falle von Frau Hien, Frau Ngoc und Herrn Loi mit Erholung auch Aktivitäten wie Schwimmen, Volleyball, Windsurfen und Sport allgemein verbunden [Ngoc # 8, Loi # 38, Hien # 81].

Naturtourismus

Eine intakte Umwelt, nicht überfüllte Strände und klares Wasser sind Indikatoren, die eine Überschneidung des Erholungstourismus mit Naturtourismus aufweist. Der Naturtourismus ist eindeutig abzugrenzen von

---

[28] Obwohl Herr Thos Muttersprache deutsch ist, verwendet er während des gesamten Interviews häufig englische Wörter. Das könnte eine Folge seiner beruflichen Tätigkeit und eines längeren Aufenthalts in Vietnam sein, bei denen er häufig englisch spricht.

Tourismus und Identität

spezielleren Arten wie Öko- oder nachhaltigem Tourismus, da solche spezifischen Arten von den Befragten in keiner Weise angesprochen wurden, wohl aber über Natur allgemein geredet wurde. Dass den Interviewpartner_innen neben der Erholung auch die Natur und das Naturerleben während der Reise wichtig ist, wird nachfolgend verdeutlicht. So lassen sich ganz allgemein drei Gruppen herauskristallisieren: Jene, die sich positiv zu ihrer Reise in die Natur äußern, eine Befragte, die enttäuscht ist, und jene, die differenzierte, also sowohl positive als auch negative Eindrücke erzählen.

Frau Huyen, zur ersten Gruppe gehörend, war während des Besuches ihrer Großmutter in Hà Nội mit den Verwandten in Tam Đảo, in der Nähe von Hà Nội, wo es „angenehm eigentlich, also viel angenehmer als hier [in Hà Nội ist]", wo es „Wildtiere gibt" und sie „viele Pflanzen sieht und Wälder", durch die sie mit den Verwandten wandert [# 12, 14, 18].

Aber auch Frau Ngoc hatte geplant, mit ihrer Begleitung den Nationalpark Cát Tiên, circa 150 km nördlich von Hồ-Chí-Minh-Stadt gelegen, zu besuchen, um dort Gibbons und Vögel zu beobachten und zu wandern. Allerdings konnte sie den Plan aus Krankheitsgründen ihrer Reisebegleitung nicht in die Tat umsetzen [# 4, 6]. Dagegen hatte sie bei vorherigen Reisen mehrmals an unterschiedlichen Orten die Natur erlebt. Beispielsweise war sie begeistert von den Wasserfällen in Đà Lạt [# 20], aber auch von der Szenerie in der Hạ-Long-Bucht, die sie „total schön, […] total idyllisch fand" [# 59] und damit die Natur als etwas Romantisches und Idealisiertes wahrnimmt.

Auch Herr Tho bezieht sich bei seinem Naturerleben insbesondere auf die Hạ-Long-Bucht, die er als „atemberaubend schön" wahrnimmt, die er für „eine der wenigen Orte [hält], die, glaube ich, in jeder Jahreszeit einfach tolle Bilder geben" [# 28], und er begegnet der Szenerie „ehrfürchtig" [# 133]. Dies veranschaulicht den Respekt, den Herr Tho der Natur entgegenbringt.

Aber auch Herr Hung, der sich während seines Aufenthaltes überwiegend in Hà Nội aufhält, nutzt freie Tage und Wochenenden, um die Stadt zu verlassen und Natur zu erleben. So berichtet Herr Hung davon, dass er und seine Begleitung

> noch ein bisschen aufs Land fahren [wollten]. Also eigentlich noch einen Ausflug machen, damit man so ein bisschen aus der Stadt rauskommt. Und dann sind wir eigentlich auch mit dem Moped zur Pagode gefahren. Das ist, wenn

man den Fluss runterfährt, ist das dann in der Nähe von Hà Nội. Also es ist eine sehr schöne Fahrt und man kommt aus Hà Nội ziemlich rasch so an den Fluss und fährt an so einer Deichstraße entlang und ist sehr schnell so im Grünen, also sehr landwirtschaftlich die Gegend, wo viel Reis und viel anderes angepflanzt wird. Die Pagode ist auch ziemlich schön, die ist nicht sehr touristisch und ziemlich alt, und was ich auch noch schön find, ist noch unbemalt, die ist nicht so neu angemalt. [# 15]

Dieses Zitat zeigt, dass Herr Hung es wertschätzt, schnell im Grünen zu sein und raus aus der Stadt zu kommen. Die Mopedfahrt direkt am Fluss entlang ist nicht nur der schnellste Weg, die Großstadt zu verlassen, sondern stellt auch eine schöne Strecke für Herrn Hung dar. Interessant ist hier, dass er den Ort als nicht sehr touristisch kennzeichnet. Die Lage der Pagode in einer ländlichen Gegend, die nicht von vielen Tourist_innen besucht wird, macht sie zu einem idealen Ausflugsziel für Herrn Hung. Dies verdeutlicht die Bedeutsamkeit der Natur des sich überwiegend in der Stadt aufhaltenden Interviewpartners.

Des Weiteren bereiste Frau Hoa, der zweiten Gruppe angehörend, den Nationalpark und die Wasserfälle auf der Insel Phú Quốc, wurde aber direkt vor Ort enttäuscht, da ersteres für Besucher nicht zugänglich war und letzteres aufgrund der Trockenzeit gar nicht vorhanden.[29]

In der letzten Gruppe befinden sich jene Interviewpartner_innen, die auch Naturtourismus betreiben, aber je nach Ort und Wahrnehmung unterschiedliche Bewertungen und Einschätzungen gaben. Frau Hien unternimmt einen Wochenendausflug in den Nationalpark Ngô Luông Nature Resort, der ungefähr sechs Stunden Fahrt von Hà Nội entfernt ist und wo die ethnische Minderheit der Thái lebt. Sie ist mit ihrer Begleitung zu Fuß unterwegs, erkundet Teile des großen Naturschutzgebietes und ist begeistert von den vielen Schmetterlingen und der Ruhe dort [# 18]. Aber bei einem früheren Ausflug in die Hạ-Long-Bucht ist sie enttäuscht, weil sie die Bucht als dreckig empfindet und „man mit den Bootstouren nicht zu den schönen Gegenden kommt" [# 97].

Auch Frau Ha ist zwiegespalten: Die Wasserfälle in Đà Lạt sind für sie einerseits wunderschön und ein „Wunder von der Natur", andererseits aber ist sie über die Müllberge, verursacht durch die Tourist_innen, sehr

---

[29] Teilnehmende Beobachtung.

enttäuscht und wütend [# 66]. Das verdeutlicht, dass für sie die Natur etwas Höheres und Übermächtiges ist, da es ein Wunder ist, und deshalb bewahrt werden sollte.

Einen ähnlichen Vergleich zeichnet Herr Tu in seinem Reisetagebucheintrag. So bezeichnet er einen Wasserfall, den er auf dem Weg nach Đà Lạt sieht, als einen „water carpet of God" [# 111][30] und bezieht sich damit auch auf Natur als etwas Übermenschliches. Andererseits ist er enttäuscht beim Anblick der Seen in Đà Lạt, da er es sich schöner vorgestellt hatte und aufgrund des schlechten Wetters kaum zu sehen war. Herr Tu ist ebenfalls unzufrieden, aber im Vergleich zu Frau Ha, weil er sich andere Assoziationen von dem noch zu besuchenden Ort gemacht hatte und dann beim eigentlichen Anblick enttäuscht ist. Denn sein Blick und seine Erwartung an den Ort sind vorgeprägt.

Zwischen dem gerade vorgestellten Naturtourismus und den von den Befragten noch zu analysierenden Kulturtourismus sind ebenfalls Überlappungen in den Aussagen festzustellen, da einige Interaktionsparnter_innen sowohl Reisen in die Natur als auch kulturelle Erlebnisse ausführlich beschrieben.

Kulturtourismus

Aufgrund der Schwierigkeiten, den Begriff Kultur zu definieren, ist auch Kulturtourismus kein unproblematischer Begriff. So unterscheidet Richards (1996) zwischen einer technischen und konzeptionellen Definition des Kulturtourismus. Ihm zufolge ist unter ersterem

> All movements of persons to specific cultural attractions, such as heritage sites, artistic and cultural manifestations, arts and drama outside their normal place of residence (Richards 1996: 24)

zu verstehen. In dieser technischen Definition geht es lediglich um die Bewegung und Ortsveränderung von Personen zu speziellen kulturellen Sehenswürdigkeiten. Darüber hinaus bietet Richards eine konzeptionelle Definition an unter der Folgendes zu verstehen ist:

---

[30] Herr Tu sandte mir seine Reisetagebuchaufzeichnungen auf Englisch zu, sodass Zitate von ihm direkt in Englisch widergegeben werden.

Vietnam-Reisen und der touristische Blick unter Việt Kiều

> The movement of persons to cultural attractions away from their normal place of residence, with the intention to gather new information and experiences to satisfy their cultural needs. (Richards 1996: 24)

Diese konzeptionelle Ebene listet die Motivationen auf für die Reisenden, kulturelle Orte zu besichtigen. So geht es darum, neue Informationen und neue Erfahrungen bezüglich kultureller Attraktionen zu sammeln. In einer späteren Definition findet ebenfalls noch Kultur als „'way of life' of a people or region" (Richards 2001: 7) eine Berücksichtigung. Das heißt, dass nicht nur die Kulturprodukte im Interesse der Reisenden stehen, sondern auch die gelebte Kultur der besuchten Bevölkerung oder der bereisten Region.

Bei der Analyse der Aussagen der Interviewpartner_innen fällt zunächst auf, dass sie sich im Vergleich zum Naturtourismus sehr viel weniger zu kulturellen Aktivitäten während ihrer Reise äußern. So beschreiben lediglich vier Befragte ihre Erlebnisse in Bezug auf besuchte kulturelle, historische Stätten oder Attraktionen. Hinsichtlich der oben genannten technischen und konzeptionellen Definition von Kultur zeigt sich, dass die Interviewten von sich aus über die besuchten Sehenswürdigkeiten berichten und anschließend auf konzeptioneller Ebene erklären, was ihnen der Besuch in kultureller Hinsicht gebracht hat.

Deutlich zu erkennen ist dies am Bericht von Frau Ha. So erzählt Frau Ha nicht nur, was sie im Yersin-Museum in Nha Trang und im Palast des letzten Kaisers Bảo Đại in Đà Lạt sehen konnte, sondern auch, dass ihr Besuch einen Lerneffekt hatte, indem sie Näheres über die Biografien beider Personen erfuhr [# 6, 27].

Frau Ngoc beginnt ihren Bericht über die kulturellen Aktivitäten mit einer Aufzählung: „Klar war ich auch schon im Wasserpuppentheater hier in Sài Gòn, im Militärmuseum. Phú Quốc waren wir auch, im Gefängnis und haben uns das angeguckt." [# 20] Grundsätzlich, so sagt sie, sind ihre Familie und insbesondere ihre Tanten an Kultur interessiert, sodass sie bei ihrem Besuch immer auch Reisen zu kulturellen Stätten unternehmen. Diese umfassen sowohl *tangible sights* wie die Chăm-Tempelanlage oder den Kaiserpalast in Huế als auch *intangible sights* wie eine Vorstellung des Wasserpuppentheaters, das auf eine lange Tradition in Vietnam zurückblicken kann. Erst im weiteren Verlauf des Gespräches erzählt Frau Ngoc am Beispiel ihres Besuches von Mỹ Sơn, dass

Tourismus und Identität

> [Mỹ Sơn] ziemlich heruntergekommen [ist], […] also es war interessant zu sehen und ja ein bisschen über Chăm und die Religion. Die sind ja Hindus irgendwie die Lehren. Ja, war auch interessant. Angkor, genau Angkor fand ich halt total beeindruckend, vor allem da wo diese Bäume über die Tempel wachsen, fand ich total cool. Noch eher als Angkor Wat, weil Angkor Wat ist da schon alles freigelegt. Da [in Mỹ Sơn] ist nicht mehr so. Genau, da hatten wir dann eine Führung und waren auch noch in einem Museum, wo sie Exponate gezeigt haben. Aber das fand ich nicht so beeindruckend. [# 71]

Frau Ngoc empfindet die Tempelanlage Mỹ Sơn als schlecht erhalten. Sie fand es interessant, Mỹ Sơn zu besichtigen und etwas über die Kultur der Chăm zu lernen, was die konzeptionelle Definition von Richards umfasst, aber sie ist hingegen von Angkor, in Kambodscha, begeisterter. Allerdings differenziert sie bei ihrem Besuch der Tempelanlage. Denn die Gebiete der Anlage, die noch durch einen „natürlichen" Zustand, also durch das Überwuchern der Tempel durch den Wald, vorzufinden sind, wecken ihre Begeisterung. Sie sind in ihrer Wahrnehmung natürlich und ursprünglich und damit anscheinend ohne heutige Eingriffe des Menschen anzutreffen. Frau Ngoc betont, dass ihre persönliche Präferenz die Tempelanlage an sich ist und nicht das dazu gehörige Museum.

Herr Tho besucht mit seiner Begleitung eine *intangible* Sehenswürdigkeit, das Wasserpuppentheater, obwohl sein Freund anfangs nicht hineingehen wollte. Herr Tho überzeugt ihn, da diese Art des Theaters einmalig und ein Besuch seiner Meinung nach Pflicht ist (# 26). Neben dieser Kulturveranstaltung ist für ihn insbesondere die Kaiserstadt Huế erwähnenswert, da er diese nicht nur „wunderschön" findet, sondern ihn auch an seine Kindheit, an Mystik und Manga erinnert. Der Besuch der Kaiserstadt ist für Herrn Tho durch Nostalgie und schöne Erinnerungen geprägt. Die Nostalgie ist hier nicht auf den Ort der Herkunft seiner Eltern gerichtet, sondern auf ein Erlebnis seiner Kindheit in Deutschland, während der er mystische Manga- und Kung-Fu-Filme gesehen hat. Damit steht Herrn Thos nostalgische Erinnerung im Gegensatz zu dem, was beispielsweise Timothy für Diaspora-Reisende festgestellt hat: Die Reiseerfahrung ist für die zweite Generation eher eine nostalgische, durch die sie sich selbst entdecken möchte, indem sie Orte der Vorfahren besucht (Timothy 2011: 408).

Aber auch die Besichtigung der berühmten Củ-Chi-Tunnelanlagen in der Nähe von Hồ-Chí-Minh-Stadt haben eine bestimmte Wirkung auf ihn, wie folgende Ausführung zeigt:

> Die Củ-Chi-Tunnel, dann kriegt man schon ein bisschen Ehrfurcht, wie der Krieg damals geführt wurde. Die zeigen Fallen, Waffen und die Tunnel, wie die Vietnamesen gelebt haben. Das ist schon so ein *eyeopener*, also dann denkt man, wow, da drinne haben die mehrere Wochen verbracht, da passt nicht mal der Durchschnittsvietnamese heutzutage noch mehr rein. [# 55]

Die Besichtigung zeigt ihm, mit welchen Mitteln der Krieg geführt wurde, und erfüllt ihn mit Ehrfurcht. Dieses Erlebnis öffnet ihm die Augen und vermittelt aktiv die Geschichte des Krieges und ist damit ebenfalls auf der konzeptionellen Ebene des Kulturtourismus angesiedelt.

Das Besichtigen von kulturellen Relikten und Veranstaltungen ist für die Befragten ein Grund, etwas Neues über die Geschichte zu lernen und zu erfahren oder ist durch nostalgische Erinnerungen geprägt. Zusammenfassend ist festzustellen, dass unter den Interviewpartner_innen Reisen und Erlebnisse, die Natur und Erholung betreffen, eher im Vordergrund stehen als kulturelle. Eine Ausnahme bildet Herr Loi, dem die Erholung während seines Urlaubs an erster Stelle steht, wie folgende Aussage belegt:

> Wenn ich dann hier nach Vietnam komme, wie gesagt, um die Familie zu besuchen und dann einfach entspannen. Das heißt, ich such mir Dinge, die Spaß machen, Dinge, die ich vielleicht noch nicht erlebt hab, die ich noch erleben möchte. Ja, das sind so, das sind dann die Dinge, [die] ich mir dann rauspick, also weniger so die kulturellen Sachen, sondern mehr die, ich würd schon sagen, die kommerziellen Dinge. [# 6]

Auch wenn Herr Loi im vorangegangenen Zitat doch von kulturellen Attraktionen spricht, die er allerdings seltener auswählt als die kommerziellen Sehenswürdigkeiten, so kann doch aus den weiteren Aussagen des Interviews darauf geschlossen werden, dass er, wenn er kulturrelevante Orte besichtigt, dies nur tut, weil seine Begleitung es möchte: „Ja, also wenn sie unbedingt hingehen will, dann geh ich mit" [# 36]. Das verdeutlicht, dass der Erholungsaspekt für Herrn Loi im Vordergrund steht.

Allerdings kann anhand der doppelten Nennungen von Natur- und Kulturaspekten und Überschneidungen keine Hauptart ausgemacht werden, sodass bei den Interaktionspartner_innen nicht ausschließlich nur von Natur-, Erholungs- (außer Herr Loi) oder Kulturtourist_innen gesprochen werden kann. Vielmehr konnte veranschaulicht werden, dass es sich bei Việt Kiều um Reisende mit vielfältigen und überlappenden Interessen handelt.

4.4 Reisetypologie

Angesichts der hohen Tourist_innenzahlen weltweit versuchen zahlreiche Wissenschaftler_innen, aber auch die Tourismusindustrie, die Reisenden zu typologisieren. Eine Unterscheidung scheint notwendig, da verschiedene Reisende unterschiedliche Ansprüche an die besuchte Destination haben. So nutzen beispielsweise Rucksacktourist_innen eine andere Infrastruktur und Unterbringung als die Reisenden einer Reisegruppe (Burns 1999: 43). Mit der Entwicklung des Tourismus wurden auch unzählige Versuche unternommen, Typologien von Tourist_innen aufzustellen. Allgemein kann zwischen zwei Arten von Typologien unterschieden werden: *supply*- und *demand*-orientierte Typologien (Coccossis und Constantoglou 2006). So beziehen sich *supply*-orientierte Typologien beispielsweise auf das Ausmaß der touristischen Entwicklung einer Region und beleuchten folglich Spezifika der Destinationen. Sie spielen hier somit keine Rolle, da es um Việt-Kiều-Reisende und eine Typologisierung von ihnen geht. Daher sind letztere – die *demand*-orientierten Typologien – interessant und werden im Folgenden näher erläutert.

In der Tourismuswissenschaft wurde eine Vielzahl von *demand*-orientierten Typologien entwickelt, sodass die von Coccossis und Constantoglou als elf wichtigsten Typologien bezeichnete Auflistung nur als ein Ausschnitt gelten kann (2006: 7f.). Die Typologien unterscheiden sich in ihrem Ziel (Reisemotive, Reisecharakterisierungen, gewählte Destinationen u.a.) und den angewandten Kriterien (touristisches Verhalten, demographische und familiäre oder sozial-psychologische Kriterien u.a.) (Coccossis und Constantoglou 2006: 7f.). Da die von Coccossis und Constantoglou aufgelisteten Typologien Tourist_innen im Allgemeinen systematisieren und nicht auf die spezielle Gruppe der Diaspora-Reisenden eingehen, wird im Nachfolgenden eine Reisecharakterisierung anhand des touristischen Verhaltens der Việt-Kiều-Reisenden vorgenommen und damit gleichzeitig Teilaspekte des ersten Schwerpunktes dieser Arbeit beantwortet: Wie ist das Reiseverhalten der Việt Kiều zu charakterisieren und wie lässt sich das Phänomen beschreiben?

Die Aussagen der Interviewten wurden systematisiert, miteinander verglichen und wiederkehrende Merkmale herausgearbeitet, um daraus eine Typologie der Việt-Kiều-Reisenden zu entwickeln. Gleichzeitig dient die Typologie als Grundlage für eine detaillierte Beschreibung und Analyse des touristischen Verhaltens der Việt Kiều, um ein Bild dieser speziellen Reisegruppe zu zeichnen. Da die nachfolgende Typologie auf den Interviewaussagen beruht und damit ausschließlich für die Befragten zum Zeitpunkt der Gespräche gelten kann, hat die Typologie eher statischen Charakter. Denn sie kann keine Aussagen darüber treffen, dass Việt-Kiều-Reisende durch verschiedene Reiseerfahrungen und im Verlauf der Zeit unterschiedliche Merkmalsausprägungen aufzeigen können, die wiederum eine Veränderung des Typs nach sich ziehen kann (Vgl. auch Burns 1999: 44).

Doch bevor die Typologie bezüglich der Việt-Kiều-Reisenden dargestellt wird, werden hier in der Typologie vorkommende Begrifflichkeiten erklärt. Solche Begriffe sind die touristische Infra- und Suprastruktur. So ist unter touristischer Infrastruktur zu verstehen:

> die Ausstattung eines Raumes mit öffentlich bzw. halböffentlich nutzbaren materiellen Einrichtungen und Anlagen, die Tourismusrelevanz haben und dessen Entwicklung fördern bzw. mittragen. Neben einem durch die touristische Mitnutzung höheren Angebot an Basisinfrastruktureinrichtungen (der Ver- und Entsorgung, des Verkehrs, des Gesundheitswesens etc.), das Einheimischen und Touristen zur Verfügung steht, kommt es zur Ausbildung einer spezifisch touristischen Infrastruktur. Sie ist Teil des touristischen Potenzials eines Raumes und besteht aus: verkehrlichen Anlagen (Skilifte, Seilbahnen usw.), tourismusörtlichen Einrichtungen und Anlagen für Freizeit, Erholung, Sport, Fitness, Kultur usw. (z.B. Spazier- und Wanderwege, Schwimmbäder, Skipisten, Eisbahnen, Tennisplätze, Golfanlagen, Wassersporteinrichtungen, Theater) sowie speziellen kurörtlichen Einrichtungen (Trink- und Wandelhallen, Kurpark usw.), Einrichtungen für Messen, Kongresse, Events. (BL 2001)

Die touristische Suprastruktur bezeichnet:

> Die Beherbergungs- und Gastronomieeinrichtungen (Hotellerie, Parahotellerie, Restaurants usw.) werden in Anlehnung an die amerikanische „superstructure" als touristische „Suprastruktur" bezeichnet. (BL 2001)

Aussagen der Befragten zur touristischen Infra- und Suprastruktur werden im Nachfolgenden, sofern vorhanden, erläutert.

In Bezug auf die Typologie der Interviewten lässt sich zunächst festhalten, dass keiner direkt nach einer persönlichen Einordnung zu einem Typ befragt wurde. Vielmehr erwähnten die Gesprächspartner_innen

Tourismus und Identität

bestimmte Begebenheiten, die auf bestimmte Merkmalsausprägungen bzw. Typen hinweisen. Abb. 4 stellt die Reisetypologie der befragten Việt Kiều dar und ist das Ergebnis der Analyse der Interviewaussagen der Befragten, sodass sich diese Typologie auf alle Befragten anwenden lässt. Es zeigt, dass die Việt-Kiều-Reisenden in zwei Typen eingeteilt werden können: In den *Neues-Suchenden-Typ* oder den *Beständigkeitstyp*. Welchem der zwei Typen die Việt-Kiều-Reisenden zugeordnet werden, hängt davon ab, ob sie in Deutschland oder Vietnam aufgewachsen sind. Für jene in Vietnam Aufgewachsenen ist weiterhin relevant, ob sie nach Vietnam mit einer deutschen Begleitung reisen oder nicht. Ist ersteres der Fall, sind sie ebenfalls dem Typ *Neues-Suchenden* zuzuordnen, ebenso wie die Việt Kiều, die in Deutschland aufgewachsen sind. Reisen sie aber ohne eine deutsche Begleitung, dann bilden sie einen eigenen Typ, den *Beständigkeitstyp*.

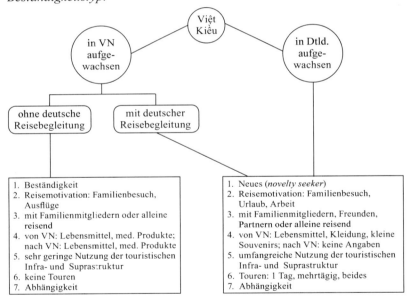

Abb. 4: Reisetypologie der Interviewpartner_innen (eigene Darstellung)

Beständigkeitstyp

Bei den Interviewpartner_innen des *Beständigkeitstyps* handelt es sich um Việt Kiều der ersten Generation. Eine Ausnahme bilden Frau Ha und Herr Tu, die auch zu dieser Generation gehören, aber mit einer deutschen Reisebegleitung unterwegs sind. Sie sind dem *Neues-Suchenden-Typ* zuzurechnen. Die Hauptmotivation der Việt Kiều des *Beständigkeitstyps* ist, wie im Kapitel 4.2 ausführlich dargelegt, überwiegend durch Familienbesuche gekennzeichnet. Neben den Familienbesuchen ist kein längerer touristischer Aufenthalt in Vietnam geplant. Sie tätigen lediglich kurzfristige Aufenthalte in Form von Ausflügen, wie das Beispiel von Frau Huyen zeigt. Sie berichtet von einem Ausflug nach Tam Đảo mit ihrer Familie:

> B: Ich weiß eigentlich gar nicht genau, wo es ist, aber es ist nicht so weit von hier. Also ich bin mit dem Auto hingefahren, weiß ich nicht, so etwa hundert Kilometer von hier [von Hà Nội]. Und es geht da halt hoch in die Berge und da ist es ein bisschen kälter. [# 10] [...]
> B: Also angenehm eigentlich, also viel angenehmer als hier [in Hà Nội]. Dadurch, dass die Menschen auch angehmer sind, das Klima. Da sehen wir viele Pflanzen noch und Wälder. Also es gibt einen ruhigen Zustand.
> K: Wie lange warst du dort?
> B: Eine Nacht und zwei Tage.
> K: Und dort hast du dann auch Ausflüge gemacht?
> B: Ja, einfach so durch Wandern. [# 14-18]

Frau Huyen, alleine nach Vietnam gereist, macht in Begleitung ihrer Familie einen Ausflug in den nicht weit von Hà Nội entfernten Ort Tam Đảo. Dieser Ort ist in einem Tag zu erreichen, weshalb er sich als Ausflugsziel für einen bis zwei Tage am Wochenende eignet. Aufgrund der bergigen Lage ist das Klima dort kühler, was Frau Huyen als angenehm empfindet, insbesondere auch die Ruhe dort. Frau Huyen nutzte mit der Familie als Verkehrsmittel ein Auto. Dieses Zitat verdeutlicht bereits weitere Charakteristika des *Beständigkeitstyps*: Die Reise wird durch Familienmitglieder begleitet und die touristische Infrastruktur wird in geringem Maße genutzt.

Mit Blick auf die Reisebegleitung ist zu sehen, dass beispielsweise Frau Huyen alleine nach Vietnam gereist ist, aber die Befragten des Typs reisen auch mit Familienmitgliedern nach Vietnam, wie Herr Hai, der mit seiner Frau gekommen ist. Innerhalb Vietnams sind sie dann für Ausflüge und

Familienbesuche alleine oder mit anderen Angehörigen der Familie unterwegs. Sie reisen, wie bereits erwähnt, nicht mit einer deutschen Begleitung, sondern mit vietnamesischen Familienangehörigen oder alleine. Da sie alleine oder mit anderen Việt Kiều oder Vietnames_innen reisen, ihre Aufenthalte bzw. Ausflüge sehr kurz sind, führt es dazu, dass sie vor Ort auch keine Touren buchen. Damit nutzen sie in Vietnam kaum die vorhandene touristische Infrastruktur.

Bezüglich der touristischen Suprastruktur ist festzustellen, dass der *Beständigkeitstyp* diese ebenfalls nur in sehr geringem Umfang nutzt. Bis auf das obige Beispiel von Frau Huyen, die in Tam Đảo vermutlich auch übernachtet hat, und Herrn Nhat, der explizit erzählt, dass er, wenn er reist, in Hotels übernachtet [# 72] oder überwiegend bei Verwandten einkehrt, wenn er in Hồ-Chí-Minh-Stadt ist [# 37]. Alle weiteren Việt Kiều der ersten Generation, die diesem Typ zugeordnet werden, machen keine Aussage über Hotellerie oder andere die touristische Suprastruktur betreffende Einrichtungen. Aufgrund der Tatsache, dass all jene in den privaten Räumen der Familienangehörigen interviewt wurden, lässt sich vermuten, dass der *Beständigkeitstyp* hauptsächlich durch die Familienangehörigen beherbergt und versorgt wird.

In diesem Zusammenhang ist auch das (touristische) Konsumverhalten dieses Typs interessant. Im Fokus des Konsumverhaltens der Việt Kiều dieses Typs stehen insbesondere Produkte wie Lebensmittel oder Medizin. So werden sowohl bestimmte nicht in Vietnam vorhandene Lebensmittel oder medizinische Produkte von Deutschland mit nach Vietnam genommen, wie beispielsweise Schokolade [Nhat # 87] oder medizinische Zahncreme[31] [Phuong # 37]. Umgekehrt werden in Deutschland nicht zu erhaltene Produkte von Vietnam mit nach Deutschland gebracht, wie zum Beispiel Tee, Kaffee [Hai # 43] oder Obst [Nhat # 42]. Die „Mitbringsel/Souvenirs" dieses Typs sind somit ganz auf das Wohlbefinden der reisenden Person selbst als auch auf die Personen, die die Produkte erhalten, ausgerichtet.

Zusammenfassend ist dieser Typ der Việt-Kiều-Reisenden nicht auf der Suche nach Neuem während des Aufenthaltes in Vietnam, denn sie buchen keine Touren, nutzen sehr wenig die touristische Infrastruk-

---

[31] thuốc đánh răng.

tur und in sehr geringem Maße die touristische Suprastruktur, nehmen ähnliche Produkte sowohl nach Vietnam als auch nach Deutschland mit und machen nur gelegentlich einen Ausflug. Deshalb wird dieser Typ als *Beständigkeitstyp* bezeichnet.

Neues-Suchender-Typ

Der zweite Typ schließt Việt-Kiều-Reisende ein, die in Deutschland geboren sind, und jene, die in Vietnam geboren sind, aber mit einer deutschen Begleitung nach Vietnam reisen. Die Motivation für die Reise dieses Typs nach Vietnam ist vielfältig, wie im Unterkapitel 4.2 ausführlich dargelegt wurde. Sie kann Familienbesuche und/oder Urlaube sowie eine Arbeitsaufnahme umfassen. Allerdings sind alle touristisch in Vietnam auf Reisen. Sie reisen in Begleitung mit deutschen und/oder vietnamesischen Familienmitgliedern, Freund_innen, Partner_innen oder aber auch alleine. So ist beispielsweise Frau Hien alleine nach Vietnam gereist und berichtet:

> Das erste Mal, als ich alleine in Vietnam war, war ich halt fünf Monate in Sài Gòn gelebt bei meiner Tante. Von dort sind wir dann direkt am nächsten Tag, als wir angekommen sind, nach Cà Mau, das ist ganz im Süden, im Mekongdelta und genau da mit dem Moped rumgereist mit meinem Cousin durch das Mekongdelta. [# 4]

Frau Hien erzählt an späterer Stelle auch von einer anderen Reise im Norden zum Ngỗ Luông Nature Resort, wo sie ebenfalls mit dem Moped, aber nicht mit in Vietnam lebenden Familienangehörigen, sondern mit ihrem Partner hingereist ist [# 14].

Ferner ist auch Frau Van alleine nach Vietnam gereist, dann aber mit einer später hinzugereisten Freundin von Nord- nach Südvietnam unterwegs:

> Das Supercoole war, dass meine beste Freundin, die ich damals in einem Auslandssemester kennengelernt habe, in Japan und die wohnt immer noch da und arbeitet dort. Die ist dann nach Hà Nội gekommen. [# 25]

Es zeigt, dass insbesondere die Việt Kiều der zweiten Generation Ziel von Besuchen von Freund_innen werden, wenn sie sich in Vietnam aufhalten. Das trifft auch auf Herrn Tho zu, der mit seiner Partnerin nach Vietnam gekommen ist und während seines Aufenthaltes von einem deutschen Freund, ebenfalls Việt Kiều, besucht wird und gemeinsam mit ihm auf eine Rundreise durch Vietnam fährt [# 7]. Auch Herr Hung wird in der Zeit seines Vietnamaufenthaltes von seiner Partnerin besucht und gemeinsam machen sie Urlaub in Laos und tätigen Ausflüge in Vietnam [# 15].

Darüber hinaus sind auch Việt-Kiều-Reisende dieses Typs, die mit ihrer/m Partner/in nach Vietnam gereist sind, auch mit dieser/m touristisch unterwegs wie zum Beispiel Herr Loi:

> Aber seitdem ich nicht mehr mit meiner Familie in den Urlaub gehe, sondern halt mit meiner Freundin, hat sich das ein bisschen geändert, das heißt, jetzt ist es wichtig, hier in Sài Gòn zu sein und dann auch wirklich eine Rundreise zu machen. [# 12]

Außerdem zeigt sich, dass beispielsweise Frau Ngoc bei ihrer Reise zum Zeitpunkt des Interviews mit ihrem Partner nach und in Vietnam reiste, aber bei früheren Aufenthalten durchaus auch mit der Familie in Vietnam Urlaub gemacht hat:

> Das ist Nha Trang. Genau, da verbinde ich halt dann den gemeinsamen Familienurlaub, was sehr lustig war mit der ganzen Familie, unsere Väter haben sich halt auch total gut verstanden und meine Mutter, meine Oma und seine Mutter sind deutsch. [# 65]

Frau Ngoc berichtet hier von einem gemeinsamen Urlaub mit der eigenen Familie und der ihres Partners, bei der sogar die Großmutter der Befragten aus Deutschland mitgereist ist.

Die vorangegangenen Zitate bezüglich der Begleitung während der Reisen in Vietnam haben bereits veranschaulicht, dass im Zentrum der Aufenthalte in Vietnam auch der Urlaub steht. So ist es für diesen Typ wichtig, etwas Neues zu sehen und zu erleben, weshalb er als *novelty seeker* bzw. als *Neues-Suchender-Typ* bezeichnet werden soll. Ein gutes Beispiel dafür, dass das Erleben von Neuem eine große Rolle spielt, veranschaulicht folgendes Zitat von Herrn Loi:

> Vor zwei Jahren war ich das erste Mal auch in Hà Nội. Ansonsten kannte ich die neun Mal nur Sài Gòn und Nha Trang, Vũng Tàu. Jetzt ist es bei mir auch schon so, dass ich sage, gut ich würde mal gerne die Củ-Chi-Tunnel sehen, ich würde gerne einfach mehr sehen, Mekongdelta, Dinge, die ich noch nicht gesehen habe. Aber bei mir ist es dann so, wenn ich es dann gesehn habe, dann

verliere ich schnell wieder die Lust und brauche wieder was Neues. Also ich häng da nicht so lange an einem Gebiet und will dann halt auch wieder schnell weiter. [# 12]

Des Weiteren spricht auch Frau Ha, die zur ersten Generation gehört, aber mit ihrem deutschen Partner in Vietnam Urlaub macht, explizit davon, dass es wichtig ist, Neues zu erkunden:

> Was wir eigentlich gerne bei der Reise machen, nicht nur einfach sich erholen, sondern doch etwas Neues erleben und noch was Neues wissen. [# 27]
> Was ich gerne mache, ist natürlich neue Städte besuchen, wir zu anderen Städten [fahren] oder zum Beispiel [nach] Sa Pa und Hà Giang will ich auch noch mal gerne, weil ich noch nicht da war. [# 33]

Das Neue kann bei Frau Ha und ihrem Partner – wie die Zitate verdeutlichen – einerseits darin bestehen, bisher Unbekanntes, also noch nicht besuchte Orte wie Sa Pa oder Hà Giang zu besuchen und zu erleben und andererseits sich neues Wissen während der Reise anzueignen.

Im Vergleich zum *Beständigkeitstyp* sind die Việt-Kiều-Reisenden, die das Neue suchen, auch dadurch gekennzeichnet, dass sie die touristische Infra- und Suprastruktur in vollem Umfang nutzen. Das zeichnet sich dadurch aus, dass sie Touren innerhalb Vietnams buchen, was die Aussagen von Frau Ngoc verdeutlichen:

> Vor eineinhalb Jahren waren wir zusammen schon in Nha Trang am Strand, haben da auch ein paar Touren gemacht und getaucht oder Jetski gefahren oder Windsurfing haben wir ausprobiert. [# 8]
> Meistens sind wir mit *Saigon Tourist* unterwegs gewesen. Als ich sechzehn war [hat] meine Familie dann ein Auto gemietet und dann sind wir zu zehnt losgefahren. [...] Und dann in Phú Quốc waren wir auch. Ja, aber meistens, obwohl [in] Phú Quốc haben wir eine Tour gemacht auch mit dem Reiseführer. Das hat mein Vater relativ privat [organisiert], also kaum Leute dann, also wir, die Familie glaub ich, vielleicht [noch] zwei Leute da sind. [# 14]

Frau Ngoc bucht mit ihrer Begleitung sowohl eintägige als auch mehrtägige Touren, die auch von einem Reiseführer geleitet werden, wobei diese auch privat, nur für ihre Familie gebucht wurde und somit auf sie zugeschnitten sind. Darüber hinaus erwähnt sie, dass diese private Tour eher die Ausnahme bildet, da sie sonst mit dem Touristikunternehmen *Saigon Tourist* unterwegs gewesen sind.

Des Weiteren nutzen die Việt Kiều des *Neues-Suchenden-Typs* nicht nur die touristische Infra- sondern auch die Suprastruktur, da sie in verfügbaren Hotels, Gasthäusern oder Hostels übernachten und in gastronomischen Einrichtungen einkehren. So berichten die Befragten des Typs – bis auf zwei Personen, die dazu keine Angaben machten –, dass sie während des Urlaubs in Hotels oder Hostels nächtigen. Sofern Verwandte, Familienmitglieder oder Freunde an den besuchten Orten leben, findet die Übernachtung auch bei diesen statt. Lediglich Frau Hien sprach davon, auch Übernachtungsmöglichkeiten wie *Couchsurfing* [# 53] oder *home stay* [# 20] zu nutzen.

Ebenfalls nutzen sie die Konsummöglichkeiten, wie folgendes Beispiel verdeutlichen soll:

> [...] muss ich gestehen, dass auch so der ganze Konsumfaktor so schon auch ne ziemliche Rolle einnimmt. Also ich hab beispielsweise seit Jahren mehrere Schneider, die ich aufsuche. Da hab ich so ganz Spezifische. Also, da hab ich einen Schneider, der macht Anzüge. Dann hab ich einen Schneider, der näht mir Hosen und Hemden. Und dann geh [ich] jetzt seit Jahren zu denen. Und dann geh ich auf den Stoffmarkt, kauf mir den Stoff, das mach ich immer ziemlich am Anfang der Reise, am Anfang meines Aufenthaltes, weil [...] das meistens ziemlich dauert. Das ist schon eine Konstante. [Hung # 31]

So werden neben der wie in diesem Beispiel maßgeschneiderte Kleidung insbesondere auch spezielle vietnamesische Lebensmittel und kleine Souvenirs wie „kleine vietnamesische Hüte, die man so aufhängen kann" [Ngoc # 26] oder „kleine Figuren, die Áo Dài an haben, das traditionelle [Kleid]" [Trang # 58] für die Person selbst oder für Freunde und Verwandte in Deutschland erworben. Über aus Deutschland mitgebrachte „Mitbringsel/Souvenirs" für Verwandte in Vietnam haben die Interviewpartner_innen dieses Typs keine Aussagen gemacht. Hervorzuheben ist, dass die in Vietnam Aufgewachsenen, die mit einer deutschen Reisebegleitung in Vietnam unterwegs sind, die Charakteristika der *noveltyseeker* aufweisen. Ob die deutsche Reisebegleitung dazu führt, dass sie die Reisemerkmale dieses Typs aufzeigen und ob sie, wenn sie alleine reisen würden, eher Merkmale des *Beständigkeitstyps* entwickeln würden, lässt sich aus den Interviewsituationen nicht ermitteln.

So gab es sowohl unter den *Neues-Suchenden* als auch unter den *Beständigkeitstyp* Interaktionspartner_innen, die von familiären Abhän-

Vietnam-Reisen und der touristische Blick unter Việt Kiều

gigkeiten in Bezug auf Urlaubs- und Reisemöglichkeiten sprachen. Frau Huyen, die dem *Beständigkeitstyp* zuzuordnen ist, reist alleine nach Vietnam, um ihre Familie zu besuchen und macht lediglich Ausflüge. Bezüglich der Abhängigkeit berichtet sie:

> [Während meiner Reise] bin [ich] halt hier sehr abhängig. Immer wenn ich nach hồ Tây [Westsee] fahre, muss irgendjemand herkommen, meine Cousine oder so. Die fahren mich dann und wenn [ich] halt jetzt Urlaub mache, dann muss ich auch warten, bis meine Tante frei hat, meine Cousine frei hat und so und dass meine Oma mir [das] auch erlaubt. [# 44]

Frau Huyen kann sich ohne Erlaubnis oder Begleitung innerhalb Hà Nội und auch in Bezug auf Ausflüge nicht frei bewegen, weshalb sie sich von ihrer Familie abhängig fühlt. An späterer Stelle des Interviews wiederholt sie diese Aussage, was ihr mehr Gewicht verleiht: „Also jetzt bin ich nur zum Urlaub hier, deswegen fühl ich mich unwohl, weil ich halt zu meiner Oma fahren muss, immer abhängig bin" [# 81]. Diese Abhängigkeit führt zu einem Unwohlsein bei Frau Huyen. Ob sie im Umkehrschluss unbedingt in Vietnam reisen möchte, muss offen bleiben. Obwohl sie während früherer Reisen bereits einige Orte Vietnams besichtigt hat, berichtet sie während des Gesprächs nicht, dass sie sich wünscht, in Vietnam zu reisen, es aber aufgrund der Abhängigkeit nicht darf. So sagt sie eher, dass es sie beispielsweise nicht interessieren würde, Hồ-Chí-Minh-Stadt zu besuchen [# 32].

Hingegen gehört Frau Ngoc dem *Neues-Suchenden-Typ* an, denn sie verbindet einen Besuch der Familie mit einem Urlaub mit ihrem Partner bzw. bei früheren Reisen mit ihren Familienmitgliedern aus Deutschland. Frau Ngoc nutzt während ihres Urlaubs die touristische Infrastruktur in vollem Umfang. So berichtet sie von einer früheren Reise mit ihrer Familie, bei der sie eine Tour bei einem vietnamesischen Reiseveranstalter mit vietnamesischer Reiseleitung nach Thailand gemacht hat [#14]. Hervorzuheben ist, dass Frau Ngoc ebenfalls von familiären Abhängigkeiten spricht:

> [...] wollten wir uns diese Gibbonaffen anschauen und halt so ne Tour machen. Es gab so eine Tour, hatte ich gesehen in meinem Reiseführer, die den ganzen Tag geht, [...] [bei der man] Vögel beobachten kann. Auf jeden Fall ein bisschen Trekking oder Wandern und so. Vielleicht zwei Tage dann und dann von dort aus übernachten halt dann bei den Verwandten. Und dann von dort

aus dann zurück nach Sài Gòn. Das war der Plan. Ja. Davon haben wir jetzt nichts gemacht. Ganz ursprünglich hatte ich auch noch so eigentlich überlegt, erst nach Sa Pa zu fahren, weil in Sa Pa war ich auch noch nie. [...] Also, ich möchte unbedingt mal gerne hin, muss ich sagen, bisschen mehr Vietnam. Das Problem war, früher durften wir, durfte ich eigentlich gar nicht reisen so, weil meine Familie sehr ängstlich ist. Wir waren ja jedes Jahr hier in Sài Gòn und dann konnten wir, meine Mutter und ich, höchstens halt mit dem Taxi in die Innenstadt fahren und in der Innenstadt vielleicht ein bisschen rumlaufen und schwimmen gehen im Hotel. Aber die [vietnamesische Familie] hatten total die Angst, dass uns was passiert, dass wir entführt werden oder so, weil sie die Verantwortung haben. Also überall auf der Welt haben wir uns ganz normal bewegt, haben Touren gemacht, Reisen, alles mögliche, ganz selbstständig und hier waren wir dann ganz behütet und dann haben die [sich] alle total so Sorgen gemacht und immer wenn wir irgendwas vorgeschlagen haben, „nein, das ist zu gefährlich". Weil die die ganzen Horrorstorys kennen und so. Deswegen. Ich war jetzt gerade erst in Mittelamerika [...] und ich wollte halt Vietnam auch so mal erleben. Genau. Und jetzt hatte ich meine Oma schon dazu überredet und mit ihr schon alles abgesprochen, wo wir langfahren und so, dann die Verwandten auch besuchen, aber das ging jetzt nicht mehr. [# 6]

Dieses Zitat zeigt nicht nur Frau Ngocs Reisepläne auf, die aus Krankheitsgründen ausfallen mussten, sondern auch dass sie genau zu dem *novelty-seeker*-Typ gehört, der auch Vietnam anders erleben möchte, so wie sie es während ihrer Reisen in anderen Ländern der Welt tut. Darüber hinaus beschreibt sie, dass im Hinblick auf die familiäre Abhängigkeit ein Wandel zum Positiven stattgefunden hat. Die Sorge um die Sicherheit treibt die Großeltern um, da sie glauben, die Verantwortung während ihres Aufenthaltes zu haben.

Die Typologie der Việt-Kiều-Reisenden in zwei Typen gibt einen Eindruck von den Reisemerkmalen und Charakteristika. So ist der *Beständigkeitstyp* dadurch gekennzeichnet, dass das Motiv der Reise der Familienbesuch darstellt, sie alleine oder mit Familienmitgliedern reisen und lediglich während ihres Aufenthaltes Ausflüge machen, aber keine Touren buchen. Das wenige Reisen innerhalb Vietnams führt zu einer sehr geringen Nutzung der touristischen Infra- und Suprastruktur. Denn auch die Übernachtungen werden bei den Familien getätigt. Sie sind in ihren touristischen Merkmalen beständig und haben nicht den Drang, unbedingt Neues während ihrer Reise zu erleben. Hinsichtlich der Souvenirs bringen die Việt Kiều dieses Typs sowohl Lebensmittel und medizinische Produkte nach Vietnam als auch mit zurück nach Deutschland.

Der *Neues-Suchende-Typ* zeichnet sich hingegen dadurch aus, dass das Erleben von Neuem im Urlaub in Vietnam eine bedeutende Rolle spielt. Dabei kann es sich bei Neuem um bisher noch nicht bekannte Orte handeln und/oder die Aneignung von neuem Wissen. Die Reise innerhalb Vietnams unternehmen sie in Begleitung von Familienangehörigen aus Deutschland und/oder Vietnam, Freunden und dem Partner. Die Việt Kiều dieses Typs buchen die verfügbaren Touren vor Ort. Diese können aus eintägigen, aber auch aus mehrtägigen Fahrten mit Reiseführer bestehen. Das bedeutet, dass sie die touristische Infrastruktur umfangreich nutzen. Aber auch die Hotellerie und Gastronomie vor Ort – also die Suprastruktur – wird von ihnen in Anspruch genommen. Bezüglich der Souvenirs nehmen die Việt Kiều des *Neues-Suchenden-Typs* Lebensmittel, (maßgeschneiderte) Kleidung und kleine Mitbringsel für Verwandte, Freunde und sich selbst mit.

Innerhalb beider Typen sind Việt Kiều zu finden, die von Abhängigkeiten bezüglich des Aufenthaltes und der Reise in Vietnam berichten. Diese Abhängigkeit resultiert hauptsächlich daraus, dass Familienangehörige sich um Việt Kiều Sorgen machen, um ihre Sicherheit fürchten und glauben für die Zeit des Aufenthaltes die Verantwortung zu haben und deshalb genau kontrollieren, mit wem und wo sie unterwegs sind.

Die Aussagekraft der Typologie ist dahingehend begrenzt, dass sie auf den von mir geführten Interviews und dem Reisetagebuch beruht. Die Typologie kann keine Aussagen darüber treffen, dass die befragten Việt Kiều durch spätere Reiseerfahrungen und im Verlauf der Zeit unterschiedliche Merkmalsausprägungen aufzeigen können, die wiederum eine Veränderung des Typs hervorrufen können (Vgl. Burns 1999: 44). Interessant wäre es, ob diese Merkmalsausprägungen und Typen in einer quantitativen Untersuchung Bestätigung fänden.

4.5 Việt Kiều und der *Tourist Gaze*

In diesem Unterkapitel wird der Frage nachgegangen, wie Việt Kiều die Orte und Menschen, denen sie während ihrer Reise in Vietnam begegnen, wahrnehmen und welchen Eindruck sie von diesen haben und wie diese Wahrnehmung sozial organisiert wird. Dieses Phänomen wird in der Tourismuswissenschaft mit dem Begriff *Tourist Gaze* charakterisiert.

Tourismus und Identität

Es ist besonders interessant, den *Tourist Gaze* in Bezug auf Việt Kiều zu untersuchen, da sie selbst als Reisende und Urlauber in „ihrem" Land unterwegs sind, das heißt mit kulturellen Standardisierungen Vietnams teilweise gut vertraut sind. An die Darstellung des Konzeptes des *Tourist Gaze* schließt sich eine Erläuterung der Bedeutung der Fotografie für die touristische Begegnung im Allgemeinen und für den *Tourist Gaze* im Speziellen an. Welche Rolle touristische Orte und Räume spielen und in welche Diskurse diese eingebettet sind, wird anschließend vorgestellt, bevor dann die konkreten Wahrnehmungen und Eindrücke der Interviewpartner_innen analysiert werden.

4.5.1 *Tourist Gaze*

Ein bedeutendes Konzept der Tourismuswissenschaft ist der *Tourist Gaze*, das seit Erscheinen der ersten Auflage 1990 von John Urrys gleichnamigem Werk zahlreich beschrieben und diskutiert wurde.[32] Bislang wurde der *Tourist Gaze* insbesondere für Reisende des globalen Nordens im globalen Norden erforscht, aber noch nicht empirisch für Diaspora-Tourist_innen im Allgemeinen und Việt Kiều im Speziellen.

Der *Tourist Gaze* kann am treffendsten mit touristischem Blick oder Blickregime[33] übersetzt werden. Aber was unterscheidet den Blick vom allgemeinen Sehen? Als Sehen oder *Seeing* wird lediglich das bezeichnet, was das menschliche Auge tut. *Gazing* im Allgemeinen hingegen bedeutet, dass

> [P]eople gaze upon the world through a particular filter of ideas, skills, desires and expectations, framed by social class, gender, nationality, age and education. Gazing is a performance that orders, shapes and classifies, rather than reflects the world. (Urry und Larsen 2011: 2)

---

[32] Obwohl die erste Auflage bereits 1990 erschien, wird im Folgenden nur auf die 3. Auflage von 2011, die Urry in Zusammenarbeit mit Jonas Larsen herausgab und die einige Neuerungen enthält, eingegangen.

[33] Der aus der Kunstgeschichte stammende Begriff Gaze wird aufgrund seiner kulturell organisierenden Funktion und seiner Verortung in „Zusammenhängen ökonomischer, politischer und kultureller Machtverhältnisse" (Kravagna 1997: 8) auch als Blickregime übersetzt (siehe auch bei Silverman 1997). Diese Funktion und Verortung kann gleichsam auf den Tourismus übertragen werden.

Damit wird der Blick oder „das Sehen[34] als sozial und kulturell konditionierter Prozeß" verstanden und stellt somit Fragen nach „den symbolischen Dimensionen des Blicks und seinen Inszenierungen in den Medien, der Konsumkultur, der Kunst usw." (Kravagna 1997: 8).

Das *Gazing* wird insbesondere durch die touristische Begegnung verstärkt und gleichzeitig durch frühere Erlebnisse geprägt. Vor allem betont Urry die kognitive Leistung des Interpretierens und Wertens:

> Gazing is not merely seeing, but involves cognitive work of interpreting, evaluating, drawing comparisons and making mental connections between signs and their referents, and capturing signs photographically. Gazing is a set of practices. Individual performances of gazing at a particular sight are framed by cultural styles, circulating images and texts of this and other places, as well as personal experiences and memories. (Urry und Larsen 2011: 17)

Das individuelle *Gazing* ist beeinflusst durch die eigenen kulturellen Standardisierungen und den bereits bestehenden Bildern eines Ortes. Urry differenziert den *Gaze* zum Beispiel in einen romantischen, den Familien- oder den anthropologischen touristischen Blick, was die Art des Blicks hervorhebt (Urry und Larsen 2011: 19f.). Diese Definition des *Tourist Gaze* stellt lediglich eine einseitige Form des *Gazing* dar, nämlich den Blick des Touristen/der Touristin auf die Sehenswürdigkeiten. Diese stellen ein Signifikat (signifié) nach Saussure dar (Reinhardt 2008: 44), denn der/die Tourist/in macht sich bereits vor der Besichtigung des Ortes eine Vorstellung aufgrund der medialen Darstellung dieses Ortes. Die Dualität von Signifikat und Signifikant erlaubt es erst die Welt kognitiv zu erfassen und damit auch die kognitive Leistung des Wertens und Interpretierens während der touristischen Reise zu erbringen.

Diese einseitige Fokussierung des *Tourist Gaze* bezüglich der Tourist_innen entwickelt Maoz weiter, in dem sie von einem *Mutual Gaze* spricht, um zu betonen, wie Tourist_innen auch von Einheimischen betrachtet werden können (Maoz 2006). An dieser Stelle sei angemerkt, dass das *Gazing* nicht nur zwischen Tourist_innen und Einheimischen stattfindet, sondern überall dort, wo Tourist_innen auf andere Personen und Orte stoßen. Das können somit nicht nur Einheimische sein, sondern auch unter

---

[34] Kravagna unterscheidet zwischen dem „reinen Sehen" und dem Sehen/dem Blick (1997: 8).

anderem Reiseleiter_innen, Servicepersonal und Anthropolog_innen. So lässt sich das Modell von Maoz um einige Komponenten erweitern. Dieses sehr umfassende Modell kann hier leider nicht für alle im Diaspora-Tourismus Partizipierenden dargestellt und untersucht werden, da im Rahmen der Feldforschung lediglich die Perspektive der Việt Kiều erfragt wurde. Deshalb können in der Analyse der Interviews nur die Fragen beantwortet werden, wen oder was die reisenden Việt Kiều betrachten. Wie stellen sie sich die Orte vor und was assoziieren sie mit ihnen? Dies bildet den Schwerpunkt der folgenden Analyse.

4.5.2 Visualisierungen – Anmerkungen zur Fotografie

Fotografien sind essentiell für die Erforschung des Tourismus und des *Tourist Gaze*. Die Bedeutung der Fotografie kann für die Entwicklung des Tourismus im Allgemeinen nicht genug betont werden. Die technischen Veränderungen des 19. Jahrhunderts brachten nicht nur verbesserte Infrastrukturen, die es privilegierten Reisenden ermöglichten, schneller und bequemer an ihr Ziel zu gelangen, sondern auch die Möglichkeit, durch die Erfindung der Fotografie „echte" Kenntnisse in Form von Fotos aus entfernten Regionen der Welt zu erhalten. Durch diese Fotografien wurden Imaginationen vom unbekannten „Fremden" und „exotischen" Orten bedient, die – untermalt durch Reiseberichte – einerseits die Fantasie und Imagination anregten und andererseits dazu aufriefen, selbst in diese Regionen zu reisen. Fotografien stellten somit Repräsentationen der scheinbaren Wirklichkeit dar.

Mit dem Aufkommen des Massentourismus nach dem Ende des Zweiten Weltkrieges und der handlichen und preisgünstigen Kamera für jedermann wurde der *Tourist Gaze* für die touristische Erfahrung und Wahrnehmung essentiell. Denn Fotografien aktivieren eine „imaginative mobility" und ein „memory travel" der Reisenden (Urry und Larsen 2011: 155). Fotos sind weder objektiv noch unschuldig, denn sie werden häufig inszeniert. Sie produzieren damit asymmetrische Machtbeziehungen, die Menschen und Orte in- und exkludieren. Diese damit einhergehende Manifestation von Dichotomien wie „das Eigene" und „das Fremde"/„das Exotische", „der zivilisierte Westen" und „der barbarische Osten", die Edward Said bereits in seinem Orientalismusdiskurs formuliert hat (Said

2010), werden bewusst oder unbewusst durch Fotografien reproduziert und dienen damit bestimmten politischen Interessen (Urry und Larsen 2011: 156).

Bestimmte „exotische" und „fremdartige" Bilder, die die Imaginationen seiner Betrachter_innen anregen, machen sich die Tourismusindustrie und insbesondere Reiseagenturen zunutze. Motive wie ein Strand mit Palmen oder eine Ansicht von Venedig reproduzieren beispielsweise den *romantic gaze* beim Betrachter und erschaffen damit sogenannte „place- or space-myths", die sich in Reisebroschüren, -berichten und -katalogen wiederholen und dieselben Imaginationen ansprechen, sich aber langsam mit der Zeit verändern können (Shields 1991: 61). Dabei scheint es unwichtig, wo sich der abgebildete Strand mit Palmen befindet. Die Reproduktion der „mediengenerierten Geografien" (Urry und Larsen 2011: 179) bestimmter Orte durch Tourist_innen und die damit einhergehende Fixierung jener Örtlichkeiten bezeichnen Urry und Larsen als hermeneutischen Zirkel und als ein „ritual of quotation" (Urry und Larsen 2011: 179). Mit diesem Ritual demonstrieren Reisende, dass sie tatsächlich an diesen Orten verweilt haben. Jenkins benennt diesen Prozess der Reproduktion und Wiederholung von bekannten Bildern durch das eigene Fotografieren auf der Reise als ein „circle of representation" (Jenkins 2003: 307f.).

Reisende können nicht nur das „ritual of quotation" oder die „place myths" reproduzieren, sondern auch bewusst oder unbewusst diese zerstören, indem sie Arepräsentationen, Negationen und Diskontinuitäten sowie vermeintliche lokale Realitäten der besuchten Orte fotografieren (Urry und Larsen 2011: 187).

Welche Bedeutungen hat der Akt des Fotografierens für die Việt Kiều und gehen sie visuellen Reproduktionen im Sinne des *Tourist Gaze* nach?

4.5.3 Der Akt des Fotografierens für Việt Kiều

Einen ersten Eindruck von den Präferenzen beim Fotografieren geben die von den Befragten genannten Motive: Alltagsbilder und Menschen (Ngoc # 37), Familie und Freunde (Ngoc # 39, Hung # 49), Landschaften (Trang # 9), Essen (Van # 53), persönliche Eindrücke (Hung # 49), berühmte Sehenswürdigkeiten (Nhat # 46). Letzteres erweckt den Eindruck der visuellen Reproduktion durch Herrn Nhat, da Sehenswürdigkeiten meist

Tourismus und Identität

nur aufgrund ihrer visuellen Reproduktion berühmt sind. Alle anderen genannten Motive sind sehr durch Individualität geprägt.

Fast alle Befragten haben das Fotografieren als sehr wichtig empfunden, wie folgende Auszüge belegen:

> Ja, einen Film machen und Fotografieren ist eines meiner Hobbys. Egal wo, mache ich Fotos. Dann mache ich ein Foto, drucke es aus, um es meinen Verwandten zu schenken.[35] [Binh, # 35]
> Ja, das Fotografieren gehört auch schon dazu. Wir haben auch sehr viele Fotos gemacht. [Ha, # 53]
> Ja, total. Wie verrückt, ich fotografiere ALLES.[36] [Van, # 85]

Einige der Befragten äußerten sich darüber hinaus auch über die Gründe des Fotografierens. Frau Van fotografiert alles, so zum Beispiel das vietnamesische Essen, Kinder, weil diese Lebensfreude ausstrahlen und sie das gerne auf Fotos festhält (# 86). Herrn Hai ist es beispielsweise wichtig, die Familie, Bekannte, aber auch Natur zu fotografieren. Frau Hien hingegen macht gerne Fotos von Insekten, die sie bisher noch nicht kannte, aber auch von der Altstadt Hội An (# 73). Sie sagt aber auch, dass sie fotografiert, weil sie ein schlechtes Gedächtnis hat und sich durch die Fotos zu einem späteren Zeitpunkt wieder an das Erlebte während der Reise erinnern kann (# 71). Dass Reisefotografien als Erinnerung dienen, gibt auch Herr Nhat an (# 44). Herr Hung betont dies ebenfalls, nur beschreibt er einen Wandel in seinem Verhalten Fotos zu machen:

> Also früher hab ich noch viele Fotos gemacht [...] und irgendwann hatte ich das Gefühl, dass mich das stört auch, wenn man immer so mit Kamera bewaffnet rumfährt und also ich hab dafür wenig Geduld. [...] In der Zwischenzeit mach ich schon mit meinem iPhone so spontan Fotos manchmal, aber nicht, also nicht systematisch, weil ich jetzt auch schon so oft hier war. [...] Ich hab ne Tonne Bücher zu Hause, da gibts viel schönere Fotos, also meistens mach ich dann schon eher von Menschen, also Leute, die ich halt kenne. Aber jetzt mit überhaupt keinem Anspruch, dass das jetzt so schöne, szenische Fotos werden, sondern eher so persönliche Eindrücke oder Erinnerungsfotos, so klassische. [# 49]

---

[35] (Eigene Übersetzung) „Có, quay phim chụp ảnh là 1 sở thích, đi đâu đều lưu lại hình ảnh đó, rồi sau đó làm cái ảnh, in cái ảnh ra tặng những người họ hàng."
[36] Die Großschreibung des Wortes „alles" verdeutlicht die Intonation und Betonung der Interviewpartnerin.

Dieses Zitat verdeutlicht, dass Herr Hung bei seinen ersten Reisen in Vietnam Fotos gemacht hat, was mit jeder weiteren Reise weniger geworden ist. Es veranschaulicht aber auch, dass Herr Hung sich immer mehr an seine besuchte Umgebung gewöhnt hat. Je vertrauter der Ort, desto weniger besteht die Notwendigkeit zu fotografieren. Seine dreizehn Reisen nach Vietnam untermauern diese Annahme. Gleichzeitig durch neue Technik bedingt, ist er jetzt in der Lage, spontan überall Fotos mit seinem Mobiltelefon zu machen, und muss folglich nicht an eine extra Kamera denken.

Auf Änderungen ihres Fotoverhaltens kommt auch Frau Ngoc zu sprechen, wobei ihre Aussage kontrastiv zu Herrn Hung steht. Denn sie hat früher wenig Fotos gemacht, weil die Reisen nach Vietnam ganz normal für sie waren und nichts Besonderes darstellten. Ihre Reisen in andere Länder haben bewirkt, dass sie nun gerne vor allem Alltagsszenen und Menschen auf den Bildern festhält, wobei sie etwas scheu ist, einfach Menschen zu fotografieren. Was das Schießen von Fotos von ihrer Familie beim Essen angeht, nimmt sie sich nicht zurück. Dass sie im Gegensatz zu Herrn Hung einen gewissen Anspruch verfolgt, lässt sich auch aus ihrer Angabe schließen, dass sie eine gute Kamera hat und befürchtet, diese könnte ihr geklaut werden (# 37). Die Reise nach Vietnam ist für sie, aber auch für Herrn Hung etwas Normales geworden und zeigt ihre Vertrautheit mit der vietnamesischen Kultur.

Herr Tho stellt die Ausnahme unter den Befragten dar, denn er hasst es, Fotos zu machen. Er bezeichnet sich als „fotofaul", ist aber begeistert, Fotos für andere zu machen, damit die eine schöne Erinnerung haben (# 80). Als Begründung für seine Abneigung, Fotos zu schießen, gibt er Folgendes an:

> Ich bin lieber einer, der Fotos mit den Augen schießt, der lieber [die] Kamera beiseite stellt und den Moment genießt, als das schön auf Fotos zu haben, aber nicht in Erinnerung, wie [sich] das im Körper anfühlt, dir das einzubrennen das Foto. [# 80]

Dieses Zitat verdeutlicht, dass für Herrn Tho das Fotografieren für die touristische Begegnung und die Reise keine Rolle spielt, auch nicht um es nach seiner Reise als physische Erinnerung zu haben, um es zum Beispiel anderen zeigen zu können. Es zeigt außerdem, dass der *Tourist Gaze* auch ohne sein essentielles Element, dem Foto, auskommen kann, denn Herrn Tho ist das sinnliche Erleben des besuchten Ortes wichtiger.

4.5.4 Touristische Orte und Räume – theoretischer Hintergrund

Da im Nachfolgenden der *Tourist Gaze* bzw. die Wahrnehmung und die Eindrücke der Việt Kiều zunächst für bestimmte touristische Orte erläutert werden, wird an dieser Stelle ein kurzer theoretischer Rahmen zum Begriff des Ortes bzw. Raumes allgemein und im Tourismus skizziert.

Seit den 1980er Jahren erlangte die Raumperspektive immer mehr an Bedeutung. Die Abwendung von den bisher propagierten Zeit- und Historizitätsbezug in der Postmoderne führte zu einer starken Betonung des Raumes, mindestens jedoch zu einem gleichberechtigten Nebeneinander von Historizität, Zeit und Raum. Der als Raumwende beziehungsweise *spatial turn* eingehende Begriff gewann insbesondere in der Geografie und den Kulturwissenschaften an Dynamik. Mit dem Raumbegriff eng verbunden ist der der Grenze. Vor der Raumwende wurde der Raum als abgeschlossen und mit klaren Grenzen betrachtet. Dieses Containerdenken versuchen der *spatial turn* und seine Vertreter aufzulösen, indem sie den Raum „nicht [nur] in erster Linie als Diskursproblem [begreifen], sondern als soziale Konstruktion" (Bachmann-Medick 2009: 284).

Auf die soziale Komponente geht bereits einer der ersten Vertreter der Raumwende, Henri Lefebvre, in *Production of Space* ein, indem er die Produktion des Raumes mit der sozialen Praxis verknüpft. Diese Sozialität verläuft in beide Richtungen, denn „[d]ie soziale Konstituierung des Räumlichen wird hier ebenso betont wie die Rolle des Raums für die Herstellung sozialer Beziehungen" (Bachmann-Medick 2009: 291). Dabei spielen nicht wie bislang die deutlichen Grenzen eine Rolle, sondern die sozialen und räumlichen Überschneidungen und Überlappungen und das Ineinandergreifen verschiedener sozialer Räume.

Des Weiteren schlägt Lefebvre eine ausgewogene und gleichberechtigte „*triple dialectic*" von Historizität, Sozialität und Spatialität vor (Lefebvre zit. nach Soja 2011: 6), womit er die Dialektik von Hegel[37] aufhebt. Als Vordenker des „Dritten Raumes" rekurriert Lefebvre vor allem auf die Überwindung der bisherigen Dichotomien wie zum Beispiel Stadt – Land, Zentrum – Peripherie und Selbst – Fremd, indem er betont, dass

---

[37] Hegel: These + Antithese = Synthese; es entsteht somit ein Drittes, die Synthese, die sich aus beiden Ersteren ergibt.

"two terms are never enough. Il y a toujours l'Autre, there is always an-Other" (Soja 2011: 7). Dieses Andere löst die Binaritäten nicht auf, es entsteht vielmehr ein drittes Moment, ein Dritter Raum, in dem Restrukturierungen und Vermischungen stattfinden. Dieser Dritte Raum kann somit auch erklärt werden mit einer

> creative recombination and extension, one that builds on a Firstspace perspective that is focused on the "real" material world and a Secondspace perspective that interprets this reality through "imagined" representations of spatiality. (Soja 2011: 6; Großschreibung im Original)

Diese „real-and-imagined places" (Soja 2011) oder „imaginäre Geographien" (Said 2010) werden in einem postkolonialen Raum von Herrschaft, Macht und Wissen durchzogen und erhalten dadurch neben der sozialen Dimension des Raumes eine stark politische Dimension. Folglich handelt es sich bei dem Raum um einen „gesellschaftlichen Produktionsprozess der Wahrnehmung, Nutzung und Aneignung, eng verknüpft mit der symbolischen Ebene der Raumrepräsentation" (Bachmann-Medick 2009: 292). Der Raum dient als Sprachrohr und, aufgeladen mit Symbolen, der Aufrechterhaltung und/oder der (De-)Stabilisierung von Macht. Dieses Raumverständnis hat folglich auch Auswirkungen auf touristische Räume.

4.5.4.1 Touristische Räume

Die symbolische, politische und soziale Dimension des Raumes ist auch für den Tourismus relevant. Einerseits werden durch globale Phänomene wie Tourismus und Migration Räume anscheinend aufgelöst und es entstehen vor allem im Bereich Migration und in Diasporagemeinschaften transnationale Räume. Andererseits überwinden Tourist_innen durch neuartige Transportmittel den Raum innerhalb kurzer Zeit und bewegen sich damit in unterschiedlichen Räumen, wie beispielsweise dem alltäglichen und dem touristischen Raum, problemlos hin und her. Die Reisenden sind zumeist in fremden und unbekannten Räumen unterwegs. Diese touristischen Räume haben ihre Bedeutung nicht aus ihrer bloßen Existenz heraus, sondern werden konstruiert und mit Bedeutung und Symbolen aufgeladen. Die Kontruktion von touristischen Räumen machen sich insbesondere staatliche Tourismusbehörden, Institutionen und private Akteure der Tourismusindustrie zunutze. Touristische Orte können Macht und Herrschaft demonstrieren und repräsentieren den jeweiligen Ort durch bestimmte Symboliken. Darüber hinaus werden bestimmte Orte bewusst inszeniert und konstruiert, um das *Nation-building* voranzutreiben.[38] In Vietnam gilt als augenscheinlichstes Beispiel einer symbolischen Machtdemonstration und einer Staats- und Systemlegitimierung das Hồ-Chí-Minh-Mausoleum (lăng Hồ Chí Minh) und das Hồ-Chí-Minh-Museum (bảo tàng Hồ Chí Minh), die insbesondere einheimische Tourist_innen anlocken, aber auch internationale Besucher_innen und Việt Kiều.

Gleichzeitig kann durch eine finanzielle Förderung bestimmter Orte und Räume das Ansehen eines Landes für den Tourismus steigen und sich positiv auf Besucherzahlen auswirken. Dies gilt zum Beispiel für von der *United Nations Educational, Scientific and Cultural Organization* (UNESCO) geförderte Weltnatur- und -kulturerbestätte. Hinzu kommen seit 2009 sogenannte *intangible* Kulturgüter wie Gesänge und Tänze. Vietnam verzeichnet auf der UNESCO-Liste bereits zwei Naturerbestätten (Hạ Long, Phong Nha Ke Bang), fünf Kulturerbestätten (z.B. Mỹ Sơn, Huế) (Vgl. UNESCO World Heritage Centre) sowie acht immaterielle Kulturgüter (z.B. Ví and Giặm folk songs of Nghệ Tĩnh) (Vgl. UNESCO).

Diese auf staatlicher und internationaler Ebene konstruierten Orte für den Tourismus können um eine lokale Ebene ergänzt werden. So kann auch die lokale Bevölkerung oder marginalisierte Gruppen wie beispielsweise ethnische Minderheiten die Konstruktion symbolischer oder sozialer Orte für touristische Zwecke als Mittel für Empowerment nutzen.[39] Die Nutzung und Aneignung touristischer Orte und Räume findet nicht nur durch die lokale Bevölkerung für die Durchsetzung ihrer Eigeninteressen statt, sondern auch durch die Besucher_innen und Tourist_innen selbst. So können Eindrücke und Wahrnehmungen der touristischen Räume von Reisenden und Einheimischen unterschiedliche Aushandlungsprozesse anstoßen.

---

[38] In Deutschland zeugen zum Beispiel das Hermannsdenkmal oder das Niederwalddenkmal, die während der Kaiserzeit errichtet wurden, von dem Wunsch, das neu geschaffene Kaiserreich zusammenzuhalten und eine kollektive deutsche Identität zu schaffen.

[39] Als Beispiel, dass ethnische Minderheiten in Vietnam den Tourismus für sich nutzen, können die Hmong im nordvietnamesischen Bergort Sa Pa genannt werden. Ausführlich dazu Michaud und Turner 2000 und 2006.

4.5.4.2 Erinnerte Orte

Eng verbunden mit den verschiedenen Dimensionen des Raumes ist die Art und Weise, wie sich an Orte erinnert wird. Das Erinnern und auch das Gedächtnis bleiben zunächst einmal dem einzelnen Menschen vorbehalten. Ein sozialer Rahmen organisiert diese Erinnerung. Dieser Rahmen entsteht durch die „Eingebundenheit [des Individuums] in mannigfaltige soziale Gruppen, von der Familie bis zur Religions- und Nationsgemeinschaft" (Assmann 2007: 37). Daraus entwickeln sich Erinnerungsfiguren, die „kulturell geformt" und „gesellschaftlich verbindlich" sind und sowohl einen Gruppen-, Raum- und Zeitbezug als auch Rekonstruktivität aufweisen (Assmann 2007: 38-40). Zwei Bezüge sind hier hervorzuheben: der Raumbezug und die Rekonstruktivität. Ersteres manifestiert sich insbesondere durch einen bestimmten und belebten Raum mit einer „ihm zugehörige[n] Dingwelt" (Assmann 2007: 39), denn diese ist mit Sozialität und Symbolik aufgeladen. Letztes, die Rekonstruktivität, bedeutet, dass sich das Gedächtnis, also die Erinnerung und Vergangenheit durch „sich wandelnde Bezugsrahmen der fortschreitenden Gegenwart her reorganisiert" (Assmann 2007: 42).

Der Raumbezug und die Rekonstruktivität der Erinnerung ist insbesondere bei den oben genannten Orten von Bedeutung. Die Erinnerung konstituiert sich in den Räumen des Hồ-Chí-Minh-Mausoleums und des Hồ-Chí-Minh-Museums, aber auch in weit historischeren Orten wie der ehemaligen Kaiserstadt Huế oder der Chăm-Tempelanlage Mỹ Sơn.

Im Nachfolgenden wird der kognitive Aspekt – die Assoziationen und Wahrnehmungen – der Việt Kiều von Orten und Menschen beleuchtet.

4.5.5 Tourist Gaze auf bestimmte touristische Orte

Allen Interaktionspartner_innen wurden sechs Fotos von touristischen Orten in Vietnam gezeigt. Die Befragten wurden nach ihren Assoziationen beim Anblick der Fotografien gefragt. Die Motive der Fotos wurden nach Tourismusarten ausgewählt, sodass ich davon ausgehen konnte, die Imagination der Interviewpartner_innen mit mindestens einem Motiv anzusprechen. So wurde beispielsweise für Erholungs- und Strandtourist_innen als Motiv der Strand von Nha Trang, für Kulturtourist_innen der

Kaiserpalast in Huế, die Tempelanlage von Mỹ Sơn sowie das Hồ-Chí-Minh-Mausoleum und für Natururlauber_innen die Hạ-Long-Bucht ausgewählt. Es wird nachfolgend vorgestellt, welche Wahrnehmungsmuster und -gruppen sich bei der Analyse der Interviews herauskristallisierten.

Nha Trang

Die zentralvietnamesische Küstenstadt Nha Trang war bereits bei der ehemaligen Kolonialmacht als Seebad beliebt, weshalb sie diese ausbauten und dort ein Meeresforschungszentrum sowie ein Pasteurinstitut[40] errichteten. Heute ist die Stadt Nha Trang (ca. 350.000 Einwohner) mit einer circa fünf Kilometer langen Uferpromenade und einem dazugehörigen Strand insbesondere für Strand- und Erholungsurlauber_innen beliebt, was sich an der Gruppe der Interviewten veranschaulichen lässt.

Abb. 5: Vorgelegtes Foto von Nha Trang (Foto: K.S., 2010)

[40] Alexandre Yersin (1863-1943), Entdecker des Pesterregers, war als Tropenarzt im damaligen Indochina tätig und gründete in Nha Trang ein Pasteurinstitut.

Vietnam-Reisen und der touristische Blick unter Việt Kiều

Frau Ha ist während ihrer Reise schon in Nha Trang gewesen und äußert:

> Nha Trang fand ich auch [eine] schöne Stadt. Nur für uns ist es wahrscheinlich nicht so, weil was wir eigentlich gerne bei der Reise machen, nicht nur einfach sich erholen, sondern doch etwas Neues erleben und noch was Neues wissen. [# 27]

Nha Trang erschöpft sich schnell für diejenigen, die ihren Wissensschatz erweitern wollen oder wie Herr Hung, der „generell nicht so der Strandtyp ist" und deshalb Nha Trang nicht gut kennt [# 78].

Ein weiterer angesprochener Aspekt der Interaktionspartner_innen ist die Assoziation Nha Trangs mit Strand, Erholung und Familienurlaub. Das ist eine klare Abgrenzung zur Sphäre des Alltäglichen, die durch Arbeit geprägt ist. Dass ein Foto vom Strand Eindrücke bezüglich Strand und Meer hervorruft, scheint offensichtlich. Allerdings wird das Bild vom Strand nicht nur positiv assoziiert. So spricht Herr Phuong sogleich vom Küstenschutz [# 97, 101] und Frau Huyen davon, dass ihr der Strand nicht gefallen hat, obwohl sie von Erzählungen anderer gehört hat, dass es der schönste sein soll [# 62].

Positive gedankliche Verknüpfungen bleiben aber auch nicht undifferenziert, wie das Beispiel von Frau Lieu beim Betrachten des Bildes zeigt. Beim Vorlegen des Fotos habe ich nicht sofort gesagt, wo die Aufnahme gemacht wurde. Ihre erste Reaktion auf das Foto ist, dass es sich um einen sehr schönen Strand handelt. Als sie allerdings erfährt, dass es in Nha Trang aufgenommen ist, äußert sie sich folgendermaßen:

> Das habe ich mir aber ein bisschen schöner vorgestellt, ehrlich gesagt, Nha Trang. Noch schöner. Also ich stelle mir das wie im Paradies vor, Nha Trang. Ja, also total relaxt und also ich denke bei Nha Trang sehr an Tourismus, hab ich so gehört. Also ich war da selber noch nie, aber ich mein, die Preise sollen da super hoch sein zum Beispiel und sehr, sehr touristisch lastig. Aber ja, aber ich freu mich total auf Nha Trang. [# 101]

Das Foto vom Strand in Nha Trang enttäuschte Frau Lieu, denn in ihrer Vorstellung nimmt Nha Trang paradiesische Züge an und verkörpert all jene Dinge, die mit einem erholsamen Strandurlaub verbunden werden. Gleichzeitig gibt sie aber auch die negativen Seiten eines solchen himmlischen Ortes an, die sie vom Hörensagen kennt: hohe Preise und Tourismus. Besonders interessant ist, dass Frau Lieu Tourismus negativ bewertet, obwohl sie selbst plant dorthin zu reisen und somit selber Tourismus betreibt. Weiterhin scheint es sich für sie nicht auszuschließen, dass ein Ort wie Nha Trang sowohl paradiesisch als auch touristisch ist.

Eine weitere Verknüpfung des Bildes von Nha Trang stellen die Interaktionspartner_innen mit einer gebuchten Tour und sportlichen Aktivitäten her. Dies verdeutlicht Frau Hien: Beim Blick auf das Strandfoto von Nha Trang assoziiert sie zunächst weder Vietnam noch die betreffende Stadt selbst. Ihr erster Gedanke führt sie zu Beachvolleyball und Beachsoccer und erst der zweite Gedanke wird mit Sonne, Meeresrauschen und Ruhe assoziiert. Erst auf eine Nachfrage hin, ob Frau Hien schon einmal in Nha Trang gewesen sei, beginnt sie ausführlich von ihrem Aufenthalt dort zu sprechen:

> Also Nha Trang war für mich auch sehr, sehr schön. Da hatten wir eine Bootstour auf die vielen Inseln gemacht, waren schnorcheln und auf dem Boot haben wir sehr viel Bier getrunken. Es ist da auf jeder Bootstour so, dass die dann nach dem Mittagessen rauskommen mit ihren Töpfen und Holzlöffeln und dann Musik machen. [...] Die haben echt richtig gut gespielt, dafür dass sie keine Instrumente hatten. [...] Also das hat mir echt super gut gefallen [...]. [# 83]

Dieser Auszug gibt einen guten Einblick in den Ablauf einer Tour in Nha Trang, die Frau Hien sichtlich genossen hat. Sie räumt allerdings am Ende ein, dass es für sie selbst einen Unterschied macht, ob sie nur das Foto betrachtet – denn dabei denkt sie lediglich an sportliche Aktivitäten – oder ob sie sich direkt an ihre Erlebnisse dort erinnert. Diese Aussage verdeutlicht, dass ein Foto bestimmte Assoziationen auslöst, diese aber nicht deckungsgleich mit den eigenen Erlebnissen sein müssen.

Assoziiert werden auch Dinge, die die Interaktionspartner_innen zum Beispiel durch Hörensagen vom abgebildeten Ort mitbekommen haben und teilweise durch eigene Erlebnisse vor Ort ergänzen. So lässt sich eine weitere Gruppe der Interviewten ausmachen, die von sich aus die Tatsache ansprechen, dass Nha Trang anscheinend ein beliebtes Urlaubsziel für russische Tourist_innen geworden sei. Diese Anmerkungen verweisen auf den Wandel Nha Trangs in einen touristischen Ort und den damit einhergehenden Auswirkungen, die Fran Van im Folgenden darstellt:

> [Nha Trang] ist [...] zu einem russischen Mallorca geworden, weil da zu viele Russen hinfliegen [...] Hab auch gehört, es gibt einen Direktflug von Moskau

> nach Nha Trang [...] Ich will jetzt nicht mit Vorurteilen um mich werfen, aber ich hör auch von den Einheimischen, die [Russen] machen alles schmutzig und benehmen sich wie Schweine, behandeln die Einheimischen wie Diener und wollen Frauen, wollen Drogen. [...] Das ist so schade. [# 92]

Diese überwiegend negativen Auswirkungen des Wandels hat Frau Van lediglich durch Hörensagen von Einheimischen erfahren, aber dennoch mit dem Anblick dieses Fotos assoziiert. Ob sich so ein dramatisch geschilderter Wandel tatsächlich vollzieht und welche Auswirkungen es langfristig auf die lokale Bevölkerung hat, müssen weitergehende Untersuchungen zeigen. Festzuhalten bleibt, dass es den reisenden Việt Kiều, wie unter anderem Frau Ha [# 29], auffällt, dass es vermehrt russische Urlauber_innen in Nha Trang gibt. So wundert sich beispielsweise Herr Tu, dass die Speisekarten im Restaurant nur auf Russisch und Englisch seien, aber nicht mehr auf Vietnamesisch [# 97].

Ein letzter Aspekt kristallisiert sich bei den interviewten Việt Kiều heraus: Das Foto von Nha Trang wird als erste Reaktion nicht mit dem Ort selbst assoziiert, sondern mit Eindrücken, die zu anderen Orten in Vietnam genauso passen würden. Dies zeigt die Erwähnung der Kokosnusspalmen, „die typisch für Vietnam sind" (Lanh # 98). Eine Fotografie kann ebenfalls Assoziationen hervorrufen, die mit dem eigentlich abgebildeten Motiv nichts zu tun haben. So gibt Frau Trang in Bezug auf das Bild folgendes an:

> Jedes Mal wenn ich Strand sehe, verbind[e] ich das eigentlich mehr mit Vũng Tàu, weil das [...] sozusagen mein zu Hause ist. Da ist [...] auch Strand, Sonne, Meer. Ja, da denke ich an Vũng Tàu, wenn ich Strand oder Meer sehe hier in Vietnam. [# 90]

Gleichzeitig wird, wie bei Frau Van, die erste Reaktion auf das Foto mit Nha Trang assoziiert, aber mit einem Eindruck, der überall auf der Welt gewonnen werden kann: ein Sonnenaufgang [# 92].

Tourismus und Identität

Huế

Abb. 6: Vorgelegtes Foto vom Kaiserpalast in Huế (Foto: K.S., 2010)

Die zentralvietnamesische Stadt Huế (circa 340.000 Einwohner) zieht insbesondere Kulturinteressierte an, denn sie hat eine wechselvolle, wenn auch kurze Geschichte vorzuweisen. Kaiser Gia Long gründete 1802 seine Hauptstadt in Huế und herrschte von dort als absoluter Monarch über ein vereinigtes Vietnam (Nguyễn Khắc Viện 2009: 108). Huế war Sitz der Nguyễn-Dynastie bis zur Abdankung des letzten Kaisers Bảo Đại 1945. Danach blieb Huế „a geographically strategic and symbolically important site in the various colonial and post-colonial struggles and conflicts of the twentieth century" (Johnson 2010: 176). Die Ernennung der Huế-Monumente zum Weltkulturerbe der UNESCO 1993 führte zur Restaurierung und zum Wiederaufbau der vernachlässigten und während des US-amerikanisch-vietnamesischen Krieges zerstörten Kaiserstadt, die neben dem Kaiserpalast unzählige Grabanlagen seiner früheren Herrscher und viele Pagoden zu bieten hat.

Eine Gruppe der befragten Việt Kiều assoziiert spontan persönliche Erinnerungen. So fällt Frau Ngoc ihr Ritt auf einem Elefanten ein [# 49], was nichts mit dem abgebildeten Ort des Kaiserpalastes zu tun hat, sondern mit einer Tätigkeit abseits dieses Ortes. Herr Hai vergleicht die Zitadelle mit Sanssouci in Potsdam [# 69]. Bereits besuchte Orte prägen die Vorstellungen und die Assoziationen.

Hinzu kommt eine Gruppe, die keinerlei gedankliche Verknüpfung mit dem gezeigten Foto herstellen kann und wie im Falle Frau Lieus den Kaiserpalast wie folgt beschreibt: „Weiß ich jetzt nicht. Sieht einfach aus wie so ein Haus, find ich [...] spontan auch keine Assoziation zu" [# 115].

Eine weitere Gruppe der Interviewten kommt in ihrer spontanen Assoziation auf die Vergangenheit des Ortes zu sprechen. Innerhalb dieses Aspekts der Vergangenheit lassen sich unterschiedliche Schwerpunkte ausmachen. Erstens sind diejenigen zu nennen, die sich auf die Kaiserzeit beziehen. Beispielsweise lässt sich folgende Ausführung von Frau Huyen beim Anblick eines Fotos des Kaiserpalastes in Huế darstellen:

> Da wollt ich hin, da sind die Häuser immer noch so schön von früher, diese chinesische Art von den Häusern, also viel von Chinesen übernommen. Da stell ich mir immer den ganzen Raum mit den Áo Dài und Nón Bài Thơ vor. Und da drinne [kann man] auch immer irgendwelche Gedichte [hören]. Früher war das immer so. Huế stellt man sich immer eine Frau im lilanen Áo Dài und mit diesem Hut vor. [# 77]

Dieses Zitat zeigt, dass Frau Huyens Aussage stark durch persönliche Erinnerungen und bestehende und gängige Bilder der Vergangenheit dieser Sehenswürdigkeit geprägt ist. Es handelt sich in diesem Zitat um eine vermeintlich kulturelle Praktik am Kaiserhof. Es veranschaulicht eine stark romantisierte und historische Imagination des Kaiserpalastes.

Einerseits werden die historischen Einflüsse der Chinesen betont, von denen sich die Vietnames_innen gerne abgrenzen.[41] Andererseits wird ein sehr romantisches Bild des Palastes gezeichnet, indem Frau Huyen die Áo Dài tragenden Frauen mit dem für Vietnam typischen Hut betont. Diese Assoziation, dass anscheinend Frauen in Huế einen traditionellen lilanen Áo Dài tragen und im Kaiserpalast Gedichte rezitiert werden, ist

---

[41] Eine tausendjährige chinesische Vorherrschaft hat Vietnam beeinflusst, es wird aber ungern auf diesen Einfluss hingewiesen.

ein romantisches und zugleich feminisiertes Bild von Huế. Da sich dieses Zitat auf die traditionelle und sehr typische vietnamesische materielle Kultur bezieht, kann an dieser Stelle auch vermutet werden, dass es sich für die Befragten neben einem romantischen Bild auch um ein ungewöhnliches und fremdartiges und somit exotisches Bild dieses Ortes handelt.

Dieses romantisch-exotische Bild macht sich Frau Huyen, obwohl sie zu denjenigen gehört, die in Vietnam geboren wurden und aufgewachsen sind, und somit die vietnamesische Kultur und seine Traditionen kennen müsste. Frau Huyen kam als junges Mädchen im Rahmen des Familiennachzugs nach Deutschland, wo sie schon viele Jahre lebt. Diese Distanz zum Heimatland vermag das romantisierte und exotisierte Bild des Kaiserpalastes in Huế zu erklären. Gleichzeitig hat Frau Huyen eine „imaginäre Geographie" (Hennig 1997: 94; Said 2010) des Kaiserpalastes entwickelt. Das Wissen über den Kaiser und das Leben am Hof verbindet sich mit den romantischen und feminisierten Fantasien und formen damit ein orientalisiertes Bild nach Said (2010) vom Kaiserpalast, das die „Anderen" als feminin und exotisch sinnlich darstellt.[42]

Ebenfalls auf die Vergangenheit Bezug nehmend, assoziiert Frau Van beim Anblick des Bildes etwas differenzierter und historisch umfangreicher.

> [Die] Zitadelle erinnert mich an. Verbinde ich [mit] Krieg, Kaiserzeit, der schnelle Wandel der Revolution. Natürlich auch irgendwie was Romantisches. Dass [es den] Kaiser halt gab, aber natürlich auch Unterdrückung und (lacht) Ausbeutung. Und sehr viele Ähnlichkeit mit China. Was [die] Leute, die das nicht mehr so gerne hören natürlich. Ja, aber einfach auch diese. Irgendwie auch wusste, dass die irgendwie auch Teil von Kultur Chinas gemeinsam haben. Und ja und dann erinnert mich [es] weiter daran, dass ich. Damals war's ja so als die Kommunisten kamen, in Huế angekommen sind und die Franzosen ja unterteilt haben in. Und dachten sich so, och die Kommunisten werden doch sowieso nichts anfassen und so und dann haben die alles völlig (lacht) zerbombt. Ja, daher hatten die gar keinen Respekt vor. Ja. Langsam wird es ja wieder aufgebaut und eben dieses, weil mit dem, den Bewohnern von Huế, dass ist irgendwie so, dass [die] traditionelle, alte Zeit und zeitlos und langsamer. Oder stehen geblieben. Das ist schön, dass es noch ein Teil da [gibt] (lacht), das uns dann an die Vergangenheit erinnert. [# 96]

---

[42] Allerdings ist nicht ausgeschlossen, dass es sich bei dem romantisierten Bild des Kaiserpalastes um eine gängige Vorstellung unter Vietrames_innen handelt, da Frau Huyen in Vietnam aufgewachsen ist und erst als Jugendliche nach Deutschland kam.

So findet Frau Van es selbstverständlich, den Kaiser mit Romantik und Unterdrückung in Verbindung zu bringen. Beides schließt sich für sie nicht aus. Die historischen Geschehnisse rund um den Kaiserpalast werden von ihr negativ bewertet. Hingegen empfindet sie es als positiv, dass man in Huế die „traditionelle, alte Zeit" findet und es „zeitlos und langsamer [bzw. sie] stehen geblieben [ist]". Dieses Zitat zeigt, dass die Interviewte den Ort des Kaiserpalastes einerseits mit politischen und symbolischen Inhalten füllt, andererseits aber den Ort auch von einer zeitlichen Dimension trennt und ihn als zeitlos und in der Zeit stehen geblieben beschreibt. Es entsteht der Eindruck, als wäre Huế nach dem Krieg konserviert worden, als hätten sich der Ort und seine Bewohner_innen nicht weiterentwickelt.

Etwas später sagt sie selbst, dass sie die Gefühle und Ansichten bezüglich des Kaiserpalastes in Huế von ihren Eltern, die als Bootsflüchtlinge Vietnam verlassen mussten, übernommen hat. Deshalb handelt es sich auch teilweise um ein negatives Empfinden, das sie dazu veranlasst zu sagen: „Ich bin da [Kaiserpalast in Huế] nicht gewesen und ich werde da niemals hingehen" [# 97]. Ihre Erinnerung und Assoziation beim Anblick des Fotos ist eingebettet in den Ansichten ihrer Familie. Ihr Zeitbezug endet mit der Wiedervereinigung des Landes und dem Sieg der Kommunisten. Die Rekonstruktivität des erinnerten Ortes Huế wird durch die „fortschreitende Gegenwart" lediglich bis zu dieser Zeit „reorganisiert" (Assmann 2007: 42) und nicht darüber hinaus, obwohl Frau Van Huế auch schon zwei Mal kurz besucht hat. Die Eindrücke der Eltern hinsichtlich des Ortes sind so ausgeprägt und stark, sodass keine gegenwärtige Reorganisation bei Frau Van stattfindet.

Herr Tho, der Huế schon bereist hat, fühlt sich beim Anschauen des Bildes ebenfalls in die Vergangenheit zurückversetzt und erinnert sich seiner Kindheit, in der er sich viel mit asiatischen Zeichentrickfilmen, Manga und Kampfkunst beschäftigt hat. So visualisiert er beim Kaiserpalast, „wie das früher war: Alles voller Leute; dementsprechend voll mit Konkubinen, glaub ich, und Eunuchen. Aber toll! Einfach superschön" [# 96]. Herr Tho verbindet den Besuch des Kaiserpalastes und seine Assoziationen beim Anblick des Fotos nicht wie Frau Van mit negativen Erinnerungen, die von den Eltern erzählt wurden, sondern von seinen eigenen positiven Erinnerungen und Erlebnissen, die er in seiner Kindheit in Deutschland gemacht hat. Herr Tho hat eine orientalisierte Vorstellung, die den Kaiserpalast als exotisches und sinnliches Anderes konstruiert. Diese Vorstellung hat seinen Ursprung bereits in der Kindheit Herrn Thos, in der er medial erzeugte orientalisierte Bilder konsumierte.

An dieser Stelle zeigt sich die Verknüpfung des *Tourist Gaze* mit dem filmischen Sehen (Urry und Larsen 2011: 116; Hennig 1997: 96). Die in der Kindheit geschauten Filme prägen die touristische Wahrnehmung Herrn Thos. Sie beeinflussen seine Wünsche und Vorstellung, die beim Anblick des Fotos wach- und abgerufen werden und somit die imaginäre Geographie des Kaiserpalastes in Huế formen. Es handelt sich um eine kindliche, romantisierte Imagination, die mit den Symboliken des Ortes verschmelzen.

Ebenfalls greifen Zeitzeugen auf die Vergangenheit zurück. Diese Zeitzeugen haben insbesondere den US-amerikanisch-vietnamesischen Krieg miterlebt. So hat Herr Binh, als in Vietnam Aufgewachsener, alles über Huế und den Kaiser von klein auf gelernt [# 61]. Herr Nhat hingegen war bei der Befreiung 1975 als Soldat in Huế [# 58] und weist somit nicht nur einen imaginierten Vergangenheitsbezug auf, sondern einen realen.

Des Weiteren findet sich eine Gruppe von Việt Kiều, die das Bild vom Kaiserpalast mit dem besten Essen Vietnams assoziieren. Herr Loi denkt dabei als erste Reaktion ausschließlich an die Spezialität *Bún Bò Huế*. Hier wird der Ort der Zitadelle mit einem bedeutenden kulturellen Element, dem Essen, gefüllt und damit die symbolische Dimension des Kaiserpalastes, stellvertretend für den gesamten Ort Huế, betont.[43]

---

[43] Welche Bedeutung das Essen und die vietnamesische Küche für Việt Kiều und ihren Identitätsbildungsprozess hat, wird ausführlich im Unterkapitel 5.5 dargelegt.

Mỹ Sơn

Abb. 7: Vorgelegtes Foto von Mỹ Sơn (Foto: K.S., 2010)

Die Ruinen der Tempelanlage Mỹ Sơn, seit 1998 zum UNESCO-Weltkulturerbe gehörend, stellten vor allem im 4. Jahrhundert das politische und religiöse Zentrum des Königreiches Champa dar, das sich über den Süden des heutigen Vietnams bis ungefähr zur zentralvietnamesischen Küstenstadt Đà Nẵng erstreckte (Villiers 1965: 119ff.). Von den ursprünglich 70 Bauwerken sind, nach der flächendeckenden Bombardierung während des US-amerikanisch-vietnamesischen Krieges, heute nur noch Reste von 20 erhalten.

Es lassen sich in den ersten Eindrücken der befragten Việt Kiều drei größere Gruppen finden. Die erste Gruppe ist begeistert von der Anlage und hält sie für erhaltenswert [Binh # 60] und schwärmt von der Architektur [Ha # 61]. Obwohl Mỹ Sơn von Einheimischen als nicht sehenswert eingestuft wird, fahren Frau Ha und ihre Begleitung dorthin, denn die Bilder, die sie bis dahin von Mỹ Sơn gesehen hatten, hatten ihnen so gut gefallen, sodass sie trotz negativer Äußerungen dorthinfuhren [# 61].

Tourismus und Identität

Dies zeigt einerseits die Bedeutsamkeit und den Einfluss von Fotografien, andererseits aber auch den Drang, trotz zwei verschiedener Ansichten sich ein eigenes Bild des Ortes Mỹ Sơn zu machen.

Etwas widersprüchlich, aber ebenfalls positiv, lässt sich die spontane Aussage von Frau Van deuten:

> [I]ch war als Kind da. Ich weiß noch, es war sehr heiß, super heiß, sehr schön, sehr fremd. Ich hab mich damals schon gefragt, was ist das denn, warum ist das hier. Und dann [...] find [ich], dass das erinnert mich [...] daran, [dass das] [...][die] Überreste waren aber [...] unserer Kultur, die sind einfach so gemischt von ganz vielen Völkern. [# 93]

Dieses Zitat zeigt, dass Frau Van Kindheitserinnerungen an einen Besuch in Mỹ Sơn verbindet. Besonders interessant ist, dass sie die Ruinen der Tempelanlage als „Überreste unserer Kultur" bezeichnet. Damit drückt sie einerseits aus, dass die Chăm-Kultur zur vietnamesischen Kultur dazugehört und sich über die Jahrhunderte alles gemischt hat und es somit nicht „die" vietnamesische Kultur gibt. Andererseits hebt sie mit dem Wort „unserer" aber auch hervor, dass sie sich selbst, obwohl sie Việt Kiều ist und in Deutschland geboren, zur vietnamesischen Kultur zugehörig fühlt.[44]

Die zweite Gruppe, die sich herauskristallisiert hat, ist diejenige, die Mỹ Sơn sofort mit Angkor in Kambodscha assoziiert. So gibt unter anderen Herr Loi an, dass „erinnert mich eher an Kambodscha. Dass es so was in Vietnam. gibt, wusste ich nicht." [# 30] Er bewertet Mỹ Sơn genauso wie Frau Trang [# 68] sehr positiv und als beeindruckend. Allerdings lassen sich in dieser Mỹ Sơn mit Angkor assoziierenden Gruppe auch Personen finden, die Mỹ Sơn für „ziemlich heruntergekommen" [Ngoc # 71] halten oder die keine Gefühle dazu haben [Lanh # 103] oder sich „dann mehr für das Zusammenleben von Menschen" interessieren [Hien # 95].

---

[44] Der Aspekt der Zugehörigkeit wird insbesondere im Kapitel 5 genauer untersucht.

Hồ-Chí-Minh-Mausoleum (lăng Hồ Chí Minh)

Abb. 8: Vorgelegtes Foto vom Hồ-Chí-Minh-Mausoleum (Foto: K.S., 2009)

Sechs Jahre nach Hồ Chí Minhs Tod im Jahre 1969 wurde das Mausoleum gegen Hồ Chí Minhs ausdrücklichen Wunsch von der Kommunistischen Partei eingeweiht und zum Symbol für den Revolutionär, den Kommunismus und zugleich zur Pilgerstätte vietnamesischer Bürger_innen erhoben. Dass dieses Bauwerk und die Person Hồ Chí Minh widersprüchliche oder gegensätzliche Gefühle vor allem bei den Việt Kiều auslösen können, beruht vermutlich auf deren Migrationsgründen und -erfahrungen.

Auf einem Bewertungskontinuum lassen sich die Assoziationen der Interviewpartner_innen von gänzlicher Ablehnung bis zu völliger Befürwortung beschreiben, wobei auch Abstufungen zwischen diesen beiden Extrempolen zu finden sind. Als Beispiel für diejenigen, die positive Assoziationen zum Hồ-Chí-Minh-Mausoleum haben, soll Herr Binh zu Wort kommen:

> Das ist ein neues Bauprojekt des 20. Jahrhundert, wo sich der Leichnam Hồ Chí Minhs befindet. Er [Hồ Chí Minh] ist für die Vietnamesen Staatspräsident

Tourismus und Identität

> und Führerfigur. Für die Welt ist er eine kulturelle Berühmtheit, anerkannt von der UNESCO. Während der Bauzeit habe ich einen Beitrag geleistet und mit Ziegelsteinen geholfen, es zu bauen. In Hà Nội war ich in der Baubranche tätig, in der man ermutigt wurde, mit Materialien das Bauprojekt zu unterstützen. [# 62][45]

Herr Binh erzählt hier einerseits von der Rolle und Funktion des Mausoleums und Hồ Chí Minh's für die Welt und für Vietnam, andererseits von seiner persönlichen Verbindung und dem Beitrag zum Hồ-Chí-Minh-Mausoleum. Hervorzuheben ist, dass in der Gruppe der sich positiv Äußernden nur Việt Kiều zu finden sind, die in Vietnam geboren und sozialisiert wurden. Eine Ausnahme bildet Herr Phuong, der lediglich „Oh, das Mausoleum Onkel Hồs, das kenne ich nicht, ich war noch nicht da, was soll ich sagen … noch nie"[46] [# 87] mit dem Foto des Mausoleums assoziiert. Er geht in keiner Weise weiter darauf ein, weshalb entweder Furcht vor dem Beziehen einer Position besteht oder er in der Tat keinerlei Meinung dazu hat.

Nicht überraschend ist jene weitere Gruppe, die sich wie Frau Lieu negativ äußert.

> Ja, hab ich mich geweigert hinzugehn, als ich in Hà Nội war. Wie gesagt, meine Eltern sind ja geflohn, das heißt also, ich bin antikommunistisch. Und ich finde das lächerlich, dass es so ein schönes Gebäude ist und auch so was verehrt wird. Wobei wahrscheinlich hier zwei Meter weiter irgendeine Frau auf der Straße […] sitzt und für zehn Cent Reis verkauft oder so was. Also nee, mag ich gar nicht so was. [# 104]

Dieses Bespiel veranschaulicht, dass der touristische Blick Frau Lieus durch ihre Eltern beeinflusst ist. Er manifestiert sich im Raum an einem symbolträchtigen Ort, der für den Kommunismus steht. Ihr *Tourist Gaze* ist durch ihre Eltern und deren persönliche Lebens- und Leidensgeschichte

---

[45] (Eigene Übersetzung) „Cái này là 1 công trình mới của thế kỷ 20, nơi đây là giữ thi hài Hồ Chí Minh – 1 vị chủ tịch nước mà đối với dân tộc Việt Nam là 1 người lãnh tụ kính yêu và đối với thế giới thì cũng là 1 danh nhân văn hóa được UNESCO công nhận. Thế nên thời kỳ mà xây dựng cái này tôi cũng đã từng đóng góp công sức và góp phần những viên gạch để xây dựng cái này. Bởi vì ở Hà Nội tôi làm trong ngành xây dựng nên khi đó cũng được động viên góp vào đây những vật liệu hỗ trợ cho công trình." [# 62]

[46] „À, lăng bác Hồ, chú không biết, chú chưa tới, nói gì … noch nie"

geprägt. Der Zeitbezug der erinnerten Orte endet dort, wo die Erinnerung der Eltern endet: bei der Flucht und dem Kommunismus. Eine Rekonstruktion der Zeit, als eine Reorganisierung nach dem Ende des Krieges und insbesondere den Veränderungen von 1986, findet in der Wahrnehmung Frau Lieus in Bezug auf das Mausoleum nicht statt, obwohl es zu Neuaushandlungen und Redefinitonen des Ortes in der Zwischenzeit gekommen ist (Kurfürst 2012). Darüber hinaus schildert sie einen wahrgenommenen Widerspruch zwischen der politischen Verehrung Hồ Chí Minhs in einem schönen Gebäude und der sozialen Realität der auf der Straße verkaufenden Händler_innen.

Zwischen diesen beiden extremen Polen ist auch eine neutrale bzw. differenzierte Assoziation auf das Hồ-Chí-Minh-Mausoleum möglich. In dieser Gruppe zeigt sich, dass zwischen der Person Hồ Chí Minh und dem Mausoleum unterschieden wird. So wird Hồ Chí Minh als interessante Person geschildert und das Mausoleum als nicht sehenswert. Hingegen wird das Stelzenhaus, in dem Hồ Chí Minh im Garten des Präsidentenpalastes gelebt hat, das ebenfalls Teil der Besichtigung des Mausoleums ist, als positiv und aufschlussreich gewertet, denn sein Haus ist für die Interviewten Ausdruck seiner Bescheidenheit, wie folgendes Zitat veranschaulicht:

> Da waren wir auch, im Mausoleum. Das fand ich jetzt nicht so besonders. Also generell finde ich Hồ Chí Minh sehr interessant. Meine Großeltern haben auch Hồ Chí Minh unterstützt und sind total Fans von dem. Die Persönlichkeit find ich interessant, aber dass der sehr bescheiden war [...], das fand ich halt besonders interessant, als wir dann in sein, neben dem Präsidentenpalast war so ein Haus von ihm, wo er gelebt hat. Fand ich echt beeindruckend zu sehen auch sein Büro, wie einfach er da gelebt hat [...] und dass er wirklich sein Ziel gelebt hat. [Frau Ngoc # 61]

Auch Frau Hoa differenziert zwischen Mausoleum, das keine Bedeutung für sie hat, und der Person Hồ Chí Minh und seinem Haus. Sie führt auch an, dass sie von ihrem Vater viele Geschichten über Hồ Chí Minh gehört hat, die davon handeln, dass die Politik, die Hồ Chí Minh begonnen hat, gute Absichten verfolgte, aber wie seine Nachfolger seine Politik fortgesetzt hatten, zu kritisieren ist [# 19]. Diese Diskrepanz zwischen den Assoziationen bezüglich des Mausoleums und der Person und seinem persönlichen Haus lässt sich damit erklären, dass das Mausoleum ein von Hồ Chí

Minhs Nachfolgern instrumentalisiertes, symbolisches und politisiertes Gebäude darstellt, das für einige, insbesondere Việt Kiều, keine Bedeutung hat oder abgelehnt wird. Hingegen steht das Haus Hồ Chí Minhs für seine Persönlichkeit, die als bescheiden beschrieben wird und gleichzeitig für positiv konnotierte politische Ziele steht.

Die dritte Gruppe der Interviewten gibt neben allgemeinem Wissen zum Hồ-Chí-Minh-Mausoleum nur an, dass sie mit dem abgebildeten Objekt nichts verbinden und schließen sich somit in ihrer Wertung weder der positiven noch der ablehnenden Gruppe an. Eine Ausnahme bildet Frau Lanh, denn sie kennt das Mausoleum von Besuchen als Kind und assoziert das Mausoleum und den umgebenen Ba-Đình-Platz mit Entspannung und Ruhe, denn sie kann dort Freunde treffen, spazieren gehen und Erholung am Abend finden. Durch diese sozial-gesellschaftliche Tätigkeit wird die eigentlich intendierte politische Funktion und Symbolik des Ba-Đình-Platzes und des Mausoleum neu definiert (Kurfürst 2012; Schwenkel 2011).

Darüber hinaus zeigt dieses sehr politisierte und zugleich kulturelle Symbol des Mausoleums und der Person Hồ Chí Minh, dass innerhalb der Việt-Kiều-Gemeinschaft ein *Dritter Raum* entsteht, der

> obwohl „in sich" nicht repräsentierbar, die diskursiven Bedingungen der Äußerung [enthält], die dafür sorgen, daß die Bedeutung und die Symbole von Kultur nicht von allem Anfang an einheitlich und festgelegt sind und daß selbst ein und dieselben Zeichen neu belegt, übersetzt, rehistorisiert und gelesen werden können. (Bhabha 2007: 57)

Hạ-Long-Bucht

Abb. 9: Vorgelegtes Foto von der Hạ-Long-Bucht (Foto: K.S., 2009)

Seit 1994 sind die Kalksteinformationen an der nordöstlichen Küste Vietnams als UNESCO-Weltnaturerbe anerkannt. Die Hạ-Long-Bucht ist jährlich immensen Besucherströmen ausgesetzt. 2010 lag die Gesamtbesucherzahl bei 25 Millionen (Parnwell 2010: 263), was auf eine große Beliebtheit dieses Naturwunders bei sowohl ausländischen als auch vietnamesischen Tourist_innen schließen lässt. Auch hier kristallisierten sich verschiedene Gruppen von Assoziationen und Wahrnehmungen heraus.

Eine Gruppe sprach von der Einmaligkeit (Trang # 76), der atemberaubenden Schönheit (Tho # 30) und von einer Idylle, die Frau Ngoc umgab, als sie mit ihrer Familie auf einem privat gemieteten Boot in der Hạ-Long-Bucht unterwegs war (# 59). Frau Ha bezeichnet die Hạ-Long-Bucht sogar „als Geschenk der Natur an den Menschen" (# 78). Bemerkenswert in dieser Gruppe ist die Aussage von Frau Lieu:

> Hạ Long [...] fand ich wunder-, wunderschön, wirklich wunderschön. War auch in dieser [Höhle], wo man da reingehen [kann]. Also wirklich wunder-

> schön. Auch total Hammer diese Fischinsel mit den Frauen, die da leben und
> die da einfach von Boot zu Boot hüpfen und Sachen verkaufen. [# 105]

In dieser Szenerie, die Frau Lieu erlebt, passen sich die Einheimischen automatisch durch eine scheinbar unbeschwerte Lebensweise, indem sie „einfach von Boot zu Boot hüpfen", in dieses romantisch-idyllische Naturschauspiel ein – ungeachtet der Lebensrealitäten. Die Mehrheit der Interviewten lässt sich dieser ersten Gruppe zuordnen.

Differenzierter berichten lediglich zwei Interaktionspartner_innen. So erzählt Herr Hung, der bereits fünf Mal die Hạ-Long-Bucht besucht hat, Folgendes:

> Ich hab auch so ein bisschen zwiespältiges Verhältnis zur Hạ-Long-Bucht, einerseits find ich sie echt schön, andererseits finde ich sie total überlaufen […]. Aber trotzdem wenn Leute mich fragen, […] ob ich ihnen einen Geheimtipp geben könnte und so […], da bin ich halt immer im Zwiespalt, ob ich die Hạ-Long-Bucht empfehlen kann oder nicht. Eben weil schön, aber eben total überlaufen. Als ich letztes Mal da war, gab's einen Unfall und da sind in der Nacht, als das Boot gekentert ist, einige gestorben. [# 64]

Herr Hung spricht hier die Sicherheitsmängel an, die bereits durch zwei Unfälle mit Todesfolge zutage treten. Diese Sicherheitsprobleme lassen ihn zweifeln, ob es sinnvoll ist, die Hạ-Long-Bucht überhaupt zu besuchen. Um diese Sicherheitsmängel und den Massentourismus in der Bucht zu umgehen, berichtet er, dass er Wert darauf legt, privat etwas abgelegenere Gegenden der Hạ-Long-Bucht zu besichtigen.

> Also ich verbind schon auch gute Erinnerungen, also wir sind auch schon irgendwie so mit eigenen Booten nach Khoang Lan, das ist der nördliche Teil der Hạ-Long-Bucht, eine Fischerinsel, die ist total, also sehr untouristisch. [# 66]

Eine weitere Problematik spricht Frau Van an. Sie findet die Hạ-Long-Bucht „sehr schön, lohnt sich auf jeden Fall. Aber […] bei mir lag viel Müll noch [rum]" [# 106]. Das Müllproblem der Stadt, das insbesondere durch den Massentourismus gefördert wird, beläuft sich auf circa 45.000 m³ Abfall jährlich (Parnwell 2010: 245) und kann damit das Image der Stadt langfristig verschlechtern.

Lediglich eine einzige Interviewpartnerin, Frau Hien, assoziiert das Foto von Hạ Long als nicht interessant, denn es sei dort dreckig und man komme nicht an die schönen Orte der Bucht (# 97). Sie gewann diesen

Vietnam-Reisen und der touristische Blick unter Việt Kiều

Eindruck bei ihrer letzten Fahrt mit der Familie dorthin, bei der alles sehr schnell und hastig zuging. Herauszustreichen ist an dieser Stelle, dass die Mehrzahl der interviewten Reisenden offensichtliche Probleme vor Ort, wie den Müll, nicht bemerkten.

Allen Interviewten wurde darüber hinaus ein weiteres Foto, einer Ansicht eines Marktes von ethnischen Minderheiten in Đồng Văn in der Provinz Hà Giang vorgelegt. Da sich in den Antworten überwiegend Eindrücke und Assoziationen bezüglich der abgebildeten Menschen finden lassen, wird darauf nachfolgend eingegangen.

4.5.6 Tourist Gaze auf Menschen – Otherness und Authentizität

Dem *Tourist Gaze* der Reisenden unterliegen nicht nur Orte, sondern auch die bereisten und einheimischen Menschen. Durch Sozialisation und äußere Einflüsse wie den Medien bildet sich der touristische Blick auf das Destinationsgebiet. Der Blick wird, mehr noch bei den besuchten Menschen als den bereisten Orten, gleichzeitig durch *Otherness* und Authentizität des Ziellandes genährt. Beide Begriffe sind durch einseitige Machthierarchien zwischen Reisenden und Bereisten gekennzeichnet. *Othering* als Prozess, der *Otherness* kreiiert, ist

> [E]in Akt, sich mit anderen zu vergleichen und zur gleichen Zeit sich von ihnen zu distanzieren, wobei man meint, dass Menschen und Gesellschaften, deren Leben und historische Erfahrungen von den eigenen abweichen, sich von den eigenen unterscheiden (was wahr ist) und nicht verständlich oder minderwertig sind (was nicht wahr ist). (Schönhuth o.J.)

Otherness bzw. diese Andersartigkeit zeigt im Tourismus seinen Januskopf, denn damit ist eine Distanzierung und Abwertung der Bereisten verbunden, zugleich aber auch eine Faszination und Exotik, die eine Reise insbesondere in Länder des globalen Südens häufig ausmachen. Die Faszination entwickelt sich aus dem Wunsch heraus, eine authentische Bevölkerung, die ursprünglich und unangetastet lebt und damit im Gegensatz zur eigenen Gesellschaft zu sehen ist, auf der Reise vorzufinden (Trupp und Trupp 2009a). Die Tatsache, dass Authentizität ein Konstrukt ist und insbesondere von der Tourismuswirtschaft, sowohl im Ziel- als auch im Herkunftsland, instrumentalisiert und inszeniert wird, hat bereits Dean MacCannell festgestellt (MacCannell 1973, 1999).

Tourismus und Identität

Da Việt Kiều mit dem Zielland Vietnam bereits vertraut sind, wird im Nachfolgenden untersucht, wie sich der touristische Blick und die Begriffe von *Otherness* und Authentizität im Hinblick auf drei verschiedene Personengruppen niederschlägt. Während ihrer Reise in Vietnam haben Việt Kiều Kontakt mit anderen Reisenden und Vietnames_innen, zu denen hier gesondert ethnische Minderheiten zählen, weil zwischen der Mehrheitsgesellschaft und den ethnischen Minderheiten ein Spannungsverhältnis besteht, wie später noch auszuführen sein wird.

4.5.6.1 Touristischer Blick auf andere Reisende

Der touristische Blick auf Reisende entwickelt sich in Auseinandersetzung mit der Selbstverortung als Tourist_in (oder Nicht-Tourist_in) und der Wahrnehmung von anderen Reisenden. Zwei Gruppen von Reisenden, von denen sich die interviewten Việt Kiều abgrenzen, konnten festgestellt werden: Binnentourist_innen und internationale Tourist_innen. Während der Interviews wurde keine direkte Frage nach den Begegnungen mit anderen Tourist_innen gestellt. Es können folglich nur die Aussagen von Befragten dargestellt werden, die von sich aus auf das Thema zu sprechen kamen.

Binnentourist_innen

Im Nachfolgenden wird zunächst der Eindruck der Việt Kiều von vietnamesischen Reisenden herausgearbeitet und welche Charakterisierungen sich von Binnentourist_innen finden lassen. Die Hauptmotivation für Vietnames_innn innerhalb des Landes zu verreisen, scheint nach Angaben der Befragten Erholung und Spaß zu sein. Dies lässt sich an folgendem Zitat veranschaulichen:

> Die meisten *locals* können mit Đà Lạt nichts anfangen, weil's keinen Strand hat. Also viele Vietnamesen, in Sài Gòn vor allem, brauchen Strand als Maßstab für schönen Urlaub, wo man einfach relaxen kann. [Tho # 67]

Diese Aussage ist Herr Thos Antwort auf meine Nachfrage hin, woher er weiß, was für eine Wahrnehmung Vietnames_innen haben. Da er zum Zeitpunkt des Interviews für ein Jahr in Vietnam lebt, erkundigt sich Herr

Tho bei Freund_innen, der Familie oder einfach bei Kolleg_innen, wo sie hingereist sind und wie es ihnen gefallen hat. Dadurch erfährt er aus erster Hand die Reisevorlieben seiner direkten Umgebung. Aus diesen Gesprächen heraus macht Herr Tho die Beobachtung, dass es für Vietnames_innen, insbesondere Sài Gòner, wichtig ist, ihren Urlaub am Strand zu verbringen. Er stellt sogar die Behauptung auf, dass ein Strand für Vietnames_innen notwendig sei, um einen schönen Urlaub zu verbringen. Das führt, seiner Meinung nach dazu, dass Vietnames_innen zum Beispiel mit dem Bergort Đà Lạt nichts verbinden.

Im Gegensatz zu Herrn Tho spricht Frau Ha direkt von ihren Erlebnissen und Beobachtungen während ihrer Reise am Strand von Nha Trang:

> [Nha Trang ist ein] schöner Strand, aber als wir jetzt da waren, waren wirklich sehr große Wellen, [die] die Sonnenbrille von meinem Freund weggefegt hat. Die war schon auch ziemlich teuer. Hat er sich sehr geärgert, aber ja über Meer habe ich eigentlich nicht so viel zu erzählen, weil ich kann nicht schwimmen. Ich glaube viele Vietnamesen können leider nicht schwimmen, aber trotzdem gehen auch gerne zum Meer. Nur was wir lustig fanden, dass in Nha Trang liegen alle Ausländer unter der Sonne. Sie machen Handtücher auf am Strand und liegen da in der Sonne und schmieren dann Sonnencreme und genießen sie die Sonne. [Was] wahrscheinlich keine Vietnamese macht. Ja, also am Strand sitzen eigentlich nur Ausländer. [# 71]

Mehr als eine persönliche Begebenheit ihrer Begleitung hat Frau Ha zum Strand in Nha Trang nicht zu berichten, was sie damit begründet, dass sie Nichtschwimmerin ist. Aus diesem Anlass heraus wechselt Frau Ha ihren Bericht von einem persönlichen Erlebnis zu allgemeinen Beobachtungen. Sie – als Nichtschwimmerin – reiht sich ein in die Gruppe unzähliger Vietnames_innen, die auch nicht schwimmen können. Das hält die vietnamesischen Reisenden aber nicht davon ab, trotzdem zum Meer zu fahren und zu baden. Darüber hinaus hat sie allerdings noch bemerkt, dass am Strand lediglich Ausländer ihre Handtücher ausbreiten und sich sonnen. Ihr sind keine Vietnames_innen aufgefallen, die das in ähnlicher Form gemacht hätten. Sie beobachtet die offensichtlichen Unterschiede zwischen Binnen- und internationalen Tourist_innen und positioniert sich selbst dazwischen. Denn einerseits spricht sie von Ausländer_innen, zu denen sie und ihre Begleitung anscheinend nicht gehören. Andererseits sagt sie als Vietnamesin, dass sich die Vietnames_innen so nicht verhalten würden, und spricht somit aus einer Distanz heraus.

Tourismus und Identität

Frau Van macht über den Strand von Nha Trang folgende Bemerkung:

> [D]ann saßen wir da und haben uns da den Sonnenaufgang angeschaut und schon in der früh kamen die Leute, um da im Meer zu schwimmen. Also morgens, man sieht es ja auch überall, dass die alle Leute morgens schon rausströmen. Viele alte Leute auch und dann Sport machen, wo ich normalerweise im Bett liege (lacht). [# 58][47]

In Kontrast zu der oben von Frau Ha gemachten Aussage lässt sich an Frau Vans Zitat feststellen, dass vietnamesische Tourist_innen vorzugsweise bei Sonnenaufgang zum Strand gehen und schwimmen. Sobald die Sonne im Zenit steht, sind lediglich internationale Tourist_innen am Strand zu finden. Vietnames_innen versuchen sich nicht, der direkten Sonne auszusetzen, weshalb sie den Strandbesuch am frühen Morgen bevorzugen. Bei Vietnames_innen ist eine gebräunte Haut ein Symbol für schwere körperliche Arbeit auf dem Land, anders als beispielsweise in europäischen Ländern, in denen gebräunte Haut ein Symbol für entspannten Urlaub und Freizeit ist.

Neben dem Strandurlaub und der Erholung steht für vietnamesische Reisende in Vietnam nach Aussagen der Interviewpartner_innen Spaß und Freude insbesondere bei Ausflügen und Reisen mit der Familie im Mittelpunkt. So erzählt Frau Ha über ihren Besuch im Bà Nà Hill Resort, in der Nähe von Đà Nẵng. Bà Nà Hill wurde von den Franzosen wegen seines angenehmen Klimas dort gebaut (Demay 2014: 56).

> Aber in Bà Nà, das war wirklich schön, aber überall sieht man nur so was sie dann neu bauen wollten war Disneyland oder halt etwas zum Relaxen so etwas [über] das man eigentlich mehr schreiben soll, über die Besonderheiten von Bà Nà Hill und nicht einfach so zeigen, dass das schön ist, [mit] Blumen und mit vielen Spielen von Disneyland oder so wie ein Relaxzentrum zu bauen. Wahrscheinlich ist es für die Einheimischen gut oder weil sie [das] noch nicht in Deutschland oder in Amerika gesehen haben. Aber zum Beispiel für Tou-

---

[47] An dieser Stelle von Frau Vans Aussage scheint es schwierig zwischen vietnamesischen Tourist_innen und Einheimischen, die Frühsport treiben, zu unterscheiden. Insbesondere wenn sie von alten Leuten spricht, die an den Strand kommen. Da Nha Trang aufgrund des langen Strandes, der sich direkt entlang der Stadt erstreckt, ein sehr beliebter Ort für Badeurlauber_innen ist, ist davon auszugehen, dass es sich bei der großen Zahl der Frühsportler_innen und Schwimmer_innen überwiegend um inländische Reisende handelt.

risten, glaube ich nicht, dass das etwas besonderes ist, weil [sie] so [etwas] genug gesehen [haben]. Das fanden wir schon so. [# 64]

Für sie und ihre Begleitung ist Bà Nà Hill nichts Besonderes mehr. Frau Has Benennung von Einheimischen und Tourist_innen suggeriert, nur Ausländer_innen seien Tourist_innen, Einheimische, auch wenn sie aus anderen Teilen Vietnams anreisen, nicht. Sie spricht den Einheimischen das „Tourist_in-Sein" ab.

Die vorherige Aussage deutet bereits darauf hin, dass es in der Wahrnehmung der von mir Befragten Sehenswürdigkeiten beziehungsweise Reiseziele gibt, die für vietnamesische Tourist_innen interessanter sind als für ausländische. Neben dem Bà Nà Hill Resort, das Frau Ha ansprach, berichtet auch Frau Van von einem Ort, den überwiegend Binnentourist_innen bereisen.

> Ich bin viel gereist ja und dann haben wir uns gedacht, wir steuern jetzt als erstes nicht einen Ort an, wo westliche Touristen sind, sondern gehen nur dahin, wo die Vietnamesen hinfahren. Dann habe ich mich erkundigt bei meinen Verwandten. Meine Tante meinte, es gibt dann in der Nähe von Đồng Hới, diese Stadt der Drogen, wo ich vorher gewesen bin für eine Nacht nur. Dass dort ja eine Tropfsteinhöhle ist oder zwei sogar. Da gehen die Vietnamesen hin, das ist sehr berühmt. [# 25]

Đồng Hới, nördlich von Huế an der schmalsten Stelle Vietnams gelegen, ist durch die sich in der Nähe gelegenen Tropfsteinhöhlen, die erst vor einigen Jahren entdeckt und kürzlich touristisch erschlossen wurden, ein beliebtes Ziel. Frau Van wollte gezielt einen Ort besichtigen, den überwiegend vietnamesische Reisende aufsuchen. Einerseits zeugt das davon, dass es tatsächlich spezifische Urlaubs- bzw. Ausflugsorte der Vietnames_innen gibt, andererseits zeigt es aber auch Frau Vans Interesse, mit vietnamesischen Reisenden in Kontakt zu kommen, was an „normalen" Urlaubsorten schwieriger scheint. Unter Vietnames_innen scheint Đồng Hới mit den nahe gelegenen Tropfsteinhöhlen ein berühmter Ort zu sein, weshalb Frau Vans Tante ihr einen Besuch empfiehlt. Die Stadt Đồng Hới selbst steht bei Einheimischen unter Verdacht, aufgrund ihrer Nähe zu Laos einen fruchtbaren Boden für Drogen- und Schmuggelgeschäfte zu bieten. Dass es sich bei den Tropfsteinhöhlen um eine Sehenswürdigkeit handelt, die eher von Binnentourist_innen aufgesucht wird, verdeutlicht folgendes Zitat von Frau Van:

Tourismus und Identität

> [D]ann irgendwann hab ich dann von ihr erfahren, dass es gibt keine Gebäude, keine Reisebusse, keine Reisebüros zu diesen Höhlen, sondern Vietnamesen kommen in großen Gruppen. Dann fahren die entsprechend mit Bussen oder Autos oder fahren mit dem Taxi, aber den Gruppenwagen. [# 37]

Frau Van berichtet hier von einem Gespräch, das sie mit einer Reinigungskraft in einem Hotel in Đồng Hới geführt hat. Diese Aussage zeigt, dass sich die touristische Infrastruktur für vietnamesische Besucher_innen zu ausländischen unterscheidet, denn sie kommen nicht wie Frau Van und ihre Begleitung in Zweiergruppen. Deshalb ist es bislang noch nicht notwendig, Reisebüros oder viele Hotels in Đồng Hới zu eröffnen.

Đồng Hới kann folglich als ein Beispiel für einen Ort gelten, den überwiegend inländische Tourist_innen bereisen. Dass es natürlich auch Überschneidungen von Reisezielpräferenzen von internationalen und vietnamesischen Tourist_innen gibt, konnte beispielsweise an der Destination Nha Trang bereits gezeigt werden, nur dass dort die Reisenden zu unterschiedlichen Zeiten den Strand besuchen. Dass die Befragten auch noch andere Orte wahrnehmen, wo alle Arten von Tourist_innen zusammentreffen, soll nachfolgend anhand eines Zitates von Herrn Tho veranschaulicht werden.

> [Hạ Long] ist eine der Beispiele, was für Schönheiten Vietnam zu bieten hat. Für *locals* oder für Vietnamesen, für also für *locals*, für Việt Kiềus, für jeden. Hạ Long *bay* ist einfach toll. [# 135][48]

Ein solcher Ort stellt in der Wahrnehmung Herrn Thos die Hạ-Long-Bucht dar. Er benennt direkt eine dritte Gruppe, zusätzlich zu internationalen und inländischen Reisenden, nämlich die Việt Kiều, die sich von den beiden anderen Gruppen hinsichtlich ihres Reiseverhaltens differenzieren lassen. Da es sich bei dieser dritten Gruppe um jene handelt, die von mir in Interviews befragt wurden, ist es schwierig, Selbstwahrnehmungen und Selbstcharakterisierungen der Việt-Kiều-Tourist_innen darzustellen.[49]

---

[48] Herr Thos Aussagen verdeutlichen eine grundsätzlich positive Haltung bezüglich seines Aufenthaltes in Vietnam. Er ist jedoch nicht unkritisch. Vergleich siehe auch Unterkapitel 3.4.

[49] Charakterisierungen der Việt-Kiều-Reisenden wurden im Unterkapitel Reisetypologie 4.4 auf Grundlage der Befragung erstellt.

Auch Frau Van gibt einen Eindruck vom Reiseverhalten dieser dritten Gruppe, den Việt Kiều:

> Aber so in Europa, als ich Kind war, sind wir jedes Jahr irgendwo hingefahren, wir waren ziemlich oft auch unterwegs, also wir haben schon viele Verwandte. Ich muss sagen, also die Vietnamesen sind in ihrem Reiseverhalten also echt so, die reisen nur dahin, wo sie Verwandte haben, weil sie dann ein Stück Sicherheit haben. Sie kennen dort jemanden und dann wenn was ist und natürlich auch übernachten die bei denen, ja und dann machen die was zusammen und verbinden das immer mit den Besuchen und dann noch Sightseeing. Aber das Wichtige ist wirklich, dass immer und überall ein Stück Heimat, Familie, sozusagen also Vietnamesen um sich zu haben, weil zum Beispiel in Italien haben wir niemanden, da würden die [Eltern] niemals hinfahren. Da sind die nicht so mutig. [# 83]

Frau Van beschreibt ihr eigenes Reiseverhalten und das ihrer Familie in Europa. Sie spricht hier zwar von Vietnamesen, aber es wird durch den vorangegangenen Satz deutlich, dass es sich um Việt Kiều handelt. Die besuchten Verwandten vermitteln für die Besuchenden Việt Kiều ein Gefühl der Sicherheit und der Heimat. Das von Frau Van beschriebene Verhalten der Việt Kiều ist in der Literatur auch als *Visiting-Friends-and-Relatives-Travel* (VFR-Travel) bekannt (Duval 2004). Dieses Sicherheitsbedürfnis weisen laut der aufgestellten Typologie im Unterkapitel 4.4 die Việt Kiều bei ihren Reisen in Vietnam nicht auf.

Nach diesem kurzen Exkurs über die Wahrnehmung des Việt-Kiều-spezifischen Reiseverhaltens durch die Mitglieder dieser Gruppe selbst geht es nun wieder um die Beobachtung und Charakterisierung der Binnentourist_innen in Vietnam. Bisher haben die Befragten beobachtet, dass vietnamesische Reisende sich gerne am Strand erholen und Spaß haben, wie am Beispiel Bà Nà Hills gezeigt wurde. Es gibt Orte, die gleichsam von beiden Gruppen frequentiert werden, und andere, die eher für inländische Tourist_innen interessant sind, wie beispielsweise Đồng Hới. Einen ersten Einblick in das Verhalten der vietnamesischen Reisenden konnte bereits das obige Zitat von Frau Van über Đồng Hới geben: Vietnames_innen verreisen überwiegend in Gruppen, bestehend aus der Familie oder Freund_innen. Die Interviewpartner_innen beobachteten das Reiseverhalten während ihrer eigenen Reise. So berichtet Frau Ha ausführlich von ihrer Beobachtung:

> In Buôn Ma Thuột sind wir auch zu dem Wasserfall auch gefahren und dort das war wirklich sehr katastrophal, weil es war voll, weil am Tết-Fest dann

wollen die Leute immer Ausflüge machen. Sie kaufen alles. Also eigentlich ich sehe fast nur Einheimische, sie kaufen Spielzeuge, also sie bringen ganz viel mit: Essen, Trinken und [zum] Saufen bringen sie auch [etwas] mit, Eis haben sie auch dabei, haben sie auch alles mögliche, Papier um Feuer anzuzünden. Das ist so wunderschöner Wasserfall, sieht wirklich sehr großartig aus und das ist wirklich schon ein Wunder von der Natur, aber was die Leute da machen. Ich weiß nicht wie das normal aussieht, aber am Tết-Fest waren die so voll, dass es alles nur noch wie ein Müllberg aussieht. Das war schon sehr schade. [# 66]

Und jetzt dieser *Trung Nguyen* Kaffee, die berühmteste Kaffeegruppe in Vietnam, der hat die Wasserfälle in Buôn Ma Thuột übernommen zum Investieren. Aber was wir auch gesehen haben, zum Beispiel so ein Gespensterhaus, das haben wir auch schon genug in Deutschland gesehen. Das war auch nicht [so] schön wie in Deutschland, im Europapark oder so, sondern so blödes Haus. Das soll eigentlich etwas über Kultur, ja es soll etwas so andere Richtung bewahrt werden, zum Beispiel die Wasserfälle sauber halten und etwas über die Geschichte, warum [es] diesen Wasserfall gibt. Das soll eigentlich auch noch auf Englisch übersetzt sein, aber das gab [es] nicht, gab nur auf Vietnamesisch. Und überall werfen die Leute Müll [hin] und zünden sie die Feuer an. Und was *Trung Nguyen* gemacht hat, nur Kaffee anbieten, damit die Leute nachher diese Plastikdosen wegwerfen. Ja, das macht [es] schon wirklich dreckig und waren wir sehr enttäuscht. Weil es wirklich sehr schön war und trotzdem wurde das kaputt gemacht eigentlich von den bösen Menschen. [# 67]

Frau Ha ist am Tết-Fest in Begleitung ihres Partners in Buôn Ma Thuột im Zentralen Hochland unterwegs. Sie beschreibt die Situation vor Ort abwertend, was anhand ihrer verwendeten Ausdrücke verdeutlicht wird. Die Gegend um den Wasserfall ist mit Ausflügler_innen, vor allem Vietnames_innen, die die freie Zeit des Neujahrsfestes Tết nutzen, voll. Frau Ha ist schockiert. Ihr scheint es zu missfallen, dass die vietnamesischen Ausflügler_innen viel kaufen und alles mögliche mitbringen, insbesondere weil sie damit Müll verursachen, der sich nach Angaben Frau Has zu einem Müllberg anhäuft und liegen bleibt. Sie wünscht sich mehr Informationen zum Beispiel über die Geschichte des Wasserfalls, insbesondere auf Englisch, was ihrer Begleitung geschuldet sein kann, da Frau Has Muttersprache Vietnamesisch ist. Solche Informationen sind ihr wichtiger als die Angebote der Firma *Trung Nguyen*, einer der größter Kaffeeproduzenten und Kaffeehausketten in Vietnam, dessen Hauptanbaugebiete für Kaffee das Zentrale Hochland um Buôn Ma Thuột sind. Auch eine Attraktion wie ein Gespensterhaus stoßen bei ihr auf Ablehnung, da dieses im Vergleich zu bereits besuchten ähnlichen Attraktionen in Deutschland nicht so schön ist. Diese Attraktion kann, ähnlich ihrer Äußerung über die Fahrgeschäfte auf Bà Nà Hill, nicht mit Erlebten in Deutschland mithalten und wird von ihr deshalb negativ bewertet.

Außerdem scheint ihr der Ort für ein Gespensterhaus am Wasserfall nicht passend, denn es ist für Frau Ha kein Bezug zwischen beiden herstellbar. Sie stellt sich die Umgebung des Wasserfalls nicht voller Menschen vor, die ausgiebig Picknick machen, Feuer anzünden und Müllberge hinterlassen. Auch die Tatsache, dass die Firma *Trung Nguyen* den Ort kommerzialisiert und nicht nur Kaffee, sondern auch Attraktionen wie ein Gespensterhaus anbietet, passt nicht in ihre Vorstellung von einem Wasserfall als etwas Natürliches und „ein Wunder der Natur". Sie möchte die Natur so vorfinden, wie sie natürlicherweise existiert, und möchte sie nicht durch Kommerzialisierung und Eingriffe des Menschen entstellt sehen. Frau Ha scheint eine Trennung von Natur und Kultur zu präferieren. Wie sie die Situation beschreibt, ist die Vermischung von Kultur und Natur für die vietnamesischen Reisenden nicht problematisch, denn sie amüsieren sich.

Obwohl Frau Ha sich an anderen Stellen des Interviews eindeutig als Vietnamesin versteht, distanziert sie sich von dem beobachteten Verhalten ihrer Landsleute. Dass hier Überlappungen mit den Meinungen und Beobachtungen ihrer Begleitung wahrscheinlich sind, wird durch die Verwendung des Personalpronomens „wir" verdeutlicht. Obwohl ihre Reisebegleitung während des Interviews nicht anwesend war, sprach sie überwiegend in der Wir-Form.

Frau Has Beobachtung während ihrer Reise in Buôn Ma Thuột zeichnet ein negatives Bild des Reiseverhaltens von Vietnames_innen. Würde ihre Beobachtung um den negativen Aspekt eliminiert, würde sich ein Bild von geselligen vietnamesischen Ausflügler_innen ergeben, die für ihre Versorgung während des Ausflugs weitestgehend selbst sorgen. Frau Has Eindruck ist sehr individueller Natur in Verbindung mit Vergleichen auf vorher gemachten Reisen beispielsweise in Deutschland.

Darüber hinaus hat auch Frau Ngoc einige Beobachtungen während einer früheren Reise mit ihrer eigenen Familie in Huế gemacht:

> Da sind wir auf einem Elefanten geritten. Das fand ich ganz cool eigentlich, so mal auf einem Elefanten zu sitzen und dann so von oben mal zu sehen so die Haare. Das fand ich ganz lustig. Das war ein ganz niedlicher Elefant. Und

> dann, ja also ich find halt sehr schön, wenn es halt nicht ganz so überlaufen ist mit Menschen, so Ruhe ist, denn die Vietnamesen, okay da sind die halt meistens ruhig. aber sonst sind sie sehr laut. [# 49]

Ihr fiel auf, dass sich die vietnamesischen Gäste dort überwiegend ruhig verhalten haben. Diese Gegebenheit trat anscheinend so stark hervor, obwohl der Urlaub schon eine Weile zurücklag, weil es für sie auffällig scheint, dass Vietrames_innen ruhig sind. Das kann nur in Abgrenzung zu ihren sonstigen Eindrücken geschehen sein, bei denen – wie sie selbst sagt – die Vietrames_innen sehr laut sind. Im Gegensatz zu Fran Ha hatte Frau Ngoc einen Moment auf ihrer Reise abgepasst, der nicht mit anderen Reisenden überfüllt war, sodass sie die Ruhe genießen konnte. Die von ihr erwähnte sonstige Lautstärke vietnamesischer Reisender deutet auf die Geselligkeit und das Reisen in Gruppen hin.

An anderer Stelle erzählt Frau Ngoc von einer gebuchten Tour von Vietnam nach Thailand:

> Wir haben dann zum Beispiel auch von Vietnam eine Tour nach Thailand gemacht, auch mit einem vietnamesischen Reiseführer und die zeigen halt ganz andere Sachen, als was Europäer so sehen wollen. Also man besucht dann nämlich Souvenirshops so und [kann] Taschen sich aus Schlangenleder angucken oder Krokodilhaut oder irgendwelche Medizin oder so. Was mich halt dann auch nicht so interessiert. [# 14]

Diese Tour war für vietnamesische Reisende konzipiert, da es nur einen vietnamesisch sprechenden Reiseleiter gab. Frau Ngoc erläutert, dass den Mitreisenden auf dieser Tour andere Dinge gezeigt werden, als man es auf einer Tour für europäische Reisende anbieten würde, weil Frau Ngoc keinerlei Interesse an den dargebotenen Souvenirs aufbringt. Andere Geschäfte, die sie eher interessieren würde, wurden ihr folglich also nicht gezeigt, da die Mehrheit mit dem Dargebotenen zufrieden war.

Dass bei der Beurteilung des Reisens und Urlaub-Machens innerhalb Vietnam auch ein finanzieller Aspekt zu berücksichtigen ist, verdeutlicht die Aussage von Herrn Binh:

> Ja, die meisten fahren nach Europa, aber sogar das Reisen innerhalb des Landes [Vietnam] ist sehr schwierig. Weniger für die Menschen, die viel Geld verdienen, aber es ist immer noch schwierig für die große Mehrheit. Aber in Deutschland, weiß ich, gibt es Assoziationen oder ein Einkommensminimum der Arbeiter, von dem sie noch sparen können, um einmal im Jahr mal hierhin

und mal dorthin zu fahren. Das Mindeste ist ein Mal im Sommer für eine Woche in jenes Land und ein Mal im Winter in ein anderes Land zu reisen. [# 52]⁵⁰

Obwohl seit der Einführung der Erneuerungspolitik der Binnentourismus statistisch gesehen erheblich angestiegen ist, ist es für einen großen Teil der Vietnames_innen nach wie vor nicht erschwinglich Urlaub zu machen. Dies ist anders als in Deutschland, wo man – seiner Meinung nach – trotz eines Existenzminimums immer noch genug Geld für einen beziehungsweise zwei Urlaube im Jahr zurücklegen könne.

Diese Einkommensunterschiede zwischen vietnamesischen und ausländische Tourist_innen machen sich generell auch in verschiedenen Preisgruppen im Tourismussektor bemerkbar. Frau Van stellt dieses Phänomen an den unterschiedlichen Buspreisen fest, so ist das Busunternehmen „Sinh Tourist berühmt so unter Westlern und haben auch westliche Preise. […] Für Vietnamesen sind das zu hohe Preise" [# 31].

Aber auch im Gastronomiegewerbe oder bei Eintritten zu Sehenswürdigkeiten bestehen erhebliche Preisunterschiede zwischen einheimischen und ausländischen Reisenden, wie Herr Tu in seinem Reisebericht beschreibt: „For example, to Vietnamese, a can of 333 beer was 15,000 Vietnam Dong but to the foreigners, it must be 20,000 VND. It happened similar to foods and snacks for drinks" [# 42].

Es lässt sich zusammenfassen, dass vietnamesische Reisende in der Wahrnehmung und Beobachtung der Việt Kiều dazu neigen, insbesondere Erholung und Spaß während des Urlaubs zu suchen, ein Reisen in Gruppen mit der Familie und/oder Freunden präferieren und somit auf Geselligkeit Wert legen und ein zu europäischen Reisenden ein unterschiedliches Kaufverhalten aufzeigen.

---

⁵⁰ (Eigene Übersetzung) „Ừ, nhất là Châu Âu, ngay thậm chí là đi du lịch trong nước cũng khó. Trừ là những người mà người ta làm kiếm được nhiều tiền, thế còn đại đa số là rất khó. Thế nhưng bên Đức chú biết được là họ có cái Hiệp hội hoặc là với mức thu nhập tối thiểu của người công nhân thì họ tiết kiệm lại thì đến hàng năm họ vẫn có thể đi đây đi đó được. Ít nhất là mùa hè 1 tuần đi đến nước này, mùa đông đi đến nước khác."

Tourismus und Identität

Internationale Tourist_innen

Nach einer ausführlichen Darstellung der Eindrücke, Beobachtungen und Wahrnehmungen der Interviewpartner_innen von inländischen Reisenden wird nun ihre Sicht auf internationale Tourist_innen vorgestellt. Wie anhand der vorhergehenden Beschreibung der Binnentourist_innen ersichtlich wurde, gibt es in den Aussagen der Befragten Überlappungen mit den internationalen Reisenden, da die Interviewpartner_innen häufig bei Tourist_innengruppen vergleichen und gegenüberstellen. Dennoch wird hier nun versucht, einige Eindrücke von ihrer Reise wiederzugeben.

In der Wahrnehmung Frau Has scheint das Klima ein wichtiger Faktor zu sein, um das Interesse internationaler Tourist_innen zu wecken, wie das Beispiel des Bergortes Đà Lạt im zentralen Hochland veranschaulicht:

> Erstmal war das auch schön mit der Klima, das war wirklich sehr, sehr schöne Stadt mit viele Blumen, sauber und wirklich tolles Klima. Das ist so wie in Deutschland im Sommer. Wahrscheinlich das gefällt auch viele Ausländer. Außerdem die Architektur von den Häusern, kann man noch Spur von den Franzosen früher sehen. Ja, das merkt man, dass die Franzosen gerne früher mal gerne hier waren. [# 37]

Frau Ha und ihre Begleitung fanden das Klima in Đà Lạt persönlich sehr schön. Daneben fielen ihnen die Sauberkeit und die Blumen im Vergleich zu anderen bisher gesehenen Orten in Vietnam auf. Ihr Vergleich mit dem Sommer in Deutschland verweist auf das angenehme Klima und verleitet sie zu der Vermutung, dass es deshalb viele ausländische Tourist_innen anzieht. Das wird dadurch noch untermauert, da sie sagt, dass die Franzosen schon zur Kolonialzeit gerne an diesem Ort gewesen sind und dort Häuser im Kolonialstil erbauten, die heute noch zu sehen sind. Hier kann angemerkt werden, dass es Unterschiede zwischen Tourist_innen und dauerhaft im Land lebenden Ausländer_innen, wie damals den Franzosen oder den heute sogenannten *Expatriates*, gibt. Viele Tourist_innen zieht häufig das tropische Klima für einen Urlaub in ferne Länder. Für *Expatriates*, die das tropische Klima ganzjährig vorfinden, ist ein Ort wie Đà Lạt, in dem gemäßigtes Klima wie beispielsweise in Europa vorherrscht, besonders attraktiv, da es unter anderem die Sehnsucht nach der europäischen Heimat bedient (Demay 2014: 73).

Einen anderen Aspekt des internationalen Tourismus nimmt Herr Tho wahr. Auf meine Abschlussfrage hin, ob er dem Gespräch noch etwas hinzufügen möchte, erzählt er von seinem Eindruck, den er von Ausländer_innen bzw. *Expatriates*, die schon längere Zeit in Vietnam leben, hat, bevor er dann auf eine bestimmte Touristengruppe zu sprechen kommt:

> Auch *Backpacker*, die dann halt wirklich in *Backpackerareas* bleiben, oder Touristen, so die nur den ganzen Tag Pizza und Nudeln oder wenn dann gebratenen Reis, Nasi Goreng oder so essen. Also früher hab ich gesagt, wenn ich so *Backpacker* oder Leute, die einem auffallen, so merkt man dann halt überhaupt so toll, die haben das dann Wirklichkeiten. Mittlerweile mein ich, man kann so lange in einem Land sein, ohne das Land wirklich so zu erfahren. So *Backpacker*, die würden halt so drei Sterne, zwei Sterne also eher Touristen, das ist halt Drei-Sterne-Hotel sind. *Backpacker,* die nur auf der Touristenviertel da so sitzen, oft mit anderen *Backpackern* und was trinken, die erleben so viel Kultur von einem Land, so viele Nebenbereiche, die nicht abseits von diesen typischen Touristen, das sehn die gar nicht. Und auch *Foods* – natürlich wie sollen die das denn wissen, woher die wissen gar nichts, die verpassen so viele Mahlzeiten, also vietnamesisch richtige, weil sie gar nicht das kennen und dementsprechend muss man halt nur weil Leute einen gewissen Zeitraum in einem Land waren, zum Beispiel Vietnam halt, dass nicht das die wirklich Vietnam verstehen oder erlebt haben. [# 166]

Herr Tho beschreibt seinen persönlichen Wandel, dass er das Reisen der *Backpacker* toll fand, aber nun, da er selbst längere Zeit in Vietnam lebt, sieht er das anders. Er spricht in diesem Zitat ein grundsätzliches Problem der touristischen Begegnung an: die Gradwanderung zwischen Oberflächlichkeit der Begegnung und „going-native"-Tendenzen. Aufgrund der Kürze der meisten Begegnungen im Tourismus ist es fraglich, wie ausgeprägt das kulturelle Verstehen sein kann. Andererseits spricht Herr Tho aber auch die veränderte Rolle der als *Backpacker* Reisenden an. In der Literatur wurde festgestellt, dass es sich beim Aufkommen der Rucksackreisenden in den späten 80er und frühen 90er Jahren überwiegend um Abenteurer handelte, die jenseits des Massentourismus und „off the beaten track" (Trupp und Trupp 2009a: 16) unterwegs sein wollten. So hat sich in den letzten Jahren ein Wandel hin zu *Low-budget*-Rucksacktourist_innen vollzogen, wie Herr Tho ausführt:

> Backpacker ist eine neue Art von Tourismus, *Low-budget*-Tourismus. Man sucht sich halt vor Ort Hotels, aber ist jetzt nicht so, als würde man Rucksack packen und dann in den nächsten Dschungel reingehen. [# 67]

Durch die Entscheidung, die Reiseroute erst auf der Reise selbst zu bestimmen, grenzen sich Rucksacktourist_innen von Pauschal- oder Gruppen-

Tourismus und Identität

reisenden ab. Dennoch folgen *Backpacker* ebenso den Wegen der Massentourist_innen, nur in einem anderen, *low budget*, Preissegment, wie neuere Untersuchungen zeigen (Binder 2005; Spreitzhofer 2008).[51]

Probleme in der Kommunikation berichtet Herr Tu in Bezug auf die Nutzung der Infrastruktur und des Dienstleistungssektors. So kommt es, dass Fahrer von Busunternehmen und von ihnen beförderte Reisende auf Kommunikationsschwierigkeiten stoßen, da erstere häufig kein Englisch sprechen und bei Fragen der Reisenden nicht weiterhelfen können.

> We moved through Quảng Ngãi-Quy Nhơn-Tuy Hòa and then to Nha Trang by Tan Hoang Long bus. 80% of passengers on the bus were from Euro[pe] but none of the drivers knew English. On the road at midnight, the air conditioner stopped working but they did not inform the passengers. Then stopping at a gas station parking, there was no announcement or any apology. I wanted to comment to Tan Hoang Long bus company but did not know where the head office was. Normally, at big transportation companies, drivers must know at least some common words such as: when the bus departs, which place stops for dinner, what time arrives the destination. On the way, they can present to the passengers where they are moving through. Because both of Vietnamse or foreigners need to know such information. But on our bus, the drivers just knew to fill the petrol in and run, I felt it was really sad for their service. But giving comments to such kinds of people was just like water off a duck's back.[# 93]

Dieser ausführliche Eintrag im Reisetagebuch von Herrn Tu zeigt, dass der Service des Transportunternehmens offensichtlich sehr mangelhaft ist und noch nicht auf die Bedürfnisse der internationalen Reisenden abgestimmt. Es wird dadurch verdeutlicht, dass internationale Tourist_innen in den Augen eines Việt Kiều einen anderen Anspruch an Serviceleistungen haben.

Vier Interviewpartner_innen erzählten von ihrem Eindruck, dass ihnen während ihrer Reise in der Küstenstadt Nha Trang in Südvietnam eine große Zahl an russischen Urlauber_innen aufgefallen seien. Nha Trang wird als „russisches Mallorca" [Van # 92] bezeichnet und Frau Trang empfindet ein „komisches Gefühl" [# 21], weil sie auf den Straßen

---

[51] Die Gruppe der *Backpacker* hat sich in den letzten Jahren weiter ausdifferenziert. Handelte es sich bislang bei *Backpackern* überwiegend um westliche Tourist_innen, so zeigt sich in neuester Zeit, dass auch asiatische *Backpacker* in Südostasien unterwegs sind und diese immer mehr in den Fokus der wissenschaftlichen Auseinandersetzung rücken (z.B. Bui 2014).

fast nur Russen begegnet. Frau Ha bewertet es als negativ, dass die russischen Reisenden kein Englisch sprechen [# 29] und Frau Van möchte ungern Vorurteile bestätigen, aber sie hörte von Einheimischen, dass sich die russischen Urlauber_innen nicht respektvoll der lokalen Bevölkerung gegenüber verhalten [# 92]. Aufgrund der touristischen Nachfrage durch russische Reisende hat sich in Nha Trang die touristische Infrastruktur und insbesondere der Dienstleistungssektor an diese Zielgruppe angepasst, sodass beispielsweise Hinweisschilder und Speisekarten auf Russisch vorzufinden sind. Dies sticht in den Interviews besonders hervor, da üblicherweise nur von internationalen Tourist_innen oder westlichen Reisenden die Rede ist und die Herkunft und Nationalität der Urlauber_innen keine Rolle spielt, da sie normalerweise in Vietnam sehr durchmischt auftreten.

Das Beispiel veranschaulicht, dass hier eine Nutzung und Aneignung touristischer Räume auch durch Tourist_innen stattfindet, in diesem Fall durch die russischen Urlauber_innen in Nha Trang. Russische Tourist_innen eignen sich den Badeort an, in dem sie Teile des Raumes für ihre Bedürfnisse gestalten und beispielsweise ein Restaurant eröffnen und nichts auf Vietnamesisch anbieten, wie Herr Tu berichtet [# 97]. Diese Aneignung wurde von den interviewten und reisenden Việt Kiều zumindest festgestellt, im Falle von Frau Van [# 93] sogar negativ bewertet.

4.5.6.2 Touristischer Blick auf Vietnames_innen

Die zweite Personengruppe, mit denen Việt Kiều während ihrer Reise Kontakt haben, sind die Vietnames_innen, also die Bereisten selbst. Ihr Blick auf die Bereisten bildet sich in verschiedenen Situationen und Erlebnissen auf ihrer Reise. Unterschiedliche Gruppierungen von Aussagen der Việt Kiều haben sich herauskristallisiert: Befragte, die ganz allgemein von Veränderungen der Vietnames_innen sprechen und dafür eine Begründung abgeben. Dann gibt es diejenigen, die in den Gesprächen anhand zahlreicher Situationen einen heterogenen Eindruck der Bereisten zeichnen.

Ihren allgemeinen Eindruck und Veränderungen sprechen Frau Ngoc und Herr Loi an. Beide gehören der zweiten Generation an und sprechen nur wenig Vietnamesisch. Beide haben jeweils ein Elternteil, das als

Tourismus und Identität

Bootsflüchtling nach Deutschland gekommen ist. Frau Ngoc antwortet auf meine Frage nach ihrem Eindruck von den Einheimischen Folgendes:

> Eigentlich sehr gut, also total freundlich, ja super freundlich. Also, die freuen sich halt total, wenn man halt ein bisschen Vietnamesisch spricht und so. Das ist eigentlich ganz cool, dass man halt wenigstens ein bisschen sprechen kann, um mit den Leuten in Kontakt zu kommen. Manchmal, also ich hab das Gefühl, dass es sich schon ein bisschen verändert hat. Also früher ist man halt noch mehr rausgestochen. Mittlerweile sind hier mehr Touristen. Also [die Vietnamesen] gucken dann einen nicht mehr so sehr an. Find ich eigentlich ganz angenehm. [# 28]

Der positive Eindruck von den Vietnames_innen kommt dadurch zustande, dass Frau Ngoc mit ihnen ein bisschen in der Landessprache sprechen kann. Denn das nehmen die Einheimischen sehr positiv auf. Durch *đổi mới* sind auch Änderungen im Tourismus zu verzeichnen, sodass die Einheimischen an internationale Reisende im Land gewöhnt sind. Frau Ngoc als Việt Kiều fällt unter den anderen Tourist_innen nicht mehr auf und kann sich anonymer in Vietnam bewegen. Das frühere Herausstechen als Việt Kiều aus der Gruppe der Einheimischen verdeutlicht auch, dass Frau Ngoc aus ihrer Sicht als „anders" von den Einheimischen wahrgenommen wurde. Damit ist das *Gazing* nicht nur ein touristischer, sondern ein *Gaze*, der von den Einheimischen ausgeht und somit *mutual* im Sinne von Maoz ist (Maoz 2006). Allerdings fällt Frau Ngoc wegen der gestiegenen Zahl an Tourist_innen im Land nicht mehr so sehr auf, aber sie und Việt Kiều allgemein werden doch als solche aufgrund ihrer Äußerlichkeiten von Vietnames_innen immer erkannt.

Herr Loi spricht ebenfalls von Veränderungen, die in den letzten Jahren eingetreten sind. Allerdings schränkt er diese Aussage sogleich wieder ein:

> Die Vietnamesen sind offener geworden im Gegensatz zu vor zehn Jahren. Aber trotz alledem habe ich immer ein sehr unwohles Gefühl, wenn ich meine Freundin alleine losgehen lass. Sei es nur, um einzukaufen, weil sie halt schon bei vielen was besonderes ist und Vietnam noch nicht ganz so sicher ist. Und das sagt auch immer die *family*. Deshalb ist ja auch ganz wichtig, dass immer noch jemand dabei ist. Deshalb macht sich ihre Familie sehr viel Sorgen. Aber bei mir ist [das] genauso, wenn ich jetzt krank im Bett liege und sie würde jetzt einkaufen gehen, würde ich mir extrem viel Sorgen machen – selbst wenn's am Tag ist. Würde ich sie alleine reisen lassen. Also muss man so ein bisschen aufpassen. Genauso war es bei mir damals, vor zehn Jahren, wenn ich alleine abends weggehen wollte, hatte ich immer Onkel dabei. Also ein Onkel ist halt

Karatemeister, der war immer dabei. Der war dann immer zwei Schritte weiter als Bodyguard. Aber gerade in den Abendstunden dann, man weiß ja nie oder ich bin da halt der Vorsichtige, was so was angeht. [# 26]

Trotz aller Veränderungen bleibt die Sorge um die Sicherheit für Herrn Loi bestehen. Die Sorge, die seine Familie bei früheren Vietnamreisen auf seine Person projizierte, projiziert Herr Loi nun auf seine Freundin und zieht seine Familie als Legitimationsinstanz für sein Sicherheitsbedürfnis heran. Gleichzeitig bleibt diese Sorge um Sicherheit diffus, da er im ersten Satz von der heutigen Offenheit der Vietnames_innen spricht, aber sofort auf die Unsicherheit zu sprechen kommt. Deshalb liegt die Vermutung nahe, dass er Vietnames_innen nicht vertraut.

Frau Lanh, Frau Trang und Frau Van erzählen ebenfalls allgemein von ihrem Blick auf Vietnames_innen, versuchen aber, die von ihnen beobachteten Charaktereigenschaften der Vietnames_innen zu begründen. So berichtet Frau Lanh, die Việt Kiều der ersten Generation ist und infolge eines Studienaufenthaltes dauerhaft nach Deutschland gekommen ist:

> Ich hab das Gefühl, dass die Leute hier in Deutschland [Vietnames_innen in Deutschland], dass wir uns so viel geändert haben. Die Leute in Vietnam nicht so. Dass man keine Überraschung von [den] Leute[n] haben kann oder ich krieg auch nicht mit. Aber ich – wenn man diese Leute trifft, dann reden sie auch so wie früher, denken sie auch genauso wie früher. Die Perspektive ist nicht anders und ja, klar ist toll, dass das Gefühl, dass du denkst so diese Geborgenheit oder dass du immer denkst, okay die Leute sind immer da für mich und sind immer so wie früher, so wie zu Hause, aber ja. Andererseits dann denkst du ja man kann nicht die neue[n] Sachen so erklären, weil sie das irgendwie nicht verstehn oder denken, dass du weit weg von hier bist oder du bist in anderer Welt. Manche Leute sind immer noch konservativ und sie haben noch Mentalität. [# 42]
>
> [...]
>
> Ich glaube, dass ist auch Absicht von dieser Regierung. Das so ist, weil du hast wie gesagt, man hat keine große Auswahl da [in Vietnam]. Wenn du nur einen Weg hast, dann klar läufst du diesen Weg. Das geht nicht anders, ne? Und dann aber das, was wirklich so blöd daran ist, dass das man denkt okay, wenn es nur einen Weg gibt, dann gibt [es] auch keinen anderen Weg mehr, dass der Kopf auch irgendwie manipuliert ist. Aber nicht dass du denkst, ja nur hier in Vietnam ist das so. Aber wahrscheinlich so, wenn man so auf andere Art oder so versucht, dann geht das auch anders, ne? Weil man denkt okay, ja so haben die Leute das gemacht, so haben die Leute [es] so geschafft und es gibt nur diese Möglichkeit. Ich mach das auch genauso. Ja und ich glaube so, ja diese Regierung hat das auch geschafft die Leute so zu machen. Ja, man kann die Leute nicht die Schuld geben. [# 49]

Tourismus und Identität

Das Interview mit Frau Lanh wurde nach ihrer Vietnamreise in Deutschland geführt. Sie spricht von ihrem Gefühl und Eindruck, wie sie die Vietnames_innen auf ihrer Reise wahrgenommen hat. Dafür vergleicht sie die Menschen in beiden Ländern. Frau Lanh positioniert sich zu den Vietnames_innen in Deutschland, was durch die Verwendung von *wir* zum Ausdruck kommt und zählt sich selbst zu denen, die sich verändert haben. Sie beschreibt, dass die Menschen in Vietnam sich nicht verändert haben und wie früher denken. Einerseits hat diese scheinbare Unveränderlichkeit zur Folge, dass Frau Lanh bei ihrer Reise in Vietnam weiß, was auf sie zukommt und was sie von den Menschen erwarten kann, was für sie wiederum den Eindruck von Geborgenheit vermittelt. Andererseits kann sie das, was sich in Deutschland ändert und ihre persönliche Veränderungen nur schwer den Vietnames_innen begreiflich machen, denn sie scheinen noch in ihrem früheren Denken verhaftet zu sein. Darüber hinaus schildert sie das Eigene in Deutschland aber auch als fortschrittlich und dynamisch, das Andere in Vietnam hingegen als statisch und rückständig. Damit bedient sie eine orientalisierte Vorstellung der Menschen im globalen Süden, zu denen sie als Việt Kiều der ersten Generation selbst gehört. Aber durch ihr derzeitiges Leben in Deutschland distanziert sie sich von Vietnam und macht es zu ihrem Anderen.

Das Statische und die Unveränderlichkeit im Denken der Anderen – der Vietnames_innen – begründet Frau Lanh mit der Politik der Regierung, die der Bevölkerung keine Alternativen lässt, sodass sie keine Wahl haben und nichts Neues probieren können. Sie merkt sogar an, dass sie es genauso macht wie die Vietnames_innen, und gibt der vietnamesischen Regierung die Schuld an der Alternativlosigkeit und Unveränderlichkeit, mit der sie die Menschen manipuliert.

Frau Trang zieht ebenfalls einen Vergleich mit Deutschland heran, um ihren Eindruck und ihren Blick auf die Vietnames_innen im Allgemeinen darzustellen:

> [Vietnamesen sind] sehr offen und freundlich, hilfsbereit. Also mich fasziniert es eigentlich, wie die Vietnamesen eingestellt sind. Mit dem, was die haben, sind die einfach zufrieden und man sieht das wirklich, dass die auch glücklich sind. Und das strahlen die auch aus im Gegensatz zu den Menschen in Deutschland. Die wissen eigentlich, glaube ich, nicht wirklich zu schätzen, was sie eigentlich wirklich, was sie alles haben. Und denen geht es eigentlich verhältnismäßig, im Vergleich zu Vietnam wirklich gut. Die haben alles.

Vietnam-Reisen und der touristische Blick unter Việt Kiều

> Denen fehlt es an nichts. Aber trotzdem gibt es immer noch irgendwas, worüber man meckern kann. Oder ach hätte ich doch dies oder hätte ich das. Und die Leute sind nicht so fröhlich oder nicht so positiv eingestellt wie die Menschen hier [in Vietnam]. [# 33]

Anhand der wahrgenommenen Zufriedenheit und Einstellung vergleicht Frau Trang zwischen Deutschland und Vietnam, wobei sie diese an den vorhandenen materiellen Gütern festmacht. Es ist allerdings fraglich, ob sie tatsächlich mit dem, was sie haben, zufrieden sind.

Im Gegensatz zu Frau Lanhs Darstellung der Denkweise und Frau Trangs Vergleich hinsichtlich der Einstellungen beschreibt Frau Van eine äußere Sicht auf die Vietnames_innen:

> Ja, hier ist viel zu tun. Das wollte ich eigentlich nur sagen (lacht). Hier ist echt viel durcheinander und traurig, dass die oberen Mächte nicht auf Verbesserung, auf ihr Volk oder. Weil es leidet auch, wenn es nicht so von außen. Das is eigentlich auch so was Asiatisches. Von außen immer aussehen, das Gesicht wahren, sagt man. Und dann im Innern sieht das so. Im Innern hört man generell, die Vietnamesen ertragen viel. Unglaublich eigentlich. Das zeigt auch die Stärke und nicht Schwäche. Ja, aber irgendwann, wer weiß, was dann passiert. Ja, aber das ist beeindruckend an meinem Volk, muss ich sagen, diese Stärke und Ausdauer. Die westlichen Länder, die schauen dann auch mit Mitleid auf uns nicht so Entwickelten. Aber ich finde, wir sind so viel stärker, weil wir dieses Chaos, diese Armut, diese Ungerechtigkeit, weil wir die ertragen können überhaupt. Weil viele sagen, auch Vietnamesen, die im Ausland geboren sind, ich kann nicht vollkommen diese Arbeit machen, die du kannst, ich kann mir das nicht antun. Denk ich so ja. Aber es gibt Leute, für die da leben [in Vietnam], das ist deren Heimat. Ja und das macht die Vietnamesen viel bessere Vietnamesen (lacht), ja. [# 142]

Dieses Zitat ist die letzte Aussage von Frau Van im Interview. Sie möchte zum Ende des Gespräches noch einmal betonen, dass in Vietnam viel zu tun ist. Frau Van ist nach mehrmaligen Reisen in und durch Vietnam nun bei einer ausländischen Organisation in Hà Nội tätig. Dass viel zu tun ist, untermauert sie, indem sie sagt, dass viel durcheinander sei. Auch Frau Van begründet dieses Durcheinander im Land und das Leid der Bevölkerung mit einem Unwillen der „oberen Mächte", also der vietnamesischen Regierung, Verbesserungen herbeizuführen. Das von ihr angesprochene Leid der Bevölkerung ist aber nicht immer sichtbar, denn es gibt zwei Perspektiven darauf: eine Außen- und eine Innensicht. Einerseits ist das Chaos und das Leid von außen nicht zu erkennen, da aufgrund der asiatischen Eigenschaft des „Gesichtwahrens" es anderen gegenüber nicht gezeigt wird. Andererseits hat Frau Van die Innensicht, sodass sie die Stärke, das Erdulden und die Ausdauer der Bevölkerung kennt. Sie weist auf die „westlichen" Länder hin, die angesichts des Chaos und der Ungerechtigkeit mit Mitleid auf Vietnam schauen. Das verdeutlicht, dass hier der Prozess des *Othering* am Werk ist. Die Unterscheidung und Abgrenzung der „westlichen" Länder zwischen sich selbst und Vietnam als chaotisch, arm und unterentwickelt zeigt das Andersmachen und Unverständnis gegenüber Vietnam, das sich in Mitleid ausdrückt. Obwohl Vietnam und seine Bevölkerung versuchen, nach außen hin das Gesicht zu wahren, bleiben Leid und Armut für die „westlichen" Länder nicht unentdeckt. Weiterhin beschreibt sie die Vietnames_innen, als würden sie alles „nur" erdulden, was ihrer Meinung nach ihre Stärke sei, aber ihnen gleichzeitig die Macht und Möglichkeit abspricht, sich zu äußern, zu behaupten und zu empowern.

Frau Van, die in Deutschland geboren und aufgewachsen ist, positioniert sich in diesem Zitat eindeutig auf der Seite Vietnams und der Vietnames_innen, was sie durch die mehrfache Verwendung von „mein Volk" und „wir" betont. Sie leidet mit „ihrem Volk" und erduldet die Ungerechtigkeit und das Chaos. Erst im vorletzten Satz, in dem es um im Ausland lebende Vietnames_innen, also Việt Kiều, und deren Einstellung zu Vietnames_innen geht, distanziert sie sich etwas. Das kommt durch die Aussage „es gibt Leute, für die da leben [Vietnam], das ist deren Heimat."

Im Verlauf des Interviews berichtet Frau Van von verschiedenen Situationen mit Einheimischen, die einen persönlicheren Blick auf Vietnames_innen liefern. Ihr fallen beispielsweise die bestehenden finanziellen Gegensätze zwischen internationalen Reisenden und Einheimischen auf. So schildert Frau Van auf ihrer Reise durch Vietnam folgende Situation in Mũi Né, einem Küstenort in Südvietnam, ihrer sie begleitenden Freundinnen: Mũi Né ist bekannt für Sanddünen, von denen Tourist_innen mit Matten herunterrutschen können. Diese Matten werden von Kindern privat angeboten.

> Die haben diese Matten angeboten und dann [hat] meine Freundin die benutzt und danach wollten die natürlich Geld und die haben die bezahlt. Da hat meine Freundin den einem Kind zwanzigtausend gegeben und dem anderen zehntausend. Dann ist der mit den zwanzigtausend oder jedenfalls der eine von denen

weggelaufen sofort mit dem Geldschein und hat der andere sofort angefangen zu heulen. Wie gesagt, du hast dem einfach hunderttausend gegeben und dann hat richtig geweint und geschrien ganz laut und gesagt, warum gibst du ihm hunderttausend und mir nicht und hat das so lang gemacht, dass meine Freundin selber gezweifelt hat daran, ob sie dem anderen nicht doch hunderttausend gegeben hat. Ja, aber da waren halt drei Personen und die anderen beiden Freunde haben dann penibel darauf geachtet und gesagt so nee du hast denen nicht zu wenig gegeben. Aber das war eine krasse Strategie von den beiden. Dann war das auch, dass meine Freundin echt sauer war und dann musste ich denen extra erklären, dass das wenn Menschen arm sind, dann muss man das doch nicht persönlich nehmen, und nicht sauer sein, weil Armut treibt die dazu, solche Tricks anzuwenden. Es mag viele Westler geben, die das nicht verstehen und nicht einsehen, warum die Leute geworden sind, wie sie sind. Die Leute sind voll frech und lassen einen nicht in Ruhe und so. Stell dir vor du hast selber nichts, was würdest du machen und dann – ich sag auch ehrlich – ich würde dieselbe Strategie, ich würde alles tun, um an Geld zu kommen. Würde ich wirklich. [# 63]

Frau Van beschreibt eine Situation, in der Kinder versuchen, mehr Geld zu erzielen, indem sie durch Tricks Tourist_innen betrügen. Sie gewinnt den Eindruck, dass westliche Tourist_innen keine Empathie für die Kinder und deren Armut zeigen und sich sogar darüber noch ärgern. Dieses Beispiel veranschaulicht das finanzielle Ungleichgewicht in der touristischen Begegnung und die daraus resultierenden Folgen etwa von Unverständnis. Gleichzeitig gibt Frau Van damit zu verstehen, dass man aus Armut zu fast allen Mitteln greifen darf. Armut rechtfertigt Trickbetrügerei. Damit degradiert sie Menschen aufgrund von Armut zu hilflosen Opfern, die keine andere Wahl haben. Sie nimmt scheinbar eine Innensicht ein, da sie die Situation zu verstehen glaubt und es ihren „westlichen" Freundinnen erklären muss. Auf diese Weise kreiert sie die Kinder und die Menschen im Allgemeinen, die Trickbetrügerei betreiben, zu hilflosen, armen Anderen.

Ein anderes Beispiel eines differenzierten Blickes auf die Einheimischen liefert folgende Äußerung Frau Vans:

> Ja, das ist ein Unterschied zwischen den Reisen und Wohnen. Weil davor war ich die beiden Male zu kurz. Und da hat mir das sehr, sehr gefallen, weil das anders als Deutschland ist. Und hier ist man freier, wenn man [sich] weniger an irgendwelche Regeln, Normen halten muss. Weniger Knigge, würde ich sagen, ist hier (lacht). Ja, und dann sind Leute untereinander, ja herzlich, also offener, herzlicher würde ich sagen. Ich kann's nicht beurteilen, weil ich weiß

> nicht, wie's zwischen Deutschen und Deutschen ist in Deutschland. Weil ich bin nie wirklich Deutsche, obwohl ich da geboren bin und aufgewachsen bin. Vom Aussehen her bin ich keine Deutsche, sondern, weiß nicht, ob es an meinem Aussehen dann liegt, aber ich fühlte mich niemals wohl in Deutschland, niemals als Teil. Aber auch so hier, dass du auch hier [in Vietnam] kein Teil bist, sondern woanders aufgewachsen bist. Und dann passieren Sachen, die du einfach nicht verstehst hier. Und aber dann ist es doch einfacher hier sich zurecht zu finden als drüben [in Deutschland]. Hier [gibt es] ja auch Touristen, die dann sich verlaufen oder, weißt du, aber die kommen dann immer direkt, weil die Einheimischen einem sofort helfen, mit allem helfen. Ja, sofort auch. Und in Deutschland erleb ich das nicht. Also wenn auch jemand fragt, kann ich mal kurz dein Handy benutzen? Nee, und dreht sich weg (lacht). [# 110]

Frau Van, die in Deutschland sozialisiert wurde und deren Eltern Bootsflüchtlinge waren, differenziert zwischen Reisen und einem längeren Aufenthalt in Vietnam. Die kurzen Reisen in Vietnam bewertet sie positiv. Sie zieht dafür einen Vergleich mit Deutschland heran: Vietnam ist anders als Deutschland. Obwohl sie durch ihre Eltern mit Vietnam und der vietnamesischen Kultur vertraut ist, empfindet sie das Land auf ihren Reisen als anders. Frau Vans Beschreibung dessen, was anders ist in Vietnam und was ihr auf den Reisen gefallen hat, vermitteln den Eindruck, dass sich, trotz der Vertrautheit als Việt Kiều mit Vietnam, ihre touristische Begegnung durch eine Dichotomie zwischen Heimat in Deutschland und Fremde in Vietnam auszeichnet. Die Reisen werden genährt von der Andersartigkeit im Vergleich zu Deutschland: Scheinbar kaum vorhandene Regeln und Normen führen zu einem Freiheitsgefühl, gepaart mit einer immer hilfsbereiten und freundlichen Bevölkerung. Diese touristische Begegnung, die durch Andersartigkeit und eine Dichotomie gekennzeichnet ist, und typisch für „westliche" Tourist_innen in Ländern des globalen Südens scheint, wird durch die sich anschließende Aussage von Frau Van relativiert. Im Folgenden beschreibt sie, dass sie weder in Deutschland noch in Vietnam dazugehört und dass sie zwischen zwei Stühlen sitzt.[52]

Es entsteht in diesem Zitat der Eindruck, als würden „die Anderen" nicht abgewertet oder als minderwertig dargestellt werden, und es lässt sich in dem Absatz keine verbale Machthierarchie zwischen Frau Van

---

[52] Eine ausführliche Interpretation dieses Zitatabschnittes ist im Unterkapitel 5.2.2 zu finden.

und den Vietnames_innen finden. Aufgrund der Vertrautheit mit Vietnam scheint auf ihren Reisen ein machtfreies *Otherness* und ein idealisierter Blick auf die Bereisten zu entstehen.

Dieser Eindruck von *Otherness* muss bei Frau Van anhand der direkt folgenden Aussagen von ihr relativiert werden, die sich auf das Wohnen, also einen längerfristigen Aufenthalt beziehen.

> Ja und jetzt ist [es] aber so. […] Ich habe gedacht, ich habe die Motivation, dass ich was ändern will für die Kinder und die Frauen hier. Und deswegen Entwicklungsarbeit machen möchte. Jetzt ist es aber so, dass [ich] es überhaupt nicht dachte, [dass ich] wahrscheinlich hier echt Jahre lang lebe. Das fordert viel von mir, viel Opfer. Weil natürlich würde ich gerne auch zu Hause wohnen, bei meiner Familie, meinen Freunden. Schon, aber nicht so wie man jetzt noch so mit Zwang und Regeln beachten: Du musst ordentlich sein und dann wenn du Probleme hast, dann musst du dich ruhig verhalten. Weil wenn du Probleme hast, dann behältst du die für dich und lebst dein Leben einfach weiter. [# 111] Man DARF nicht machen, was man will. Nicht nur wegen. Keine Ahnung. So es gehört sich nicht für ein Mädchen. Ein Mädchen sollte nicht laut LACHEN. Darf nicht einem Mann widersprechen. Und so geht's die ganze Zeit. So das ist im wirklichen Leben. Weil ich halt mich natürlich daran. So wenn nicht hier von meiner Familie. Das ich niemals meine Großtante verschrecken [würde], auch wenn die irgendwas Unsinnig[es] redet. Ich würde niemals widersprechen. NIEmals. Wie wenn die sagen würden: Bring dich um, dann würd ich mich auch umbringen (lacht). Es ist echt wirklich so, dass ja. [# 113]

Frau Van hält sich gerade in Hà Nội auf, um bei einer ausländischen Organisation zu arbeiten, sodass dieses Zitat sich nicht mehr auf ihre Reisen bezieht, sondern auf ihren längerfristigen Aufenthalt. Das Wohnen gestaltet sich im Gegensatz zu ihrer Reise anders. Der Blick auf die Vietnames_innen ändert sich durch den längeren Aufenthalt. War der Kontakt während der Reise zu den Menschen kurzer Natur, wodurch sich Frau Van ein idealisiertes Bild der bereisten Vietnames_innen machen konnte, so ist der Kontakt während eines längeren Aufenthaltes intensiver.

Frau Van möchte Entwicklungsarbeit für Frauen und Kinder leisten. Das Wort Entwicklungsarbeit impliziert, dass Vietnam, insbesondere die genannte Personengruppe, unterstützt beziehungsweise entwickelt werden müsse. Das steht in Kontrast zu ihrer früheren Aussage, dass der „Westen" „ihr Volk" für unterentwickelt hält und nicht sie selbst. Sie sieht sich zu „ihrem Volk" gehörend und gleichzeitig auch als Außenstehende, die die Lage und Situation in Vietnam einschätzen und mit einem Außen-

Tourismus und Identität

blick beurteilen kann. Des Weiteren hat sie als Việt Kiều aber auch eine Innensicht, denn obwohl sie im „Westen" geboren und aufgewachsen ist, sind ihr die kulturellen Standardisierungen in Vietnam bekannt und sie möchte deshalb Entwicklungsarbeit an „ihrem Volk" leisten.

Darüber hinaus hebt sie als Personengruppe Frauen und Kinder hervor und impliziert damit ein bestimmtes wahrgenommenes Rollenbild: Frauen und Kinder sind hilfsbedürftig, Männer nicht. Es deutet darauf hin, dass Frau Van anscheinende Ungleichheiten zwischen den Geschlechtern in Vietnam aufgefallen sein müssen. Die Wahrnehmung der Ungleichheiten ist geprägt durch ihre Sozialisation in Deutschland, in der sie ein anderes Rollenverständnis vermittelt bekam und sie vergleicht dieses mit der Situation in Vietnam. Das wird durch die Aussage untermauert, gewisse Dinge „gehören sich nicht für ein Mädchen". Da sie beobachtet hat, dass die Frau dem Mann nicht widersprechen darf, geht sie von einer Machthierarchie zwischen beiden Geschlechtern aus. Einerseits ist Frau Vans Wahrnehmung der Ungleichheiten der Auslöser für den Wunsch, Entwicklungsarbeit zu machen. Andererseits ist sie diesen Ungleichheiten in ihrer Familie genauso unterworfen und passt sich diesen an, was durch ihre überspitzte, durch ein Lachen begleitete Aussage, sogar auf Kommando in den Tod zu gehen, zum Ausdruck kommt.

Weiterhin ist der Kontrast zwischen Reisen und in Vietnam leben für Frau Van sehr stark ausgeprägt. Auf Reisen musste sie keine Regeln und Normen beachten, konnte frei sein, was einem lockeren Verhalten auf Reisen und einem sogenannten „Feriengefühl" geschuldet ist, bei dem Regeln gerne missachtet werden (Hennig 1997: 130). Das Leben und Arbeiten in Vietnam sieht im Vergleich dazu ganz anders aus: Sie ist Regeln und Zwängen unterworfen, die von jenen, die sie aus Deutschland kennt, abweichen und die nun das „wirkliche Leben" ausmachen.

Aber auch auf ihren Reisen gerät Frau Van in Situationen, in denen ihr idealisiertes Bild der Vietnames_innen relativiert wird, wie nachfolgende Beschreibung einer Fahrt in einem Nachtbus verdeutlicht. Frau Van und ihre Begleitung sind gerade in einen überfüllten Nachtbus eingestiegen und versuchen zu Liegeplätzen zu gelangen:

> Und dann konnten wir aber nicht durch, weil die Kinder und die Leute auf dem Boden saßen. Und irgend so ein Typ [hat] einfach die Leute wach getreten und

meinte so ja aus dem Weg, lass mal die Leute hier vorbei und so. Muss jetzt nicht so sein auf diese Weise. Aber so gehen die halt miteinander um. Ja. [# 42]

Hier beschreibt sie, dass die Vietnames_innen nicht nur so herzlich miteinander umgehen wie sie anfangs sagte, sondern vereinzelt auch unhöflich und grob zueinander sein können. An verschiedenen Stellen des Interviews berichtet sie darüber hinaus von anderen Situationen auf ihrer Reise, in denen sie einen Eindruck von Vietnames_innen erhält, der personenbezogen und differenziert ist. Beispielsweise sagt Frau Van von sich selbst, dass sie auf der Reise immer das Gespräch mit Vietnames_innen sucht, um etwas von ihrem Leben zu erfahren [# 48], wie die Geschichte eines hart arbeitenden Mannes, der sich für die Ausbildung seiner Kinder aufopfert [# 40], oder einer Frau, die trotz hohen Alters am Strand verkauft, um Geld für ihre alleinerziehende Tochter und ihr behindertes Enkelkind zu verdienen [# 48]. Damit gehört Frau Van sowohl zu jenen, die ganz allgemein von ihrem Eindruck von Vietnames_innen und von wahrgenommenen Veränderungen berichten, aber auch zu der Gruppe, die anhand zahlreicher situativen Beschreibungen einen differenzierten Blick auf die Bereisten entwickeln.

Auch Herr Tu berichtet in seinen Tagebuchaufzeichnungen von Eindrücken von Vietnames_innen, die als hart arbeitende Menschen und aufopferungsvolle Eltern charakterisiert werden [# 67, 74].

Auch andere Befragte beschreiben anhand verschiedener Situationen auf ihrer Reise ihren Blick auf die Vietnames_innen. Anhand dieser situativen Beschreibungen vermeiden die Gesprächspartner_innen pauschale Ansichten über Vietnames_innen.

Herr Tho berichtet eine ähnliche Situation wie Frau Van in einem Nachtbus:

> Was ich vergessen hab zu erwähnen: Auf der Hinfahrt nach Nha Trang. [Im] Nachtbus. Wo die Fahrer geschmiert worden. Denn es waren drei Fahrer natürlich, die sich abwechseln oder aufeinander aufpassen. Und irgendwann mitten in der Nacht ist der Bus stehen geblieben. Und dann sind die drei Typen einfach rausgegangen und haben sich mit dem Rücken zum Bus hingestellt. Und dann kam da so halt ein Mann rein. Und dann kam der zu einer Dame und sagt komm mit. So eine Vietnamesin und die so nein, ich will nicht. Und er so, komm jetzt mit. Mach keine Szene. Auf Vietnamesisch alles. Und die hat dann halt gesagt: Nein, ich will nicht. Dann wurde

er ein bisschen energischer und dann hat sie gesagt Hilfe. Auf Vietnamesisch. Hilfe, ich kenn ihn nicht. Für mich hat das schon gereicht, dieser Satz. Und bin aufgestanden, hab dann gesagt was ist hier los? Er hat gesagt kein Problem, [es] ist nichts, ist nichts und dann meinte ich so, ja, wenn nichts ist, dann brauchste sie auch nicht zu bedrängen mitzukommen. Dann hat er halt gesagt: Warte und dann hat er in seine Tasche gegriffen. Ich natürlich, so ich hab so Erfahrung, bin zurückgegangen. Habe [seine] Hände im Auge behalten und hab dann gesagt: hey, stopp. Langsam, ganz langsam. Dann hat der sein Portemonnaie, war ich dann vorsichtig, und dann hat er ganz langsam das Portemonnaie herausgezogen und hat dann anscheinend so einen Ausweis oder so irgendwas von ihm mit einem Foto drauf. Und dann war ich ein bisschen verwirrt. Und dann hat die ja gesagt hat, ich kenn ihn nicht, und dann wollte er sie rauszerren, aber sie wollte trotzdem nicht und da hab ich dann langsam die Hand auf den Arm gelegt, wo der dran zerren wollte und meinte so hey, kann sein, dass ihr euch kennt, aber sie will jetzt grad nicht mit. Es ist nicht grad klug, hier eine Szene zu machen. Redet an einem anderen Tag wieder miteinander. Und er so nein und dann hat er meine Hand weggeschlagen. Und hat die dann praktisch am Nacken oder an den Haaren gezogen und wollt die rauszerren. Und das Problem ist, es hat keiner eingegriffen natürlich. Die Fahrer waren geschmiert. Die Westler wussten gar nicht, um was es genau ging und hatten Angst, was falsch zu machen. Kulturell gesehen, was ich gemacht habe, ein totales *NO GO*. [Sich in] die Angelegenheiten von *locals*, von anderen Familien anzulegen. Das macht man nicht. Meine Mutter hat mir auch gesagt: Misch dich nicht ein. [Sie hat] mir eigentlich auch gesagt, ich soll nicht drauf reagieren, wenn ein Mann seine Frau schlägt. Aber so bin ich nun mal. Ich kann nicht anders. Und dann, als er die am Nacken oder so gepackt und rausziehen wollte, wurde ich lauter und hab geschrien. Da wurde er aggressiver und dann hab [ich] so den Anschein gemacht, dass ich nicht weiche. Sind halt die Busfahrer reingekommen. Weil einem anderen Gast was passiert, ein ausländischer Gast, dann haben die Probleme und dann haben die den rausgebracht. Aber war halt sehr *strange*, weil ich bin schon mehrfach Nachtbus gefahren, aber das erste Mal halt, dass [der Bus] plötzlich hielt und ja und dann sind die alle drei raus und mit dem Rücken.
K: Worum das ging. Das konntest du nicht rausfinden?
Herr Tho: Ich weiß nicht. Ich hab da auch ungefähr nicht nachgefragt. Also so viel. Also, ich hab nur zu ihr hingeguckt und ein Kopfnicken gesehen, um zu gucken, ob alles okay ist und sie hat sich bedankt. Also es ging einfach um die Art, wie er sie behandelt hat. [# 9-14]

Obwohl Herr Tho nicht weiß, um was es genau in dieser Auseinandersetzung geht, greift er aufgrund des Hilferufs der Frau in die Situation ein. Der Blick, den Herr Tho auf die Situation hat, ist weder ein touristischer noch ein einheimischer. Denn – wie er selbst sagt – ein Einheimischer hält sich aus solchen Angelegenheiten raus, so wie es die Busfahrer und andere vietnamesische Mitreisende tun, und Tourist_innen mischen sich ebenfalls nicht ein, da sie die Situation und die Sprache nicht verstehen. Herr Tho nimmt als Việt Kiều hier eine Zwischenposition ein: Ihm ist durch seine Eltern, insbesondere seine Mutter, bewusst, wie er sich in Vietnam in solchen Situationen zu verhalten hätte. Vor allem scheint es sich um Situationen zwischen Männern und Frauen zu handeln, wie Herr Thos Hinweis der Mutter auf familiäre Probleme belegt, bei denen Außenstehende nicht eingreifen sollten. Er reflektiert sein Verhalten und bezeichnet es selbst als kulturelles Tabu.

Individuelle Faktoren, die in der Persönlichkeit Herrn Thos liegen, bestimmen, dass er daran gewöhnt ist einzugreifen, wenn jemand um Hilfe ruft. Für ihn ist das selbstverständlich, was durch die Aussage „aber so bin ich nun mal" zum Ausdruck kommt. Hinzu kommt, dass er durch seine Kenntnisse der vietnamesischen Sprache in der Lage ist, die Situation einzuschätzen. Gleichzeitig zeichnet er damit ein Bild von den Vietnames_innen, aber auch von den Tourist_innen, dass diese eher wegschauen.

Herr Tho berichtet darüber hinaus, dass er gerade in Touristenvierteln, insbesondere *Backpacker*vierteln, das Verhalten sowohl der Tourist_innen als auch der Vietnames_innen missbilligt, da beide Gruppen sich nicht entsprechend verhalten. Deshalb versucht er, diese Viertel zu vermeiden, und beschreibt Folgendes:

> Was ich zum Beispiel sehr liebe, ist, wenn man halt von diesen Gegenden [Backpackerviertel] gerade wegkommt. Wo praktisch kaum ein Tourist vorbei läuft. Da sind die Vietnamesen schon sehr herzlich. Die laden dauernd einen ein. Teilen das Wenige, was sie haben. Sind sehr HERZLICH, warm, direkt miteinander, fragen offen. Auf jeden Fall sehr, sehr schön, also sehr, sehr nett. Was ich aber auf meinen Reisen gemerkt habe ist, dass halt viele Menschen das nicht ohne Hintergedanken tun. In der Regel ist, dass in Vietnam sozusagen geben viel aus, essen, bezahlen, streitet man sich, wer bezahlt und das alles. Oder bieten einen viel [zu] essen und trinken an, aber in gewisser Weise aber [er]halten die das zurück. [# 57]

Abseits der Touristenviertel erlebt Herr Tho das „richtige" und „authentische" Vietnam, wo die Einheimischen ihm positiv begegnen. Seine Aussage impliziert Veränderungen der lokalen Bevölkerung durch den Tourismus, die sich seiner Meinung nach nicht unbedingt positiv auswirken.

Tourismus und Identität

Abseits der Touristenviertel hat er durch die Reisen feststellen müssen, dass die Herzlichkeit und Freundlichkeit in vielen Fällen dazu dient, eine Gegenleistung zu erhalten. Herr Tho bewertet das als „nicht schlimm" [# 58], denn „ein guter Gast revanchiert sich irgendwie, wenn man die Gastfreundschaft überbeansprucht" [# 58]. Er bewertet diese Situationen, in denen er eingeladen war, nicht. Vielmehr hält er es für selbstverständlich, sich zu revanchieren. Allerdings ist es gerade auf der Reise und während der touristischen Begegnung, die häufig nur kurzweilig ist, schwierig für Einladungen – auch als Việt Kiều – einen Gegendienst zu erweisen.

Einen unterschiedlichen Eindruck der Vietnames_innen zwischen Nord- und Südvietnam zeichnet Frau Lieu.

> Ich kann mich sehr, sehr gut an das erste Gefühl erinnern, als ich Hà Nội angekommen bin. Da habe ich mich wirklich total verlassen gefühlt und irgendwie. Also, es war ein sehr, sehr komisches Gefühl. Also, ich habe mich überhaupt nicht zu Hause gefühlt. Also, ich dachte, ich komm an Vietnam. Ja, okay. Aber erstmal der Dialekt. Dann die, wie sagt man, die kommunistischen Leute am Flughafen. Ja, also und generell wie laut die waren. Wie die rumgeschrien haben und wie die mich ins Taxi zerren wollten. Und das war das zweite Mal, dass ich in Vietnam war. Ja, das war so. Daran kann ich mich SEHR gut erinnern. [# 33]
> K: Warst du das erste Mal in Hà Nội? [# 34]
> Frau Lieu: Genau. Das allererste Mal auch in Hà Nội. Und ich glaube auch das letzte Mal (lacht). Und ja, aber sonst auf der Straße [sind die] total lieb. Besonders, gibt's da so einen Leninplatz, glaub ich, in Hà Nội. Da sind wir hingegangen. Da sind sehr viele Jugendliche, die tanzen, Skateboard fahren, die halt die ganzen alternativen Sachen machen, die man hier [in Vietnam] eigentlich gar nicht macht. Und da ich auch privat viele Freunde hab, die tanzen, sind wir da hingegangen. Haben mit denen geredet und die waren so offen und so herzlich. Und ja, das war wirklich sehr, sehr liebevoll alles. Die haben uns auch gefragt, wie es in Deutschland ist. Total interessiert waren [die]. Aber nicht so negativ interessiert, sondern sehr neugierig einfach. Ja, das mochte ich sehr gerne. Und in Sài Gòn finde ich die Leute eh total lieb, total gesprächig. Also, du kommst ins Café, fragt die eine Frau nur, [ob ich] einen Saft [möchte], oder quatschen wir eine halbe Stunde. Also ich bin auch ein sehr gesprächiger Mensch und frage dann auch immer Sachen. Und das mag ich halt auch an Vietnam, dass nix irgendwie. Ja, es gibt halt nicht diese komische Hemmschwelle. In Deutschland fragt man zum Beispiel nicht nach dem Gehalt. In Vietnam kannste halt hier fragen. Wie viel verdienste? Und die würden das erzählen und dann könnte man darüber reden. [# 35]

Vietnam-Reisen und der touristische Blick unter Việt Kiều

Der erste Eindruck der Menschen am Flughafen in Hà Nội ist durch negative Erinnerungen geprägt. Ihre Erwartung an ihre Reise nach Hà Nội ist durch eine frühere nach Südvietnam beeinflusst. Sie erwartet selbiges auch im Norden wiederzufinden und impliziert, dass das Land und seine Menschen überall gleich sind. Frau Lieu wird schon bei der Ankunft enttäuscht. Obwohl sie anschließend von einer für sie positiven und schönen Begegnung mit Jugendlichen berichtet, scheint die Enttäuschung, etwas anderes vorzufinden und sich nicht wie zu Hause zu fühlen, bei der Ankunft so groß, dass sie in Zukunft vermutlich nicht wieder in den Norden reisen wird.

Frau Lieu ist überrascht, dass die Jugendlichen auf dem Leninplatz sich mit Dingen beschäftigen, die sie für Vietnam nicht vermutet hätte. Alternative Aktivitäten für Jugendliche hat sie anscheinend bislang nur für Heranwachsende in Deutschalnd kennengelernt und für ein kommunistisches Land nicht erwartet. Die Beschreibung der Situation in einem Sài Gòner Café veranschaulicht die Leichtigkeit, mit der Frau Lieu mit Einheimischen in Kontakt kommt. Da sie sich selbst als gesprächigen Menschen bezeichnet und es in Vietnam ihrer Meinung nach keine kommunikativen Tabus gibt, ist der Kontakt zwischen Frau Lieu und den Vietnames_innen sowohl mit den Jugendlichen auf dem Leninplatz als auch mit der Bedienung in einem Café schnell hergestellt.

Aber auch Frau Ha, die zur ersten Generation gehört, vergleicht ebenfalls zwischen beiden Landesteilen und den dort lebenden Vietnames_innen. Sie stellt während eines Erlebnisses fest, dass insbesondere auf den Märkten im Süden Verkäufer_innen mit höheren Preisen zu verhandeln beginnen. Die Erfahrung hat sie im Norden so nicht gemacht [# 36]. Frau Ha berichtet anschließend von ihrer Vorstellung vom Mekongdelta:

> Und also ich weiß nicht, irgendwie meine Vorstellung im Süden ist das schon ganz anders. Vor allem das Leben von den Leuten. Auf dem Schiff bei dem Mekongdelta. Wie die Leute immer [ihr] Alltagsleben verbringen. Deswegen würd ich auch mal gerne besichtigen. [# 36]

Frau Ha, die im Norden Vietnams aufgewachsen ist, stellt sich den Süden und das Leben der dort Lebenden anders vor als im Norden. Auf ihren Reisen ist sie bislang nicht ins Mekongdelta gereist, ist aber den noch zu Bereisenden sehr aufgeschlossen und neugierig gegenüber. Auch wenn sie an den Menschen im Süden, den touristischen „Anderen", sehr interessiert ist und einfach nur herausfinden möchte, wie sie ihren Alltag bestreiten, spricht sie dennoch von „besichtigen". Die Verwendung des Verbes „besichtigen" in Bezug auf Menschen erweckt den Eindruck von etwas Statischem, dass die Menschen im Mekongdelta gleich bleiben und sich nicht weiterentwickeln. Andererseits kann die Verwendung des Verbes daran liegen, dass Frau Ha kein adäquateres Wort einfällt, was der Tatsache geschuldet ist, dass Deutsch nicht ihre Muttersprache ist.

Auch Frau Lanh, deren Herkunftsregion der Norden Vietnams ist, bemerkt Unterschiede der Menschen innerhalb des Landes:

> Also, so wie ich immer gehört habe. Die Leute, die Sài Gòner, die sind authentisch. So wie ich immer gehört habe von anderen Leuten. Aber so, glaub ich, wenn eine Stadt so schnell entwickelt ist, dann sind die Leute auch locker. Aber so in so in anderer Hinsicht. So irgendwie so wirtschaftlich und so. Dass wenn du irgendwas verkaufen willst, dann klar, musst du auch freundlich sein und so. Ich finde, dass da in Hà Nội auch so. Dass die Leute, trotzdem wenn sie irgendwas verkaufen wollen, sind sie auch nicht so freundlich. Und die haben diesen Stolz, was ich schon gesagt habe. Und die Leute in Đà Nẵng sind, obwohl sie nicht irgendwas verkaufen wollen, trotzdem sind sie auch sehr nett, freundlich und sie sind zufrieden mit ihrem Leben da. Sie müssen nicht [in die] Hauptstadt oder so gehen, um da so große Chance [zu haben], um einen Job zu finden oder so zu haben. [# 67]

Vom Hörensagen hält Frau Lanh die Bewohner Sài Gòns für authentisch. Sie ist selbst noch nicht dort hingereist. Trotz der von ihr beschriebenen schnellen wirtschaftlichen Entwicklung der Stadt erachtet sie die Sài Gòner für authentisch. Sie sind trotz der rasanten Entwicklung beziehungsweise ihrer Meinung nach gerade wegen dieser Entwicklung locker und sie selbst geblieben. Damit weicht ihre Vorstellung von Authentizität von der eingangs formulierten Definition ab. Einerseits sind Menschen authentisch, wenn sie sie selbst bleiben, andererseits bleiben nach Frau Lanhs Meinung die Sài Gòner gerade durch die Veränderungen, die auch die Einführung der Erneuerungspolitik mit sich bringt, authentisch und locker. Somit schaffen die Menschen von Hồ-Chí-Minh-Stadt den Spagat zwischen Entwicklung und Authentizität, wobei Frau Lanh keine negativen Assoziationen damit verbindet. Die sonst in der Literatur über Authentizität im Tourismus sich ausschließenden Begriffe von Entwicklung und Authentizität stellen für Frau Lanh keinen Gegensatz dar.

Des Weiteren veranschaulicht Frau Lanh am Beispiel des Verkaufens ihren Eindruck von den Vietnames_innen an verschiedenen Orten. Trotz der wirtschaftlichen Entwicklung in Hồ-Chí-Minh-Stadt seien die Bewohner dort freundlich, wenn sie Produkte verkaufen. In Hà Nội erwartet sie der Stolz der Hà Nộier Bürger_innen, die sie unfreundlich erscheinen lassen. Eine Mittelposition nimmt die Stadt Đà Nẵng ein, denn dort hat sie während einer Reise selbst erfahren, dass die Bewohner_innen freundlich sind, obwohl sie nichts verkaufen wollen. Frau Lanh zeichnet hier einen differenzierten Eindruck von den Vietnames_innen in den verschiedenen Regionen, allerdings schneiden die Hà Nộier, zu denen sie selbst gehört, nicht positiv ab. Durch den Alltag kennt sie Hà Nội und seine Bewohner_innen gut. Die Menschen, die sie auf ihrer Reise in Đà Nẵng erlebt hat, werden in ihrem Bericht idealisiert. Und auch die Menschen in Hồ-Chí-Minh-Stadt beschreibt sie als idealtypisch. Sie kreiert damit ein idealisiertes Anderes.

Keine Unterschiede zwischen den einzelnen Regionen, aber Differenzen zwischen den Bewohner_innen der Stadt Hà Nội und einer nahe der Hauptstadt liegenden ländlichen Region beschreibt Frau Huyen:

> Huyen: Dann war ich jetzt in Tam Đảo, wie gesagt, und da finde ich die Leute sind halt noch sehr, sehr, sehr wahrhaftig. Also wie ich sie durch meine Augen sehe, sehr weise halt. Weißt du was ich meine?
> K: Nicht ganz.
> Huyen: Nicht weise, sondern sie sind nicht so gestresst wie wir und was sie denken, sagen sie auch. Sie helfen Menschen gerne. Und es ist nicht so durcheinander, nicht so viel Kämpfen zwischen Menschen und Menschen. [# 6-8]
> [...]
> Huyen: Also wo ich in Tam Đảo war, als ich die Menschen dort gesehen habe: So schön und friedlich. Also, da hab ich mir doch noch Hoffnung gegeben, dass die Menschen [sich] doch irgendwann mal ändern. [# 118]

Sie berichtet von ihren Eindrücken der Menschen in Tam Đảo während ihres Ausflugs mit der Familie dorthin. Sie vergleicht die Einwohner dort mit Hà Nội. Die Geschäftigkeit und die zwischenmenschlichen Auseinandersetzungen und Kämpfe empfindet sie negativ, sodass der Ausflug nach Tam Đảo ihr wieder Hoffnung gibt, dass die Hà Nộier sich auch wieder zum Positiven entwickeln können. Durch die touristische Reise hat Frau Huyen etwas anderes erlebt, durch das sie wieder Hoffnung schöpft, das es auch wieder ruhiger und konzentrierter zugehen kann. Ohne die Reise

Tourismus und Identität

nach Tam Đảo hätte sie keine andere Lebensweise der Menschen erfahren und hätte dadurch einen negativen Eindruck der Vietnames_innen erhalten. Gleichzeitig erschafft sie ein touristisches, authentisches Anderes, das sich durch „Wahrhaftigkeit" auszeichnet.

4.5.6.3 Touristischer Blick auf ethnische Minderheiten

Die dritte Gruppe der Bereisten stellen die ethnischen Minderheiten dar. Vietnams Bevölkerung setzt sich aus 54 ethnischen Gruppen zusammen. Die ethnische Mehrheit, auch Kinh oder Việt[53] genannt, stellen ca. 87 % der Bevölkerung. Die ethnischen Minderheiten machen ca. 13 % aus. Die 53 ethnischen Minderheiten siedeln vor allem in den Bergregionen des Landes. Offiziell garantiert die vietnamesische Verfassung allen ethnischen Minderheiten Schutz. Dies wird nur dann von staatlicher Seite gefördert, wenn sich die Minderheiten zur nationalen Einheit und vietnamesischen Nation bekennen. Die vietnamesische Kulturpolitik hat sich in den letzten Jahren gewandelt und wird nun als „harmonische Kombination unterschiedlicher Kulturen verstanden" (Ha 2005: 79).

Der Versuch, alle ethnischen Gruppen als eine Einheit darzustellen, gleichzeitig aber auf die Differenzen aufmerksam zu machen, wird zum Beispiel anhand diverser Publikationen über ethnische Gruppen oder Darstellungen in Museen verdeutlicht. Der Titel des Buches „Đại Gia Đình Các Dân Tộc Việt Nam – The Great Family of Ethnic Groups in Viet Nam"

---

[53] Die Verwendung der Begriffe Kinh oder Việt für die ethnische Mehrheit ist im Vietnamesischen widersprüchlich. Denn einerseits werden beispielsweise bei Nguyễn Văn Huy et al. (2009) alle 54 ethnischen Gruppen einzeln aufgeführt und dabei die ethnische Mehrheit offiziell als Việt bezeichnet und der Begriff Kinh lediglich als Alternativname. Andererseits wird im Wörterbuch von Nguyễn Thu Hương und Nguyễn Hữu Đoàn (o.J.) Kinh als ethnische Vietnames_innen (dân tộc Kinh) angegeben und unter Việt lediglich auf Việt Nam (das Land) oder tiếng Việt (die Sprache) verwiesen. Auch die Tatsache, dass auf den vietnamesischen Personalausweisen eine Angabe zur Ethnie/ ethnischen Gruppe (dân tộc) gemacht wird und bei Angehörigen der ethnischen Mehrheit Kinh angegeben wird, lässt darauf schließen, dass trotz synonymer Verwendung der beiden Begriffe Kinh eher für die ethnische Gruppe (dân tộc Kinh) verwendet wird und Việt eher dann, wenn es um die Nationalität geht (die alle 54 ethnischen Gruppen Vietnams innehaben).

(Nguyễn Văn Huy et al. 2009), aber auch das ethnologische Museum in Hà Nội (Bảo tàng dân tộc học Việt Nam) veranschaulichen dieses Bestreben.

Trotz der offiziellen Bestrebungen, ein harmonisches Miteinander der vielen ethnischen Gruppen herzustellen, „sind eine Reihe weit verbreiteten Haltungen der Mehrheitsgesellschaft gegenüber den Minderheiten" problematisch. Diese Haltungen „pendeln zwischen Paternalismus, Ignoranz und Verachtung" (Ha 2005: 76). Die vietnamesische Mehrheitsgesellschaft interessiert sich kaum für die Probleme der Minderheiten. Solche Haltungen resultieren aus Unwissenheit und Unverständnis. Diese Einstellungen, verbunden mit einer geografischen Marginalisierung, sorgen nach wie vor für Konflikte in Vietnam, wie beispielsweise die Auseinandersetzungen um Landrechte oder religiöse Spannungen im zentralen Hochland belegen. Gleichzeitig „reproduziert sich im lokalen Rahmen eine Struktur, die wir bereits im Verhältnis zwischen dem Westen und der Peripherie kennen" (Ha 2005: 77) und wie im Rahmen der Postkolonialen Theorien diskutiert wird.

Das Verhältnis des vietnamesischen Staates und der Mehrheitsgesellschaft zu den ethnischen Minderheiten gestaltet sich schwierig. Zusätzlich sorgen die Entwicklungen durch die Vermarktung und Werbung für den internationalen Tourismus in den Regionen der ethnischen Minderheiten, auch Ethnotourismus genannt, für Diskussionen. Bei Ethnotourismus handelt es sich um „eine Reiseform, deren Ziel der Aufenthalt bei einer »fremden ethnischen Gruppe, speziell einer politisch und ökonomisch marginalen – oft tribalen – Gruppe« ist. Hierbei „geht es um den Konsum von exotisch anmutenden Subjekten, Objekten und Darbietungen" (Trupp und Trupp 2009a: 9). Dieser Reisewunsch zu marginalisierten ethnischen Minderheiten ist ein vorwiegend „westlicher". „Westliche" Bilder und ein *Othering* von exotischen Gruppen in Vietnam gelangen durch die internationalen Tourist_innen in das Land. Deshalb wird insbesondere diskutiert, ob ein Anstieg des Ethnotourismus ein Ausverkauf ihrer Kultur im Namen der Kommerzialisierung darstellt, sie angemessen an den Einnahmen durch den Tourismus beteiligt werden oder ihre Traditionen und Bräuche eine Revitalisierung erfahren (Vgl. u.a. Trupp und Trupp 2009b; Spreitzhofer 1997; Tremblay 2000).

Da nun die Việt Kiều durchaus eine Position zwischen den Vietnames_innen und den internationalen Reisenden einnehmen, wie in den vor-

Tourismus und Identität

angegangenen Kapiteln bereits veranschaulicht wurde, wird nun aufgezeigt, welche Sicht die Befragten auf ethnische Minderheiten einnehmen und wie sich ihr touristischer Blick auf diese darstellt. Weiter wird untersucht, welche Rolle *Otherness* und Authentizität spielen. Es wurde den Interaktionspartner_innen ein von mir selbst fotografiertes Bild des Marktes in Đồng Văn in der Provinz Hà Giang vorgelegt und sie nach ihren Assoziationen befragt. Beim Vorlegen des Bildes wurde lediglich gesagt, wo die Aufnahme gemacht wurde, aber keine Informationen zu den abgebildeten Menschen gegeben. Dies geschah dann im Gespräch auf Nachfragen hin. In der Provinz Hà Giang leben überwiegend die Minderheiten der Hmong und Yao. Zum Wochenmarkt in Đồng Văn kommen mehrheitlich Hmong aus dem Umland, um ihre Waren anzubieten, zu handeln und um Nachbarn oder Freunde zu treffen.

Abb. 10: Vorgelegtes Foto vom Markt Đồng Văn, Provinz Hà Giang (Foto: K.S., 2010)

Durch die Analyse der Interviews haben sich zwei Gruppen von Interaktionspartner_innen hinsichtlich der Assoziationen und Eindrücke von

Vietnam-Reisen und der touristische Blick unter Việt Kiều

den ethnischen Minderheiten herausgebildet. Die erste wird hier als sich differenziert äußernde Gruppe bezeichnet. Die zweite Gruppe artikulierte sich generalisierend.

Zur ersten Gruppe gehört Herr Tho. Er erläutert beim Anblick des Fotos des Marktes in Đồng Văn seinen Eindruck von den – wie er sie bezeichnet – Ethnien Folgendes:

> Herr Tho: [...] Vietnam hat viele Ethnien. Die Hmong sind seit *Gran Torino*[54], glaub ich, einer der bekanntesten. Die größte sind ja die Viet, die zweite sind Hoa. Und das ist so auch mal ganz andere Art von Vietnam, weil viele im Ausland sehen Vietnamesen nun mal nicht so. Also, das ist eine andere Ethnie und die leben anders. Ich weiß jetzt nicht, ob die IMMER noch so traditionell, also, oder ob die [das] für den Tourismus machen.
> K: In Hà Giang nicht. In Đồng Văn, wo der Markt ist. Ich war halt drei Mal auf diesem Markt schon und ich habe vielleicht insgesamt bei den drei Mal eine Handvoll Touristen gesehen.
> Herr Tho: Ach so. Okay. Gut. Also ich war da nicht, deswegen kann ich das nicht beurteilen.
> K: Also, das ist tatsächlich. Also, so sieht man die auch auf der Straße. Auch außerhalb [des Marktes].
> Herr Tho: Und ich LIEBE es, wenn halt etwas unangetastet kurze Zeit ist. Dass wenn Leute etwas so leben, ohne dass das gestellt ist. Meine Mekong-Tour. Schön so mit einem Ruderboot. WÄR schön, wenn uns nicht auf dem Fluss gleiche Boote entgegenkommen mit einem Motorboot. Dann mit einem Motorboot fährt. Da denk ich so okay. Und ich mag das. Sehr schön und definitiv etwas, was ich mal sehen möchte, weil das einfach eine andere Perspek[tive ist]. Es gibt, glaube ich, so viel Ethnien in Vietnam und die haben auch. Die leben ganz eigen. Die haben ganz eigene Traditionen. Wie man sieht auch eigenen Kleidungsstil und Farbe. Also die Farbästhetik ist komplett anders. Also zum Beispiel dann so richtig HELLBLAU und BUNT. [...] Alle [Menschen auf dem Foto] haben so eine gleiche FARBkonstellation von so RÖTlichem Ton bis HELLBLAU-weiß Kombination. Also ich mag das auf jeden Fall. Und kann man, glaub ich, einiges LERNEN und zusätzlich lernen. Und für mich ein Teil von Vietnam, den ich noch nicht kenne. Nur MARGINAL

---

54 In dem Film „Gran Torino" geraten jugendliche Hmong in die Fänge einer örtlichen Gang in einer Stadt in den USA. Ihr Nachbar, eine Korea-Kriegsveteran, kommt ihnen zu Hilfe.
Viele Angehörige der Hmong migrierten aufgrund ihrer Parteinahme für die USA während des US-amerikanisch-vietnamesischen Krieges in die USA. Mehr zur Integration der Hmong in den USA siehe Grigoleit 2009. In Südostasien leben noch heute viele Hmong in den Bergregionen von Vietnam, Laos und Thailand.

Tourismus und Identität

kenne. Und [ich] weiß aber natürlich. Komplett anderes Volk. Teilweise denk ich mal einfach: Ich wär nicht mal sicher, ob ich die verstehen würde. Oder ob die einen so eine eigene Sprache oder Akzent haben. [# 119-123]

Seit dem US-amerikanischen Spielfilm „Gran Torino", meint Herr Tho, sind die Hmong eine der bekanntesten Ethnien. Einerseits betont er die Andersartigkeit der Hmong von den übrigen Vietnames_innen, indem er sie als „komplett anderes Volk" bezeichnet. Andersseits zählt er sie aber ganz eindeutig zu Vietnam dazu, indem er sagt, dass sich Ausländer bei dem Foto Vietnames_innen nicht so vorstellen und sie ein „Teil von Vietnam" sind.

Allerdings ist Herr Tho etwas skeptisch dem Foto gegenüber, da er in Frage stellt, ob die abgebildeten Menschen tatsächlich so traditionell gekleidet sind, oder ob sie dies nur für den Tourismus tun. Daraufhin habe ich erklärt, dass ich während meiner eigenen Besuche in Hà Giang, insbesondere auf dem Markt in Đồng Văn, kaum internationalen Tourist_innen begegnet bin. Daraufhin geht Herr Tho davon aus, dass es sich um ein Bild handelt, das das traditionelle Leben der Hmong darstellt.

Damit verbindet er ein unangetastetes und somit ein authentisches Leben. Der Tourismus würde, seiner Meinung nach, hier bewirken, dass die Hmong unauthentisch sind, denn sie würden die farbenfrohe Kleidung nur für die Tourist_innen tragen. Für die gestellten Szenen im Tourismus führt er als ein erlebtes Beispiel seine Fahrt auf dem Mekong als Vergleich an. Er sitzt als Tourist in einem Ruderboot. Das ist für ihn soweit in Ordnung, aber in dem Moment, in dem er Boote mit Motor bemerkt, ist es für ihn eine gestellte beziehungsweise im Sinne MacCannells eine *staged authenticity* (MacCannell 1973, 1999), die er nicht erleben möchte.

Parallel dazu ist Herr Tho den Minderheiten offen gegenüber und interessiert, da er bislang nur wenig über sie weiß, aber noch etwas lernen kann, was die Frage nach der Sprache der Hmong verdeutlicht.

Im Vergleich zu Herrn Tho ist Herr Hung bereits in Hà Giang gewesen und erkennt das vorgelegte Foto sofort.

Herr Hung: [...] Ist das in Hà Giang, oder? (K: Ja) Hast du das Foto selbst gemacht?
K: Ja. Ich war auch schon dort.
Herr Hung: Ja, da war ich. Ja. Sieht Chaos aus. Halt die Minoritäten. Ich habe, also nicht zwiespältig, aber ich habe. Also ich merke, dass einerseits habe ich

so eine Faszination für die Minoritäten. So, ich bin nicht Anthropologe, dass ich mich so tiefgehend mit ihnen auseinandergesetzt [habe]. Ich merk schon, dass es so grade, wenn man dann aus Hà Nội kommt, dann da hoch fährt [in die Bergregion] und ist schon so ein bisschen. Wenn man auch weiß, wie das Verhältnis zwischen Kinh und diesen Minoritäten ist. Ist schon ein bisschen sonderbar. Ich verplapper mich manchmal auch, weil ich dann auch so ein bisschen denke, ach die Minoritäten und so. Ja, die sind noch ein bisschen rückständig so oder verbinde das ein bisschen mit archaischen Strukturen und Rückständigkeit. Obwohl die in Sa Pa können die ja so gut Englisch, aber in Hà Giang. Ja, wir sind jetzt nicht so mit ihnen. Also es ist nicht so der Kontakt. Also außer diejenigen, die im Tourismusbereich tätig sind. Natürlich kommt man mit denen in Kontakt. Bei den anderen winkt man ein bisschen und so. Also ich habe das jetzt auch nicht so richtig gesucht [den Kontakt]. Ich habe auch schon *home stay* gemacht, also das ist schon ein Weilchen her. […] Da hatte man ja meistens einen Führer dabei, der dann übersetzt hat oder aber. Ich habe so im Sinne zwiespältig, dass irgendwie find [ich], wie gesagt also komisch. Aber das ist wahrscheinlich generell komisch dieser Umgang, dass man jetzt die Minoritäten so als Attraktion sieht. Manchmal kommt mir das so ein bisschen menschenschaumäßig vor und andererseits halt einfach ja [ist es] irgendein Volk. Ob das jetzt. Ach, weiß auch nicht. [# 66-70]

Herr Hung ist hin- und hergerissen zwischen seinen eigenen zwiespältigen Ansichten bezüglich der – wie er sie nennt – Minoritäten. Er ertappt sich selbst dabei, die Minderheiten einem *Othering* zu unterziehen, indem er sie abwertend beschreibt, wie die Äußerungen „chaotisch, halt Minoritäten", „Rückständigkeit" und „archaische Strukturen" belegen. Zugleich reflektiert und relativiert Herr Hung seine eigene Aussage, indem er seine gleichzeitige Faszination für die ethnischen Minderheiten bekundet. Diese Faszination drückt sich auch dadurch aus, dass er – wie an anderer Stelle des Gesprächs berichtet – insbesondere früher Produkte der Minderheiten gekauft und als Mitbringsel mitgenommen hat, wie beispielsweise Halstücher [# 53]. Dieser Zwiespalt bedingt sich zusätzlich durch eine geografische Veränderung, wenn Herr Hung von Hà Noi aus in die Bergregion fährt, und wird darüber hinaus durch ein angespanntes Verhältnis der Mehrheitsgesellschaft der Kinh mit den ethnischen Minderheiten genährt.

Die interkulturelle Begegnung zwischen Herrn Hung und den ethnischen Minderheiten ist auf kurze Zeit begrenzt und entspricht damit der üblichen Dauer – „einige Minuten, manchmal Stunden und maximal […] wenige Tage" – im Ethnotourismus (Trupp und Trupp 2009a: 9). Die

Tourismus und Identität

Dauer variiert zwischen einer Übernachtung im Rahmen von *home stay*-Programmen bei ethnischen Minderheiten und beschränkt sich lediglich auf ein Winken beim Vorbeigehen oder -fahren, wie Herr Hung berichtet [# 68]. Der Kontakt wird durch Sprachbarrieren während des *home stay* zusätzlich erschwert, sodass ein Reiseführer vermitteln muss.

Der abgebildete Markt in Đồng Văn sowie die Provinz Hà Giang sind touristisch noch nicht so stark erschlossen, wie beispielsweise der Bergort Sa Pa, der in der westlich angrenzenden Provinz Lào Cai liegt. Dort ist der Tourismus so verbreitet, dass die ethnischen Minderheiten der Hmong und Yao mit den Reisenden Englisch sprechen. Des Weiteren spricht Herr Hung auch die touristische Vermarktung der ethnischen Minderheiten an, die ihn an eine Menschenschau erinnert.

Frau Van zählt ebenso zu der ersten Gruppe. Sie geht wie Herr Hung auf das Verhältnis zwischen den ethnischen Minderheiten und der Mehrheitsgesellschaft, der Kinh, ein.

> Okay. Ja, ethnische Minderheiten. Ich verbinde mit viel Ungerechtigkeit, die die erfahren haben und auch Vorurteile von Vietnamesen. Und die dann genauso erzählen wie wie [von] den Aborigines. Wo dann die Meisten sagen: Ja die sind wie [unv.]. Und ich kann auch verstehen, dass wirklich Tausende von Jahren dieselbe Struktur vor sich hingelebt haben und plötzlich kommt was Neues und dann. Was soll man machen. Für die auch. Ja, und wenn dann Vietnamesen sagen, sodass sie auch die ganze Zeit nur trinken, dann ist das eben so und dann soll man die aber nicht die urteilen. Das ist traurig. Aber die meisten Vietnamesen sagen. Ja. Die sind aber ein Teil von Vietnam und dann dass sie dann so abfällig über ihre eigenen Landsleute. Das sind wirklich eigene. Aber die werden behandelt wie so Unberührbare. Wie in dem indischen Kastensystem (lacht). Traurig. Ich will einfach nicht. Ich weiß nicht viel was zu. Die Regierung haben die nicht Programme? Machen die irgendwo? (K: mehr oder weniger) Ja. (lacht) Ja. Ja. Entweder geben die Geld, damit die Touristen anlocken, und so weiter so machen. [# 103]

Das Verhältnis der Kinh gegenüber den ethnischen Minderheiten ist ungerecht und mit Vorurteilen belastet. Frau Van spricht von Veränderungen, die die ethnischen Minderheiten erst neuerdings erreichen. Sie scheinen, ihrer Meinung nach, mit diesen Neuerungen und den Ungerechtigkeiten nicht umgehen zu können, weshalb Angehörige der Minderheiten dem Alkohol verfallen. „Tausende von Jahren" lebten sie in „denselben Strukturen", damit impliziert Frau Van, dass sich ethnische Minderheiten beziehungsweise ihre Kultur über einen sehr langen Zeitraum weder verändert haben noch äußeren Einflüssen ausgesetzt gewesen waren und erst durch Veränderungen der letzten Jahrzehnte in Vietnam damit konfrontiert wurden. Damit wird ihnen eine statische Kultur unterstellt, gleichzeitig aber auch, dass der Konsum von Alkohol „dann eben so" ist. Frau Van spricht die Probleme an und zeigt Verständnis dafür, drängt die ethnischen Minderheiten aber in eine Opferrolle, in der sie keine Möglichkeit haben sich zu artikulieren. Sie macht aus ihnen hilflose Andere.

Frau Van fragte mich, ob es Programme für die ethnischen Minderheiten gibt, um ihre Probleme anzugehen. Aber für sie ist bereits vorab klar, dass, wenn es Programme gibt, diese lediglich darauf abzielen, Profit durch den Tourismus aus den Minderheiten zu ziehen. Trotz der Programme, die hier unspezifisch bleiben, sind die eigentlichen Belange der ethnischen Minderheiten für die Regierung zweitrangig. Die Ungerechtigkeiten setzen sich trotz bekundeter positiver Absichten seitens der Autoritäten fort. Auffällig ist, dass Frau Van nicht ein Mal den Begriff „anders" verwendet, um die Minderheiten von den Kinh zu differenzieren, sondern vielmehr zu „Landsleuten" zählt und damit ganz eindeutig als Vietnames_innen ansieht.

Zur zweiten Gruppe, die generalisierende Aussagen zu den ethnischen Minderheiten macht, gehört Frau Lanh. Da eine Reise zu den ethnischen Minderheiten in der Provinz Hà Giang nach wie vor beschwerlich ist und die Region zum Zeitpunkt der Feldforschung touristisch noch nicht erschlossen war, reisen viele nach Sa Pa, da dieser Ort sogar den Großteil der Strecke per Zug mit der Hauptstadt verbunden ist. Sa Pa liegt in der Provinz Lào Cai an der Grenze zu China. Auch Frau Lanh erzählt beim Anblick des Fotos von Đồng Văn von ihren Erlebnissen und Eindrücken in Sa Pa.

> Frau Lanh: Ja. Ich war, wie gesagt, auch nicht in Hà Giang. Aber ich war sehr oft da oben und das [Foto] hat mich auch wirklich an so Sa Pa und die FARBEN. Sie haben mich daran erinnert. So wie ich damals da war und das Wetter und so, dass es immer so ein bisschen regnet hat und dass die LEUTE immer bunte Sachen so tragen und dass die Leute auch immer so AUTHENtisch sind. Das sie nicht so. Ja, manche sind schon beeinflusst von diesen Touristengeschäft und so. Aber die meisten, sie machten nur diese Sachen halt und sie haben andere Kultur. Und wenn man sie beobachtet dann. Ich fand's wirklich interessant. Das ist wirklich so interessant und die Kinder und so. Markt, so buntes Leben da. [# 108] [...]
> Frau Lanh: Ich war sehr oft in Sa Pa. Weil wenn ich Zeit hatte, dann bin immer dahin gefahren früher, als ich in Vietnam war. Und ja, manchmal bin ich auch

Tourismus und Identität

> mit dem Freund, der früher mit mir zusammen war, bin ich auch mit ihm allein dahin gefahren. Oder mit meinen Kollegen von der Universität oder alleine. Und ich weiß nicht. Ich finde so, dass man da die Ruhe haben kann. Dass man so diese Frischluft haben kann und dass niemand sich für dich interessiert. So. Dass man sich nicht interessiert, was du machst, wer du bist, ob du aus Hà Noi kommst oder aus irgendwelchen Dorf oder so kommst. Ob du da Geschäft machst oder irgendwas. Du kannst wirklich das Leben da beobachten. Und die Leute freuen sich auch, dich zu sehen. Oder zu erzählen, dass du nur kleine Sachen so kaufst. Und freuen sie sich auch. Und sodass man einfach so. Wie sagt man? So Akku auflädt. Das war so für mich. Das war schön. Aber ja die Verbindung ist auch nicht so toll, da nach Sa Pa zu fahren. Man muss immer mit dem Zug fahren und das dauert auch und man kann auch nicht schlafen in solchem Zug und ja, war auch manchmal anstrengend.
> K: Und dein Eindruck von den Menschen dort?
> Frau Lanh: Von Menschen, wie gesagt. Sie sind wirklich sehr authentisch und sehr so. Da haben die auch Lebensfreude. Ich weiß nicht. Die sind NOCH nicht [...] von unserer Gesellschaft, weil die auch nicht so. Weil die Sonne da auch nicht so. Geschäftsmäßig sind. Sie MÜSSEN auch nicht REICH werden, so wie Leute in Hà Nội sind, die immer denken: Oh, ich muss irgendwann viel Geld haben und reich werden und. Ja, sie sind RUHIGER und authentischer, kann ich nur sagen. Ja. [# 114-116]

Im Vergleich zur ersten Gruppe verwendet Frau Lanh den Begriff „ethnische Minderheiten", „Minoritäten" oder „Ethnien" nicht. Sie spricht ganz allgemein von Leuten und Menschen. Allerdings schildert sie, dass die Leute eine andere Kultur haben und authentisch sind, wodurch sie eine Differenzierung zwischen den Menschen vornimmt. Die Verwendung von „immer" suggeriert zugleich eine Bewahrung und Unveränderlichkeit der Kleidung und der Authentizität. Diese Authentizität scheint, ihrer Meinung nach, durch den Tourismus bedroht, da einige der ethnischen Minderheiten dadurch beeinflusst werden und möglicherweise ihr Verhalten ändern. Was Frau Lanh unter Authentizität versteht, macht sie durch ihren Vergleich mit den Bewohnern Hà Nộis deutlich: Authentisch ist Lebensfreude, keine Hektik, Ruhe und Bescheidenheit in Bezug auf Reichtum. Frau Lanh hat während mehrfacher Reisen nach Sa Pa den Eindruck gewonnen, dass die ethnischen Minderheiten dort keine Ansprüche an sie stellen, es ihnen gleichgültig ist, woher man kommt, und sich einfach nur freuen, dass sie da ist. Damit sind die Menschen Sa Pas für sie unverfälscht und ursprünglich und werden dadurch idealisiert dargestellt.

Frau Ha, ebenfalls der zweiten Gruppe zugehörig, berichtet schon zu Beginn des Gesprächs von den Minderheiten und kommt während des gesamten Interviews immer wieder auf sie zu sprechen.

> Ja, in Buôn Ma Thuột war das am beeindruckendsten, dass ich das Leben von den Minderheiten gesehen habe und die Langhäuser. Bisher haben sie immer noch Kultur behalten und da sind wir auch auf dem Elefanten geritten. Das fand ich auch sehr interessant, obwohl es ein bisschen teuer war. [# 6]
> Ja, die Minderheiten sind für uns eigentlich auch so wie als Ausländer, weil sie einfach alles anders sind. Klamotten. Ja, sind sie auch schon fast ähnlich. Aber vieles. Wie die Leute in Sa Pa oder die anderen Minderheiten zum Beispiel Hmong, Yao oder Thai, weil sie haben alles einfach anders: Klamotten, Kultur, Sitten und Bräuche. Ja. [# 19]

Das Leben der ethnischen Minderheiten ist für Frau Ha besonders interessant und beeindruckend auf ihren Reisen in Vietnam. Die sich wiederholenden Aussagen von Minderheiten verdeutlichen das. Diese Faszination entspringt der Andersartigkeit der ethnischen Minderheiten: Alles an ihnen ist anders und sie haben sich diese andersartige Kultur „immer noch" bewahrt. Aufgrund des *Otherness* entsteht für sie der Eindruck, als würden die Minderheiten Ausländer und nicht Teil der vietnamesischen Gesellschaft sein. Bisher verwendete Frau Ha das Personalpronomen „wir" bezüglich ihres Partners, der auf der Reise dabei ist. An dieser Stelle allerdings vermittelt die Verwendung des „uns" den Eindruck, sich auf Vietnames_innen zu beziehen, und kommuniziert damit eine anscheinend gängige Haltung der Mehrheitsgesellschaft gegenüber den ethnischen Minderheiten. Obwohl einige Minderheiten „schon fast ähnlich", das heißt gut assimiliert sind, gibt es doch noch einige Gruppen, bei denen alles anders ist. Gerade dieses Anderssein macht für Frau Ha den Reiz aus.

Anschließend berichtet Frau Ha eine Geschichte eines Taxifahrers, mit dem sie und ihre Begleitung auf dem Weg von Buôn Ma Thuột nach Đà Lạt gefahren sind, die sie zu der Ansicht führt, dass die Minderheiten im zentralen Hochland schlau und zugleich listig sind [# 20]. Durch diese Wortwahl wird ein Respekt zum Ausdruck gebracht, der auf dieser Listigkeit beruht.

Beim Anblick des ihr vorgelegten Fotos vom Markt in Đồng Văn nimmt sie das Motiv zum Anlass zu erzählen, was sie von Sa Pa gehört hat:

Tourismus und Identität

> In Hà Giang. Okay. Das ist auch schon in der Nähe. Ich war leider noch nie in Hà Giang. Und in Sa Pa leider auch noch nicht. Da wollt ich auch noch hin. Aber ich habe gehört, dass Hà Giang noch nicht so touristisch [ist] wie Sa Pa. Sa Pa ist ja schon ein bisschen. Ich habe gehört, dass die Minderheiten dort sogar sehr gut Englisch können und beim Handeln und Business läuft es ganz gut dort. Wenn viele Touristen und Ausländer dort gibt. Dann natürlich. In Hà Giang war ich leider noch nicht. Ich meine und ich glaube, das ist auch ein Markt von den Minderheiten, wo sie die Waren tauschen und kaufen oder verkaufen. Und da sehen wir eigentlich auch, dass sie auch sehr andere Klamotten, unterschiedliche Klamotten haben. Auch bei den Männern oder bei den Frauen. [...] Ich glaube, das haben sie auch selbst gemacht. Und so einen Korb da hinter dem Rücken. Das ist auch sehr, sehr typisch für die Minderheiten. Da können sie wahrscheinlich auch beim Reisernten oder Reis anbauen oder wenn sie auf den Markt kommen, dann tragen sie so einen Korb, um die Waren mitzunehmen. Und was die Leute oder wir eigentlich auch gerne kaufen, ist die Textildinger mit ganz vielen lustigen oder halt sehr bunten Textilmustern. Das wir auch hier [in Hà Noi] nicht sehen. Und die Häuser ist auch ganz anders. Das ist auch noch typisch für die Minderheiten. Da kann man auch also den Unterschied auch zu merken mit dem Leben hier in den Großstädten. Ja, aber so auf dem Markt von den Minderheiten ist das etwas so typisch für die Minderheiten. Da, ich habe auch gehört, auf dem Markt kann man sogar noch Frauen finden. Ja. Also so wie ich weiß von den Minderheiten, dass die bei jedem Fest sogar noch viele Spiele machen, damit die Leute Mann und Frau finden können. Und oder sogar sie nehmen einfach irgendwelche Frauen nach Hause und dann zur Frau nehmen, egal ob sie mag oder nicht. Ob jetzt noch gibt, weiß ich nicht mehr. [# 82]

Frau Ha erzählt hier nicht vom zentralen Hochland oder Hà Giang, sondern von der touristischen Entwicklung Sa Pas, das zu teilweisen Veränderungen der ethnischen Minderheiten geführt hat, insbesondere weil sie die englische Sprache beherrschen und gute Geschäfte machen. Sie beschreibt ausführlich, was sie für typische Erkennungsmerkmale der Minderheiten hält. Diese Traditionen stehen im Gegensatz zu den Großstädten Vietnams, wo sie diese nicht vorfinden kann. Die ethnischen Minderheiten leben somit traditionell, die Mehrheitsgesellschaft hingegen modern, was mit dem Konzept des *Otherness* ebenfalls zum Ausdruck kommt.

Des Weiteren beschreibt Frau Ha eine angebliche Tradition, die auf dem Markt stattfinden soll. Sie stellt damit auch ihre Sicht auf das Rollenverständnis der Minderheiten dar. Bei „jedem Fest" können sich Paare finden, wobei die Männer angeblich die alleinige Wahl treffen. Sie sagt damit, Frauen sind den Männern untergeordnet und können in dieser

Machthierarchie ihren Willen nicht artikulieren und sind Männern somit ausgeliefert. Ferner assoziiert auch Herr Nhat beim Anblick des Fotos den „Liebesmarkt" in Hà Giang [# 68]. Sowohl Herr Nhat als auch Frau Ha sind wahrscheinlich durch ihre Sozialisation in Vietnam über den „Liebesmarkt" in der Bergregion informiert. Die Betonung des „Liebesmarktes" lässt die Menschen der ethnischen Minderheiten als ursprüngliche, exotische und sexualisierte Andere entstehen, da es in der Mehrheitsgesellschaft etwas Vergleichbares nicht gibt. Solche Praktiken wie der „Liebesmarkt" galten als rückständig und widersprachen der kommunistischen Ideologie, weshalb sie möglicherweise gerade noch interessanter wurden.

Aber auch Frau Huyen berichtet bezüglich Sa Pas, wo sie bereits drei Mal gewesen ist, dass die ethnischen Minderheiten anders und sehr schlau sind. Letzteres äußert sich Frau Huyen zufolge darin, dass sie durch den Tourismus gelernt haben, wie sie schauspielern müssen, um ihre Waren zu verkaufen [# 19-24]. Da man sich zum Schauspielern verstellen muss, ist man nicht mehr man selbst und dementsprechend nicht mehr authentisch. Durch den Tourismus entstehen schauspielernde, sich verstellende und inauthentische Menschen. Der Raum, in dem sich die touristische Begegnung in diesen Fällen abspielt, ist wie eine Bühne, wie es MacCannell beschrieben hat (MacCannell 1973).

Beim Anblick des Fotos der Menschen in Hà Giang schildert Frau Huyen ebenfalls die andersartige Kultur der Menschen dort und dass sie trotz ihrer Reisen nach Sa Pa sich „da irgendwie nicht richtig was vorstellen" und die Minderheiten „immer noch nicht so einschätzen" kann [# 76]. Dass sie die Menschen nicht einschätzen kann, zeugt davon, dass sie mit ihnen noch nicht in Austausch und Kontakt getreten ist. Auch hier scheint die touristische Begegnung äußerst kurzweilig gewesen zu sein. Dieses Unverständnis drückt sich in der Betonung der Andersartigkeit der Minderheiten aus.

Auch Frau Ngoc gehört zur zweiten Gruppe. Zu Beginn des Interviews erzählt sie von ihren anfänglichen Reiseplänen in Vietnam, in denen auch der Bergort Sa Pa eine Rolle spielt, denn dort ist sie noch nie gewesen und betont, dass „ich möchte unbedingt mal gerne hin, muss ich sagen. Bisschen mehr Vietnam" [# 6]. Im späteren Verlauf gibt sie mit dem gezeigten Foto von Hà Giang ihren Eindruck wieder.

Tourismus und Identität

> Total cool. Anderseits weil ich das andere Vietnam halt schon so kenne. Also, würde ich halt gerne mal so was sehen irgendwie. Sprechen die da auch Vietnamesisch oder haben die ihre eigene Sprache. [# 54]

Frau Ngoc spricht davon, „mehr Vietnam" sehen zu wollen. Hier klingt der Ausdruck so, als hätte sie noch nicht viel von Vietnam gesehen. Diese Aussage wird dann konkreter, als ihr das Foto von den ethnischen Minderheiten vorgelegt wird. Denn dort redet sie von einem „anderen Vietnam". Das andere Vietnam impliziert, dass es zumindest zwei Vietnams gibt: das der Mehrheitsgesellschaft und das der ethnischen Minderheiten. Genau dieses andere reizt auch Frau Ngoc, einmal dorthin zu reisen. Die Tatsache, dass sie den Begriff der ethnischen Minderheiten nicht verwendet und sie stattdessen abstrakt als das „andere Vietnam" bezeichnet, verdeutlicht eine Distanz zu den ethnischen Minderheiten.

Frau Hien erzählt in nüchterner Weise von ihrem *home stay*-Aufenthalt im Ngô Luông Nature Resort in der Provinz Mai Châu bei der Minderheit der Thái [# 14]. Ebenso erklärt sie, dass „das nächste Reiseziel wäre dann wahrscheinlich Hà Giang. Da war ich noch nie. Da habe ich bis jetzt viel Gutes drüber gehört [# 55]". Beim Anblick des Fotos äußert sich Frau Hien folgendermaßen:

> Ach das ist Hà Giang. Das sieht sehr kalt aus. Das ist ja eine andere Kultur. Und das sagt mir jetzt, dass ja Vietnam einfach total vielfältig ist. Ja, da möchte ich gerne hin. [# 85]

Sie erzählt gleichsam nüchtern, neutral und distanziert, dass es sich um eine andere Kultur handelt. Das lässt aber nicht den Gegensatz einer Mehrheitskultur zu einer Minderheitenkultur entstehen, da sie Vietnam für vielfältig hält.

Desgleichen äußert Herr Loi, dass er die „Lebensweise interessant" [# 47] findet, obwohl er beim ersten Blick fragt, ob es dort Elektrizität gibt. Das zeugt von einer gedanklichen Verknüpfung von Minderheiten und Rückständigkeit und er sieht sie damit als nicht modern an.

Von den älteren Befragten der ersten Generation Việt Kiều ist Herr Binh der einzige, der sich etwas ausführlicher zu der ihm gezeigten Fotografie äußert:

> Das ist ein Markt in Hà Giang. An diesem Ort bin ich noch nicht gewesen. Aber das Bild ist mir aus früheren Jahren sehr vertraut, als man in der Armee noch

mit allen ethnischen/nationalen Landsmännern zusammengelebt hat. Diese geschäftliche Szene ist sehr bescheiden und nicht wie in lauten und tumulthaften Supermärkten. Und die Menschen haben ihre Erträge, selbst gepflanzt, selbst hergestellt, selbst verkauft und dort hingebracht, um die Waren auszutauschen. Beim Betrachten dieser Szene sehe ich einen sehr einfachen Markt der Minderheiten. [# 59][55]

Auch Herr Binh gehört zu den wenigen Befragten, die nicht die Andersartigkeit der Minderheiten erwähnen. Vielmehr spricht er von Vertrautheit, obwohl er in Hà Giang nie gewesen ist. Diese Vertrautheit stammt aus der Armeezeit. Es entsteht der Eindruck, dass der Krieg alle Vietnames_innen, gleich welcher Ethnie, vereint hat. Gleichzeitig zeigt er durch die Beschreibung des Marktes und dass die Menschen alles selbst erbringen eine gewisse Ursprünglichkeit der ethnischen Minderheiten im Vergleich zu den geschäftigen Supermärkten.

Frau Lieu, die gleichfalls zur zweiten Gruppe gehört, wird als letzte herangezogen, um eine generalisierende Assoziation mit den ethnischen Minderheiten zu belegen.

> Ja. Ist das Sa Pa? (K: In der Nähe, in Hà Giang) Okay. Da wollt ich gerne hin. War ich noch nie. Ich find, auch die Leute sehn ganz anders aus. Gar nicht Vietnamesisch erstens. Die Kleidung auch. Und ich weiß nicht, das Klima soll da ja auch ganz anders sein, oder? Ist das kalt, oder? (K: Ja) Genau. Da wäre ich so gerne hingegangen. Aber habe ich zeitlich einfach nicht hinbekommen. Also ich finde, das sieht total cool aus. So sehr farbenfroh. Leute mit dem Schal. Ich weiß gar nicht, was die kaufen da grade irgendwas da so. Joa. Sieht lustig aus. [# 111]

Sie verwendet anstatt des Begriffes Minderheiten ganz allgemein „Leute", wobei diese allerdings auch anders sind. Dieses *Otherness* entsteht in der Auseinandersetzung mit der Mehrheitsgesellschaft, was durch ihre Aussage, die Minderheiten „sehen ganz anders aus" und seien „gar nicht Vietnamesisch", verdeutlicht wird. Frau Lieu bezeichnet die Minderheiten auf

---

[55] (Eigene Übersetzung) „ Đây là một cái chợ trên Hà Giang. Thế thì nơi này tôi cũng chưa đến thế nhưng hình ảnh thì rất quen thuộc của những năm tháng trước đây, khi còn là bộ đội được sống cùng với các đồng bào dân tộc. Cảnh mua bán rất là bình dị chứ không giống như là ở các siêu thị ồn ào, nào nhiệt và người dân có được các sản vật tự trồng tự sản tự tiêu mang đến để trao đổi hàng hóa. Thế cho nên nhìn cái cảnh này thấy được một cái chợ nhưng mà lại rất bình dị của dân tộc."

dem Foto als „cool" und „lustig", obwohl es sich nicht um einen lustige Situation handelt, die darauf abgebildet ist. Das könnte darauf hindeuten, dass sie die ethnischen Minderheiten nicht ernst nimmt.

4.6 Zusammenfassung

Durch die Öffnung des Landes 1986 hat die Regierung die Bedingungen geschaffen, dass Việt Kiều wieder vermehrt nach Vietnam reisen können. In den nachfolgenden Jahren wurden die Rahmenbedingungen seitens des Staates immer mehr ausgebaut und die Reise nach Vietnam für Việt Kiều zunehmend erleichtert. Das führte dazu, dass die Einreise von Auslandsvietnames_innen ebenfalls stetig anstieg.

Die Darstellung der Definitionen der Begriffe Reise und Tourismus mit der anschließenden Analyse der Interviewaussagen zeigt, dass im Falle der hier Untersuchten eher von einer Reise nach Vietnam zu sprechen ist und von Tourismus innerhalb des Landes, wobei letzteres mehrheitlich von den Angehörigen der zweiten Generation betrieben wird. Aus diesem Grund wird in dieser Arbeit von Vietnam-Reisen der Việt Kiều gesprochen, um alle Reisenden dieser Untersuchungsgruppe abzudecken.

Die Untersuchung der Reisemotive illustriert, dass Việt Kiều aus unterschiedlichen Motiven heraus eine Reise nach Vietnam antreten. Insbesondere Angehörige der ersten Generation, die alleine oder mit Familienangehörigen nach Vietnam kommen, gaben als Zweck der Reise an, die Familie zu besuchen, was sich mit den Ergebnissen der Studie von Nguyen et al. (2003) deckt. Aber sobald sie in Begleitung eines deutschen Freundes oder Partners nach Vietnam reisen, so trat auch das Motiv des Urlaubs als gleichrangiges oder hauptsächliches Motiv auf. In der zweiten Generation wurden sowohl Urlaub als auch Familie gleichwertig als Reisezweck genannt. Hinzu kam in dieser Gruppe ebenfalls eine Arbeitsaufnahme in Vietnam als Zweck der Reise. Bei der Mehrheit derjenigen, die letzteres angaben, stand bei früheren Aufenthalten in Vietnam allerdings auch der Familienbesuch im Zentrum.

Ebenfalls wie die Reisemotive sind die Präferenzen der Tourismusart in den Interessen und Beweggründen der Befragten zu finden, die auch hier sehr vielfältig sind. So konnte dargestellt werden, dass Việt Kiều überwiegend Erholungs-, Natur- und Kulturtourist_innen sind, sie aber nicht einfach auf eine Tourismusart festgelegt werden können, da es bei einigen Überschneidungen der Interessen und somit der Tourismusarten gibt.

Als Ergebnis der Interviewanalyse haben sich zwei Typen der befragten Việt-Kiều-Reisenden herauskristallisiert, einmal der *Neues-Suchende-Typ* und der *Beständigkeitstyp*. Ersterer ist auf der Suche nach neuen Erlebnissen und Wissen, wohingegen letzterer während des Aufenthaltes bei der Familie bleibt und ab und zu einen Ausflug macht. Jene, die Neues suchen, nutzen dabei die touristische Infra- und Suprastruktur im erheblichen Umfang, was die Beständigen in sehr geringer Weise tun. Beide Typen nehmen Souvenirs mit nach Deutschland. Bei beiden Typen sind Interviewpartnerinnen auf Abhängigkeiten von der Familie zu sprechen gekommen. Die Typologie, die auf Berichte und Aussagen über ihr Verhalten in den Interviews während der Reise zurückgeht, konnte verdeutlichen, dass es eine Rolle spielt, ob die Befragten der ersten oder zweiten Generation Việt Kiều angehören, und ferner, wer sie mit nach Vietnam begleitet hat.

In diesen Unterkapiteln konnte ein umfangreiches Bild des Phänomens der Diaspora-Reisen der Việt Kiều gezeichnet werden, das sowohl die Motive und Interessen der Befragten berücksichtigt als auch ihre Aussagen bezüglich ihres Verhaltens.

Bezüglich der Analyse der Aussagen der Interviewten und deren Darstellung konnten Wahrnehmungsmuster und ein bestimmter *Tourist Gaze* aufgezeigt werden: Erstens konnte verdeutlicht werden, dass die Wahrnehmung und Assoziationen durch Erinnerungen und Erwartungen geprägt sind. Diese Erwartungen sind wie im Beispiel von Frau Ha, der es von Einheimischen nicht empfohlen wurde, Mỹ Sơn zu besuchen, durch bestehende, insbesondere medial erzeugte Bilder entstanden. Diese Bilder sind so wirkmächtig, dass Frau Ha sich nicht von einem Besuch abbringen lässt. Hieran kann ebenfalls verdeutlicht werden, dass durch bereits vorhandene Bilder schon vor dem eigentlichen Besuch der Sehenswürdigkeit, diese interpretiert werden und eine „imagined representation" (Soja 2011: 6) des Zweiten Raumes nach Lefebvre darstellt. Der „reale" Erste Raum wird erst mit dem Besuch des Ortes real und führt dann zu Aushandlungen und lässt als „creative recombination and extension" (Soja 2011: 6) des Ersten und Zweiten Raumes einen Dritten entstehen. Darüber hinaus müssen die Assoziationen und Imaginationen nicht mit dem abgebildeten Ort übereinstimmen.

Zweitens konnte aufgezeigt werden, dass den touristischen Räumen und ihren bereits bestehenden politischen, symbolischen und sozialen Dimensionen durch reisende Việt Kiều neue oder zusätzliche Bedeutungen zugewiesen werden. Durch persönliche Interpretationen und Erfahrungen vor Ort kann einerseits der Dritte Raum entstehen und sich erweitern. Das zeigt das Beispiel von Herrn Hung, der beim Anblick des Kaiserpalastes in Huế nicht nur die Kaiserzeit assoziiert, sondern diese politische und soziale Dimension des Ortes um eine weitere sozial-persönliche Komponente erweitert und von Huế als seiner „Heimatstadt" spricht, wo seine Familie lebt [# 31, 83]. Andererseits können die seit der Kindheit durch die Familie gemachten Interpretationen und Assoziationen eines Ortes stagniert sein. Das veranschaulicht der Fall von Frau Van, die insbesondere um die politischen und symbolischen Dimensionen des Kaiserpalastes in Huế weiß, aber dennoch negative Bilder assoziiert, die sie unter keinen Umständen neu aushandeln möchte, indem sie sagt, dass sie da „niemals hingehen will" [# 97]. Sie lehnt es konsequent ab, was dazu führt, dass ihre gemachten Interpretationen und die politische und symbolische Dimension des Ortes „starr" bleiben. Erinnerte Orte werden unterschiedlich rekonstruiert und reorganisiert.

Ein anderes Wahrnehmungsmuster lässt sich drittens als ein „orientalisiertes" feststellen. Orientalisierte Bilder und Assoziationen gemäß Said sind so mächtig, dass sie die Assoziationen nachhaltig prägen und sich reproduzieren beziehungsweise auch an den besuchten Orten gesucht werden und deshalb deren Faszinationen ausmachen. Herr Tho ist ein gutes Beispiel dafür, denn in der Kindheit gemachte Erlebnisse, die überwiegend medial erzeugt wurden, lassen den Kaiserpalast als von Konkubinen und Eunuchen bewohnten Raum entstehen. Das macht für ihn die Faszination aus. Ein orientalisiertes Bild vom Kaiserpalast in Huế und von der Tempelanlage in Mỹ Sơn entsteht, obwohl Herr Tho ein in Deutschland aufgewachsener Việt Kiều ist, der die vietnamesische Sprache beherrscht. Dennoch regt das „Exotische" der Kindheit die Fantasie beim Anblick der Fotografien an. Ähnlich gestaltet sich die orientalisierte und feminisierte Assoziation von Frau Huyen, die sich den Kaiserpalast in Huế mit Áo Dài tragenden Frauen vorstellt, wo Gedichte rezitiert werden.

Viertens ließ sich zeigen, dass unter reisenden Việt Kiều differenzierte Bilder und Assoziationen entstehen, die gängige und bestehende Bilder sowohl in Vietnam als auch im globalen Norden durch ihre Differenziertheit infrage stellen. Beispielsweise unterscheidet Frau Hoa klar zwischen dem inszenierten Ort des Hồ-Chí-Minh-Mausoleums, das als Paradebeispiel für einen politisierten und symbolisch aufgeladenen Ort gelten kann, und der Person Hồ Chí Minh. Diese differenzierte Sicht ist in ihrem Fall in der kommunikativen Auseinandersetzung mit ihrem Vater entstanden, der aus Vietnam geflohen ist.

Bezüglich des *Tourist Gaze* auf Menschen wurden Unterschiede zwischen den einzelnen Reisenden und Bereisten festgestellt. Die Eindrücke der Việt Kiều von anderen Reisenden, denen sie während ihrer Reise begegnet sind, zeigten eine Differenzierung zwischen internationalen und vietnamesischen Tourist_innen auf. Den Việt Kiều ist aufgefallen, dass vietnamesische Urlauber_innen überwiegend in Gruppen reisen und Erholung und Spaß beziehungsweise Geselligkeit während der Reise präferieren und im Vergleich zu den europäischen Tourist_innen ein anderes Kaufverhalten aufweisen. Bezüglich der internationalen Reisenden wurden unterschiedliche Aspekte von den Befragten beobachtet: beispielsweise ein anderes Strandverhalten, die veränderte Rolle von *Backpackern* oder Kommunikationsschwierigkeiten zwischen den internationalen Tourist_innen und den im Tourismus Beschäftigten.

Im Hinblick auf die Bereisten selbst ist es ein großer Unterschied, ob es sich um Vietnames_innen der Mehrheitsgesellschaft handelt oder um ethnische Minderheiten. Der touristische Blick auf letztere befindet sich in einem *Othering*-Prozess. Minderheiten werden nicht ernst genommen und herabgesetzt, indem sie als rückständig, anders und teilweise als authentisch beschrieben werden. Lediglich drei Gesprächspartner_innen beleuchten die Situation der ethnischen Minderheiten von verschiedenen Perspektiven. Herr Hung geht darüber noch hinaus, indem er seine eigene Ansicht reflektiert.

Aber auch die Vietnames_innen der Mehrheitsgesellschaft werden teilweise in bestimmten Situationen einem *Othering* unterzogen. Allerdings werden diese zu keiner Zeit als rückständig bezeichnet. Vielmehr handelt es sich um Machthierarchien, die durch Armut oder aus einem bestimmten Rollenverständnis heraus entstehen.

5 Aspekte der identitären Konstruktionsarbeit der Việt Kiều zu ihrem Aufenthalt in Vietnam

Dieses Kapitel beschäftigt sich mit den Aspekten des Identitätsbildungsprozesses der Việt Kiều. Diese Prozesse werden während einer Reise in Vietnam untersucht. Um diese Prozesse verstehen zu können, werden im ersten Kapitel die Entwicklung des Begriffes und theoretische Ansätze zur Identität vorgestellt.

Anschließend wird auf Grundlage der theoretischen Ausführungen und der sich aus den Interviews ergebenen vier Aspekte der identitären Konstruktionsarbeit untersucht, was die Befragten einerseits unter dem Begriff Việt Kiều verstehen, und anderseits, ob sie sich mit dem Begriff selbst identifizieren. Eng verbunden mit einer Identifikation mit einem „Việt-Kiều-Sein" ist die Frage, ob eine Fahrt nach Vietnam eine Reise in die Heimat oder die Fremde ist. Teil des Identitätsprozesses ist ebenfalls der religiöse Aspekt, der in einem weiteren Unterkapitel vorgestellt wird. Als letzten Aspekt des Identitätsbildungsprozesses wird im abschließenden Unterkapitel die Rolle des vietnamesischen Essens für die reisenden Việt Kiều untersucht.

5.1 Identität – eine theoretische Annäherung

Dieses Unterkapitel widmet sich zunächst der Entwicklung des Begriffes Identität und anschließend spezifischen theoretischen Ansätzen zu Identität, die für diese Arbeit relevant sind.

Die Frage danach, was Identität ist, gibt seit jeher Anlass zu wissenschaftlichen Auseinandersetzungen. Wenn auch der Beginn der Beschäftigung mit dem Subjekt und seiner Identitätssuche bis ins klassische Griechenland und zu Platon zurückreicht (Keupp 2013: 18, 27), soll mit der „Geburt des ›souveränen Individuums‹ zwischen dem Renaissance-Humanismus des sechzehnten und der Aufklärung des achtzehnten Jahrhunderts […] [als] bedeutenden Bruch mit der Vergangenheit" (Hall 2012: 188) begonnen werden. Dieser Bruch bestand darin, dass sich das Subjekt aus traditionellen Verhältnissen, die für gottgegeben und damit unveränderbar gehalten wurden, loslöste. Auslöser dafür waren beispielsweise die Reformation und der Protestantismus, durch die der Mensch „ins Zentrum des Universums" rückte (Hall 2012: 188f.). Mit dem „cartesianischen Subjekt" stand ein „rationales, reflektierendes und bewusstes Subjekt im Zentrum des Wissens", das dann im achtzehnten Jahrhundert angesichts der „großen Prozesse des modernen Lebens um das individuelle Subjekt der Vernunft herum zentriert[e]" (Hall 2012: 189, 191).

Je näher das zwanzigste und einundzwanzigste Jahrhundert rückt und damit auch die Gesellschaftswissenschaften an Zuspruch gewinnen, desto größer wird die Rolle der Gesellschaft bei der Betrachtung des souveränen Subjekts. Insbesondere in der Soziologie wurde das Konzept des cartesianischen Subjekts kritisiert und das Individuum eingebettet in kollektive Prozesse und Gruppen verstanden (Hall 2012: 191). Erikson hat dies in den siebziger Jahren ausgebaut, indem er „die Selbstverortung von Menschen in ihrer sozialen Welt [als] komplexen Prozeß" begreift (Keupp 2013: 26). Erikson ging allerdings davon aus, dass das Subjekt nach dem Durchlaufen eines Stufenmodells bis zum Erwachsenalter einen stabilen inneren Identitätskern herausgebildet hat, auf den es dann immer wieder zurückgreifen kann. Da dies, trotz einer gewissen Dynamik und vielfältiger Identifikationsmöglichkeiten bis zum Erreichen der Adoleszenz, von einer erreichten Statik ausgeht, wurde Eriksons Ansatz kritisiert (Keupp 2013: 29). In den letzten Jahren, vor allem im Rahmen der Postmoderne[56] und des Postkolonialismus[57], wurde der letzte verbleibende statische Kern des Subjekts überwunden, dezentriert und dekonstruiert sowie als ein Prozess „alltäglicher Identitätsarbeit" begriffen (Keupp 2013: 30).

Weil Identität in dieser Arbeit in diesem letztgenannten Sinne verstanden wird, werden im Nachfolgenden einige Ansätze wie die von Arjun Appadurai, Stuart Hall und Homi K. Bhabha, in denen unter anderem das Subjekt dezentriert und die Identitätsarbeit als ein ständiger Pro-

---

[56] In den 1960er Jahren in den USA entstanden, gilt die Postmoderne „als Fortsetzung und Radikalisierung der in der Moderne angelegten Erkenntnisskepsis und Repräsentationskrise [...], markiert [...] andererseits den Bruch mit dem elitären Kunstverständnis und Wissensbegriff der Moderne" (Mayer 2008: 590).

[57] Postkolonialismus beschäftigt sich insbesondere mit den Effekten der Kolonisierung auf Kulturen und Gesellschaften (Ashcroft et al. 2007: 186). Mehr dazu mit Bezug zu Identität im Nachfolgenden.

zess begriffen wird, vorgestellt. Hinzukommt, dass die vorzustellenden Theoretiker nicht nur in dem breiten Feld der Identitätskonstruktion verortet, sondern auch den postkolonialen Theorien zugehörig sind. Diese postkolonialen Theorien haben sich in den Kulturwissenschaften im Zuge des *postcolonial turn* seit den 1980er Jahren herausgebildet. Sie sind für diese Arbeit interessant, weil sie sich mit den direkten Konsequenzen des Kolonialismus und seinen noch heute spürbaren Nachwirkungen in angemessener Weise auseinandersetzen und damit auch angesichts der weltweiten Migrationsbewegungen Begriffe wie Identität in das Zentrum der Untersuchungen stellen. Zu Beginn der Beschäftigung mit dem Postkolonialismus in den Kulturwissenschaften wurde der Fokus auf die Kolonisierten und Kolonisatoren gelegt (Said 2010). Seit den 1990er Jahren rückten die (post-)migrantischen und postkolonialen Subjekte und somit auch Diasporagemeinschaften und ihre Identitätssuche im globalen Norden ins Zentrum (Hall 2012; Ha 2011; Rushdie 2014; Appadurai 1990; Bhabha 2007).[58]

Die genannten Autoren bleiben in ihren Ansätzen stark auf einer theoretischen diskursiven Ebene verortet, stellen aber dennoch fruchtbare theoretische Grundgedanken für die vorliegende Arbeit bereit, weshalb sie hier vorgestellt werden. Im Anschluss an die Darstellung dieser Ansätze wird die spezielle konzeptionelle Herangehensweise für die Untersuchung der Identitätsprozesse von Keupp vorgestellt, die als Analysekonzept für die vorhandene empirische Arbeit verwendet wird. Hierbei wird insbesondere den Selbstnarrationen, aus denen sich Teilidentitäten entwickeln können und die der Selbstverortung dienen, Aufmerksamkeit geschenkt.

Zu diesen neuen Ansätzen gehört das Konzept der *imagined communities* (Anderson 1996), das die neuzeitlichen und aktuellen Nationsbildungsprozesse in den Fokus rückt. Dieses Konzept verweist als vorgestellte Gemeinschaft auf etwas Imaginäres, – wenn auch auf die Nation als etwas begrenztes und souveränes (Anderson 1996: 15) –, das auch Diasporagemeinschaften aufrecht erhält. Auf das Anderson'sche Konzept aufbauend, spricht Appadurai von

---

[58] Hier zeigt sich bereits auch eine enge Verknüpfung mit dem *spatial turn*, denn all jene angesprochenen Konzepte zeichnen sich durch Dislokalität und Diskontinuität aus.

Tourismus und Identität

> 'imagined worlds', that is, the multiple worlds which are constituted by the historically situated imaginations of persons and groups spread around the globe. (Appadurai 1990: 296f.)

Diese *imagined worlds* werden gebildet durch fünf Dimensionen eines „global cultural flow", die Appadurai *scapes* nennt. Als ein perspektivisches Konstrukt werden die *scapes* als weltweite Landschaften durch die historische, linguistische und politische Verortung von verschiedenen Akteuren wie beispielsweise Diasporagemeinschaften und Familien gebildet (Appadurai 1990: 296). Wenn auch alle von ihm genannten *scapes* für Diasporagemeinschaften fruchtbar sind, beispielsweise die *finanscapes* bei Rücküberweisungen der weltweit lebenden Việt Kiều, so soll doch an dieser Stelle nur auf das *ethnoscape*[59] verwiesen werden, weil *ethnoscape* für die in dieser Arbeit untersuchten Việt Kiều am ergiebigsten ist.

Beim *ethnoscape* handelt es sich um die weltweite Mobilität von Individuen und Gruppen, wie Tourist_innen, Migrant_innen, Flüchtlinge und Gastarbeiter_innen, die durch ihre Netzwerke und Gemeinschaften die Nation und die zwischenstaatlichen Politiken herausfordern. Dieses Herausfordern führt zu einer Enträumlichung. Die kulturelle Dynamik der Enträumlichung bezeichnet Appadurai als einen Prozess, der traditionelle Loyalitäten auflösen und im Kontext von Diasporagemeinden auftreten kann. Das kann zu einer „Lockerung der bisher festen Verbindung zwischen Völkern, Reichtum und Territorien [führen und] verwandelt radikal die Basis kultureller Identität" (Appadurai 1998: 13). Mobilität und Enträumlichung sind es, die für die vorliegende Thematik relevant sind, da Việt Kiều, bevor sie touristisch in Vietnam unterwegs sind, als Migrant_in, Flüchtling oder Gastarbeiter_in nach Deutschland gekommen sind[60] und sich darüber hinaus in der vietnamesischen Diasporagemeinschaft bewegen. Die *globalen ethnischen Räume* Appadurais verbinden die vielfältigen weltweiten Ströme von Menschen, Produktion, Waren, Ideen, Bildern und ihren Verknüpfungen, aber lassen, obwohl von zahlreichen

---

[59] Zu den weiteren *scapes* gehören *mediascapes, technoscape* und *ideoscapes* (Appadurai 1990: 296).
[60] Diese migrantische Erfahrung verursacht ein Spannungsverhältnis, das auch die zweite Generation, also jene in Deutschland geborene, betrifft. (Siehe dazu ausführlich Kapitel 2.2.)

Aspekte der identitären Konstruktionsarbeit der Việt Kiều

Beispielen untermauert, konkrete Identitätsbildungsprozesse, verursacht durch diese Ströme, unberücksichtigt.

Auch Stuart Hall veranschaulicht, welche Mechanismen sich auf globaler Ebene herausgebildet haben, wenn Identitäten mit Unsicherheiten konfrontiert sind. Diese Unsicherheiten, wie zum Beispiel die Auflösung fester Bindungen oder Heimatlosigkeit, entstanden in einer globalisierten Welt und sind durch einen „Prozess der Identifikation [...] [gekennzeichnet, der] offener, variabler und problematischer geworden [ist]" (Hall 2012: 182). Aufschlussreich an diesem Hall'schen Zitat ist die Verwendung des Komparativs, der verdeutlicht, dass der Identifikationsprozess zuvor bereits offen und problematisch war. Dies kann ergänzend zu Bauman gesehen werden, der betont, dass Identität „überhaupt nur als Problem existieren [konnte und] [...] als Problem geboren [wurde]" (Keupp 2013: 27).

Hall schlägt neben den zwei gängigen Tendenzen der Assimilierung und der Rückkehr zur Tradition einen dritten Mechanismus vor, den der *Übersetzung*. Übersetzung, so Hall, „beschreibt die Identitätsbildungen, die natürliche Grenzen durchschneiden und durchdringen und die von Menschen entwickelt wurden, die für immer aus ihren Heimatländern zerstreut wurden" (Hall 2012: 218f.). Diese Menschen gehören „*Kulturen der Hybridität*" an (Hall 2012: 219, Hervorhebung im Original) und sind damit Übersetzer zwischen den Kulturen. Diese Übersetzungsleistung erfolgt von Angehörigen von Diasporagemeinschaften und geschieht in einem *Dritten Raum*, der sich gerade durch die Hybridität und Übersetzung bildet.[61] Denn in diesem *Dritten Raum* werden Identitäten neu ausgehandelt.

Mit diesem *Dritten Raum* beschäftigt sich auch Paul Gilroy in seinem Buch *Black Atlantic*. Als Metapher bezeichnet der *Black Atlantic* einen Raum zwischen Afrika und den Amerikas, der durch Sklavenhandel geprägt war. Dieser Raum ist fluid und die „Identitäten, die dieser Raum konstituiert, [...] [sind] fließend und in Bewegung befindlich anstatt [...] fixiert und starr" (Kerner 2012: 121).

Wie sich Identitäten beim Eintritt in den *Dritten Raum* verhalten, beschreibt insbesondere Homi K. Bhabha. Sein Konzept der kulturellen Hybridität argumentiert auf verschiedenen Ebenen. Für die vorliegende

---

[61] Der *Dritte Raum* ergibt sich aus einem *Ersten* und einem *Zweiten Raum*, unter denen u.a. zwei Kulturen zu verstehen sind.

Arbeit ist vor allem die „Ebene der Empirie" von Bedeutung, weil Bhabha auf dieser Ebene mit Hybridität „die Phänomene des Kulturkontakts und der Identitätskonstruktionen in kolonialen wie postkolonialen (literarischen) Texten" bestimmt (Struve 2013: 97f.).[62] Bhabhas Konzept der Hybridität ermöglicht es deshalb, Identitäten prozessual und kreativ neu zu konstruieren (Bonz und Struve 2006: 144), wobei sich verschiedene Identitäten beim Aufeinandertreffen miteinander nicht nach hegelianischer Dialektik[63] auflösen, sondern in einem *Dritten Raum* gedacht werden müssen „als [...] neue Formen mit inhärenten Differenzen, Ambivalenzen und Widersprüchen" (Bonz und Struve 2006: 144).[64] So findet sich bei Bhabha keine Identität im *Dritten Raum*,

> sondern Möglichkeiten der Identifikation im psychoanalytischen Sinne: auf dem Feld des Anderen im Sinne Lacans. Der Agens, also das Subjekt, ist durch eine immanente Ambivalenz gekennzeichnet, die es durch die Identifikation mit dem anderen konstitutiv in sich trägt. (Bonz und Struve 2006: 147)

Zu diesem Prozess selbst sagt Bhabha:

> Schließlich und letztens handelt es sich bei der Frage der Identifikation nie um die Bestätigung einer von vornherein gegebenen Identität, nie um eine „self-fulfilling prophecy" – sondern immer um die Produktion eines Bildes der Identität und die Transformation, die das Subjekt durchläuft, indem es sich dieses Bild zu eigen macht. (Bhabha 2007: 66)

Die Verwendung des Begriffs Identifikation anstelle von Identität im *Dritten Raum* verdeutlicht den prozessualen Charakter. Beim Prozess der Identifikation geht es nicht um eine Bestätigung der bisherigen Identität, sondern um eine Neuaushandlung, um eine Herstellung von möglichen Identitätsbildern. Dabei sei besonders hervorzuheben, dass dieses Bild nur durch die Auseinandersetzung mit einem konstitutiven Anderen herausgebildet und ausgehandelt werden kann.

---

[62] Zudem argumentiert Bhabha mit Hybridität auf der Ebene der Theorie und auf der Ebene des theoretischen Schreibens (ausführlich dazu Struve 2013: 97f.).

[63] These + Antithese = Synthese; es entsteht somit ein Drittes, die Synthese, die sich aus beiden ersterern ergibt.

[64] Ausführlich zu den verschiedenen Ebenen der Hybridität: Prozessualität, Zeit- bzw. Geschichtskonstruktion und Identifikation sowie Handlungsmacht in der Theorie Bhabhas siehe Struve 2013.

Die Modelle von Appadurai, Hall und Bhabha beschreiben die Situationen, mit denen Migrant_innen, Angehörige von Diasporagemeinden und Flüchtlinge weltweit konfrontiert sind, sie bleiben aber, insbesondere Bhabhas Modell, sehr theoretisch. So ist Bhabhas Theoriegerüst für die Erklärung der „komplexen Prozesse sozialer Transformation [...] inadäquat" (Castro Varela und Dhawan 2005: 95), da es explizit anhand literarischer Texte entwickelt wurde. Trotz der Schwierigkeiten, die Theoriegebilde für eine konkrete Analyse der Identifikationsprozesse von Việt Kiều nutzbar zu machen, liefern sie zusammenfassend interessante theoretische Grundgedanken wie:

- Appadurais Untersuchung der internationalen Diasporanetzwerke, die durch weltweite Ströme miteinander verbunden sind und damit den Nationalstaat herausfordern. Việt Kiều befinden sich in solchen Netzwerkstrukturen.
- Halls Betrachtung der Übersetzung zwischen den Kulturen durch Angehörige von Diasporagemeinschaften. Việt Kiều sind solche Übersetzer.
- Bhabhas Analyse des *Dritten Raumes*, in dem Identitäten durch inhärente Differenzen und Widersprüche gekennzeichnet sind und die neue Möglichkeiten der Identifikation eröffnen. Diese Prozessualität von Identifikationen ist auch für Việt Kiều relevant.

Diese Theoretiker treffen jedoch keine Aussage darüber, wie konkrete empirische Daten im Hinblick auf Identifikationsprozesse untersucht werden können. Dafür werden nachfolgend Keupp et al. (Keupp 2013) herangezogen. Denn sie legen eine spezielle konzeptionelle Herangehensweise für die Analyse von Identitätskonstruktionen vor, die für die Untersuchung der Việt Kiều nützlich ist. Deshalb wird im Folgenden das Konzept von Keupp et al. detailliert vorgestellt. Die von Keupp et al. aus der qualitativen Jugendforschung in Deutschland heraus entwickelten Identitätskonstruktionen nehmen konkrete Identitätsbildungsprozesse bei heranwachsenden Jugendlichen in Ost- und Westdeutschland in den Fokus. Basierend auf einem reflexiven sozialpsychologischen Ansatz versuchen die Autor_innen

> Themenstellungen an der Nahtstelle von Subjekt und Gesellschaft [zu finden].
> [Der Ansatz] will vor allem in dynamischen gesellschaftlichen Veränderungs-

phasen herausfinden, wie sich Subjekte in diesen Veränderungen positionieren, sich entwerfen und Handlungsfähigkeit erlangen. (Keupp 2013: 9)

Gerade das Entwerfen und Positionieren der Subjekte in bestimmten Veränderungsphasen bzw. Situationen ist ebenfalls für die hier untersuchten Việt Kiều relevant. Denn es werden ihre Positionierungen während der Reise in Vietnam untersucht, wie ein Gleichgewicht oder eine Passung von außen, also konkreten Situationen, und innen, innerhalb der Person liegend, erreicht wird, um handlungsfähig zu bleiben. Dass diese „Passungsarbeit [nicht nur] zwischen Innen und Außen, [sondern auch zwischen] Selbst- und Fremdbild" (Keupp 2013: 107) stattfindet, wird bei der anschließenden Analyse ebenfalls berücksichtigt.

Keupp et al. verstehen Identität „als einen fortschreitenden Prozeß eigener Lebensgestaltung, der sich zudem in jeder alltäglichen Handlung (neu) konstruiert" (Keupp 2013: 215). Wenn Keupp et al. von einer (Neu-)Konstruktion in alltäglichen Handlungen sprechen, stellt sich mit Bezug auf ein touristisches Thema wie der vorliegenden Arbeit die Frage, inwiefern sich Identität in nicht-alltäglichen Handlungen und Situationen, wie in diesem Fall einer Reise, konstruiert. Keupp et al. betonen insbesondere auch den „situativen Bezug der verschiedenen sozialen Lebenswelten" und das in „konkreten Interaktionspartnern und -situationen" der Prozess der Alterität größere Aufmerksamkeit erlangt (Keupp 2013: 107). Der Prozess der Alterität „verweist auf ein Wechselverhältnis zwischen zwei einander zugeordneten, sich bedingenden Identitäten. Das bedeutet, die eigene Identität wird immer in Abgrenzung vom Anderen hergestellt." (Schönhuth o.J.).

Um zu veranschaulichen, unter welchen Voraussetzungen Identitätsprozesse ablaufen, wurde folgender touristischer Rahmen für Việt Kiều entwickelt (siehe Abb. 11). Wie an der Abbildung zu sehen ist, wird davon ausgegangen, dass der Prozess der Alterität des Alltagserlebens durch eine nicht-alltägliche Erfahrung während der Reise in die „Fremde" verstärkt wird. Weiterhin wird angenommen, dass insbesondere Reisende wie Việt Kiều die touristische Dichotomie von Heimat und Fremde aufbrechen, weil Việt Kiều mit Vietnam als Reisedestination in kultureller Hinsicht verbunden sind. Deshalb wird die Destination Vietnam als „vertraute Fremde" bezeichnet.[65] Denn gerade die touristische, nicht-alltägliche

---

[65] Der Begriff „vertraute Fremde" wird im Unterkapitel 5.3.2 näher erläutert.

Erfahrung mit dem „Anderen" in einer „vertrauten Fremde" verursacht, je nach Intensität der Erfahrung, eine stärkere Selbstreflexion und einen stärkeren identitären Aushandlungsprozess. Somit findet durch das Reisen ein (Neu-)Aushandeln von Identitäten statt.

Keupp et al. begreifen die Identitätskonstruktionen „unter den Bedingungen einer individualisierten Gesellschaft" (Keupp 2013: 60). Das ist bezüglich der Auslandsvietnames_innen in Deutschland interessant, da bei Việt Kiều die Identitätsarbeit und die Passungsleistung zwischen individualisierter Gesellschaft in Deutschland und einer gemeinschaftsorientierten bzw. -zentrierten Gesellschaft in Vietnam abläuft. Denn die gemeinschaftsorientierte vietnamesische Gesellschaft ist stark konfuzianisch und buddhistisch geprägt und begreift die Familie und das Dorf als wichtigste Einheiten (Jamieson 1995; Vu 1978). Das Dorf bzw. die Gemeinde als Sozialgebilde sorgte sich nicht nur um die Sicherheit vor äußeren Gefahren, sondern gewährleistete die Ordnung und den Frieden, weshalb der Einzelne sozial mit ihr tief verbunden war (Vu 1978: 83, 91). Die Familie in Vietnam gestaltete sich gemäß der konfuzianischen Moralethik in streng hierarchischen und paternalistischen Strukturen. Innerhalb der Familie hatte jedes Mitglied bestimmte Rollen inne, die genaustens beachtet werden mussten (Vu 1978: 111f.). Natürlich war auch die Institution der Familie äußeren Einflüssen, wie dem Kolonialismus oder auch der kommunistischen Ideologie, ausgesetzt, was zu langsamen Änderungen führte, aber die Grundstruktur und -hierarchien blieben erhalten.

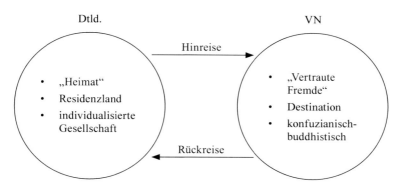

Abb. 11: Touristischer Rahmen der Việt Kiều (eigene Darstellung)

Interessant ist weiterhin, dass Keupp et al. den Herstellungsprozess von Identität in drei Phasen untergliedern: in den Prozess, die Produktion bzw. Konstruktion und in eine Phase der Syntheseleistung. Jede Phase mit ihren jeweiligen von Keupp et al. eruierten Teilelementen stehen in Zusammenhang zueinander und bauen teilweise aufeinander auf. So wird innerhalb des Prozesses retro- und prospektive Identitätsarbeit, Identität als Konfliktaushandlung, als Ressourcen- und Narrationsarbeit ausgemacht. Auch die Phase der Konstruktion von Identität entwickelt vier aufeinander aufbauende Elemente wie die Entwicklung von Teilidentitäten, einem Identitätsgefühl, (biographischen) Kernnarrationen und Handlungsfähigkeit. Die Syntheseleistung besteht darin, Kohärenz und Authentizität zu schaffen (Keupp 2013). Insbesondere soll hier der Narrationsarbeit Aufmerksamkeit geschenkt werden, da Selbstnarrationen

> als ein linguistisches Werkzeug betrachtet [werden können], das von Individuen in Beziehungen konstruiert und verwendet wird, um verschiedene Handlungen zu stützen, voranzutreiben oder zu behindern. Sie sind symbolische Systeme, die für Rechtfertigung, Kritik und / oder die Produktion von Kohärenz verwendet werden. (Keupp 2013: 208)

Damit sind vor allem die Selbstnarrationen für die hier vorliegenden Interviews aufschlussreich und wie die Interviewpartner_innen durch die Selbsterzählungen ihre Identitätsarbeit voranbringen. Diese Narrationen sollen verknüpft werden mit sich aus den Interviews entwickelten Lebenswelten, die dazu beitragen, Teilidentitäten zu schaffen. Die von Keupp et al. identifizierten Lebenswelten, die dann gleichnamige Teilidentitäten bilden, sind Familie/Partnerschaft, Arbeit und Freunde/Freizeit. Wie in der nachfolgenden vereinfachten Abb. 12 veranschaulicht wird, haben sich aus den Interviews folgende Teilidentitäten herausgestellt: Heimat, Religion, Sprache, Việt-Kiều-Sein und Essen[66]. Diese Teilidentitäten bilden neben den von Keupp et al. genannten anderen Teilidentitäten die Metaidentität des Subjektes heraus. Die Teilidentitäten entstehen durch viele verschiedene situative Selbsterfahrungen, die in der vorliegenden

---

[66] Natürlich weisen die Interviewten auch noch darüber hinausgehende Zugehörigkeiten auf, wie z.B. zur Familie, zur Arbeit, zur Peer-Group. Hier soll aber lediglich auf die für die Gesprächspartner_innen relevanten Aussagen bezüglich der Reise in Vietnam und ihrer Identifikation gemacht werden.

Untersuchung der Reise nach Vietnam entspringen und in Auseinandersetzung mit in Deutschland entwickelten Teilidentitäten (re-)konstruiert und (neu) ausgehandelt werden. Somit wird im Nachfolgenden der Prozess der Selbstnarration untersucht, der zur Konstruktion von Teilidentitäten führt.[67]

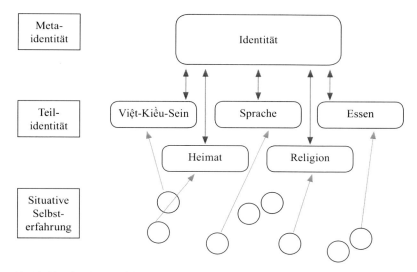

Abb. 12: Identitätskonstruktion (in Anlehnung an Keupp 2013 mit eigener Ergänzung[68])

Als erstes wird im nachfolgenden Unterkapitel 5.2 die Frage nach der Teilidentität „Việt-Kiều-Sein" der Interviewpartner_innen untersucht, ob es sich tatsächlich um eine Việt-Kiều-Teilidentität handelt beziehungsweise inwiefern das „Việt-Kiều-Sein" eine Identifikationsmöglichkeit für die Interviewten darstellt. Es wird geklärt, ob es für Việt Kiều noch weitere Möglichkeiten der Identifikation gibt und wie diese durch situative Erfahrungen ausgehandelt und konstruiert werden. Anschließend wird in

---

[67] Das Datenmaterial lässt es nicht zu, zu den gesamten Keupp'schen Phasen und Teilelementen eine Aussage zu treffen.
[68] Hier wurden lediglich die einzelnen Begriffe der Teilidentitäten verändert. Die Begriffe der Teilidentitäten ergaben sich aus den Interviews.

Unterkapitel 5.3 auf die Teilidentität der Heimat eingangen und analysiert, inwiefern Việt Kiều Vietnam oder Deutschland als Heimat empfinden und welche Rolle dabei die sprachliche Identität spielt. Darauf folgend geht es um die religiöse Teilidentität und darum, inwieweit die Reise nach Vietnam diese Teilidentität herausbildet beziehungsweise verstärkt. Unterkapitel 5.5 beschäftigt sich abschließend damit, wie das Essen in Vietnam zur Herausbildung der Teilidentität Essen beiträgt.

5.2 Việt Kiều sein oder nicht sein?

Bevor auf die konkreten Identifikationen der Interviewten mit dem Begriff Việt Kiều und mögliche Alternativen eingegangen wird, werden die verschiedenen „subjektiven" Definitionen bezüglich des Wortes Việt Kiều aus der Sicht der Befragten untersucht. Im Anschluss daran wird verdeutlicht, welche unterschiedlichen Veränderungen und Bedeutungen der Begriff auf semantischer Ebene aufweist. Dies geschieht ebenfalls gemäß der Aussagen der Interviewpartner_innen.

5.2.1 „Subjektive" Definitionen und zugeschriebene Eigenschaften von Việt Kiều

Abgesehen von den „objektiven" Definitionen des Begriffes Việt Kiều, wie sie bereits im Kapitel 2.1 dargestellt wurden, lassen sich verschiedene Ansätze und Konkretisierungen direkt bei den Interviewpartner_innen finden. Nach Darstellung der „subjektiven" Definitionen durch die Befragten sollen anschließend genannte Eigenschaften, die Việt Kiều von Vietnames_innen zugeschrieben werden, erläutert werden.

Eine häufiger genannte Erklärung für Việt Kiều ist: „Ein Vietnamese, der im Ausland lebt und sich niederlässt, wird Việt Kiều genannt" (Binh # 78)[69], wobei hervorzuheben ist, dass es sich um in Vietnam geborene und dann ins Ausland migrierte Personen handelt. Ergänzt wurde diese Definition um die Dauer, die Việt Kiều im Ausland leben: „Das sind auch Vietnamesen, die langfristig oder schon lange in Deutschland wohnen [...]. Aber

---

[69] (Eigene Übersetzung) „một người Việt Nam sống và định cư ở nước ngoài thì gọi là Việt Kiều".

vietnamesische Studenten, die nur ein paar Jahre in Deutschland leben, würde ich nicht als Việt Kiều bezeichnen" (Ha # 104). Dementsprechend zählen auch Geschäftsreisende nicht zu Việt Kiều. Im Zusammenhang mit der Dauer des Aufenthaltes im Ausland gab Frau Ha an, dass es sich um Vietnames_innen handelt, die die deutsche Staatsbürgerschaft besitzen. Diese Einschränkung auf die Staatsbürgerschaft ist bezüglich der zweiten Generation unproblematisch, dass sie in Deutschland geboren und aufgewachsen und somit deutsche Staatsbürger_innen sind. Schwierigkeiten ergeben sich für Angehörige der ersten Generation, die nicht automatisch, weil sie lange in Deutschland leben, Staatsangehörige werden.[70]

Darüber hinaus gibt es ein weiteres Spektrum an Konkretisierungen, was der Begriff Việt Kiều für die Interviewten bedeutet. Frau Lanh gibt beispielsweise an, dass auch Personen, die nur einen Elternteil mit vietnamesischer Abstammung haben, als Việt Kiều zu bezeichnen sind (# 133). Anders sieht das Frau Ngoc, die selbst nur einen vietnamesischen Elternteil hat und die das Việt-Kiều-Sein mit „Vollvietnamese"-Sein verbindet (# 85).

Interessanterweise sagt Herr Phuong, dass Việt Kiều im Ausland lebende Vietnames_innen sind und gleichzeitig auch „Deutsche vietnamesischer Abstammung" (# 121)[71] dazu zählen. Hingegen differenziert Frau Van zwischen diesen beiden Personengruppen: Việt Kiều sind alle in Vietnam Geborenen, die der ersten Generation Việt Kiều angehören. Die zweite Generation, die in Deutschland geboren ist, bezeichnet sie nicht als Việt Kiều, sondern als Deutsche mit vietnamesischer Abstammung (# 131), wonach die Bezeichnung Việt Kiều für die zweite Generation ihrer Meinung nach falsch ist (# 124).

Diese unterschiedlichen Sichtweisen des Begriffes Việt Kiều, die festlegen, wer dazuzuzählen ist und wer nicht, führt dazu, dass einige Interviewpartner_innen alternative Bezeichnungen nennen. Herr Tu spricht neben dem Begriff Việt Kiều auch von „Expatriates" (# 229)[72]. Herr Tho und Frau Hien geben als Alternativen Metaphern an:

---

[70] Gemäß der „objektiven" Definition des Begriffes Việt Kiều nach Dang Phong ist Staatsbürgerschaft nicht das alleinige Kriterium: „becoming citizens of that country or living as though they were citizens there." Dang 2000: 185.
[71] „người Đức gốc Việt".
[72] „người Việt xa sứ".

Tourismus und Identität

Alternativbegriff, den ich von Vietnamesen bekommen habe, Việt Kiều wie ich sind Bananen: außen gelb, innen weiß. Und das ist so treffend, dass ich noch nicht mal verneinen kann. Weiß nicht, das ist so prägnant. Die sind halt außen gelb und von *behaviour*, also vom Verhalten, vom Sprechen, vom Denken her [weiß]. [Tho # 147].

Frau Hien erwähnt ebenfalls den Begriff Banane und „dann hat mir jemand gesagt, Software ist Deutsch und Hardware ist Vietnamesisch" (# 129). Hierbei geht es insbesondere um die Differenzierung von Außen und Innen, von Aussehen und Charakter.

Einen interessanten Aspekt bringt Frau Hoa ein. Sie erwähnt, dass der Begriff einen Wandel erfahren hat: War der Begriff Việt Kiều nach dem US-amerikanisch-vietnamesischen Krieg mit der negativen Assoziation von Verrätern behaftet, so steht der Begriff heute für Reichtum bei den Vietnames_innen (# 41).

Der Wandel des Begriffes sowie das breite Spektrum an Bedeutungen deuten darauf hin, dass den Personen, die als Việt Kiều bezeichnet werden, weitere Eigenschaften durch die Vietnames_innen selbst zugeschrieben werden, wie die Beispiele Banane und Hard- und Software bereits zeigen. Diese Eigenschaften werden nachfolgend vorgestellt.

Einige Interviewpartner_innen gehen außerdem darauf ein, Eigenschaften für Việt Kiều zu erläutern, die ihrer Meinung nach von Vietnames_innen für jene verwendet werden. Wie oben von Frau Hoa bereits erwähnt wurde, werden Việt Kiều mit reichen Personen verbunden. Dabei handelt es sich bei einer Gruppe von Interviewten um eine Zuschreibung durch die Vietnames_innen. Frau Huyen und Herr Hung versuchen Erklärungen dafür zu geben, warum der Eindruck entsteht, dass Việt Kiều als reich wahrgenommen werden:

[D]ie Menschen, die ich erlebt habe, die nach Deutschland gekommen sind, die arbeiten ständig, immer und immer und ich versteh nicht, warum sie das Geld, das sie mit nach Vietnam genommen haben, die sparen so lange und die kaufen nichts für sich, die machen nie Urlaub, also die Generation von meiner Mama, ja echt schlimm. Lieber nicht reich […]. [Huyen # 104]

[E]in negatives Bild, weil glaub ich, auch schon von früher oder vor ein paar Jahren viele Việt Kiềus nach Vietnam zurückgekommen sind und ziemlich rausgekehrt haben, dass sie Kohle haben und die Vietnamesen anscheinend auch irgendwie so ein bisschen minderwertig behandelt haben. [Hung # 89]

Aspekte der identitären Konstruktionsarbeit der Việt Kiều

Beide Erklärungen beschreiben das Verhalten der Việt Kiều, wobei im ersten Zitat die Việt Kiều, vor allem die erste Generation, sich um Sparsamkeit und Fleiß in Deutschland bemühen und alles aufgeben, um Geld für die Familie in Vietnam zu schicken, was dann bei Vietnames_innen den Eindruck vermittelt, Việt Kiều wären reich. Im zweiten Zitat geht es um das Verhalten der Việt Kiều bei ihrer Reise in Vietnam, bei der sie den angeblichen Reichtum zur Schau stellen, wodurch ein negatives Bild bei den Vietnames_innen von Việt Kiều entstanden ist.

Die Interviewten, die in Vietnam geboren und aufgewachsen sind, sprechen, mit Ausnahme Frau Huyens, in keiner Weise die Zuschreibung von Reichtum an. Sie beschränken sich lediglich darauf, den Begriff Việt Kiều kurz in seiner semantischen Bedeutung und als von Vietnames_innen in Vietnam verwendete Bezeichnung darzustellen. Auch die im folgenden noch vorzustellenden weiteren Eigenschaften, die in Deutschland geborene und aufgewachsene Việt Kiều thematisieren, erwähnen sie nicht. Das könnte ein Indiz dafür sein, dass für sie entweder der Begriff Việt Kiều kein Problem darstellt oder sie sich bislang mit der Thematik noch nicht beschäftigt haben.

Auf eine weitere zugeschriebene Eigenschaft gehen Frau Huyen und Herr Tho ein: Äußerlichkeiten und Verhalten der Việt Kiều. Vietnames_innen sehen Việt Kiều, nach Meinung von Frau Huyen, als reich, dicker und schöner und mit einem anderen Verhalten (# 96). Worin dieses andere Verhalten konkret besteht, erläutert Herr Tho ausführlich:

> Bestes Beispiel: Ich bin in einem Restaurant und dann haben die mir scheiß Essen serviert. Und dann kommt die Kellnerin und fragt „und hat es ihnen geschmeckt?" und ich guck die an und sag „nein" auf Vietnamesisch, so „nein". Die wusste nicht, wie man reagiert. Natürlich die Vietnamesen sagen „ja", gehen raus und lästern dann. [# 147]

Das Verhalten des Interviewpartners, etwas Negatives direkt anzusprechen, direkt zu sagen, was man denkt, unterscheidet ihn, als Việt Kiều von Vietnames_innen. Er führt weiter aus, dass er sich nicht nur durch seine Direktheit auszeichnet, sondern auch an Äußerlichkeiten wie einer aufrechten Haltung, seiner Gestik und seiner Kleidung. Diese Äußerlichkeiten, das Verhalten, aber auch die Sprache, denn „spätestens wenn du den Mund aufmachst, wissen die, dass du kein Vietnamese bist" (Tho #

149), gelten für ihn als Eigenschaften oder Indikatoren unter Vietnames_innen, als Việt Kiều wahrgenommen zu werden.

Des Weiteren werden Việt Kiều in Bezug auf ihre Zugehörigkeit charakterisiert. Was unter Zugehörigkeit zu verstehen ist, wird anhand der Aussagen der sich darauf beziehenden Interviewten dargestellt. Frau Huyen erwähnt, dass Việt Kiều für sie immer etwas Verlorenes haben (# 96), ohne das Verlorensein näher zu beschreiben. Hingegen führt Frau Lanh die Problematik des Verlorenseins und der Zugehörigkeit ausführlicher aus:

> Aber die [Việt Kiều] denken immer, dass die Vietnamesen sind und […] sie versuchen so wie Vietnamesen zu leben, sie sehen nicht so wie Vietnamesen. Sie dachten, dass sie Vietnamesen sind, aber finde ich nicht. Weil, ich weiß nicht, ich fühle viele Việt Kiều, die können sich nicht in diese [deutsche] Gesellschaft anpassen und […] sie denken okay so wie Vietnamesen zu leben ist besser, aber sie verstehen selber nicht, wie die Vietnamesen eigentlich sind oder was Vietnamesisch heißt. Wenn sie das machen, denken sie einfach, dass sie nicht so wie Deutsche sind. Ich finde Việt Kiều irgendwie schon so in der Mitte zwischen Deutschen und Vietnamesen. Dass die Leute nicht wirklich wissen, wozu sie gehören und wohin sie gehören. [# 133]

Frau Lanh beschreibt die Việt Kiều als Personen, die in einem *in-between* verortet sind. Sie spricht vom Versuch, sich das Vietnamesisch-Sein in der neuen Heimat Deutschland zu bewahren. Dies kann ihnen nach Frau Lanhs Meinung nicht gelingen, da sie nicht wissen, was Vietnamese-Sein tatsächlich ist. Das führt dazu, dass sie sich weder als Deutsche noch als Vietnames_innen fühlen und sich in einem Zwischenraum befinden. Dieses *Da-Zwischen* ist durch ein „Verlorensein" gekennzeichnet, in dem Việt Kiều ihre Zugehörigkeit nicht bestimmen können. Ob dem tatsächlich so ist, wird im nachfolgenden Kapitel eingehender untersucht.

Zusammengefasst lässt sich bezüglich des Begriffes Việt Kiều folgende Assoziationen der Befragten festhalten:

- im Ausland lebende Vietnames_innen,
- langer Aufenthalt im Ausland,
- deutsche Staatsbürgerschaft,
- Geburt in Vietnam; nur erste Generation,
- nur ein Elternteil Vietnames_in,
- Vollvietnames_in,

- Deutsche_r mit vietnamesischer Abstammung,
- *Expatriates*,
- ≠ Student_in,
- ≠ Geschäftreisende.

Hinsichtlich der erwähnten zugeschriebenen Eigenschaften des Begriffes Việt Kiều lässt sich aus den Antworten der Befragten konstatieren:

- Reichtum,
- Überheblichkeit, Arroganz,
- Aussehen ≠ Vietnames_in,
- (direktes) Verhalten ≠ Vietnames_in,
- vietnamesische Sprache ≠ Vietnames_in,
- unbestimmte Zugehörigkeit.

Wurden in diesem Kapitel die Ansichten und Wahrnehmungen der Interviewten bezüglich der semantischen Bedeutung des Begriffes Việt Kiều vorgestellt, werden im Anschluss ihre persönlichen Identifikationen, die sie in spezifischen Situationen machen, anhand ihrer Erzählungen analysiert.

5.2.2 Identifikation mit dem Begriff Việt Kiều

Im vorangegangenen Kapitel wurde bereits gezeigt, dass der Begriff Việt Kiều eine schwer zu definierende Bezeichnung für Vietnames_innen ist, die im Ausland leben. *Việt Kiều Đức* (deutsche Việt Kiều) zeigt auch an, dass es sich um Menschen handelt, die sowohl mit Vietnam als auch mit Deutschland vertraut sind. Deshalb wird im Nachfolgenden untersucht, ob sich die Interviewten mit diesem Begriff identifizieren oder ob sie andere Wege der Zugehörigkeit und Identifikation beschreiten. Aus den Interviews heraus haben sich in Bezug auf Việt Kiều folgende Möglichkeiten der Identifikation gefunden (siehe Tabelle 5): Việt Kiều als Fremd- oder Selbstbezeichnung, Ausländer/*Expatriate*, Asiate sein, Vietnames_in und/ oder Deutsche_r sein, halb-halb sein und „Banane". Dabei ist keine der genannten Identifikationen ausschließlich. Die verschiedenen Identifikationsmöglichkeiten und die damit zusammenhängenden situativen Erfahrungen, die während der touristischen Reise entstehen, werden nachfolgend im Detail besprochen.

Tourismus und Identität

Tabelle 5: Übersicht der Identitifikationsmöglichkeiten der Befragten (eigene Darstellung)

	Việt Kiều dient als eine		Weitere Identifikation als						
	Fremdbezeichnung	Selbstbezeichnung	Vietnamese/in	„halbhalb"	Deutsche/r	Expatriate	Ausländer	Asiate	„Banane"
Phuong	x		x			x			
Huyen	x		x						
Ngoc					x				
Loi				x					
Trang	x	x	x						
Lieu	x	x	x				x		
Tho		x			x			x	x
Van	x		x		x				
Hung		x		x			x		
Hien	x	x							x
Lanh			x						
Tu		x	x						

Wie aus der Tabelle 5 ersichtlich wird, sind fünf der Interviewten nicht aufgeführt, denn Frau Ha, Herr Nhat, Herr Binh und Herr Hai machen keine Angaben zur Identifikation. Sie wichen meiner Frage aus oder beließen es bei einer kurzen Definition von Việt Kiều. Interessant ist, dass all jene zur ersten Generation gehören, was die Vermutung zulässt, dass sie entweder in ihrer Identifikation kein Problem sehen oder sich mit der Thematik noch nie auseinandergesetzt haben. Die fünfte in der Tabelle nicht auftauchende Person ist Frau Hoa. Aufgrund der Aufnahmeschwierigkeiten des Interviews bezüglich ihrer Identifikation ließen sich keine Aussagen treffen.

Die Mehrzahl der Interviewpartner_innen[73] nehmen den Begriff Việt Kiều als Bezeichnung wahr, die ihnen durch die Vietnames_innen verliehen wird, also als eine Fremdbezeichnung. Die Gruppe derer, die in Vietnam geboren und aufgewachsen sind – also der ersten Generation zugehörig sind, sagen recht bestimmt, dass sie Vietnames_innen sind, obwohl sie

---

[73] Ausnahmen von den 17 Befragten bilden hier Herr Hung, Herr Tho und Herr Tu, die Việt Kiều als Fremdbezeichnung in keiner Weise erwähnen.

bereits längere Zeit und dauerhaft in Deutschland leben, wie das Beispiel von Herrn Phuong verdeutlichen soll:

> Mein Gefühl ist, dass ich jemand bin, der aus dem Ausland zurückkommt. Ich bin hier [in Vietnam] kein Vietnamese. Sie betrachten mich als Việt Kiều, was so viel bedeutet wie Vietnamese im Ausland. Aber wenn ich hierher zurückkomme, dann denke ich, ich bin normal, aber sie denken, ich bin ein Việt Kiều. Ich sage auch, ich bin Vietnamese, ein *Expatriate*, der schon vor Langem gegangen ist, um die Heimat zu besuchen, um die Eltern zu besuchen. [# 113][74]

Herr Phuong, ungefähr 55 Jahre alt, fühlt sich während seinen Reisen in Vietnam als „ganz normaler" Vietnamese. Aber die Tatsache, dass er im Ausland lebt, macht ihn in den Augen der Vietnames_innen zu einem Việt Kiều, obwohl er sich selbst nur als Vietnamese sieht und ergänzt, dass er ein *Expatriate* sei, der in die Heimat zurück reise. Việt Kiều ist für Herrn Phuong eine Fremdzuschreibung durch andere Vietnames_innen.

Auch zu dieser Gruppe gehört Frau Huyen, circa 22 Jahre alt, die sich ebenfalls als „normale" Vietnamesin fühlt. Allerdings ist sie der Meinung, dass der Begriff Việt Kiều zwar eine Bezeichnung von den Vietnames_innen ist, aber Việt Kiều auch Wert darauf legen, so bezeichnet zu werden, da sie dadurch „beweisen, dass sie aus Deutschland sind, dass sie irgendwie reich sind und viel Geld haben, was ich sowieso Schwachsinn finde" [# 102]. Frau Huyen lehnt die Semantik des Begriffes ab, indem sie sagt, dass sie es hasst, was mit dem Wort verbunden wird, dass einerseits Vietnames_innen Việt Kiều mit den Eigenschaften Reichtum, Schönheit und einem bestimmten Verhalten assoziieren, andererseits Việt Kiều selbst so genannt werden wollen, um diese Attribute zur Schau zu stellen, obwohl die Realität, nach Frau Huyens Meinung, in vielen Fällen anders aussieht. [# 100-104]. Das führt dazu, dass sie sich nicht mit dem Begriff Việt Kiều identifiziert und ihn sehr bestimmt ablehnt und sich vielmehr als „ganz normale" Vietnamesin betrachtet.

---

[74] (Eigene Übersetzung) „Cảm thấy mình là người ở nước ngoài về, mình không phải là người Việt Nam ở đây, họ coi là Việt kiều, tức là người Việt ở nước ngoài. Khi mà mình về đây mình nghĩ mình là bình thường nhưng mà tự họ đặt chứ mình có nghĩ mình là Việt kiều đâu. Mình cũng nói mình người Việt Nam, con người xa xứ đi lâu rồi về thăm quê hương vậy, về thăm cha mẹ thôi."

Eine Ausnahme bildet Frau Ngoc, denn sie identifiziert sich weder wie bei denen der ersten Generation als Vietnamesin noch wie bei den Interviewpartner_innen der zweiten Generation konfus. Sie äußert sich: „[Ich] würde eher sagen, dass ich người Đức [Deutsche] bin. Für die meisten halt eher deutsch. Viele sehen auch gar nicht, dass ich vietnamesisch bin." [# 85] Interessant ist, dass Frau Ngocs Selbstbezeichnung als Deutsche einhergeht mit der Ansicht ihrer Umgebung, die sie aufgrund ihres äußeren Erscheinungsbildes nicht als Vietnamesin wahrnehmen. Ihre Selbstbezeichnung wird damit weitgehend von ihrer sozialen Umwelt und somit durch ein konstitutives Anderes bestimmt. Sie sagt an anderer Stelle auch, dass sie nie als Việt Kiều bezeichnet wurde [# 87], was damit zusammenhängen könnte, dass sie von ihrer Umgebung nicht als Vietnamesisch aussehend wahrgenommen wird. Die konkrete situative Erfahrung, die Begegnung mit Vietnames_innen während der Reise, führt für sie dazu, sich nicht als Việt Kiều zu sehen.

Wie bereits angedeutet, gestaltet sich die Frage nach der Identifikation der anderen Interviewten der zweiten Generation widersprüchlicher und von Ambivalenzen durchzogen. Die Analyse der Interviews ergab, dass die zweite Generation keine so eindeutigen Angaben machen konnte, wie diejenigen der ersten Generation. Es handelte sich vielmehr um einen situativen Identifikationsprozess, das heißt, dass bestimmte Situationen auf ihrer Reise in Vietnam den Identifikationsprozess anstoßen. Diese Situationen sind Erfahrungen mit Menschen und Orten, also einem konstitutiven Außen, was dazu führt, dass die Interviewten sich in Relation zu den „Anderen" reflektieren und identifizieren. Dieser Prozess der situativen Identifikation soll nachfolgend anhand von Interviewauszügen und situativen Erfahrungen der Việt Kiều untermauert werden. Dabei wird auf die zweite Generation im Detail eingegangen, um die verschiedenen situativen Identifikationsprozesse und die sie durchziehenden Ambivalenzen zu beschreiben. Zu Beginn möchte ich jene heranziehen, die den Begriff Việt Kiều als eine von den Vietnames_innen vergebene Bezeichnung sehen.

Als ein erstes Beispiel für die situative Identifikation durch ein konstitutives „Anderes" möchte ich Herrn Loi zitieren, der auf die Frage, ob er sich als Việt Kiều sieht, antwortet:

> Das würde ja bedeuten, ich würde sagen, hier [Vietnam] ist meine wirkliche Heimat und ich bin im Ausland [Deutschland] der Vietnamese. Also

ich seh bei mir schon mehr den vietnamesischen Teil wie den deutschen Teil. Ich werde in Deutschland auch Minh genannt oder Minh Loi. Ich hab zwei Namen: Frank und Minh Loi und werde dort [in Deutschland] auch Minh Loi[75] genannt, das heißt, so sehen mich die Anderen in Deutschland ja auch – mehr Vietnamesisch wie Deutsch. Aber alle wissen, dass ich halb-halb bin. Ich seh mich im Prinzip genauso. Ich mein, das ist gefühlt wahrscheinlich schon sehr viel vom Namen her. [Begleitung spricht Rolle der Sprache an.] Ja, wir können kaum Vietnamesisch, aber sie hat gefragt, wie ich mich selber sehe und wie einen Andere oft sehen. Das hängt ja nicht damit zusammen, ob wir gut Vietnamesisch sprechen oder nicht. Ja, ich mein, für mich sind viele Sitten auch extrem wichtig, die es einfach gibt, wo ich auch versuche, die meiner Freundin dann beizubringen. Also gerade, dass du Respekt den Erwachsenen dann erweist, dass du niemals von Erwachsenen etwas entgegennimmst und nur eine Hand gibst, sondern immer mit zwei Händen auch entgegennimmst. Oder wenn man Ältere sieht, immer mit zwei Händen die Dinge gibt. Genauso werde ich auch meine Kinder dann erziehen. Ja, die werden eine strengere Erziehung bekommen und mehr Vietnamesisch auch. [# 72]

Herr Loi lehnt Việt Kiều als Bezeichnung für sich ab, da die Semantik hinter dem Begriff – Vietnam ist Heimat, Deutschland das Ausland – nicht auf ihn zutrifft, obwohl er in sich – und hier macht er eine Einschränkung – mehr das Vietnamesische sieht als das Deutsche. Das mehr an Vietnamesisch-Sein macht Herr Loi daran fest, dass man ihn in Deutschland auch mit seinem vietnamesischen Namen anspricht und ihn die Anderen so sehen, auch wenn „den Anderen" klar ist, dass er Halbvietnamese ist. Das ist nicht nur eine Frage, wie ihn die Anderen sehen und ansprechen, sondern auch mit welchem Namen er sich selbst anderen gegenüber vorstellt. Seine Umgebung wird Herrn Loi nur mit jenem Namen ansprechen, den er ihnen nennt, sodass er mehr Wert auf den Vietnamesischen zu legen scheint. Er betont auch, dass es nichts mit seinen Kenntnissen der vietnamesischen Sprache zu tun hat, dass er sich mehr als Vietnamese fühle, sondern eher mit den vietnamesischen Umgangsformen, die er für so wichtig hält, dass er bereits jetzt betont, seine zukünftigen Kinder in diesem Sinne erziehen zu wollen.

Die Bezeichnung Việt Kiều ist in seinem Fall nicht relevant, da er in Vietnam selten so benannt wird. Er begründet es mit einem „Halb-

---

[75] Herr Lois vollständiger Name lautet: Nguyen Minh Loi Frank bzw. nach deutscher Schreibweise Frank Loi Minh Nguyen (anonymisiert).

Tourismus und Identität

Halbsein". Er legt Wert auf den vietnamesischen Teil in ihm und die mit Vietnamesisch-Sein verbundenen Umgangsformen und lässt dies andere Menschen in seiner Umgebung wissen, indem er sich mit seinem vietnamesischen Namen vorstellt. Dieses Zitat erweckt allerdings den Eindruck, dass er eine situative Erfahrung beschreibt, wie er sie in Deutschland erlebt. Denn in Vietnam wird er nicht als im Ausland lebender Vietnamese bezeichnet. Die Selbstbezeichnung und Identifikation ist eng verbunden mit der Selbstpräsentation anderen gegenüber, die diese dann wiederum reproduzieren und sein Selbstbild verstärken.

Frau Trang betont auch eher das Vietnamesisch-Sein, argumentiert aber aus einer anderen situativen Erfahrung heraus. Auf die Frage, ob sie sich selbst als Việt Kiều sehe, antwortet sie:

> T: Hmm, ich denke schon, weil ich kann mich nicht als hundertprozentige Vietnamesin bezeichnen, weil es gibt Leute, die sehen auf den ersten Blick, dass ich nicht vietnamesisch bin. Die können erkennen, dass ich Việt Kiều bin. Deswegen denke ich schon, dass ich in die Kategorie falle.
> K: Würdest du dich selbst so bezeichnen, fühlst du das auch [...]?
> T: Habe ich noch nicht so viel drüber nachgedacht, aber spontan würde ich jetzt sagen, fühle ich mich nicht als Việt Kiều, wenn ich hier [in Vietnam] bin, dann fühle ich mich eigentlich vietnamesisch. Es sei denn, Leute merken, dass ich nicht vietnamesisch bin und behandeln mich anders, dann merke ich schon, dass ich nicht hundertprozentig vietnamesisch bin, sondern Việt Kiều, wie die hier halt alle sagen. [# 109-111]

Frau Trangs Eltern kamen beide als Bootsflüchtlinge nach Deutschland. Obwohl sie anders als Herr Loi „Vollvietnamesin" ist, sehen Vietnames_innen auf den ersten Blick, dass sie nicht in Vietnam lebt. Aus diesem Grund, denkt sie, wäre der Begriff Việt Kiều eine geeignete Bezeichnung. Auf meine Nachfrage hin, wie sie sich selbst fühlt, lehnt sie spontan die Bezeichnung Việt Kiều ab und sagt, dass sie sich in Vietnam auch als Vietnamesin fühle. Nur in dem Moment, wenn Vietnames_innen merken, dass sie „anders" ist und sie daraufhin anders behandeln, dann fühlt sie sich als etwas anderes als eine Vietnamesin. In diesem Fall wäre dann Việt Kiều passend, aber nur weil die Vietnames_innen das so sagen. Việt Kiều ist für Frau Trang eine von Vietnames_innen vergebene Fremdbezeichnung. Während ihres Aufenthaltes in Vietnam fühlt sie sich selbst als Vietnamesin, nur wenn sie in konkrete Situationen kommt, in denen Vietnames_innen erkennen, dass sie sich anders verhält, fühlt sie sich anders.

Frau Trang kann es geschehen, dass sie als in Deutschland aufgewachsene Frau von dem für Vietnames_innen erwarteten Verhalten abweicht, da sie sich in einer konfuzianisch geprägten Gesellschaft bewegt, in der Rollen und Hierarchien klar festgelegt sind.

Hingegen berichtet Frau Lieu von einer konkreten Erfahrung, die sie kurz nach der Ankunft in Hô-Chí-Minh-Stadt gemacht hat, wo sie zur Zeit des Interviews Freiwilligenarbeit verrichtet.

> Alle kennen dich, wirklich also alle sofort, ja wer ist das, wer ist das Mädchen aus dem Ausland und so am nächsten Tag, an dem ich halt rausgegangen bin, ja hey Lieu und solche Sachen. [# 7]

Unmittelbar nach ihrer Ankunft sind die Vietnames_innen in ihrer Nachbarschaft sehr interessiert und neugierig, wer Frau Lieu ist. Diese Situationsbeschreibung zeigt, dass Frau Lieu als „Mädchen aus dem Ausland", also als Ausländerin, wahrgenommen wird und nicht als Vietnamesin oder Việt Kiều. Da sie in Hô-Chí-Minh-Stadt etwas am Stadtrand lebt, wo sich weniger Ausländer_innen aufhalten, scheint sie unter Vietnames_innen sofort als Ausländerin aufzufallen, obwohl sie vom Erscheinungsbild vietnamesisch ist, denn beide Eltern sind als Bootsflüchtlinge nach Deutschland gekommen. Auf die Frage, ob Frau Lieu sich selbst als Việt Kiều bezeichnet, antwortet sie:

> Ich mach das automatisch, weil ich merk den Unterschied ja selber und ich würde jetzt nicht sagen, dass ich Vietnam[esin] bin, weil ich auch einfach den Unterschied merke zu den Vietnamesen. [# 137]

Lieu bezeichnet sich automatisch als Việt Kiều, weil sie im Vergleich zu Vietnames_innen vermeintliche Unterschiede bemerkt. Über den Begriff sagt sie:

> Also ich finde das [Việt Kiều] so ein bisschen, nicht rassistisch, aber ich find's bisschen gemein, weil ich komme ja auch aus Vietnam. Nur weil ich jetzt im Ausland lebe, mein Gott, aber ich kann sie ganz gut nachvollziehn, was sie damit meinen. [# 139]

Sie scheint hin- und hergerissen zu sein, da sie einerseits als Ausländerin wahrgenommen wird, sich selbst als Việt Kiều bezeichnet, aber den Begriff für „gemein" hält, da sie auch aus Vietnam kommt. Diese Äußerung – dass sie auch aus Vietnam kommt – ist interessant, weil Frau Lieu dies gar nicht tut. Sie ist in Deutschland groß geworden und hat durch ihre Eltern starke Bindungen zu Vietnam. Gleichzeitig verstärkt sie diese Aussage, indem sie betont, dass sie jetzt im Ausland lebt. Deutschland bezeichnet sie hier als Ausland. Das könnte einerseits auf den Wunsch hindeuten, dass sie als Vietnamesin gesehen werden möchte und andererseits zeigt es die Widersprüchlichkeiten und Ambivalenzen innerhalb der vielfältigen Identifikationsmöglichkeiten von Frau Lieu auf.

Gleichzeitig hat sie dafür Verständnis, was Vietnames_innen mit Việt Kiều meinen. An anderer Stelle nimmt Frau Lieu nochmals Bezug auf die Selbstbezeichnung, was erneut im Widerspruch zu ihren vorherigen Äußerungen steht:

> Ja, ich würde einfach sagen, meine Eltern kommen aus Vietnam und ich lebe in Deutschland. Das ist das, was ich immer sage. Ich würde jetzt nicht sagen, ich bin Việt Kiều, zu irgendjemandem. [# 141]

Hier nimmt sie ihre vorher gemachte Aussage zurück, dass sie sich automatisch als Việt Kiều bezeichnet und spezifiziert, indem sie sagt, dass ihre Eltern aus Vietnam kommen und sie in Deutschland lebt. Diese widersprüchlichen Äußerungen verdeutlichen, dass Frau Lieu je nach Gefühl und Situation agiert und sich identifiziert. Wahrgenommen wird sie als Ausländerin, was ihr aber nicht gefällt, da sie meint, sie käme ebenfalls aus Vietnam, weshalb sie konkretere Ausführungen vornimmt und von ihren Eltern berichtet. Frau Lieus Aussagen im Interview sind durch Widersprüchlichkeiten und Ambivalenzen gekennzeichnet, die sie in verschiedenen Situationen für sich selbst in ein „lebbares Beziehungsverhältnis zu bringen" (Keupp 2013: 207) versucht. Dieses Beispiel zeigt den bei Frau Lieu stattfindenden situativen Identifikationsprozess.

Dass die Selbstidentifikation situativ abläuft, zeigt auch folgendes Beispiel von Frau Hien. Zunächst wurde sie zum Begriff Việt Kiều befragt und was sie darunter versteht.

> Ich glaub, ich würde es als Auslandsvietnamesen übersetzen. Ich würde sagen, Vietnamesen, die schon das sie das Denken haben, einfach viel offener sind, open-minded. Dadurch dass sie halt in Deutschland ausgebildet wurden und viel mit Deutschen in Kontakt waren. Ja, vielleicht auch deutsch denken. [# 121]

Der Begriff Việt Kiều impliziert für Frau Hien ein vermeintlich deutsches Verhalten und Denken. Die größere Offenheit von Việt Kiều setzt sie in

Bezug zu Vietnames_innen in Vietnam und sagt damit indirekt, dass in Vietnam die Menschen nicht so offen sind. Worin allerdings die Offenheit besteht, lässt sie ungeklärt. Sie geht davon aus, dass Ausbildung und Kontakt mit Deutschen zu einer größeren Offenheit und zum Deutsch-Denken führt. Da Frau Hien in Deutschland geboren und aufgewachsen ist und beide Eltern als Bootsflüchtlinge aus Vietnam kamen, stellte ich Frau Hien die Frage, ob sie sich als Việt Kiều bezeichnen würde, worauf sie mit einem knappen „nö" [# 125] antwortete. Sie lehnt den Begriff als Selbstbezeichnung ab. Interessant ist, dass sie den Begriff in Relation zu Anderen verwendet, obwohl sie sich damit nicht identifiziert.

> K: Also würdest du auch jemandem sagen, dass du Việt Kiều bist?
> H: Zu Vietnamesen sag ich, dass ich Việt Kiều bin. Ja, weil das ist halt am einfachsten. Ich sag, ich bin Deutsche. Ja woher kommst du? Du siehst so asiatisch aus. Das ist am einfachsten zu sagen, ich bin Việt Kiều Đức. Die sagen auch immer, wenn wir im Ausland sind, in Spanien oder in Italien, dann fragen die ja, woher kommst du denn? Ja aus Deutschland. Dann wenn die fragen, ja du siehst wie Chinesin aus und dann war meine Schwester immer total genervt. Meine Eltern sind aus Vietnam, antwortet sie dann. [# 127]
> K: Ist es dann besser Deutsch-Vietnamese jetzt in Deutschland zu sagen?
> H: Ich sag immer, ich bin in Deutschland geboren und meine Eltern sind Vietnamesen. Deutsch-Vietnamese hört sich dann so an als wär ich nur Halbvietnamese. Oder was ich zu Deutschen auch sage: Banane gibt's ja einmal und dann hat mir jemand gesagt, Software ist Deutsch und Hardware ist Vietnamesisch. [# 129]

In Bezug zu einem konstitutiven Außen stellt sich Frau Hien unterschiedlich vor. In Vietnam gegenüber Vietnames_innen ist es für sie einfacher zu sagen, sie ist Việt Kiều Đức, weil eine Erklärung, sie sei aus Deutschland, aufgrund ihres Aussehens nur viele andere Fragen bei Vietnames_innen hervorrufen würde. Hier schildert sie eine häufiger vorkommende Urlaubssituation mit ihrer Familie in Südeuropa, wo ihre Umgebung Aussage und Äußeres von Frau Hiens Familie nicht in Einklang bringen können und dadurch weitere Fragen aufkommen. Dass sie die Bezeichnung für sich wählt, die am einfachsten in der jeweiligen Situation ist, veranschaulicht, dass es sich gleichzeitig um eine Strategie handelt, unliebsamen Fragen aus dem Weg zu gehen. In Deutschland gegenüber Deutschen verwendet sie weder Việt Kiều Đức noch Vietnamesin. Gegenüber ihrem deutschen konstitutiven Außen wird sie präziser, indem sie erklärt, dass sie in Deutschland geboren ist, aber ihre Eltern aus Vietnam kommen. Meinen Vorschlag von Deutsch-Vietnamesin lehnt sie ab, weil der Begriff für sie impliziert, sie sei Halbvietnamesin, was sie nicht ist. Stattdessen spricht sie von sich anderen gegenüber in Deutschland auch als „Banane": dem äußeren Erscheinungsbild nach gelb, also vietnamesisch, im Inneren, dem Charakter nach weiß, also deutsch. Auf den ersten Blick scheinen Frau Hiens Aussagen widersprüchlich zu sein, da sie Việt Kiều als Selbstbezeichnung ablehnt, dann aber doch verwendet. Hier ist zwischen einer Selbstidentifikation in Auseinandersetzung mit einem konstitutiven Außen sowohl in Deutschland als auch in Vietnam zu unterscheiden. In Situationen in Vietnam erklärt sie, sie ist Việt Kiều Đức (deutsche Việt Kiều), in Deutschland hingegen erläutert sie sogar, woher sie und ihre Eltern kommen.

Der Identifikationsprozess des folgenden Beispiels von Frau Van ist ebenfalls durch Widersprüchlichkeiten und Ambivalenzen gekennzeichnet. Sicher ist sie sich bezüglich des Begriffes Việt Kiều, den Frau Van ablehnt. Nachfolgendes Zitat zeigt, wie sie sich stattdessen bezeichnet:

> Weil Việt Kiều heißt eigentlich Vietnamesen, die in Vietnam geboren sind und dann im Ausland jetzt leben. Aber ich wurde nicht hier geboren, auch die Leute in meiner Generation nicht. Deswegen ist die Bezeichnung falsch. Bei uns heißt das dann người Đức gốc Việt, heißt Deutsche mit vietnamesischen Wurzeln. Langes Wort, aber das ist die richtige Bezeichnung. Mich kann man nicht als Việt Kiều bezeichnen, ich bin nicht hier geboren worden. Schließlich ist es mir egal, wenn die mich dann hier so nennen. [# 124] [...] Meine Eltern sind immer noch Việt Kiều. [# 132]

Laut Frau Van ist der Begriff Việt Kiều für ihre Generation falsch, da sie nicht in Vietnam geboren ist. Für ihre Eltern, auf die das zutrifft, ist auch Việt Kiều eine korrekte Bezeichnung. An Stelle von Việt Kiều tritt für sie die präzisere Selbstbezeichnung Deutsche mit vietnamesischen Wurzeln. Obwohl Việt Kiều keine von Frau Vans akzeptierte Selbstbezeichnung ist, hat sie nichts dagegen, wenn Vietnames_innen sie dennoch so nennen. Diese recht gleichgültige Antwort wird im nächsten Zitat ins Gegenteil verkehrt, ohne für Frau Van problematisch zu sein:

> Eigentlich will ich nicht Việt Kiều genannt werden. Nicht weil es beleidigend ist oder so, aber weil einfach weil es zum Beispiel dann gehen die Anderen davon aus, dass ich irgendwas Vietnamesisches in mir habe und dann mit mir

> wie [mit] Vietnamesen umgehen können und die direkt wissen, ich verstehe
> auch alles von der Sprache und das ist halt nicht so. Das ist wichtig, dass das
> Gegenüber von mir das auch weiß. Dann ist es aber so, dass ich kann die
> Sprache ja nicht so super gut und dann kommen die an und sagen nee kannst
> du so schlecht Vietnamesisch, bist du blöd oder was. Nein, ich bin nicht hier
> geboren, ich bin drüben geboren und dann kannst du mich nicht einfach so
> beleidigen. [# 126]

Im Vergleich zum vorherigen Zitat ist es Frau Van hier nicht mehr egal, wie sie bezeichnet wird, denn sie möchte lieber gar nicht erst als Việt Kiều bezeichnet werden, weil damit ihrer Meinung Erwartungen von Vietnames_innen an sie gestellt werden, die sie nicht erfüllen kann. Als Beispiel nennt sie hier die Beherrschung der vietnamesischen Sprache. Da sie in Deutschland geboren wurde und aufgewachsen ist, spricht Frau Van Vietnamesisch nicht wie eine Muttersprachlerin. Der Begriff Việt Kiều impliziert für sie aber in Vietnam Geborene, die die Sprache beherrschen.[76] Es ist wichtig für Frau Van, dass ihr Gegenüber, also die Vietnames_innen, genau wissen, mit wem sie es zu tun haben, damit sie sie auch entsprechend behandeln und nicht wie in ihrem Beispiel beleidigend werden. In einer anderen Situation in Vietnam ist Frau Van mit einer vietnamesischen Freundin unterwegs, es kommt zu Verständigungsproblemen:

> Das tut mir immer weh, wenn jemand das sagt: Du verstehst das nicht, weil
> du Deutsche bist. Das tut mir so weh, weil ich bin nicht deutsch. Ich versuche
> immer, alles zu verstehen, aber das ist einfach, weil ich von meinem Typ her-
> weil ich so bin, wie ich bin, lass ich mich nicht so schlecht reden von anderen
> Leuten. Das tut doch weh und das hat die nicht verstanden. Da dachte ich, das
> hat mich sehr verletzt. [# 117]

Frau Van zeigt hier, dass sie versucht zu verstehen, warum ihre Freundin gewisse Dinge sagt. Als Antwort bekommt sie nur zu hören, sie würde das in Vietnam nicht verstehen, weil sie Deutsche ist. Ihr Gegenüber scheint sich nicht zu bemühen, ihr eigenes Verhalten gegenüber Frau Van zu erklären, sondern ihr Unverständnis auf das Deutsch-Sein zu schieben. Das verletzt Frau Van, möchte sie doch die Gründe für deren Verhalten erfahren. Was sie anscheinend an dieser situativen Erfahrung so sehr verletzt, ist die Tatsache, dass ihr Unverständnis auf das Deutsch-Sein geschoben

---

[76] Ausführlicher zum Aspekt der Sprache siehe Unterkapitel 5.3.

Tourismus und Identität

wird, aber sie sich selbst gar nicht als Deutsche sieht. Weiter oben hat sie noch angegeben, sie würde sich selbst als Deutsche mit vietnamesischen Wurzeln bezeichnen. Hier verneint sie das Deutsch-Sein und sagt somit indirekt, dass sie Vietnamesin ist. Das nachfolgende Zitat veranschaulicht die Schwierigkeiten für Frau Van, das Deutsch-Sein zu verneinen, aber dennoch nicht Vietnamesin zu sein.

> Ich kann's nicht beurteilen, weil ich weiß nicht, wie's zwischen Deutschen und Deutschen ist in Deutschland. Weil ich bin nie wirklich Deutsche, obwohl ich da geboren bin und aufgewachsen bin. Vom Aussehen her bin ich keine Deutsche, sondern, weiß nicht, ob es an meinem Aussehen dann liegt, aber ich fühlte mich niemals wohl in Deutschland, niemals als Teil. Aber auch so hier, dass du auch hier [in Vietnam] kein Teil bist, sondern woanders aufgewachsen bist. [# 110]

Aufgrund ihres Aussehens ist Frau Van keine Deutsche und fühlt sich niemals als Teil der deutschen Gesellschaft, obwohl sie dort aufgewachsen ist. In Vietnam fühlt sie sich ebenfalls nicht zugehörig aus dem Grund, dass sie in Deutschland aufgewachsen ist und nicht in Vietnam. Deshalb kann sie, wie sie sagt, auch kein Teil der vietnamesischen Gesellschaft sein. Frau Van identifiziert sich somit weder als Deutsche noch als Vietnamesin. Die Selbstbezeichnung Frau Vans ist für sie eine Frage des konstitutiven Anderen und wie diese, vor allem die Vietnames_innen, mit ihr umgehen. Deshalb lehnt sie den Begriff Việt Kiều ab, da mit diesem Erwartungen seitens der Vietnames_innen verbunden sind, die Frau Van nicht erfüllen kann. Deshalb präferiert sie Deutsche mit vietnamesischer Abstammung, wobei sie in bestimmten Situationen gerade dieses Deutsch-Sein verneint.

Herr Hung und Herr Tho, deren Aussagen nachfolgend erläutert werden, erklären nicht explizit, dass es sich bei dem Wort Việt Kiều um eine Fremdbezeichnung durch die Vietnames_innen handelt. Sie haben offensichtlich weniger Probleme mit der Verwendung, was aber nicht heißt, dass ihr Identifikationsprozess ohne Widersprüche und situative Ambivalenzen auskommt.

Herr Tho verwendet während des Gesprächs den Begriff Việt Kiều von sich aus. Interessant ist, dass er es im Zusammenhang mit seiner Reisebegleitung in Vietnam erwähnt, um diese Person abzugrenzen, wie das folgende Zitat zeigt: „Meine Freundin und ich waren mit einem anderen Việt Kiều und einer deutschen Freundin unterwegs." [# 76] Die Abgren-

Aspekte der identitären Konstruktionsarbeit der Việt Kiều

zung erfolgt zwischen Deutsch- und Việt Kiều-Sein. Obwohl der „andere Việt Kiều" auch ein „deutscher" Việt Kiều ist wie Herr Tho, betont er das Việt Kiều-Sein seiner Begleitung. Genauso bezeichnet Herr Tho einen anderen Freund aus Deutschland, der zum ersten Mal nach Vietnam reist, um mit Herrn Tho herumzureisen und Urlaub zu machen: „Mein [Freund], der Việt Kiều, der zum ersten Mal in Vietnam war, der liebte Hà Nội, genau wie ich." [# 133] Herr Tho benutzt den Begriff Việt Kiều problemlos für andere Deutsche mit vietnamesischer Abstammung. Auch er selbst bezieht sich in die Gruppe der Việt Kiều ein, indem er an anderer Stelle des Interviews sagt, „aber [für] mich und viele andere Việt Kiều [hat Hồ Chí Minh] keine Relation" [# 106]. Diese unproblematische Verwendung von Việt Kiều zeigt, dass es für Herrn Tho nicht negativ ist, sich und andere so zu benennen. Dass es dennoch in bestimmten Situationen zu Konflikten kommen kann und wie er sich positioniert und fühlt, bezeugt folgende Aussage Herrn Thos:

> Also für mich [ist das] jetzt nicht so negativ, aber es hat schon viele Vietnamesen oder generell Ausländer, die in verschiedenen Ländern gewohnt haben, haben das Problem sich in beiden Ländern nicht heimisch zu fühlen. Man ist in beiden Ländern dann Ausländer. Das stimmt schon, aber um ehrlich zu sein, auch wenn ich [in] meiner Kindheit die Rassisten mitbekommen habe, fühl ich mich doch in Deutschland sehr gut integriert. Ich war ja auch bei der Bundeswehr und fühl mich als Deutscher. Viele sagen, ich bin mehr Deutscher als viele Deutsche. Also ich kann die Nationalhymne singen, gehöre zu den wenigen […], die das können, und das können vielleicht zwanzig Prozent der deutschen Bevölkerung, die komplette Nationalhymne singen. Und ich war bei der Bundeswehr. Ich hab mich immer für Sachen so interessiert, wie wofür stehen die Farben der deutschen Flagge. Und Vietnam is toll, aber es ist, find ich, halt nicht mein Vaterland. Und Vietnamesisch ist nicht meine Muttersprache. Deswegen passt das schon richtig, dass ich nicht richtiger local Vietnamese bin. Und ich werde immer auch vorsichtig sein, mich überhaupt in diesem Sinne vorzustellen. Aber das stimmt schon, wir sind ein eigenes Völkchen, die Việt Kiềus, also irgendwie sind alle Việt Kiều gleich, also super toll und so ganz anders. Aber passt schon und für mich ist nicht negativ.
> K: Beide Elternteile sind Vietnamesen?
> T: Beide, ja. Aber Việt Kiều ist ein eigenes Völkchen. [# 153]

Herr Tho beginnt damit, dass Việt Kiều für ihn persönlich nichts Negatives bedeutet. Allerdings gibt er zu bedenken, dass es schwieriger werden kann, Heimatgefühle herauszubilden, wenn Vietnames_innen oder Menschen im Allgemeinen in anderen Ländern leben. Diese Multilo-

Tourismus und Identität

kalität verhindert die Entwicklung eines Heimatgefühls. Für sich selbst kann Herr Tho diesen Konflikt aber nicht feststellen, denn er fühlt sich als Deutscher und in Deutschland gut integriert. Er legt Wert darauf zu betonen, dass er von vielen aufgrund seines Verhaltens und seiner Vorlieben deutscher als viele Deutsche wahrgenommen wird. Dies macht er an deutschlandspezifischem Wissen fest, wie dem Auswendigkönnen der kompletten Nationalhymne. In Bezug zu Vietnam stellt er sogleich fest, dass weder Vietnam sein Vaterland noch Vietnamesisch seine Muttersprache ist. Deshalb bevorzugt er lieber den Begriff Việt Kiều, als sich als Vietnamese vorzustellen. Er spricht sogar davon, dass Việt Kiều ein „eigenes Völkchen" ist und betont das auf meine Frage nach seinen Eltern nochmals. Das impliziert, dass Vietnames_innen im Ausland bzw. Menschen anderer Staatsbürgerschaften mit vietnamesischen Wurzeln (wie Herr Tho selbst), egal an welchen Orten sie sich weltweit aufhalten, etwas verbindet. Diese Verbindung scheint in der gemeinsamen vietnamesischen Herkunft zu liegen und schafft eine globale Gemeinschaft, die nicht an Nationalstaaten festzumachen ist, die er als „Völkchen" bezeichnet. Dieses anscheinende Zusammengehörigkeitsgefühl von Menschen mit vietnamesischer Abstammung weltweit deutet auf das Konzept der Diaspora hin, denn für Herrn Tho sind die Việt Kiều alle gleich und so anders, wobei er nicht darauf eingeht, worin die Gleichheit untereinander und die Andersartigkeit zu anderen besteht. Interessant ist, dass Herr Tho sich dem „Völkchen" Việt Kiều angehörig, aber gleichzeitig auch als Deutscher fühlt. Diese doppelte Identifikation betont er im nachfolgenden Zitat und liefert zugleich Gründe, warum er eine Identifikation als Vietnamese ausschließt.

> Und sonst bin ich halt typisch deutsch und das stimmt schon, also das wird auch eigentlich jeder Việt Kiều zugeben: Selbst wenn du dich so local-mäßig kleidest, wie du willst, spätestens wenn du den Mund aufmachst, wissen die, dass du kein Vietnamese bist. Also, weil schon alleine die haben ja ein superempfindliches Gehör für Töne. Sprich, die hören das sofort raus, wenn die die nicht exakt von deiner Region raushören. Aber auch wie ich mich kleide oder wie ich mich verhalte, zum Beispiel ich steh sehr aufrecht, sieht man sofort, ich [bin] Westler. Vietnamesen haben generell eine lockerere Haltung, auch die Damen, die Schulter hängt genau so und als Westler und ich steh dann halt so und das merkt man mir an oder die Gestik [ist] sehr demonstrativ, selbstbewusst. Und das merkt man [mir] sofort an. Also ich finde, ich bin eine Banane. [# 149]

Aspekte der identitären Konstruktionsarbeit der Việt Kiều

Zunächst fühlt sich Herr Tho „typisch" deutsch und erst dann sieht er sich als Việt Kiều. Damit ist keine Hierarchie oder eine Präferenz verbunden. Ganz gleich was Việt Kiều auch versuchen, um wie Vietnames_innen zu sein, sie fallen bei Vietnames_innen als Việt Kiều auf. Er listet auf, dass die Kleidung, die Sprache, das Verhalten, die Körperhaltung und die Gestik von Việt Kiều im Vergleich zu Vietnames_innen anders ist und er und Việt Kiều deshalb sofort auffallen. Er erwähnt hier den alternativen Begriff zu Việt Kiều als Banane. Rein äußerlich ist er vietnamesisch, aber Verhalten und Sprache zeugen vom „Anderssein", vom „Westlichsein" in den Augen der Vietnames_innen.

Zu diesen zweifachen Identifikationen Herrn Thos als Việt Kiều und als Deutscher kommt ein drittes Moment der Zugehörigkeit:

> [I]ch glaub, für so Asiaten oder Leute mit asiatischem Touch [ist] schön, also mystische Kulturbilder zu pflegen, ist die Stadt Huế, glaub ich, toll. Also man fühlt sich, als könnte jeden Moment ein Kungfu-Typ von einem Dach zum nächsten fliegen. Da fühl ich mich wie in meine Kindheit versetzt, als [ich] so Filme gerne geguckt habe. Ansonsten Hội An die Lichter das ist einfach für mich, [weil ich] ein großer Fan von so traditionell Asiatischem, aber auch von wie gesagt auch, wenn das blöd klingt, von so Animangas, wovon halt nicht gerade wenig Asiaten Fan sind. Das ist eigentlich auch genau das, was man sonst nur in den Animeserien und in den Zeichentrickserien sieht. Und zum ersten Mal ist man selber dazwischen und das ist einfach umwerfend. [# 55]

Herr Tho ist vom Aussehen Südostasiate. Im vorangegangen Zitat spricht er allgemein vom Asiate-Sein. Die Stadt Huế ist schön, da Asiaten dort mystische Bilder finden können. Er selbst verbindet das mit seiner Kindheit, in der er Kungfu-Filme und asiatische Zeichentrickserien gesehen hat. Da er Fan von traditionell Asiatischem ist und ihn gewisse Orte in Vietnam an seine Kindheit erinnern, geht er davon aus, dass Asiaten und somit auch er selbst das interessant finden. Er fühlt sich beim Anblick von Huế und Hội An in die Kindheitserinnerungen hineinversetzt. Diese Situation – die Erinnerung – beim Besuch eines bestimmten Ortes bringt ihn dazu, sich indirekt als Asiate zu bezeichnen. Eine direkte Identifikation als Asiate findet in der folgenden Aussage statt:

> Ich bin lieber einer, der Fotos mit den Augen schießt, der lieber [die] Kamera beiseite stellt und den Moment genießt, als das schön auf Fotos zu haben, aber nicht in Erinnerung, wie [sich] das im Körper anfühlt, dir das einzubrennen das Foto. Aber vielleicht bin ich als Asiate da eine Minderheit. [# 80]

Tourismus und Identität

Da Herr Tho nicht gerne Fotos macht und für ihn das sinnliche Erleben des Augenblicks im Mittelpunkt steht, meint er, er wäre als Asiate eine Minderheit. Das impliziert, dass eigentlich alle Asiaten sehr gerne Fotos machen würden, nur er als eine Minderheit unter den Asiaten stellt die Kamera beiseite. Für Herrn Tho gibt es somit drei Identifikationsmomente: Er fühlt sich als Deutscher, gehört dem Việt Kiều-„Völkchen" an und sieht sich in manchen Situationen als Asiate, insbesondere dann wenn es um asiatische Dinge wie Filme geht, die an seine Kindheit erinnern oder Fotografieren. Es ist für ihn wichtig, dass er kein Vietnamese ist. Er lehnt eine Bezeichnung als solcher ab, weil er sofort bei der Begegnung mit den konstitutiven Anderen, also den Vietnames_innen, auffallen würde. Gleich was er tut, um vietnamesisch zu sein, es könnte ihm, wie er meint, nie gelingen, von Vietnames_innen als Vietnamese wahrgenommen zu werden.

Herr Hung soll nun als letztes Beispiel eingehender vorgestellt werden. Er gehört wie Herr Tho zu der Gruppe, die Việt Kiều nicht als Fremdbezeichnung durch die Vietnames_innen erwähnen. Herr Hung ist sich der differenzierten semantischen Bedeutung des Begriffes im Klaren, was weiter unten genauer erläutert werden soll. Die Vietnames_innen sehen ihn, ähnlich wie Herrn Tho, nicht als Vietnamesen, was Herr Hung bereits zu Anfang des Interviews ohne meine konkrete Frage nach seiner Zugehörigkeit erwähnt.

> Aber ja, es ist sehr unterschiedlich die Wahrnehmung. Ich werde überall [in Vietnam] als Ausländer wahrgenommen, glaube ich. Manchmal kann es sein, dass die Leute schon merken, dass ich irgendwie halbvietnamesisch bin. [# 26]

Das konstitutive Andere, die Vietnames_innen, nimmt Herrn Hung als einen Ausländer wahr. Es gibt Situationen, in denen er hin und wieder als Halbvietnamese von den Vietnames_innen gesehen wird. Die Wahrnehmung zielt auf die Eindrücke der Vietnames_innen von Herrn Hung ab. Ob er sich allerdings selbst als Ausländer sieht oder für sich andere Bezeichnungen in der Interaktion in Vietnam verwendet, soll anhand des nachfolgenden Zitates veranschaulicht werden. Er geht damit auf meine Frage ein, wie sich sein Leben während der Reise in Vietnam im Vergleich zu seinem Alltag in der Schweiz für ihn darstellt. Diese Frage zielt auf die für den Tourismus spezifische Dichotomie von Alltag und Urlaub ab. Da

Aspekte der identitären Konstruktionsarbeit der Việt Kiều

Herr Hung allerdings auch zeitweise in früheren Jahren in Vietnam gearbeitet hat, geht er auf Aspekte der Identifikation und Zugehörigkeit ein, die mit der Aufenthaltsdauer in Zusammenhang stehen.

> Mhm, also ich merk schon je länger ich hier bin, umso mehr hab ich das Gefühl, umso mehr möcht ich nie Teil werden, nicht wie Teil der vietnamesischen Gesellschaft sein werde. Also je mehr man versteht, umso mehr merkt man, dass man also eben auch vieles nicht versteht oder überhaupt nicht begreift und sodass man das doch irgendwie zum Teil akzeptiert, dass man es nicht ganz begreift. Also einerseits hab ich das Gefühl, dass ich irgendwie profitieren kann, weil oder vor allem dass ich mit sehr interessanten Leuten in Kontakt komme, weil einfach auch dann [der] einfachen Tatsache [wegen], dass ich halt Ausländer bin und vielleicht auch so ein bisschen ja zum Teil auch irgendwie mehr Geld habe als der Durchschnitt und was also jetzt im Beruflichen spannend ist, generell auch so was man so für Kontakte hat. Und also ich kann so auch [als] kleiner Doktorand kann ich auch [auf] ziemlich hoher Ebene Gespräche führen und Leute treffen. Ich war halt auch bei den Schweizern gearbeitet, das war der Botschaft angegliedert und da hat man so was wie ein Diplomatenstatus ist schon sehr privilegiert. Das finde ich meistens so ein bisschen *strange*, dass einfach nur auf der Tatsache, dass man jetzt Ausländer ist so. Anderseits ich merk dann in der Schweiz, dass ich halt diesen Zugang dann gar nicht so habe, dass ich jetzt nicht überall bei jedem anklopfen kann. [# 85]

Zum Zeitpunkt des Interviews hält Herr Hung sich zum dreizehnten Mal in Vietnam auf. Diese Häufigkeit bringt ihn dazu, seine Integration und Identifikation zur vietnamesischen Gesellschaft zu thematisieren. Er hat das Gefühl, nie Teil dieser Gesellschaft werden zu wollen. Im gleichen Satz korrigiert er sich, indem er betont, dass er nie Teil dieser Gesellschaft werden kann. Ersteres Gefühl geht von ihm selbst aus, letzteres entsteht durch Interaktion und Kommunikation mit Vietnames_innen. Er versucht dies zu erklären: Die Häufigkeit seiner Vietnamreisen versetzen ihn in die Lage, die Kultur und Gesellschaft besser zu verstehen. Während dieser Verstehensprozesse merkt er, dass sich sein Verstehenshorizont erweitert, aber gleichzeitig entstehen neue Verstehenslücken oder Situationen, die er nicht begreifen kann. Er versucht es für sich persönlich zu akzeptieren, dass trotz kulturellen Verstehens Momente entstehen, die er nicht verstehen wird. Er kann sich noch so sehr anstrengen, er wird aus diesem Grund nie Teil der vietnamesischen Gesellschaft, wie er sagt. Seine anfängliche Korrektur von „er möchte nie Teil werden" in „er wird nie Teil werden", bedingt sich gegenseitig, aufgrund dieser immer wieder neu entstehenden Verstehenslücken im Verstehensprozess. Dieses Nie-Teil-Werden ist für Herrn Hung gleichbedeutend mit der Tatsache, dass er auch nicht Vietnamese sein kann. Dass er kein Vietnamese sein kann, scheint für ihn nicht weiter problematisch, denn er akzeptiert es und spricht im Folgenden an, dass er davon auch profitieren kann. Sein Ausländersein bringt ihm sozialen und beruflichen Profit ein. Er ist Ausländer und finanziell besser situiert als Vietnames_innen, was ihm Türen öffnet, wenn es um neue Bekanntschaften geht. Dasselbe gilt für berufliche Kontakte, die er durch einen privilegierten Diplomatenstatus während seiner Arbeit für eine schweizerische Organisation erhält. Er findet diese Situation etwas befremdlich, denn in der Schweiz könnte er als Doktorand nie auf einer vergleichbar hohen Ebene Gespräche führen wie in Vietnam. In der Schweiz, wo er kein Ausländer ist, sind ihm diese Türen verschlossen. Auf meine Frage hin, ob er sich selbst auch als Việt Kiều bezeichnen würde, gestaltet sich das Nicht-Vietnamesisch- und Ausländersein in Vietnam etwas ambivalenter.

> Also ich selbst bezeichne mich schon auch als Việt Kiều, ich sag auch also häufiger, wenn die Leute mich ansprechen, sage ich auch, ich bin ein Việt Kiều, obwohl ich weiß, dass auch da[s] zwiespältig ist, ein bisschen dadurch einerseits wenn die Việt Kiềus haben ein negatives Bild, weil glaub ich auch schon von früher, dass vor ein paar Jahren viele Việt Kiềus nach Vietnam zurückgekommen sind und ja und halt ziemlich rausgekehrt haben, dass sie Kohle haben und die Vietnamesen anscheinend auch irgendwie die hiesigen irgendwie so ein bisschen minderwertig behandelt haben. Also einerseits eben ein bisschen dieses negative Image, aber andererseits glaub ich, ich find freundlich [sind] Vietnamesen [...] immer auch irgendwie, wenn sie merken, ah der ist halt auch Vietnamese, dann ist man, wenn man nur Halbvietnamese ist, sag ich ja dann auch, also das sieht man ja auch. Geht gleich so Mischling und dann waren die meistens super. Ich hab noch nie eine negative Reaktion gehabt, außer dass sie dann irgendwie so betonen, ah du sprichst also kein Vietnamesisch. Das wird halt betont, aber so generell ist das für mich gar kein Problem, also ich seh nur Vorteile, wenn ich jetzt hier herkomme und deswegen sag ich auch, dass ich Vietnamese bin, aber [für] mein[en] Vater spielt das eine ganz andere Rolle. [# 89]

Herr Hung bezeichnet sich selbst als Việt Kiều und gibt sich als solcher zu erkennen, wenn ihn Vietnames_innen ansprechen, obwohl er um die negative semantische Bedeutung des Begriffes weiß. Er führt aus, wie es seiner meiner Meinung nach zu diesem negativem Bild der Việt Kiều in

Aspekte der identitären Konstruktionsarbeit der Việt Kiều

Vietnam gekommen ist: Việt Kiều haben insbesondere in früheren Jahren ihren vermeintlich in anderen Ländern erworbenen Reichtum in Vietnam zur Schau gestellt. Er weiß, dass diese negative Vorstellung von Việt Kiều besteht, aber er hat selbst noch keine negative Erfahrung in der Hinsicht gemacht. Die positiven situativen Erfahrungen führen dazu, dass er kein Problem damit hat, den Begriff Việt Kiều zu verwenden und sich damit zu identifizieren. Denn Herrn Hung gegenüber sind die Vietrames_innen freundlich, insbesondere dann, wenn sie feststellen, dass er Vietnamese ist. Er legt dann aber Wert darauf zu betonen, dass er nur Halbvietnamese ist, was seiner meiner Meinung nach auch ersichtlich ist. Mischlingen gegenüber begegnen Vietnames_innen freundlich. Das einzige, das sie betonen, sind die mangelnden vietnamesischen Sprachkenntnisse von Herrn Hung. Das findet er aber unproblematisch, er sieht lediglich die Vorteile und somit die positiven Aspekte, wenn er nach Vietnam kommt. Interessant ist, dass Herr Hung in diesem Zitat sagt, dass Vietnames_innen auch merken, dass er Vietnamese ist, obwohl es seiner Meinung nach ersichtlich ist, dass er nur Halbvietnamese ist. Dies steht aber im Gegensatz zu der weiter oben gemachten Aussage, dass Vietnames_innen ihn als Ausländer wahrnehmen, was eher dazu passen würde, dass er seiner Erscheinung nach als Ausländer beziehungsweise als Halbvietnamese auffällt und wahrgenommen wird. Daraus lässt sich vermuten, dass es Vietnames_innen gibt, die ein Auge dafür haben und erkennen, dass Herr Hung Halbvietnamese ist, und andere, die ihn lediglich als Ausländer betrachten und wahrnehmen. Beides geschieht zu Anfang des Kontaktes aufgrund seines äußeren Erscheinungsbildes. In der konkreten Situation der Kontaktaufnahme und Nachfrage von Vietnames_innen gibt er sich als Việt Kiều oder Halbvietnamese zu erkennen. Wird er versehentlich als Vietnamese bezeichnet, klärt er es auf, dass er Halbvietnamese ist, da man es seiner Meinung nach anhand seines Äußeren sieht und er kein falsches Bild von sich vermitteln möchte, was insbesondere dann zum Tragen kommt, wenn es um seine Vietnamesischkenntnisse geht.

Herr Hung grenzt sich gleichsam wie Herr Tho davon ab, Vietnamese zu sein. Beide sind der Meinung, dass gleich was sie tun, wie sie sich verhalten, sich kleiden und sich bemühen, die Kultur zu verstehen, sie werden es nicht schaffen, glaubhaft und überzeugend als Vietnamesen von Vietnames_innen wahrgenommen zu werden. Deshalb bezeichnen sie sich als

Tourismus und Identität

Việt Kiều, im Falle Herr Thos als Deutscher und Herr Hung[77] als Halbvietnamese, wobei letzterer sich auch als Ausländer sieht und so gesehen wird. Wie Herr Hung und Herr Tho von Vietnames_innen wahrgenommen werden und wie sie sich selbst zu erkennen geben, hängt folglich von der Situation und dem konstitutiven Anderen, also ihrem Gegenüber in Vietnam ab.

5.2.3 Zusammenfassung

In diesem Kapitel wurde gezeigt, dass es für die Interviewpartner_innen vorrangig nicht darum geht, ob sie sich als Việt Kiều sehen oder nicht, sondern in welche Situationen sie während ihrer Reise in Vietnam gelangen. Diese situativen Erfahrungen, die sie machen, führen zu situativen Identifikationen, die unterschiedlich und ambivalent ausfallen können. Allerdings wurde ersichtlich, dass die Interaktionspartner_innen der ersten Generation sich primär als Vietnames_in sehen und erst in der Auseinandersetzung mit Vietnames_innen als Việt Kiều, wobei dies als eine Fremdbezeichnung zu sehen ist. Der ambivalente Charakter der Identifikation tritt verstärkt bei jenen Interviewten zutage, die der zweiten Generation angehören. So gibt es für sie situative Identifikationen sowohl als Việt Kiều als auch als Vietnames_in und Deutsche_r. Darüber hinaus bringen sie auch alternative Selbstbezeichnungen wie Banane oder Deutsche_r mit vietnamesischen Wurzeln ins Spiel. In den konkreten situativen Erfahrungen wird von den Befragten eine Identifikations- bzw. Übersetzungsleistung gefordert, die sie in Auseinandersetzung mit ihrem konstitutiven Außen jedes Mal neu aushandeln. Trotz der Ambivalenzen stellen sie identitäre Kohärenz her. Durch die ablaufenden situativen Identifikationsprozesse während der Reise ist auch eine ständige Suche nach Verwurzelung verbunden. Da die Interviewten dies häufig zur Sprache brachten und diese Suche nach heimatlicher Verortung ein Teil des Identitätsbildungsprozesses beziehungsweise der identiären Kontruktionsarbeit ist, wird im nächsten Unterkapitel auf das Konzept Heimat als eine Teilidentität eingegangen.

---

[77] Bemerkenswert ist, dass „das Schweizer-Sein" für Herrn Hung keine Rolle zu spielen scheint, was vermutlich damit zusammenhängt, dass danach nicht gefragt wurde.

5.3 Reisen in die Heimat oder in die Fremde?

> „Roots, I sometimes think, are a conservative myth, designed to keep us in our places." (Rushdie 1983: 86)
>
> „Quê hương là chúm khế ngọt." (Vietnamesisches Sprichwort)[78]

Heimat und ihr dichotomes Äquivalent die Fremde sind zentrale Elemente einer jeden Reise. Reisende und Tourist_innen zieht es in die Fremde, auf zu Abenteuern und sie sind auf der Suche nach dem Unbekannten. Dieses „Hinausweh", das durchaus auch „zur Gründung neuer, zweiter, besserer Heimaten führ[en]" kann (Jens 1985: 26), wird begleitet von einem Heimweh, das die Reisenden an den Heimat- oder Herkunftsort zurückbringt. So lässt sich vermuten, dass Reisende, die – wie die hier untersuchten Việt Kiều – eine starke kulturelle Bindung an das Ziel der Reise haben, sei es durch eine Sozialisierung in Vietnam oder in Deutschland durch die Familie oder ein Elternteil, die bestehende Dichotomie von Heimat und Fremde ausheblen. Ob das auf Việt Kiều zutrifft, wird im Nachfolgenden erläutert. Doch zunächst wird versucht, sich dem Begriff Heimat anzunähern und die verschiedenen Dimensionen von Heimat aufzuzeigen.

5.3.1 Was ist Heimat?

Deutsche Perspektive

Mit Blick auf den Begriff Heimat werden schnell definitorische Schwierigkeiten ersichtlich. Im 18. und 19. Jahrhundert wurde Heimat als ländliche Idylle dargestellt und damit romantisiert und im Gegensatz zu industrialisierten, urbanen Räumen gedacht (Fetscher 1992; Görner 1992a: 11). Im Verlauf des 19. Jahrhunderts wurde der Begriff Heimat in einem dialektischen Verhältnis zur Fremde verstanden. Heimat wird erst durch die Distanz zum eigentlichen Aufenthaltsort oder Lebensmittelpunkt hervorgebracht. Ebenso ist die Fremde erst durch die Heimat existent. Diese Dialektik beinhaltet somit eine räumliche Dimension von Heimat, die sich de facto geografisch äußert. Die Migrationsbewegungen, die im 20. Jahrhundert, insbesondere nach dem Zweiten Weltkrieg, ihren vorläufigen

---

[78] (Eigene Übersetzung) Die Heimat ist wie eine süße Sternfrucht.

Höhepunkt finden, führen dazu, dass sich unter dem Heimatbegriff komplexere Phänomene entwickeln, die die Dichotomie zwischen Heimat und Fremde in Frage stellen, wie Eichmanns konstatiert:

> Feeling at home in multiple places thus has to be regarded as a rather common occurrence since *Heimat* and mobility, the familiar and the foreign, are not diametrically opposed any longer. It is *Heimat*'s hybrid nature that comes to be its decisive feature in a global world and that renders *Heimat* a useful concept that conveys both stability and mobility. (Eichmanns 2013: 5; Hervorhebung im Original)

Heimat ist ein hybrides Konzept, das zwischen Stabilität und Mobilität, zwischen dem Vertrauten und Fremden vermittelt und multiple Orte zur Heimat machen kann.

Zudem wird Heimat als ein zutiefst individuelles Empfinden beschrieben (Görner 1992b; Stang 2011; Kanne 2011), das die Suche nach der Heimat umso bedeutsamer macht, denn niemand möchte „heimatlos" sein. Insbesondere die Vertrautheit mit der eigenen Herkunft, häufig synonym für Heimat gebraucht, scheint im Zeitalter der Globalisierung und sich scheinbar beschleunigender Zeit immer mehr an Bedeutung zu gewinnen. So gehen mit der heimatlichen Verortung auch die Suche nach Identität und Verwurzelung einher. An dieser Stelle vermutet Rushdie, wie im Eingangszitat bereits angedeutet, dass die Verwurzelung der Menschen erfunden ist, um Menschen an ihren Ursprung zu binden (Rushdie 1983: 86).

Dieses Zitat zeigt sehr deutlich, dass die Verwurzelung der Menschen auch politisch und ideologisch aufgeladen sein kann, insbesondere dann, wenn Heimat zu politischen und nationalen Zwecken missbraucht wird und damit die Schaffung einer kollektiven Identität vorangetrieben werden soll. Der Begriff der Nation ist eng mit dem der Heimat verbunden, aber keinesfalls sind beide Termini miteinander identisch (Fetscher 1992: 19). Vielmehr kann es innerhalb einer Nation viele Heimaten geben, wodurch der Heimatbegriff regional verortet sein kann, nur wird dieser Unterschied durch politische Instrumentalisierung verschleiert.

Dass Heimat nicht nur eine romantische Vorstellung sein kann, sondern gegenteilig mit traumatischen Erlebnissen einhergehen kann und die Gedanken an die Heimat zu einer Unerträglichkeit werden können, zeigen vor allem die zahlreichen Erfahrungen des Exils. Diese Exilerfahrungen stellen das „moderne und zeitgenössische Verständnis von Heimat" (Görner

1992a: 13) dar. Gleichzeitig können sich traumatische Heimaten verklären, insbesondere unter Hinzuziehung des Zeitfaktors, und die Heimat zu einer „idealisierten Vergangenheit" (Stang 2011: 12) werden lassen.

So kann Heimat auch als Sehnsuchtsort der Kindheit begriffen werden, vor allem dann, wenn die Erinnerungen positiv besetzt sind. Dieser Sehnsuchtsort ist symbolischer Art und gleichzeitig der Ausgangspunkt für den Beginn der Herausbildung einer Identität (Fetscher 1992: 16). Folglich lassen sich die bereits erwähnten räumlichen und politischen Dimensionen um eine zeitliche und symbolische erweitern. Diese Dimensionen verweisen gleichfalls auf das zu Beginn der Arbeit vorgestellte Konzept der Diaspora (siehe Unterkapitel 2.2) und auf den im Kapitel 5 dargelegten Identitätsbildungsprozess. Heimat, Identität und Diaspora stehen somit in engem Verhältnis zueinander.

Die vorangegangenen Dimensionen von Heimat können noch um eine sprachliche ergänzt werden, denn die sprachliche Heimat, der Ort an dem wir in der Muttersprache kommunizieren können, wird zum Inbegriff von Vertrautheit, Geborgenheit und ist frei von Verständigungsschwierigkeiten. Anzumerken ist, dass es sich bei der sprachlichen Heimat weniger um einen konkreten geografischen Ort oder eine Stadt handelt, sondern diese eher als ein sprachlicher Raum gedacht werden muss. In diesem sprachlichen Raum dient die Muttersprache dazu, sich heimisch zu fühlen. Welche große Bedeutung der Sprache zumindest im deutschen Sprachraum zukommt, verdeutlicht folgendes Zitat:

> […] Heidegger, der die Sprache als „Haus des Seins" begreift, sie alle [Wittgenstein, Apel] reflektieren über Sprache als der entscheidenden Dimension menschlichen Daseins. In ihrer Sprache sind – das zeigt auch die Alltagserfahrung – die Menschen am tiefsten und entscheidendsten „daheim"; mehr noch als Dorf, Landschaft, Stadt ist die Muttersprache „Heimat". Als solche ist sie kein bloßes „Instrument" der Verständigung, sondern ein Gebilde, das eigene emotionale, ethische, ästhetische, logische Konnotationen mit sich führt und ohne das wir nicht menschlich, nicht als Individuum zu existieren vermöchten. (Fetscher 1992: 32)

Andererseits kann sich die sprachliche Heimat aber auch schon durch die Sprache selbst manifestieren, in dem Sinne, dass spezielle linguistische Wendungen die Bedeutung der Heimat bereits in sich tragen.

Tourismus und Identität

Vietnamesische Perspektive

Ähnlich wie bei der deutschen Perspektive auf den Begriff Heimat gibt es auch in der vietnamesischen Sichtweise eine historische, politische und sprachliche Dimension des Begriffes, wobei diese noch um eine religiöse ergänzt werden kann. Mit einer vietnamesischen Perspektive des Begriffs beschäftigt sich Andrea Lauser, indem sie Heimat für Vietnames_innen als ein „Gefühl von fundamentalem ‚Zu-Hause-Sein', [...] das von Städtern und Migranten nicht nur als Ahnendorf (vòng vê) vorgestellt wird, sondern als ein nostalgisches Ideal von Zugehörigkeit und Verwandtschaft" beschreibt (Lauser 2008: 155). Jellema spricht auch von einem đi-vê-Modell[79] (Jellema 2007: 74f.). Dieses Modell steht für eine nationale Zugehörigkeit, „[which] allows people to move freely through the world so long as they remember to return" (Jellema 2007: 75). In diesem letzten Satz wird insbesondere Bezug auf die Auslandsvietnames_innen genommen und nahegelegt, dass Việt Kiều immer danach streben, in die Heimat und zum Ort der Ahnenverehrung zurückzukehren, wie dies durch eine Reise von Deutschland nach Vietnam geschieht. Darüber hinaus wird der Begriff der Heimat auch im alltäglichen Sprachgebrauch in verschiedenen Nuancierungen verwendet. So verbindet sich mit den Aussagen đi vê (wörtl.: gehen und zurückkommen) oder vê quê (wörtl.: in die Heimat zurückkommen) immer auch das Konzept der Heimat.

Wie nun diese Nostalgie bezüglich der Zugehörigkeit und Verwandtschaft und damit zur Heimat in Vietnam, die häufig mit dem Dorf assoziiert wird, entstanden ist, diskutiert Hardy (2003). In dieser historischen und zugleich politischen Perspektive beschreibt er, dass der Staat bereits während der Lê-Dynastie im frühen 5. Jahrhundert ein Interesse daran entwickelte, die Menschen an ihre Dörfer zu binden, um die soziale Ordnung und die Besteuerung zu gewährleisten. Da der Staat auf der Basis der konfuzianischen Moralvorstellungen aufbaute, wurden diese ebenfalls genutzt, die Verbindungen zwischen dem Individuum, der Familie, dem Dorf und dem Staat herzustellen. Kernelemente dieser staatlichen konfuzianischen Politik waren einerseits die kommunalen Eigentumsrechte, die die Dorfbewohner erst nach einer Ansässigkeit von drei Generationen

---

[79] Đi-vê: wörtlich: gehen – zurückkommen.

erhalten konnten, und andererseits der Fokus auf dem Respekt gegenüber den Eltern und die Ahnenverehrung, die ortsgebunden sind.[80] Als Mittler zwischen Staat und Dorf identifiziert Hardy die Mandarine, die meist aus dem dörflichen Umfeld an den Kaiserhof zur Studienaufnahme gingen und im Fall eines Scheiterns in ihr Dorf zurückkehrten, wo sie das gelernte Wissen vermitteln konnten (Hardy 2003).

Trotz der starken Umwälzungen in Vietnam im 20. Jahrhundert, die einen sozialistischen Staat hervorbrachten, ist die vietnamesische Gesellschaft weiterhin stark durch konfuzianische Moralvorstellungen geprägt. Insbesondere nach dem Erlangen der Unabhängigkeit versuchte die Staatsführung als „abergläubisch" erachtete Vorstellungen in der Gesellschaft zu unterbinden, um eine „neue Kultur" und einen „neuen Lebensstil" zu erschaffen (Endres 2000: 123ff.). Die starken Bindungen der Menschen an die Heimat sind trotz der Veränderungen in Vietnam geblieben. Nach der Einleitung der Reformpolitik 1986 ist verstärkt eine Revitalisierung solcher vormals verbotenen Feste und Vorstellungen festzustellen (Endres 2001; Schlecker 2005).

Eine zunehmende Land-Stadt-Migration gepaart mit einer Verbesserung der Lebensbedingungen in Vietnam führte dazu, dass nun in den Städten Lebende ihre Heimatdörfer finanziell unterstützen. Gerade die Distanz zum Heimatort lässt ein nostalgisches Ideal der Zugehörigkeit zur Heimat und der dort lebenden Gemeinschaft entstehen.[81] Wobei Schlecker behauptet, dass diese Entwicklung keine Rückkehr zu alten Verhaltensweisen ist, sondern sich parallel und als Antwort auf die sozialistischen Staatsprogramme entfaltet hat (Schlecker 2005: 510).

Mit Blick auf die sprachliche Dimension von Heimat lässt sich als eine lexikalische Bedeutung für *quê* erstens *ländlich*, zweitens *Heimat* und drittens *einfach* erschließen (Nguyễn Văn Tuế 2005). Damit wird die Ländlichkeit und zugleich Einfachheit der Heimat betont und sie gleichsam im Geografischen verortet. Des Weiteren konstatiert Hardy, dass der

---

[80] Die Menschen entwickelten trotz oder gerade wegen dieser starren Strukturen ein gewisses Maß an Flexibilität.
[81] Hardy hat diese Verstärkung des Heimatideals durch die Distanz bereits bei den Mandarinen, die fernab ihrer Heimat in Ausbildung gingen, festgestellt (Hardy 2003).

vietnamesische Begriff *quê hương* (Heimat) etymologisch einen Prozess der Assimilation widerspiegelt:

> In the case of *que huong*, the notion took shape on the basis of pre-Confucian family/village social organization and later developed in terms of Confucian relations between state, village and individual. [...] *Que* is an indigenous Nom word, *huong* a Sino-Vietnamese term imported from the Chinese guxiang; both words bear the meaning 'native village' or 'place of origin'. (Hardy 2003: 312f.; Hervorhebung im Original)

Dieser ideologisch belegte Begriff *quê hương* dient dazu, die Zugehörigkeit der Menschen aufrechtzuerhalten. Darüber hinaus wird *quê hương* mit Blick auf die Linguistik des Vietnamesischen weiter differenziert: So wird zwischen den elterlichen Heimaten – *quê ngoại* (Heimat mütterlicherseits) und *quê nội* (Heimat väterlicherseits) – unterschieden. Schlecker betont, dass als Heimat eher der Geburtsort eines Elternteils genannt wird als der eigene (2005: 510), was wiederum den durch den Konfuzianismus geprägten Respekt gegenüber den Eltern betont. Das kommt ebenfalls in der Ahnenverehrung und dem Dorf der Ahnen zum Ausdruck.

Die vietnamesische Sprache spielt auch in Bezug auf die Herstellung einer Bindung von Việt Kiều an die Nation Vietnam eine Rolle. Die vietnamesische Regierung hat die ökonomische Bedeutung der Việt Kiều unlängst erkannt und befürchtet, dass die sprachliche Kompetenz der Nachkommen, insbesondere der Bootsflüchtlinge, nachlässt und somit auch die Beziehung zu Vietnam verloren gehen könnte. Aus diesem Grund hat die Regierung spezielle Programme zum Erlernen der vietnamesischen Sprache für Việt Kiều in Vietnam ins Leben gerufen. Durch die Sprachkenntnisse sollen die folgenden Generationen der Việt Kiều an Vietnam gebunden werden (Carruthers 2007).

In Deutschland als auch in Vietnam hat sich ein jeweils eigenständiger Begriff von Heimat mit unterschiedlichen Bedeutungen und Entwicklungen herausgebildet. Dennoch hat der Begriff Heimat in beiden Ländern weitreichende politische, sprachliche und soziale Implikationen. Die Darstellung beider Perspektiven hat gezeigt, dass Heimat sowohl in Vietnam als auch in Deutschland als ein nostalgisches Ideal wahrgenommen und Heimat mit Zugehörigkeit assoziiert wird. Weiterhin ruft insbesondere die Abwesenheit von der Heimat und die Distanz zu ihr eine Verstärkung des Heimatgefühls hervor. Dass es darüber hinaus keine Gemeinsamkeiten gibt und innerhalb der jeweiligen Perspektiven keine klare Definition von Heimat existiert, verdeutlicht vielmehr, dass der Begriff Heimat als ein hybrides (Eichmanns 2013: 5), mehrdimensionales „chamäleonartiges Gebilde" (Görner 1992a: 14) sowohl in Vietnam als auch in Deutschland gelten kann. Was dieses Chamäleon nun konkret für die Interviewten Việt Kiều bedeutet, wird nachfolgend anhand der Heimatdimensionen dargestellt.

5.3.2 Multiple Heimaten

Betrachten wir nun die räumliche Dimension von Heimat in den Antworten der Interviewpartner_innen, so zeigt sich, dass die Distanz und ihre Überwindung, die häufigen Reisen von Deutschland nach Vietnam, dazu führt, Vietnam als Heimat wahrzunehmen. Durch die zahlreichen Besuche wird Herr Tho (sieben Mal) mit der Destination vertraut und es entsteht eine besondere Bindung, wie er berichtet:

> [Von] Vietnam spreche ich da so wie als Heimat, aber auch irgendwie wo ich mich festsetzen könnte, wo ich immer gerne wieder hingehe. Und dementsprechend habe ich eine spezielle Bindung zu Vietnam. [Das] aber liegt auch daran, dass ich hier schon öfters war. [Tho # 83]

Herr Hung, der bereits dreizehn Mal nach Vietnam gereist ist, betont ebenfalls die Häufigkeit: „Dadurch, dass ich schon so oft hier war, also wenn ich eine zweite Heimat benennen möchte, dann wäre es schon Vietnam und Hà Nội speziell" [# 62]. An anderer Stelle des Gespräches betont er aber auch, dass „Hue natürlich meine Heimatstadt ist" [# 83] und rekurriert damit auf den Herkunftsort seines Vaters und nimmt es als eigene Heimat an, obwohl die Bindung zur Stadt Hà Nội anscheinend intensiver ist. Dies verdeutlicht, dass es hier nicht nur die individuelle und selbstgewählte Heimat in Vietnam gibt, sondern auch eine durch die Familie prädestinierte Heimat.

Auf die oben angesprochene Ausdifferenzierung von elterlichen Heimaten (*quê ngoại* und *quê nội*) kommen auch Frau Lanh [# 18] und Herr Nhat zu sprechen. Letzterer bezeichnet die Heimat als „chúm khế ngọt" [# 7], als süße Sternfrucht. Dieses Sprichwort ist auf ein Lied eines unbekannten vietnamesischen Sängers aus den 1980er Jahren zurückzuführen, der weit von seinem Heimatort entfernt lebt. Die Idee dahinter ist, dass man kein menschliches Wesen sein kann, wenn man sich nicht an seinen Heimatort erinnert. Andrew Hardy beobachtet hierzu, dass der Diskurs um dieses Sprichwort unreflektiert geführt wird, denn seine Bemerkung, dass die Sternfrucht, wenn sie unreif geerntet wird, bitter statt süß ist, löste bei Vietnames_innen Verwirrung aus (Hardy 2003: 303). Herrn Nhat fällt dieses Sprichwort im Zusammenhang mit Heimat ein. Er geht nicht weiter auf dessen Bedeutung ein, fügt dem Sprichwort aber das Wort Pflicht hinzu. Die Pflichten, die aus den verschiedenen Heimaten erwachsen, die Familienmitglieder zu besuchen, erstreckt sich aber auch auf die Gräber der Ahnen, da diese an Orte gebunden sind und eine starke Anziehungskraft ausüben. Die Ortsgebundenheit der Ahnenverehrung sowie die Benennung der Orte der Ahnen als Heimat, bringt eine spirituelle Dimension des Heimatbegriffs hervor.

Dass immer die ganze Familie betrachtet wird, wenn es um die Heimat geht, zeigt auch die Aussage von Herrn Hai:

> Wenn ich nach Vietnam in die Heimat [komme], bin ich normalerweise erst in Hà Nội, besuche Mutti und Vati und Heimat. Dann geht's weiter nach Sài Gòn und Cần Thơ. Drei Heimaten. [Die] Heimat ist sehr wichtig für uns in Vietnam. [Die] Heimat meiner Frau ist gleichberechtigt, wie meine Heimat. [# 17]

Obwohl es mehrere Heimaten gibt, betont Herr Hai, dass keine Hierarchie damit verbunden ist und alle gleichermaßen besucht werden während eines Aufenthaltes in Vietnam. Er betont, dass die Heimat in Vietnam besonders bedeutsam ist für Vietnames_innen, aber auch für aus dem Ausland anreisende Việt Kiều. Herr Hai spricht nicht vom Land Vietnam als Heimat, sondern von konkreten Orten der Ahnen. Die vorangegangenen Beispiele zeigen, dass die Orte der Familienmitglieder, speziell der Eltern und Ahnen, als Heimat benannt werden. Somit ist Heimat hier sehr stark ortsgebunden und folglich geografisch verortet.

Frau Van setzt Heimat ebenfalls, wie in den vorherigen Beispielen, mit der Familie gleich, aber grenzt sich davon folgendermaßen ab:

> Wir waren ziemlich oft auch unterwegs. Also, wir haben schon viele Verwandte. Ich muss sagen, also die Vietnamesen sind in ihrem Reiseverhalten also echt so, die reisen nur da hin, wo sie Verwandte haben, weil sie dann ein Stück Sicherheit haben. [...] Aber das Wichtige ist wirklich, dass immer und überall ein Stück Heimat, Familie sozusagen, also Vietnamesen um sich zu haben. [# 83]

Aspekte der identitären Konstruktionsarbeit der Việt Kiều

Frau Van und ihre Familie in Deutschland sind innerhalb Europas häufig zu Verwandten gereist. Wichtig ist dabei, dass egal in welchen Ländern sich die Familienmitglieder befinden, Heimat ist. Heimat wird hier auch mit Familie und Verwandten assoziiert, aber gleichzeitig ortsunabhängig verstanden. Heimat ist dort, wo die Familie ist, ganz gleich wo die Familienmitglieder lokalisiert sind. Das Zusammensein mit den Angehörigen der Großfamilie bedeutet Heimat.

Das Heimatgefühl kann auch dann aufkommen, wenn sich an bestimmten Orten positive Gefühle einstellen, wie das nachfolgende Zitat von Frau Ngoc verdeutlicht:

> Da [in Huế] sind wir auf einem Elefanten geritten. Das fand ich ganz cool eigentlich, so mal auf einem Elefanten zu sitzen […] Das war ein ganz niedlicher Elefant. Also ich find [es] halt sehr schön, wenn es halt nicht ganz so überlaufen ist mit Menschen, so Ruhe ist, denn die Vietnamesen – okay da sind die halt meistens ruhig – aber sonst sind sie sehr laut und so. Ja, aber es ist für mich halt Heimat, also ein schönes Gefühl auf jeden Fall. [# 49]

Das Zitat zeigt, dass für Frau Ngoc touristische Aktivitäten wie das Reiten auf einem Elefanten an einem bisher unbekannten Ort – nämlich Huế – ebenso ein heimatliches und positives Gefühl vermitteln können. Das Heimatgefühl stellt sich bei ihr durch die Ruhe, die Tätigkeit selbst und die wenigen Vietnames_innen an diesem Ort ein.

Die Aussagen der Interviewpartner_innen veranschaulichen darüber hinaus, dass nicht nur Unterscheidungen zwischen elterlichen Heimaten bestehen, sondern auch eine gleichzeitige Vorstellung von Heimat in Deutschland und Vietnam. Es wird eine Hierarchisierung von Heimaten vorgenommen, wie das obige Beispiel von Herrn Hung bereits zeigt, in dem er Vietnam und Hà Nội im Speziellen als zweite Heimat benennt. Ähnlich äußert sich auch Herr Nhat: „Ich denke heute an zwei Heimaten, die erste Heimat ist Vietnam, der Ort, an dem ich geboren bin, die zweite Heimat ist Deutschland, wo ich arbeite" [# 83].[82] Im Vergleich zu Herrn Hung, der zur zweiten Generation gehört, hierarchisiert Herr Nhat, der

---

[82] (Eigene Übersetzung) „Chú nghĩ ngay bây giờ, về phía chú đó là 2 quê hương, quê hương thứ nhất là Việt Nam là nơi sinh ra chú, quê hương thứ hai là Đức, nơi chú làm".

Tourismus und Identität

ersten Generation zugehörig, in anderer Weise. Für ihn ist Vietnam die erste und Deutschland die zweite Heimat.

Eng verbunden mit den Ansichten über Heimat ist die Frage, die allen Interaktionspartner_innen gestellt wurde, was eine Reise nach Vietnam für sie bedeutet. Einige Befragte kamen durch diese Frage auf das Thema Heimat zu sprechen und gaben an, dass eine Reise nach Vietnam wie „heimkommen" [Hung # 62], „eine Reise in die Heimat" [Van # 145] oder „nach Hause kommen" ist, wobei eine Interviewpartnerin anmerkte, dass man eigentlich zu Hause nicht besucht, sondern zu Hause ist [Hoa # 23]. Frau Lanh spricht in diesem Zusammenhang von einer Vietnamreise als Rückkehr zur Familie [# 118]. Besonders hervorzuheben ist die Antwort von Herrn Tho:

> [Eine Reise nach Vietnam ist] ein Teil von mir selbst erkunden. Also ein Teil von mir, den ich in Deutschland gewusst habe, aber selten gelebt habe – der vietnamesische Teil. [Ich] seh mich im Vordergrund als Deutscher. Da war natürlich immer Vietnam, da war immer so ein Fragezeichen und die Eltern sprechen natürlich von Vietnam und jetzt wenn ich durch Vietnam reise, dann ist das [wie] einige Fragezeichen beantworten. Einfach so Sachen, ich fühl mich total heimisch und auch nicht. Das sind so Sachen, die so oh ja, das kenn ich und manche Sachen, die sind total neu. Das sind Sachen wie oh ja, das bin ich so gewohnt und andere Sachen wie nee. mit dem kann ich mich überhaupt nicht anpassen. Deswegen ist das so für mich, ein Teil von mir selbst kennenzulernen. [Von] Vietnam spreche ich da so wie als Heimat, aber auch irgendwie, wo ich mich festsetzen könnte, wo ich immer gerne wieder hingehe. Und dementsprechend habe ich eine spezielle Bindung zu Vietnam. [Das] aber liegt auch daran, dass ich hier schon öfters war. [# 83]
> Man nimmt einfach wahr, was schön ist, dass man so eine schöne Herkunft hat, deswegen ist das für mich eine Reise in ein Teil von mir selbst, in einen Aspekt von mir, den ich in Deutschland nicht wirklich wahrnehmen kann und erkunden konnte. [# 84]

Herr Tho beschreibt in dieser Aussage, welchen Einfluss die Reise in Vietnam auf ihn hat. Für ihn ist die Reise nach Vietnam damit verbunden, einen bisher unbekannten Teil seines Selbst kennenzulernen und Fragen über seine Herkunft, die sich in Deutschland auftun, zu beantworten. Es wäre ohne eine Reise nach Vietnam für Herrn Tho nicht möglich gewesen, diesen Teil seiner Identität zu erfahren, denn er fühlt sich als Deutscher. Diese Reise hilft ihm, eine schöne Heimat zu erkunden. Er schildert, dass er sich in gewissen Situationen „total heimisch" fühlt, da er die Dinge kennt. Andere Situationen wiederum sind „total neu." Das „Neue" stellt Herr Tho positiv dar, er ist neugierig darauf und möchte es kennenlernen, obwohl es einige Dinge gibt, an die er sich nicht anpassen kann. Für Herrn Tho ist Vietnam eine „vertraute Fremde" (oder „fremde Heimat"). Das Oxymoron der „vertrauten Fremde" ist geeignet, sich auf die von Herrn Tho beschriebenen zwei Seiten seiner Reise zu fokussieren. Denn einerseits ist Vietnam eine Heimat für ihn, andererseits gibt es Situationen und Dinge, die er nicht verstehen kann. Er beschreibt Vietnam als einen Ort, an dem er bleiben könnte oder an den er zumindest immer wieder gerne zurückkehrt. Es entsteht eine Bindung zu Vietnam, die auch dadurch bedingt ist, dass Herr Tho bereits sieben Mal dort gewesen ist. Gleichzeitig entwickelt Herr Tho Vietnam als zweite Heimat, denn er fühlt sich vorrangig als Deutscher und folglich Deutschland als seine erste Heimat.

Als eine Reise zu sich selbst bezeichnet auch Frau Hien ihre Vietnamreise [# 106]. Nur drei Interviewpartner_innen bezeichnen ihre Vietnamreise so explizit als Selbstfindung oder wie Frau Lieu als „back to the roots" [# 151], alle anderen sprechen eher von einem Besuch in der Heimat oder zu Hause. Daran lässt sich gut zeigen, dass für Việt Kiều, insbesondere für die zweite Generation, einerseits eine Reise bedeutsam für die identitäre Konstruktionsarbeit ist, andererseits sich Vietnam als zweite Heimat herausbildet.

Wenn wir uns der zeitlichen Dimension von Heimat zuwenden, dann kann festgestellt werden, dass lediglich Frau Huyen von einer Vietnamreise als Erinnerungsreise spricht, indem sie auf die Frage antwortet: Eine Reise nach Vietnam ist wie

> Erinnerung wieder auffrischen und Familie, aber hier fühle ich mich wieder wie ein Kind oder muss ich mich wieder wie ein Kind fühlen. Ja, da kommen viele Erinnerungen hoch. [# 54]

Ihre Erinnerungsreise ist eine Reise in die Kindheit, so als wäre die Zeit stehen geblieben. Während der Reise erinnert sie sich an viele Erlebnisse ihrer Kindheit in Vietnam. Im Gegensatz dazu spricht Herr Tho auch von seiner Kindheit, aber nicht in Bezug auf die gesamte Reise, sondern beim Besuch folgenden Ortes:

> [Um] mystische Kulturbilder zu pflegen ist Huế, die Stadt Huế, glaub ich, toll. Also, das ist einfach, man fühlt sich als könnte jeden Moment ein Kung-Fu-

Typ von einem Dach zum nächsten fliegen. Da fühl ich mich wie in meine Kindheit versetzt, als ich so Filme gerne geguckt hab. [# 55]

Herr Tho bezieht sich im Vergleich zum vorherigen Zitat von Frau Huyen lediglich auf einen Ort. Diese Erinnerung führt ihn in seine Kindheit in Deutschland, in der er sich Filme angeschaut hat, in denen asiatische Szenerien mit Kung-Fu-Kämpfern zu sehen waren. Die Erinnerung an einen Sehnsuchtsort seiner Kindheit ist fiktiver Art und bediente seine Fantasie sowohl damals als Kind in Deutschland als auch beim Besuch eines realen Ortes, der Zitadelle in Huế, in Vietnam in positiver Weise. Inhaltlich ist Herr Thos Aussage die Umkehrung dessen, was Frau Huyen sagt. Beide erinnern sich an ihre Kindheit, ersterer beim Besuch Huếs an die Kindheit in Deutschland, letztere sieht die Reise als eine Rückkehr in die Vergangenheit in Vietnam. Frau Huyen und Herr Tho sind ungefähr gleichen Alters, aber ihre Migrationserfahrungen sind unterschiedlich – Frau Huyen direkt im Rahmen der Familienzusammenführung und Herr Tho indirekt durch seine als Bootsflüchtlinge nach Deutschland gekommenen Eltern –, was die Umkehrung ihrer Aussagen erklärt.

Bezüglich der sprachlichen Dimension von Heimat lässt sich feststellen, dass die vietnamesischen Begriffe, die sich um den Herkunftsort, die Heimat drehen, im alltäglichen Sprachgebrauch sehr häufig in verschiedenen Nuancen Eingang finden. Heimat (*quê hương*) findet auch Ausdruck in der gängigen Äußerung *đi về* (wörtl.: gehen und zurückkommen) oder *về quê* (wörtl.: in die Heimat zurückkommen). Bezüglich der oben genannten lexikalischen Bedeutung des Begriffes *quê hương* als ländlich veranschaulichen die Aussagen der Interviewten aber, dass Heimat nicht auf einen ländlichen Raum beschränkt bleibt, sondern sich ebenso auf urbane Räume beziehen kann. Aber auch der von Herrn Tu verwendete Begriff *đất tổ quê* (Heimatland der Ahnen) verdeutlicht die Verbindung von Heimat und den Ahnen.[83]

Diese unterschiedlichen sprachlichen Nuancen im Vietnamesischen sind insbesondere für jene Befragten relevant, deren Muttersprache Viet-

---

[83] Welche Rolle der vietnamesische Staat bei der Herausbildung eines Heimat- und Vaterlandsgefühls spielt und ob dies zum Zweck der Stärkung eines Nationalbewusstsein geschieht, muss offen bleiben und ist eine interessante Frage für weitergehende Untersuchungen.

namesisch ist. Unter Rückgriff auf die eingangs formulierte Definition von Fetscher, der die Sprache – im Sinne Heideggers – das „Haus des Seins" und die Muttersprache als Heimat bezeichnet (Fetscher 1992: 32), wird im Nachfolgenden herausgearbeitet, welche Rolle die Sprache als Identifikation mit der Heimat Vietnam oder Deutschland für die Interviewpartner_innen spielt.

Drei verschiedene Aspekte von Sprache werden in den Gesprächen erwähnt: Sprachunterschiede zwischen Deutschland und Vietnam, Unterschiede der vietnamesischen Sprache innerhalb des Landes und Sprache in Verbindung mit Việt Kiều sein. In der ersten Generation der Việt Kiều wird der Aspekt der Sprache angesprochen, allerdings betont beispielsweise Herr Binh, dass sich während der Reise in Vietnam alle Bedeutungen der vietnamesischen Sprache für ihn erschließen und er sich in seiner Muttersprache verständigen kann [# 66]. Das ist in Deutschland nicht der Fall, denn dort kann er aufgrund der Sprachbarriere nur begrenzt kommunizieren.

Anders sieht es bei den ebenso in Vietnam geborenen und aufgewachsen und aus Gründen des Studiums oder der Familienzusammenführung nach Deutschland gekommenen Việt Kiều aus. Frau Ha, Frau Huyen und Frau Lanh erwähnen Sprache in keiner Weise, weshalb für sie anscheinend sprachliche Differenzen und daraus resultierende Probleme nicht auftreten beziehungsweise nicht stark ins Gewicht fallen.

Hinsichtlich des Aspektes der Sprachunterschiede innerhalb des Landes wird insbesondere auf die diversen Dialekte in Vietnam sowie konkret die sprachlichen Unterschiede zwischen Nord- und Südvietnam hingewiesen. Je nachdem, mit welchem Dialekt und welchem Sprachraum in Vietnam die Befragten vertraut sind, werden die sprachlichen Gegensätze während der Reise in Kontrast dazu wahrgenommen. Frau Lieu beschreibt ihren ersten Eindruck folgendermaßen:

> Ich kann mich sehr, sehr gut an das erste Gefühl erinnern, als ich [in] Hà Nội angekommen bin. Da habe ich mich wirklich total verlassen gefühlt und irgendwie, also es war ein sehr, sehr komisches Gefühl, also ich habe mich überhaupt nicht zu Hause gefühlt. Also ich dachte, ich komm an und Vietnam, ja okay, aber erstmal der Dialekt. [Lieu # 33]

Frau Lieu nimmt an, dass gleich wo sie in Vietnam einreist, die Sprache und vor allem ihr Gefühl gleich sind. Sie scheint davon auszugehen, dass

Tourismus und Identität

es in Vietnam eine Sprache ohne regionale Ausprägungen beziehungsweise Dialekte gibt, weshalb sie umso mehr überrascht ist, dass das Vietnamesisch in Hà Nội anders ist als das, was sie kennt und selbst spricht. Diese Überraschung betont sie durch die verstärkte Verwendung des Adjektivs „sehr". In ihrem Fall ist der nicht vertraute Dialekt ein Grund, sich nicht wie zu Hause zu fühlen. Der Hà Nộier Dialekt kann somit nicht ihre Heimat sein. Obwohl Frau Lieu infolge des Interviews eine Konkretisierung vornimmt:

> Die Sprache schränkt mich gar nicht ein. Also, da fühl ich mich also ANFANGS ein bisschen schüchtern natürlich, weil auch so sehr viele Leute immer raushören, dass ich aus dem Ausland komme, aber mittlerweile ist das total okay. [Lieu # 127]

Frau Lieu arrangiert sich im Laufe ihres Aufenthaltes mit den sprachlichen Besonderheiten der besuchten Region. Es beginnt anfangs ein Aushandlungsprozess, während dessen sie lernt, mit den Dialekten umzugehen, und akzeptiert, dass die Einheimischen auch ihren ausländischen Dialekt heraushören. Das bedeutet aber auch, dass Frau Lieu sprachlich gesehen nicht zu den Einheimischen gehören und somit es sprachlich keine Heimat für sie sein kann. In ähnlicher Weise äußert sich auch Frau Hien:

> Dann bin ich halt zurück nach Deutschland gegangen und dann ein halbes Jahr später wieder nach Vietnam, aber dann nach Hà Nội und am Flughafen ist mir schon aufgefallen, [als] ich Nordvietnamesen sprechen gehört habe, das ist überhaupt gar nicht das Vietnam, das ich kenne. Das ist für mich eine ganz andere Sprache und als ich dann hier angekommen bin, hab ich mir auch gedacht, oh nee, das ist ein ganz anderes Land, finde ich, die Menschen sehen da anders aus, die Sprache ist anders, das Essen ist auch anders und spirituell hab ich hier noch keine großen Erfahrungen gemacht wie jetzt in Sài Gòn. [Hien # 8]

Auch bei Frau Hien ist der erste sprachliche Eindruck durch eine Fremdheitserfahrung bestimmt. Die Unterschiede zwischen Nord- und Südvietnam werden sowohl von Frau Lieu als auch von Frau Hien als so diametral angesehen, dass Hà Nội zu Beginn des Aufenthaltes abgelehnt wird. Frau Hien verbindet Hà Nội nicht mit Vietnam, wovon sie glaubt, es zu kennen, assoziiert aber nicht nur die Sprache mit der Fremdheitserfahrung, sondern auch das Aussehen der Einheimischen, das Essen und die Spiritualität. Der Prozess der Aushandlung beginnt auch bei Frau Hien im Laufe ihres Aufenthaltes in Hà Nội.

Aspekte der identitären Konstruktionsarbeit der Việt Kiều

Herr Tho erwähnt die Verständigungsschwierigkeiten ebenfalls, bezieht sich aber im Vergleich zu den zwei vorher zitierten Teilnehmerinnen nicht auf Hà Nội, sondern auf die zentralvietnamesische Stadt Huế:

> Aber die Leute in Huế hab ich keinen verstanden, ich kann nicht urteilen (lacht) wie die Leute da sind. Die haben mich verstanden, ich sie nicht. [Tho # 59]

Dass die Kommunikationsschwierigkeiten einseitig sind, scheint Herrn Tho nicht zu stören, denn im Gespräch nimmt er es gelassen und lacht sogar darüber. Dass die Sprache für ihn kaum Probleme bereitet, verdeutlichen seine Aussagen im Verlauf des Interviews:

> Wenn du dich so localmäßig kleidest wie du willst, spätestens wenn du den Mund aufmachst, wissen die, dass du kein Vietnamese bist. Also weil schon alleine, die haben ja ein superempfindliches Gehör für Töne, sprich, die hören das sofort raus, wenn du die nicht exakt von deiner Region raushören. Aber auch gleich selbst schon wie ich mich kleide oder wie ich mich verhalte zum Beispiel. [Tho # 149]
>
> Vietnam ist toll, aber es ist, find ich, halt nicht mein Vaterland und Vietnamesisch ist nicht meine Muttersprache. Deswegen passt das schon richtig, dass ich nicht richtig local vietnamesisch bin. [Tho # 153]

Herr Tho spricht hier einen weiteren Aspekt der Sprache an: die sprachlichen Unterschiede zwischen den Vietnames_innen und den Việt Kiều. Denn obwohl er mit den Einheimischen Vietnamesisch spricht, kann es ihm nie gelingen, als solcher gesehen zu werden. Darüber hinaus positioniert sich Herr Tho eindeutig zur deutschen Sprache als Muttersprache, sodass Vietnamesisch für ihn keine Heimat sein kann. Das deckt sich ebenso mit der im vorangegangen Teil des Unterkapitels vorgenommenen Hierarchisierung von Heimat durch Herrn Tho: Deutschland als erste Heimat und Vietnam als zweite. Das Beherrschen der vietnamesischen Sprache hat für ihn mehr die Funktion der Kommunikation und des Wohlfühlens:

> Zum Beispiel die Deutschen, die ja abfällig über Vietnamesen reden und eine niedrige Meinung haben, sind Leute, die sich nicht integriert haben und auch nicht die Sprache können. Die Deutschen, die sich hier am wohlsten fühlen, sprechen die Sprache. Das zeigt dann das schon einfach wie, da fehlt dann Kommunikation. Und wie diese in zwei Richtungen gehen, also Leute, die die Sprache können, hängen auch viel mehr mit locals zusammen und fühlen sich auch wohl, fühlen Vietnam und haben eine schöne Meinung, ja, natürlich sind die nicht blind. [Tho # 168]

Das Zitat über schlecht integrierte Deutsche in Vietnam veranschaulicht seinen Aushandlungsprozess. Er sieht sich als Deutscher, aber für ihn ist Integration und das Beherrschen der vietnamesischen Sprache dennoch wichtig, um mit Einheimischen ins Gespräch zu kommen und sich in Vietnam wohlzufühlen. Gleichzeitig sagt er damit indirekt, dass er den Wunsch hat, zu den Einheimischen dazuzugehören, auch wenn das nie ganz möglich ist aufgrund seiner Kleidung und seines Verhaltens.

Den Nutzen von Sprache als einen Schlüssel zur Kommunikation mit Einheimischen erwähnen auch Herr Hung [# 26] und Frau Ngoc [# 28]. Allerdings empfindet Frau Ngoc, wie sich im Verlauf des Gespräches herausstellt, Sprache als Problem:

> Erst die Sprachbarriere, aber irgendwie hab ich das Gefühl, man wird nicht so – keine Ahnung, weiß nicht. Oder vielleicht auch – hier die Vietnamesen –, schon allein die Sprache ist das Problem. Also es gibt wenige Vietnamesen, wo ich so auf einer Wellenlänge bin, hab ich das Gefühl. [Ich habe] erst eine Freundin jetzt, die ihren Master in Deutschland macht, aber eigentlich Vietnamesin [ist]. Mit der versteh ich mich sehr gut, aber sonst habe ich mit Vietnamesen nicht so die gleiche Wellenlänge. [# 81]

Obwohl Frau Ngoc das Beherrschen der vietnamesischen Sprache als Türöffner für die Kontaktaufnahme mit Einheimischen sieht, ist Vietnamesisch gleichzeitig eine Sprachbarriere für das Knüpfen von engeren Kontakten, die über das Alltagsgeschehen hinausgehen. Sie fühlt sich nicht sicher in der Sprache, was ihr den Zugang verschließt und gleichzeitig den Aushandlungsprozess bremst. Das deckt sich mit ihren zurückhaltenen Äußerungen bezüglich des Heimatgefühls, das lediglich beim Besuch in Huế aufkommt und ihrer eindeutigen Identifikation als Deutsche.

Den letzten Aspekt von Sprache, die Verbindung mit Việt Kiều, spricht Frau Van an. Hier hat Sprache nicht nur die Funktion, ihre Identifikation mit dem Việt Kiều-sein auszuhandeln, sondern auch sich von der sprachlichen Heimat zu distanzieren:

> Eigentlich will ich nicht Việt Kiều genannt werden. Nicht weil es beleidigend ist oder so, aber weil einfach weil es zum Beispiel dann gehen die Anderen davon aus, dass ich irgendwas Vietnamesisches in mir habe und dann mit mir wie [mit] Vietnamesen umgehen können und die direkt wissen, ich verstehe auch alles von der Sprache und das ist halt nicht so. Das ist wichtig, dass das Gegenüber von mir das auch weiß. Dann ist es aber so, dass ich kann die Sprache ja nicht so super gut und dann kommen die an und sagen, nee, kannst

du so schlecht Vietnamesisch, bist du blöd oder was. Nein, ich bin nicht hier geboren, ich bin drüben geboren und dann kannst du mich nich einfach so beleidigen. [# 126]
Aber wegen der Sprache halt so, deine Eltern sind Vietnamesen. Warum kannst du kein Vietnamesisch? Und dann verstehen die einfach nicht, dass wenn man im Ausland lebt und du musst dich anpassen und dann musst du halt mehr Deutsch sprechen, sonst wirst du nicht akzeptiert und die verstehen das nicht, dass das Leben im Ausland sehr – und dann musst du auch einfach vom Schulsystem her andere Sprachen lernen und das kapieren die nicht, daran denken die gar nicht. Die haben die nicht, diese Empathie fehlt dann auch so. Dann sagen die, weiß ich nicht, dann beleidigen die auch fast meine Eltern und sagen so, warum haben die dir das nicht beigebracht und so geht das eben nicht. Weißt du, und dann kannst du aber auch nicht sagen, du kannst denen nicht alles erklären, weil die würden das sowieso nicht verstehen oder wenigstens zuhören, weil die meisten dann halt auch älter sind und danach behaupten, so wirklich direkt so sagen: na, deine Sichtweise ist falsch, ja, du sollst das lernen. [Van # 130]

Die Distanz von der sprachlichen Heimat erfolgt durch die Betonung des Việt-Kiều-Seins, denn dadurch macht Frau Van ihrem Gegenüber deutlich, dass sie die vietnamesische Sprache nicht fließend beherrscht. Äußerlich ist für die Einheimischen anscheinend nicht ersichtlich, dass Frau Van aus dem Ausland ist und somit erwarten sie eine problemlose Kommunikation in Vietnamesisch. Trifft dies dann doch nicht zu, wird ihr mangelnde Ausdruckfähigkeit unterstellt. Diese beschriebene Situation rekurriert auf Äußerlichkeiten und Fremdheitserfahrungen von Frau Van als Angehörige der zweiten Generation Việt Kiều. Ausgehend vom Moment des äußerlichen Andersseins der Việt Kiều in Deutschland und die damit zum Teil verbundene Fremdheitserfahrung bewirkt, dass sie sich äußerlich während ihrer Reise in Vietnam vom Aussehen der Einheimischen nicht abhebt und zunächst nicht diese Fremdheitserfahrung macht wie in Deutschland. Sobald sie aber in Vietnam mit den Einheimischen ins Gespräch kommt, somit die vietnamesische Sprache genutzt wird, löst sich diese vermeintliche äußerliche Gleichheit auf und sie wird als der Sprache nicht mächtig bezeichnet oder als Việt Kiều wahrgenommen, die die Sprache ebenfalls nicht hundertprozentig beherrscht. Dadurch entsteht abermals eine Fremdheitserfahrung in einer Umgebung, in der die Äußerlichkeiten zunächst eine Gleichheit suggerieren. In diesen Fällen kann Sprache nicht mit Heimat gleichgesetzt werden, sondern wirkt separierend.

5.3.3 Zusammenfassung

Die Interaktionspartner_innen messen Heimat eine starke Bedeutung zu. Dies geschieht, obwohl Vietnam lediglich das Reiseziel ist und nicht das Land, in dem die Teilnehmer_innen ihren Lebensmittelpunkt haben. Es zeigt sich, dass die kulturellen Bindungen zu Vietnam auch während ihres dauerhaften Aufenthaltes in Deutschland durch die Familie stark ausgeprägt sind. Zusätzlich wird durch häufige Reisen nach Vietnam diese Bindung verstärkt und bringt eine (zweite) Heimat hervor. Die Distanz zu Deutschland durch die Reise nach Vietnam macht Deutschland zur Heimat; gleichzeitig festigt sich Vietnam als Heimat durch das Vertrautwerden mit der Kultur und seinen Menschen. Dies trifft aber lediglich für die zweite Generation der Việt Kiều zu.

Die in Vietnam geborenen und dort aufgewachsenen Việt Kiều entwickeln Deutschland als zweite Heimat, was durch eine Hierarchisierung der Heimaten hervorgehoben wurde. Darüber hinaus handelt es sich nicht nur um Heimaten in Deutschland und Vietnam, sondern auch um verschiedene Orte in den beiden Ländern. Sie sind somit auch länderübergreifend zu verorten, wo sich Familienmitglieder aufhalten. Dadurch entstehen multiple Heimaten, die individuell hierarchisiert und mit Bedeutung aufgeladen werden. Wobei hinsichtlich der Hierarchisierung zwischen den Generationen zu unterscheiden ist: Für die erste Generation ist Vietnam die erste und Deutschland die zweite Heimat; für die zweite Generation ist die erste Heimat Deutschland und die zweite Vietnam. Zudem ist insbesondere für die zweite Generation der Aufenthalt in Vietnam eine Reise in eine „vertraute Fremde", da sie Bindungen, schöne Erinnerungen haben und bekannte Dinge damit verbinden, aber gleichzeitig in Situationen kommen, die sie nicht verstehen können. Außerdem konnte veranschaulicht werden, dass eine Reise nach Vietnam für die zweite Generation der Việt Kiều wesentlich zu ihrem Identitätsbildungsprozess beitragen.

Hinsichtlich der sprachlichen Heimat ist vor allem eine Differenz zwischen der ersten und zweiten Generation Việt Kiều auffällig. Die erste Generation sieht die sprachliche Heimat in Vietnam. Insbesondere die Jüngeren der ersten Generation haben weder in Vietnam noch in Deutschland sprachliche Probleme. Anders ist es in der zweiten Generation. Sie erwähnen die Sprachdifferenzen innerhalb Vietnams und dass dies ein Auslöser für einen sprachlichen Aushandlungsprozess sein kann. Gleichzeitig positionieren sich einige Angehörige der zweiten Generation bewusst als Việt Kiều, um zu verdeutlichen, dass Vietnam nicht ihre sprachliche Heimat ist, denn rein äußerlich heben sich jene Việt Kiều nicht sehr von den Einheimischen ab, sodass Zugehörigkeit und sprachliche Vertrautheit unterstellt werden, die sich mit Beginn der Kommunikation auflösen.

5.4 Rückreise zur Revitalisierung religiöser Praktiken

Der Begriff Heimat umfasst auch eine religiöse Komponente, da er dem Bedürfnis nach Spiritualität und Zugehörigkeit dient (Eichmanns 2013: 4). Dass eine Reise in eine (zweite) Heimat Vietnam ebenso religiöse Züge aufweisen kann, wird in diesem Unterkapitel eingehender dargestellt. Dabei wird untersucht, welche Rolle Religion beziehungsweise Spiritualität spielt und wie sie sich während der Reise äußert.

Im Ausland lebende Vietnames_innen reisen auch nach Vietnam, um spirituelle und religiöse Verbindungen mit der „(fremden) Heimat" und den Vorfahren zu (re-)vitalisieren und damit auch zur Bildung oder Festigung ihrer Identität beizutragen. Diese Reisen sind eingebettet in allgemeine Revitalisierungsprozesse von Religion und religiösen Praktiken sowohl in Vietnam als auch in Deutschland.

Bevor auf die konkreten Revitalisierungsprozesse bei der Rückkehr eingegangen wird, wird die Rolle des vietnamesischen Staates beschrieben, da dieser einerseits allgemein zur Revitalisierung religiöser Praktiken in Vietnam beiträgt, andererseits auch die Bedingungen geschaffen hat, in denen Việt Kiều wieder in die „Heimat" (*về quê hương*) zurückkehren können. Anschließend wird ebenfalls auf die in Deutschland stattfindende (Re-)Vitalisierung eingegangen, da Việt Kiều dort ihren Lebensmittelpunkt haben. Die religiösen und spirituellen Entwicklungen in Deutschland sind eng mit den Entwicklungen in Vietnam verknüpft, weshalb letztere ebenfalls dargestellt werden. Die Entwicklungen in beiden Ländern können gleichzeitig die ablaufenden Revitalisierungsprozesse während der Reise in Vietnam beeinflussen. In welcher Weise dies geschieht, wird zum Ende dieses Unterkapitels erläutert.

5.4.1 Religiöse Revitalisierung in Vietnam und Entwicklung in Deutschland

Seit der Öffnung des Landes 1986 findet eine von staatlicher Seite geförderte Revitalisierung von Religion statt. Waren seit der Unabhängigkeit und insbesondere nach dem Ende des vietnamesisch-amerikanischen Krieges religiöse Praktiken als „Aberglaube" verpönt und unterdrückt, erfährt vor allem die Ahnenverehrung in den letzten dreißig Jahren eine Revitalisierung.

Wird auf die Revitalisierungsprozesse geschaut, die in Vietnam ablaufen, muss zwischen verschiedenen Ebenen unterschieden werden. So versucht die vietnamesische Regierung ein nationales Bewusstsein zu schaffen, indem Politiker_innen zum Beispiel am „jährlichen Todesfeiertag die Hùng-Könige als Urahnen und legendäre Gründer der Vietnamesischen Nation" verehren, indem sie zum Tempel der Hùng-Könige in die Phú Thọ Provinz pilgern (Lauser 2008: 148). Denn dadurch wird ein Ahnentag von der gesamten Nation geteilt (Lauser 2008: 148) und nicht wie üblich ein Ahnentag in der Familie. Dies trägt gleichzeitig zur Bildung einer kollektiven Identität bei.[84]

Abgesehen von dieser nationalen Ebene blieben auch rituelle Praktiken innerhalb der Familien von kommunistischer Politik und Ideologie nicht verschont. So wurden bis zur Einleitung von *đổi mới* einzelne Praktiken der Ahnenverehrung (*thờ cúng tổ tiên*) „als abergläubisch und rückständig, als destruktiv [...], antisozialistisch [...] und verschwenderisch [...] verurteilt" (Lauser 2008: 154).[85] Dies wurde nun von staatlicher Seite wieder gelockert. Die Ahnenverehrung beschreibt

> ein Konzept der Dankbarkeit, das die fortwährende, reziproke Beziehung und den Kreislauf des Tausches von Gaben und Gunsterweisungen zwischen den Lebenden und Toten in Bewegung hält. Dankbarkeit in der Gegenwart für

---

[84] Am 10.03. des Mondkalenders pilgern aber nicht nur Politiker_innen zum Tempel der Hùng-Könige in die Provinz Phù Thọ, sondern auch viele Bürger_innen.

[85] Darüber hinaus wurden „Praktiken der Religion der Muttergottheiten (Đạo Mẫu) [verboten], die gerade wegen der ritualisierten Geist-Besessenheit (lên đồng) illegal und als Aberglaube" (Lauser 2008: 149) abgetan wurden. Dass diese religiösen Praktiken wieder gewertschätzt und durchgeführt werden und an Bedeutung gewonnen haben, zeigt die Sonderausstellung „Worshipping Mother Goddess" im Vietnamesischen Frauenmuseum in Hà Nội (Vietnamese Women's Museum 2013).

Beiträge in der Vergangenheit verbindet die Menschen in den Familien, den Dörfern bis hin zur Idee des Heimatlandes. (Lauser 2008: 158)

Neben den Todesgedenkfeiern, die der Ahnenverehrung dienen, ist insbesondere das vietnamesische Neujahrsfest (*Tết*) von besonderer Bedeutung, denn „it seals the union of the living and the dead [...]; it gathers together members of the extended family [...]; it makes for reconciliations [...]". (Hữu Ngọc 2004: 228) Dieses Zitat macht deutlich, dass die gesamte Familie beim Tết-Fest einbezogen wird – somit auch die Familienmitglieder, die im Ausland leben.

Zwischen dieser Mikro- und Makroebene sind die Gemeinden zu verorten, die durch die wieder erlaubte Errichtung von sogenannten Kommunalhäusern (*đình*) lokale Schutzgottheiten verehren können. Die Kommunalhäuser sind Einrichtungen für das spirituelle Leben der dort ansässigen Gemeinschaft, aber zugleich auch administratives Zentrum (Endres 2000: 45) und sind somit „at the same time a temple, a townhall, and a house of culture" (Hữu Ngọc 2004: 174). Vor der Öffnung des Landes galten die Kommunalhäuser als „inconsistent with [the Party's] modernizing agenda" (Choi 2007: 103) und als Relikte des Feudalismus und der Rückständigkeit und wurden vielerorts „entweder säkularen Zwecken zugeführt oder dem langsamen Verfall anheimgegeben" (Endres 2000: 126).[86]

Hier sei allerdings angemerkt, dass es nicht nur zum Erstarken von ehemals unterdrückten religiösen Praktiken gekommen ist, sondern gleichzeitig auch bei Teilen der Bevölkerung ein pseudo-religiöser Kult um den ehemaligen Revolutionsführer und ersten Präsidenten des unabhängigen Vietnams Hồ Chí Minh eingesetzt hat. Nach der Einführung von *đổi mới* suchten die „Vietnamesen, Führung wie Volk, dazu nach anderen Lebenszielen, nach Ersatz für den einheitlichen laizistischen Glauben des Kommunismus" (Brocheux 2008: 17), was dazu führte, dass die Hồ-Chí-Minh-Ideen zu einer Art Ersatzideologie wurden.

Die zuvor beschriebene Revitalisierung religiöser Praktiken in Vietnam verläuft parallel zu den religiösen Entwicklungen der Việt Kiều. Die Beschäftigung mit Migrantengruppen in Deutschland ist durch Globalisierungsprozesse verstärkt in den Fokus gerückt. Dadurch lassen sich

---

[86] Dies betraf nicht nur die Kommunalhäuser, sondern auch Pagoden, Tempel und Schreine.

„außereuropäische Religionen ‚vor der Haustür' finden" (Hutter 2003: 15) und in ihrem Wechselverhältnis zueinander und zu europäischen Religionen untersuchen. Einerseits besteht der Wunsch von Migrantengruppen, ihre Religion zu bewahren, und andererseits, sich im „Aufnahmeland" zu integrieren. Wobei Baumann auch aufzeigt, dass die Religion durch die Migrant_innen nicht nur bewahrt werden soll, sondern auch zu einer Überhöhung und Verstärkung führen kann. Aber auch das Gegenteil – ein Verlust der religiösen Zugehörigkeit – kann eintreten. Darüber hinaus kann auch die Bewahrung der Religion unterschiedliche Formen annehmen und sich durch die Fremdheitserfahrung verändern (Baumann 2000: 16f.).

Um dieses Spannungsverhältnis zwischen Bewahrung und Integration zu lösen, nutzen viele Migrantengruppen die Möglichkeit, religiöse Organisationen zu gründen. Dies bringt Vertovec folgendermaßen auf den Punkt:

> Upon settling in a new environment, immigrants often soon set about collectively organizing themselves for purposes of religious worship. The formation of associations is one prominent kind of socio-religious organization, established to raise and distribute funds and coordinate activities. (Vertovec 2000: 13)

Dadurch können Migrant_innen ihre Interessen in ihrem neuen Umfeld artikulieren. Dass dies auch für vietnamesische Migrant_innen zutrifft, zeigt unter anderem die Studie von Baumann (2000), in der die Religiosität der buddhistischen Việt Kiều in Deutschland und deren Institutionalisierung beschrieben wird.[87] Der Autor betont die Wichtigkeit der Pagoden und Andachtsstätten für die Việt Kiều in Deutschland im Vergleich zu Vietnam. Sie dienen dazu „die vietnamesisch-buddhistische Tradition ‚authentisch' [zu] bewahren und fort[zu]führen, entgegen allen Widrigkeiten des Lebens in fremder Kultur und christlich geprägter, rechtlich säkularisierter Gesellschaft" (Baumann 2000: 65). Gleichzeitig konstatiert er, dass die vietnamesisch-buddhistischen Praktiken in Deutschland zum

---

[87] Zur Bildung von religiösen Assoziationen von Việt Kiều siehe zum Beispiel exemplarisch für Quebec bei Dorais (1991), der zeigt wie kulturelle Werte und Religion durch die Gründung von Assoziationen begünstigt werden und Zugehörigkeit gefördert wird.

Beispiel Deutschen als „unbuddhistisch" erscheinen mögen (Baumann 2000: 61), was daraufhin deutet, dass „der Buddhismus" der Vietnames_innen sich ebenfalls einem Wandel unterzieht.

Wie sich religiöse Praktiken gerade durch die diasporische Erfahrung wandeln und verändern können, beschreibt Weigelt in seiner Studie über die vietnamesisch-buddhistische Diaspora in der Schweiz. So beschreibt er, dass ein Prozess der „Kompartmentalisierung" einsetzt, das heißt, dass es zu einer „prozessualen Aufteilung einer zuvor umfassenden kulturellen und religiösen Lebensgestaltung in einzelne Bereiche [kommt], hervorgerufen durch die inkorporativen Bedingungen des Aufnahme- bzw. Residenzlandes" (Weigelt 2013: 234). Dies betrifft insbesondere die vietnamesisch-buddhistischen Feste, die entsprechend des Aufnahmelandes in Datum und Dauer verändert werden und so zum Beispiel an Sonntagen stattfinden. Ebenso kommt es durch die Struktur des Alltags dazu, dass die Việt Kiều in der Schweiz verschiedene religiöse Handlungsalternativen finden, um beispielsweise Meditation fortführen zu können. Der von Weigelt beschriebene vietnamesische Buddhismus ist synkretistisch, wodurch die Việt Kiều in der Lage sind, zwischen den religiösen Anforderungen und den Anforderungen des Residenzlandes zu balancieren und Alternativen zu gestalten (Weigelt 2013: 235f.). Dies verdeutlicht, dass die diasporische Erfahrung zu neuen Dynamiken in den religiösen Praktiken im Residenzland führen. Im Anschluss daran ist die Frage interessant, ob es wiederum zu Revitalisierungen oder neuen/anderen Dynamiken religiöser Praktiken kommt, wenn die Mitglieder der vietnamesischen Diaspora wieder in ihr Ursprungsland zurückreisen. Dies soll im Nachfolgenden beschrieben werden.

5.4.2 Religiöse Revitalisierung durch die Rückreise

Die Revitalisierung in Vietnam und die Entwicklungen religiöser Praktiken in Deutschland stehen in einem wechselseitigen Verhältnis und Austausch durch die Rückreise nach Vietnam der in Deutschland lebenden Việt Kiều. Zum einen trägt die Öffnungspolitik und der damit verbundene Aufruf zur Rückkehr der Việt Kiều durch den vietnamesischen Staat – wie weiter oben bereits erläutert – dazu bei, dass Auslandsvietnames_innen zurückreisen. Zum anderen ist die Verbindung zu den Ahnen und zur Heimat nicht nur bei Vietnames_innen, sondern auch bei Việt Kiều ausgeprägt, sodass der Wunsch nach zeitweiser Rückkehr gegeben ist. Dass spirituelle Praktiken insbesondere das Neujahrsfest *Tết* und die Totengedenkfeiern (*ngày giỗ tổ tiên*) nicht nur für Vietnames_innen von Bedeutung sind, sondern auch für Việt Kiều, soll nachfolgend anhand von zwei Beispielen verdeutlicht werden.

Die Wichtigkeit, zum Ort der Ahnen zurückzukehren, zeigt Jellema anhand des 1994 nach 750 Jahren nach Vietnam zurückgekehrten Lý Xương Căn (Jellema 2007). Als die Trần- die Lý-Dynastie im 13. Jahrhundert verdrängte, floh Prinz Lý Long Tường nach Korea, wo sich dessen Zweig der vietnamesischen Königsfamilie in der Nähe von Seoul heute noch konzentriert. Als Nachfahre dieser Lý-Dynastie nahm Căn bei seiner Rückkehr nach Vietnam an Ritualen und Zeremonien im Đô-Tempel in Đình Bảng teil, um die Ahnen zu ehren. Denn dort ist der Ursprungsort der Lý lokalisiert. Gleichzeitig wurde er selbst Gegenstand von Belobigungen durch die Gemeinde in Đình Bảng, denn nach seiner Übersiedlung mit seiner Familie von Korea nach Vietnam nutzte er seine unternehmerischen Fähigkeiten und investierte in der Gemeinde Đình Bảng, wo er heute ein Unternehmen leitet (Jellema 2007: 80f). Căns Rückkehr gehört zu den populärsten in Vietnam.

Dass aber auch einfache Auslandsvietnames_innen die Reise in die Heimat antreten, um sich auf eine Pilgerreise zu begeben und die Ahnen gütig zu stimmen, soll ein weiteres Beispiel demonstrieren. Eine in Australien lebende Việt Kiều wurde in Albträumen von den Ahnen geplagt, worauf sie sich entschloss, gemeinsam mit ihrer Tochter nach Vietnam zu reisen, „um allen in den Kriegswirren verstorbenen Ahnen Todesrituale und buddhistische Gedenk- und Verdienstzeremonien zu organisieren" (Lauser 2008: 152). Da diese Ahnen im Krieg gewaltsam verstarben und keine korrekte Bestattung erhielten und sie durch die Nachkommen spirituell nicht angemessen versorgt wurden, „irrten ihre Seelen hungrig und unglückbringend umher" (Lauser 2008: 152). Durch die Reise nach Vietnam und die Ausübung der Rituale konnten die Ahnen besänftigt werden. Gleichzeitig wurde die Pilgerreise aber als eine Reise zu sich selbst und der eigenen Identität und Zugehörigkeit der beiden zurückgekehrten Frauen gesehen (Lauser 2008: 152f.). Diese Beispiele zeigen, dass es für Việt Kiều wichtig sein kann, aus religiösen Gründen in die Heimat zurückzukehren. Nachfolgend soll anhand der Interviews erläutert werden, welche Rolle religiöse oder spirituelle Praktiken für die Befragten spielen.

Aspekte der identitären Konstruktionsarbeit der Việt Kiều

Wie vorangegangen bereits erwähnt, nehmen die Ideen und die Person Hồ Chí Minhs eine besondere Funktion ein, wie Frau Ha veranschaulicht:

> Also Bác Hồ [Hồ Chí Minh] ist für uns alle wie ein Geist. Er lebt in unseren Herzen, [er] ist fast schon auf jedem Altar zu Hause von der Familie. [Er] spielt schon eine große Rolle in der vietnamesischen Gesellschaft. [Ha # 74]

Frau Ha beschreibt in diesem Zitat den Kult, der um Hồ Chí Minh gemacht und inszeniert wird. Sie bezieht dies nicht nur auf die vietnamesische Gesellschaft, sondern zählt sich, durch die Verwendung der Wir-Form, bewusst mit dazu. Die Tatsache, dass ein Bild von Hồ Chí Minh fast auf allen Altären zu finden ist, zeigt einerseits, dass er eine Art spirituellen Kultstatus erlangt hat, und andererseits, dass die Arme des Staates bis ins Familiäre, Spirituelle und somit Private hineinreichen. Dies geschieht parallel zu den herkömmlichen Praktiken der Ahnenverehrung und ist für Frau Ha besonders wichtig:

> Normalerweise soll man in jedem Haus oder bei jeder Familie haben wir immer einen Altar im Haus; groß oder klein, das kommt drauf an. Zum Beispiel bei mir zu Hause haben wir schon [einen] ziemlich großen Altar, weil mein Vater ist der größte Sohn von einem Familiennachnamen. Deswegen bei uns gilt es bei jedem Sohn, der größte oder der älteste Sohn müsste schon dann die Rolle übernehmen, dass er den Altar immer die Vorfahren oder die Familienmitglieder, die gestorben sind – Opa, Uropa usw. – bewahren muss oder weiter verehren muss. [...] Aber wir haben schon bei jeder Familie schon einen Altar. Das möchten wir auch gerne machen. Das will mein Freund auch gerne machen. Gott sei Dank, dass er [das] nicht etwas komisch fand, und er hat immer gesagt, dass wir einen kleinen Altar hier in Vietnam kaufen müssen und dann nach Deutschland mitnehmen. [Ha # 88]

Die ausführliche Beschreibung des Altars und der Zuständigkeiten innerhalb der Familie verdeutlicht, wie wichtig die Ahnenverehrung für Frau Ha ist. Es ist so bedeutsam für sie, dass sie froh darüber ist, dass ihr Partner einen kleinen Altar in Vietnam erwerben und mit nach Deutschland nehmen möchte. Auf diesem Weg möchte Frau Ha die Tradition der Ahnenverehrung in Deutschland fortsetzen.

Hat Frau Ha allgemein von der Ahnenverehrung gesprochen, so geht Frau Hien direkt darauf ein, dass die spirituelle Erfahrung im Mittelpunkt einer früheren Reise stand. So gab Frau Hien an, bei ihrer Reise nach Vietnam aus spirituellen Gründen in Sài Gòn bei Familienangehörigen gelebt zu haben. Sie berichtet:

Tourismus und Identität

> Da hab ich spirituell sehr viel gemacht. Ich habe ein Wochenende meditiert mit meiner Tante zusammen. Also die ersten fünf Monate waren eigentlich mehr spirituell für mich, also waren für mich spirituelle Erfahrungen. Das erste Mal als ich alleine in Vietnam war, war ich halt fünf Monate in Sài Gòn […] bei meiner Tante. [# 4]
>
> Also Reisen sind mir generell wichtig, um mich selber kennenzulernen und gerade Vietnam war halt wichtig für mich, um auch meinen Hintergrund kennenzulernen, meine Eltern, und dann halt auf dem spirituellen Weg. [# 8]

Spirituelle Erfahrungen bildeten für Frau Hien den Kern ihrer Reise, als sie das erste Mal ohne Begleitung der Eltern nach Vietnam gereist ist. Dennoch erlebt sie die Spiritualität nicht ganz alleine, sondern bei und mit ihrer Tante zusammen. Als Auslöser für diese spirituelle Reise war für sie ein Traum über Vietnam. Etwas später im Gespräch räumt sie weiterhin ein, Reisen generell dafür zu nutzen, um zu sich selbst zu finden. Besonders interessant ist, im Fall der Destination Vietnam, dass Frau Hien auf der Reise nicht einfach nur spirituell aktiv sein wollte, sondern durch Spiritualität ihre persönliche Geschichte und ihren Hintergrund und den der Eltern, die als *boat people* aus Vietnam geflohen sind, kennenzulernen.

Dass Spiritualität nicht das Hauptmotiv einer Vietnamreise sein muss, zeigt das nachfolgende Beispiel, in denen insbesondere die Praktik der Ahnenverehrung eine Rolle spielt. Frau Ngoc, für die eine Reise nach Vietnam immer eine Mischung aus Familienbesuch und Urlaub ist, erzählt:

> Ich unterhalte mich halt immer viel mit meiner Oma oder sie erzählt mir halt viel. Oder wir machen Ahnenverehrung zusammen. Gestern ist mein Opa dann, er kann ja nicht mehr so gut laufen, dann haben wir ihn hoch gebracht zum Ahnentempel und die Ahnen verehrt. [# 20]

Dieses Zitat veranschaulicht, dass die Ahnenverehrung ganz natürlich zu einem Besuch bei den Großeltern dazugehört und ganz selbstverständlich durchgeführt wird. Leider berichtet Frau Ngoc nicht, ob sie diese Praktiken auch in Deutschland durchführt oder ob es lediglich Bestandteil einer Vietnamreise und eines Besuchs bei der Familie ist.

Zur Ahnenverehrung zählt nicht nur, am Hausaltar der Verstorbenen zu gedenken, sondern auch regelmäßig die Gräber der Ahnen zu besuchen. So erzählen Frau Van, Herr Binh und Herr Tu davon:

> Dann ist eine Aufgabe, dass ich die Gräber meiner Großeltern besuchen muss. Wobei die Eltern von meinem Papa sind in einer Pagode, in der größten

Aspekte der identitären Konstruktionsarbeit der Việt Kiều

Pagode von Sài Gòn und da muss ich immer sofort kommen vom Flughafen, einen Weg finden zu meiner Familie und dann [sie] begrüßen. Ja, und dann die Lebenden besuchen. [Van # 76]

Während des Besuches meiner Tanten und Onkel dort [in Cao Bằng] und ist es eine Tradition Vietnams, wenn man zurückkommt, Räucherstäbchen an den Gräbern der Älteren anzuzünden, um der Ahnen zu gedenken.[88] [Binh # 6]

After arriving to my village for some hours, I visited my ancestral graves. [Tu # 16]

Für Frau Van, der zweiten Generation angehörend, ist der Besuch der Gräber der Großeltern in der Pagode in Sài Gòn sofort nach ihrer Ankunft Pflicht, noch bevor sie alle dort lebenden Verwandten trifft. Auch als Christin ist es für Frau Van eine Pflicht, sofort die Gräber der Verstorbenen zu besuchen. Für Herrn Binh, der in Vietnam geboren und aufgewachsen ist, gehört es ebenfalls dazu, bei seinem Verwandtenbesuch in Cao Bằng die Ahnen an den Gräbern durch Anzünden von Räucherstäbchen zu ehren. Er bezeichnet diese Praktik als eine vietnamesische Tradition. Herr Tu erwähnt hingegen nur nebenbei, dass er in seinem Heimatdorf die Gräber der Ahnen besucht. Für alle genannten Personen konnte herausgearbeitet werden, dass die Ahnenverehrung und der Besuch der Gräber zu einer Vietnamreise dazugehört, da es in Vietnam eine Praktik und Tradition ist, der nicht nur Vietnames_innen nachkommen müssen, sondern auch zurückreisende Việt Kiều.

5.4.3 Zusammenfassung

Dieses Kapitel hat gezeigt, dass Việt Kiều auch zur Ausübung von religiösen Praktiken nach Vietnam zurückreisen und dies immer im Austausch mit den religiösen Entwicklungen sowohl in Vietnam als auch in Deutschland steht. Sowohl Angehörige der ersten als auch der zweiten Generation besuchen die Gräber der Ahnen und praktizieren die Ahnenverehrung während ihrer Reise in Vietnam. Lediglich für eine Befragte, Frau Hien, diente ein Aufenthalt in Vietnam unter anderem dazu, spirituelle Praktiken zu vollziehen und zu meditieren, um sich und ihren familiären

---

[88] (Eigene Übersetzung). Thì trong lúc về thăm các cô dì chú bác ở trên đó và phong tục Việt Nam thì là về đó thắp hương mộ các cụ để nhớ đến tổ tiên.

Hintergrund besser kennenzulernen. Die Ahnenverehrung ist eine vietnamesische Tradition, der neben Vietnames_innen auch Việt Kiều folgen (müssen). Die Aussagen der Interviewten verdeutlichten, dass diese Praktik an den Heimatort der Familie gebunden ist und nicht während einer Reise innerhalb Vietnams beliebig durchgeführt werden kann. Während einer Vietnamreise sind folglich religiöse Erfahrungen für etwa die Hälfte der Befragten von Bedeutung, und sie tragen somit zum Identifikationsbildungsprozess im Verlauf der Reise bei.

5.5 Reisen und die Rolle der vietnamesischen Küche für den Identitätsbildungsprozess

> Einer der Gäste kam aus Rach Gia, einer Küstenstadt, in der eine Hauptspeisensuppe aus gedünstetem Fisch und Fadennudeln, angereichert mit Schweinefleisch und in Garnelenrogen karamellisierten Garnelen erfunden worden war. Als ich seine Schale dann noch mit etwas in Essig eingelegtem Knoblauch würzte, liefen ihm Tränen über die Wangen. Er habe sein Land geschmeckt, murmelte er, während er die Suppe aß, sein Land, wo er groß geworden sei, wo er geliebt werde. (Thúy, Kim: Der Geschmack der Sehnsucht 2014: 39)

Dass Essen nicht nur dazu dient, uns zu ernähren, sondern auch weitreichende soziale, symbolische Implikationen und Funktionen innehat, zeigt bereits das einleitende Zitat aus dem Roman „Der Geschmack der Sehnsucht" der vietnamesisch-kanadischen Autorin Kim Thúy. Die Ich-Erzählerin betreibt ein vietnamesisches Restaurant in Montréal und ist mit den regionalen Besonderheiten der vietnamesischen Küche vertraut. Dieses Wissen versetzt sie in die Lage, ihrem vietnamesischen Gast ein Gericht aus der Heimat zuzubereiten, ohne dass dieser speziell darauf hinweisen muss. Ein Verweis auf den Herkunftsort genügt. Dieses Beispiel veranschaulicht, dass die beiden Việt Kiều auf non-verbale Art durch das Essen kommunizieren. Gleichzeitig verdeutlicht es auch die Verknüpfung des Essens mit dem im Kapitel 5.3 erläuterten Begriff Heimat und der Zugehörigkeiten der Việt Kiều. Durch Erfahrungen der Migration und durch eine Rückreise in die „alte Heimat" kann die Bedeutung des Essens zunehmen.

Welche Rolle die vietnamesische Küche für die in Deutschland lebenden Việt Kiều auf ihrer Reise in Vietnam spielt und welchen Beitrag sie im

Aspekte der identitären Konstruktionsarbeit der Việt Kiều

Identitätsbildungsprozess leistet, wird in den nachfolgenden Unterkapiteln erläutert. Zunächst werden die in der Forschung beschriebenen Zusammenhänge von Essen und Identität dargestellt, um anschließend die Entwicklung und die Bedeutung des Essens in Vietnam zu skizzieren, denn nur daran kann später die Bedeutung des Essens im Identitätsbildungsprozess für Việt Kiều festgestellt und verstanden werden.[89]

5.5.1 Essen, Identität und Tourismus

Obwohl Essen zahlreiche Funktionen innehat, gibt es bislang wenige Studien, die sich mit Essen, Tourismus (Hall et al. 2004) und Identität auseinandersetzen, und keine Studien, die sich mit Essen, Tourismus, Identität in Vietnam und der Diaspora beschäftigen. Deshalb wird in diesem Kapitel die Rolle des Essens für den Identitätsbildungsprozess der Việt Kiều während der Reise in Vietnam untersucht. Das wird anhand der sozio-kulturellen, religiösen und national-politischen Implikationen und Funktionen von Essen dargestellt. Diese Punkte erweitern Kittler und Sucher in dem nachfolgenden Zitat um eine symbolische Funktion:

> An essential symbolic function of food is cultural identity. Beyond self-identification, incorporation can signify collective association. [...] The food habits of each cultural group are often linked to religious beliefs or ethnic behaviours. Eating is a daily reaffirmation of cultural identity. Foods that demonstrate affiliation with a culture are usually introduced during childhood and are associated with security or good memories. Such foods hold special worth to a person, even if other diets have been adopted due to changes in residence, religious membership, health status, or daily personal preference. They may be eaten during ethnic holidays and for personal events, such as birthdays or weddings, or during times of stress. These items are sometimes called *comfort foods* because they satisfy the basic psychological need for food familiarity. (Kittler und Sucher 2008: 4; Hervorhebung im Original)

Darüber hinaus wird Essen als Kommunikationssystem begriffen, in dem die genannten Funktionen durch das Essen vermittelt, transportiert und kommuniziert werden. Anderson beschreibt dieses System folgendermaßen:

---

[89] In diesem Unterkapitel werden die Produktion von Nahrung und das Konsumverhalten ausgelassen, da diese keine direkten Implikationen für die Identität der Việt Kiều haben.

> Food as communication finds most of its applications in the process of defining one's individuality and one's place in society. Food communicates class, ethnic group, lifestyle affiliation, and other social positions. (Anderson 2005: 124)

Diese Kommunikation verläuft überwiegend non-verbal und symbolisch, wie dies auch im einleitenden Romanzitat von Kim Thúy bereits angedeutet wurde.

Essen und seine sozio-kulturelle Funktion

Essen hat einen hohen Stellenwert als Kulturgut inne, denn es dient dazu, lokale und regionale Identitäten zu stärken, indem beispielsweise Spezialitäten (wieder-)entdeckt und intensiv vermarktet werden. Dieser Tendenz einer Regionalisierung des Kulinarischen leistet die UNESCO zusätzlich Vorschub, da seit 2010 Essen als immaterielles Welterbe gelistet ist und immer mehr Staaten bestimmte Gerichte als regionale oder sogar nationale Spezialitäten anmelden.

Parallel dazu nimmt die Bedeutung lokaler Küchen weltweit zu (Di Giovine und Brulotte 2014: 8). So scheint es Ausdruck eines gewissen Lifestyles zu sein, verschiedene lokal verortete Gerichte überall auf der Welt konsumieren zu können. Ein Beispiel ist der von türkischen Migrant_innen in Deutschland eingeführte und modifizierte Döner-Kebap, der nun über das Goethe-Institut in Hà Nội Einzug in Vietnams Großstädte hält.

Gleichzeitig kann neben einer Regionalisierung eine Gegenbewegung im Sinne einer internationalen Homogenisierung des Essens konstatiert werden, die symbolisch und stellvertretend mit dem Begriff *McDonaldisierung* beschrieben wird. Auch Vietnam bleibt trotz aller regionalen kulinarischen Besonderheiten nicht von der weltweit stattfindenden Homogenisierung verschont, auch wenn McDonalds keine Filiale im Land betreibt. Stattdessen sind *Kentucky Fried Chicken* (KFC) und Lotteria, eine südkoreanische Fast-Food-Kette, vertreten, die allerdings ihre Speisekarten dahin gehend modifiziert haben, dass sie neben überall erhältlichen Speisen wie Burger und Pommes frites auch Reis anbieten.

Sowohl die Homogenisierung als auch die gegenläufige Bewegung der Regionalisierung des Essens sind gerade auch für Tourist_innen von Bedeutung. Denn einerseits können sie so Gerichte während ihres

Urlaubs konsumieren, die sie von zu Hause gewohnt sind. Andererseits ist durch die Regionalisierung die lokale Küche für Tourist_innen vielfältiger geworden. Allerdings sind insbesondere westliche Tourist_innen in Reiseländern des globalen Südens wie Vietnam mit den Extremen der Fremdheit (Destination) und Familiarität (Heimatland) konfrontiert. Gemäß Cohen und Avieli suchen westliche Urlauber_innen auf der Reise in diesen Ländern nach Neuem und Unbekannten, aber dennoch benötigen sie einen gewissen Grad an Vertrautheit, einer sogenannten „environmental bubble" (Cohen und Avieli 2004: 758). Das trifft, so Cohen und Avieli, auch für die kulinarische Erfahrung auf der Reise zu. Essen wird im Tourismus für „westliche" Tourist_innen in Länder des globalen Südens in gewissem Maße gefiltert und transformiert, um die lokalen Gerichte für Tourist_innen zugänglich zu machen. Somit bewegen sich die ausländischen Tourist_innen in einer „culinary environmental bubble" (Cohen und Avieli 2004: 775). Sie halten sich in dieser „bubble" auf, da sie die Sorge um unbekannte Speisen, mangelnde Hygiene und die eigene Gesundheit umtreibt und vom Probieren neuer lokaler Gerichte abhält.

Für Việt Kiều, die durch ihre Vertrautheit mit Vietnam ein spezieller Typ der internationalen Tourist_innen in Vietnam sind, wird untersucht, welche Rolle die „culinary environmental bubble" für sie spielt und wie sie diese „bubble" während einer Reise identitär aushandeln.

Die identitäre Aushandlung und Kommunikation durch das Essen kann individuell als auch kollektiv sein. So wie sich persönliche Zugehörigkeiten und Identifikationen ändern oder, wie bereits aufgezeigt, auch je nach Situationen wechseln können, besteht auch die Möglichkeit, dass Veränderungen in den Essgewohnheiten identitätsbildend sein können. Damit kann die Wahl des Essens Geschichten von Familien erzählen, aber auch Ausdruck von Migration, Assimilation oder Widerstand sein (Almerico 2014: 3). So kann Assimilation die völlige kulinarische Anpassung an das Aufnahmeland sein. Die Entscheidung kann hierbei zum Beispiel bewusst auf gesunde Lebensmittel oder nachhaltige, regionale Produkte fallen, um Widerstand gegen die bereits genannte Homogenisierung zu leisten oder um sich mit einem bestimmten kulinarischen Lifestyle zu positionieren. Folglich werden Veränderungen der Essgewohnheiten durch äußere Faktoren beeinflusst, die sich dann wiederum auf den Identitätsbildungsprozess auswirken können.

Tourismus und Identität

Einerseits kann Essen individuell und kollektiv identitätsbildend sein und dadurch Angehörigen von Ethnien, sozialen Gruppen oder Angehörigen einer Diaspora ein Gefühl der Zugehörigkeit und Solidarität vermitteln, wie in der vorliegenden Arbeit untersucht wird. Andererseits kann dem Essen und den Essgewohnheiten aber auch die Funktion zukommen, ausschließend und abgrenzend zu wirken, sodass sich Menschen durch Essen und Nahrung bewusst von anderen abgrenzen (Anderson 2005: 125; Kittler und Sucher 2008: 5). Damit dient Essen nicht nur dazu, sich von anderen abzugrenzen, sondern trägt auch dazu bei, wie man sich selbst wahrnimmt und wie andere Menschen einen wahrnehmen (Almerico 2014: 3).

Essen und Religion

Essen trifft nicht nur eine Aussage darüber, mit welchen Menschen wir uns identifizieren möchten, sondern kann auch Ausdruck von Religion sein. Insbesondere bei religiösen Praktiken oder zu speziellen religiösen Festtagen spielt bestimmtes Essen eine enorme Rolle. Im religiösen Kontext wird die Symbolkraft des Essens verdeutlicht. Ernährungsgewohnheiten einer Gruppe, auch wenn sie sich im Verlauf der Zeit ändern können, spiegeln Ansichten und religiöse Praktiken wider. Dies zeigt sich insbesondere bei religiösen Festen und zu sogenannten *rites de passage*, die den Übergang in einen neuen Lebensabschnitt markieren.

Durch Essen werden in Südostasien nicht nur die Sozialbeziehungen der Menschen gepflegt, sondern auch zwischen den Lebenden und den Toten im Rahmen der bereits im Unterkapitel 5.4 angesprochenen Ahnenverehrung vermittelt, wie van Esterik im folgenden Zitat anspricht:

> In Southeast Asia, food creates and maintains social relations between people, and between people and the spirit world. Feeding others occurs across all transitions in the life cycle, and across all generations. (van Esterik 2008: 95)

Wie van Esterik beschreibt, werden im Hochland Südostasiens Feste abgehalten, um spirituelle und politische Macht zu erlangen, so wird beispielsweise der Status durch die Opferung eines Büffels oder Schweines demonstriert und damit gezeigt, wer die Macht im Dorf hat (van Esterik 2008: 96f.). Dass Feste damit auch eine starke symbolische Bedeutung haben, wird am Beispiel Fleisch verdeutlicht, das einen großen Prestigewert hat und als Zeichen von Reichtum gilt. So dient der Genuss von Fleisch symbolisch auf Hochzeiten dazu zu zeigen, dass das Brautpaar für den Rest des Lebens Fleisch essen wird (van Esterik 2008: 97).

Essen und räumliche Verortung

Ernährung, die während der Kindheit konsumiert wurde, kann im Erwachsenenalter mit guten Erinnerungen verbunden, aber auch mit Familie oder mit Sicherheit assoziiert werden. Damit erhält Essen unter anderem die Funktion, sich der Vergangenheit in einer nostalgischen Weise zu erinnern, wie dies bereits im Eingangszitat dieses Kapitels verdeutlicht wurde. Die Erinnerungen durch das Essen können auch räumlich verortet sein. Die Sinne und der Geschmack, der durch das Essen angesprochen werden, vermitteln den Eindruck eines anderen Ortes. So kann beispielsweise durch ein bestimmtes Gericht die Erinnerung an einen bestimmten Urlaubsort wach gehalten werden oder der Heimatort wieder aufleben. Diese „consuming geographies" (Bell und Valentine 1997) verdeutlichen die Verbindung des Essens mit einem oder mehreren Orten. Die Bedeutung stellt folgendes Zitat nochmals heraus:

> As we all know, nothing brings back a place, time, or occasion more powerfully than a scent or taste. To eat the familiar home food is to be at home, at least in the heart – as well as the stomach. (Anderson 2005: 130)

Dies ist insbesondere dann relevant, wenn das Essen nicht wie üblich im privaten Bereich zubereitet und zu sich genommen wird, sondern außerhalb in sogenannten ethnischen Restaurants. Ethnische Restaurants konstituieren ebenfalls den „culinary environmental bubble" in zweierlei Hinsicht. Den ersten Aspekt veranschaulicht Almerico in ihrem Zitat:

> Ethnic restaurants hold an allure to clients as well. They appeal to natives of the homeland represented by offering familiarity and authenticity in foods served. (Almerico 2014: 4)

Der Verweis von Almerico auf Familiarität und Authentizität beinhaltet auch das Zitat von Kim Thúy, denn dort weckt Essen Erinnerungen an die Heimat. Dies kann noch verstärkt werden, wenn in diesen ethnischen Restaurants in der Sprache der Heimat kommuniziert wird. Dabei geht es darum, dass sich Angehörige einer Diaspora, wie hier Việt Kiều, im Residenzland in dieser „bubble" befinden, denn nur in diesen Restaurants wird ihnen die Küche der Heimat angeboten.

Zweitens sind diese Restaurants Aushängeschild für die „ethnische" Kultur im Residenzland, wodurch ein Eindruck von der Kochkunst und damit Lebensweise vermittelt wird und parallel gesteuert wird, wie das Herkunftsland von der Mehrheitsbevölkerung im Residenzland wahrgenommen wird. Somit sind Besucher der ethnischen Restaurants potenzielle Tourist_innen, die sich gleichfalls in dieser „bubble" befinden, denn sie glauben, durch den Genuss des Essens in den Restaurants eine authentische Küche zu kennen. Auf Diskrepanzen zwischen den ethnischen Restaurants im Residenzland, die häufig den Geschmack adaptieren und das Essen modifizieren, und den Restaurants im Urlaubsland für Tourist_innen weisen Cohen und Avieli hin (2004: 764ff.).

Essen und nationale Identität/ nation-building

Parallel dazu wird in einigen Ländern eine scheinbare Nationalküche vorangetrieben, die einerseits der Nation dient, sich zu formieren und zu stärken, andererseits aber eine bestimmte Außenwirkung zu vermitteln versucht. Die Verbindung von Essen, Identität und Nationalismus zeigt Appadurai auf (1988). Essen weist somit auch eine national-politische Dimension auf, denn Essen deckt spezifische strategische politische Entscheidungen auf: Wer und wie sich ernährt wird, was kulturell erinnert wird und welche nationalen Implikationen damit verbunden sind (Marte 2013: 71). Für Indien konstatierte Appadurai zwei parallel stattfindende Entwicklungen: einerseits eine regionale und ethnische Spezialisierung und andererseits eine allumfassende nationale Küche, die durch Kochbücher reflektiert und reproduziert wird (Appadurai 1988: 20).

5.5.2 Geschichte und Funktionen des Essens in Vietnam und in der Diaspora

Essen hat folglich auch für Vietnam und die Angehörigen der vietnamesischen Diaspora eine wichtige Rolle. Die Geschichte des vietnamesischen Essens und die heute mit Essen verbundenen Funktionen sind vielfältig und durch zahlreiche äußere Einflüsse geprägt. Avieli hat diese Aspekte der vietnamesischen Küche für den Ort Hội An in Zentralvietnam in seiner aufschlussreichen ethnografischen Studie herausgearbeitet (Avieli 2012), die größtenteils auch für die Küche des ganzen Landes stehen kann. So weist die vietnamesische Küche spirituelle und religiöse, nationsbildende sowie soziale und sprachliche Funktionen auf, die ebenfalls in der vietnamesischen Diaspora einen Niederschlag finden.

Spirituelle und religiöse Funktion

Die chinesischen Einflüsse auf die vietnamesische Küche waren historisch langandauernd, da Vietnam fast 1.000 Jahre chinesische Provinz (bis zum 10. Jahrhundert) war. Einer dieser Einflüsse war, dass das Essen religiösen Regeln folgt, die ihren Ursprung im Yin und Yang des chinesischen Taoismus haben. Die im Vietnamesischen als *âm und dương* bekannten kosmologischen Prinzipien als auch *ngũ hành*, die Fünf-Elementen-Lehre[90], sollen bei der Wahl und Zubereitung des Essens beachtet werden. Gemäß diesen Prinzipien wird ein Gleichgewicht zwischen Gegensätzen hergestellt, wie beispielsweise dunkel und hell, kalt und heiß oder feucht und trocken. Diese Harmonie, die der Gesundheit dienlich ist, soll ebenfalls durch das Zubereiten bestimmter Speisen erreicht werden, wobei im Alltag überwiegend die gesundheitsfördernde Funktion dieser kosmologischen Prinzipien im Vordergrund steht (Avieli 2012: 35-41).

Neben der Komponente, dass die Zutaten und die Zubereitung den kosmologischen Prinzipien folgen sollten, ist Essen insbesondere bei religiösen und spirituellen Festtagen von Bedeutung. Abgesehen vom Neujahrsfest Tết spielt das Essen bei Totengedenkfeiern (*ngày giỗ tổ tiên*) eine wichtige Rolle. Ausgehend von einer bestehenden Parallelwelt, in der die Welt der Toten ein Spiegelbild der Welt der Lebenden ist, sind die Lebenden dafür verantwortlich, die Verstorbenen mit materiellen Gütern zu versorgen. Im Gegenzug dazu sichern die Toten den Lebenden Schutz und Wohlwollen zu (Avieli 2012: 102f.). Zu den materiellen Gütern gehört neben Kleidung und Räucherstäbchen auch Essen. Die Versorgung der Verstorbenen mit Essen, nach Möglichkeit mit dem Lieblingsessen, ist von

---

[90] Die „Fünf Elemente" umfassen Erde, Wasser, Holz, Metall und Feuer und entsprechen in ihrer essbaren Transformation gedünstet, gekocht, roh, gegrillt/frittiert und fermentiert (Avieli 2012: 37f.).

Bedeutung, da sie ohne Essen als hungrige Geister auf der Suche nach Nahrung umherirren und damit eine Gefahr darstellen (Avieli 2012: 108).

Abgesehen von dieser spirituellen, religiösen Komponente, dass die Verstorbenen versorgt werden sollen, haben die Totengedenkfeiern auch einen sozialen Aspekt, der sich insbesondere im Essen der Lebenden manifestiert.[91] So dienen die Gedenkfeiern dazu, dass sich die erweiterte Familie zusammenfindet und so soziale Bindungen aufrechterhalten werden. Das Essen der Lebenden folgt dabei sozialen Beziehungen und Hierarchien in der Familie insoweit die Älteren vor den Jüngeren essen, sowohl Jüngere von Älteren als auch Frauen von Männern getrennt sitzen können (Avieli 2012: 109f.).

Nationsbildende und soziale Funktion

Mit Blick auf die nationsbildende Dimension des Essens in Vietnam ist die historische Entwicklung des Landes zu berücksichtigen. Ein erster wichtiger Moment für die Entwicklung der vietnamesischen Küche ist die Entstehung einer royalen Küche am Kaiserhof in Huế. Wodurch sich diese kaiserliche Küche auszeichnet, beschreibt van Esterik:

> Vietnam had its own version of royal food, the imperial dishes of Hue. Here, vegetarian food was taken to new heights with the influence of Mahayana Buddhist monasteries. The imperial cuisine refined ordinary dishes and treated eating as an art, with more sophisticated cooking techniques and presentations - for example, dishes such as chicken soup with lotus seeds, crisp spring rolls, grilled pork in rice paper, and minced shrimp wrapped around sugar cane. Southern dishes included pungent beef in betel leaves and lutinous rice desserts formed in banana leaf boxes. Imperial cuisine also made use of unusual ingredients such as green bananas or unripe figs, but all served in very delicate portions. (van Esterik 2008: 72f.)

Damit wurde das Essen im Sinne des Buddhismus und durch die Bedürfnisse der Kaiser geformt. Parallel dazu beeinflusste auch die französische

---

[91] Bei Totengedenkfeiern wird das aufwendig zubereitete Essen zunächst den Verstorbenen dargeboten. Nachdem die Verstorbenen das Essen symbolisch zu sich genommen haben, wird das Essen vom Altar geräumt und von den lebenden Angehörigen gegessen. Teilnehmende Beobachtungen bei Totengedenkfeiern in Zentralvietnam.

Küche während der Kolonialzeit das Ess- und Kochverhalten in Vietnam. Die französische Kolonialmacht brachte vor allem Wein und Champagner, aber auch süße Kondensmilch und Brot nach Vietnam. Insbesondere die süße Kondensmilch fand bei Vietnames_innen eine andere Verwendung als bei den Franzosen, zum Beispiel im Kaffee (Peters 2012: 49).

Einige Vietnames_innen – insbesondere die städtische Mittelklasse – passte sich durch den Konsum der neu eingeführten französischen Lebensmittel an. Durch diese Anpassung konnten sie an Ansehen bei den Kolonialherren gewinnen und damit sozial aufsteigen. Vietnames_innen, die sich den französischen Geschmacksgewohnheiten anzupassen versuchten, wurden von anderen Vietnames_innen dafür kritisiert und standen somit im Verdacht, die vietnamesischen Traditionen zu verraten (Peters 2012: 44-55).

Abgesehen von dieser sozialen-kolonialen Perspektive auf das Essen in Vietnam wirkt die Einführung der Erneuerungspolitik Ende der 80er Jahre als kulinarische Zäsur. Während der Kriegsjahre und der Planwirtschaft, die bis zum Ende der 80er Jahre andauerte, herrschte Nahrungsmittelknappheit und Mangelernährung vor. Durch den Mangel war die vietnamesische Küche derzeit sehr einfach, sodass Familien meist lediglich Reis mit Fischsauce aßen und sich hin und wieder etwas Gemüse oder ein Ei teilten.[92] Darüber hinaus gab es ebenfalls kaum Straßenhändler, die damals Essen anboten (Thomas 2004: 56; van Esterik 2008: 82). Dieser Mangel und Verzicht prägte die vietnamesische Gesellschaft, sodass die Änderungen durch *đổi mới* auch das Essverhalten der Bevölkerung stark veränderte. Es konnte infolge der Erneuerung wieder aus einem reichhaltigen Angebot auf dem Markt und in Garküchen gewählt werden. Essen ist damit Ausdruck eines besseren Lebens und zu einer „popular activity" und Freizeitbeschäftigung geworden. Auf Festen wird auf gutes Essen Wert gelegt, das Prestige und sozialen Status demonstriert (Thomas 2004: 55f.).

Diese Veränderungen führten auch dazu, dass Vietnames_innen versuchten, sich an alte Esstraditionen aus der Zeit vor der sozialistischen Ära

---

[92] Informelles Gespräch mit einem Vietnamesen, in dem er sich an die Zeit zurückerinnert.

zu erinnern. Thomas findet in der Rückbesinnung an einen „vor-kommunistischen Geschmack" eine politische Bedeutung:

> In Vietnam, food is continuously inflected with political meaning. The changes in eating styles have become a means to grasp the legacies of the socialist past as well as their reconfigurations under a regime of global capitalism. (Thomas 2004: 55)

Der Staat wird als genusslos betrachtet und durch den Genuss von Essen, das die Sinne anspricht, distanzieren sich die Menschen von der staatlichen Kontrolle (Thomas 2004: 55f., 65). Diese politische Funktion und die Rückbesinnung an vorkommunistische Zeiten bei Thomas sollten nicht überbetont werden, da nach meiner Ansicht der Wechsel von einer Mangelernährung zu einem Überfluss an Nahrungsmitteln, wo alles verfügbar ist, dazu führt, kulinarisch zu experimentieren und wieder zu entdecken, da während der Planwirtschaft bestimmte Gerichte aufgrund fehlender Zutaten nicht zubereitet werden konnten.[93]

Gleichzeitig wird durch die Entscheidung, wo und was gegessen wird, auch ein neuer Wohlstand zum Ausdruck gebracht, der nach außen gerichtet ist und nicht mehr auf die Familie beschränkt bleibt. Diese Darstellung nach außen zeigt sich daran, dass Vietnames_innen, vor allem die Mittelklasse und Jugendliche, „westliche" Speisen wie Pizza, Döner und Burger konsumieren, um dadurch an die Welt anzuknüpfen.

Sprachliche Funktion

Die Bedeutung des Essens wird durch sprachliche Besonderheiten betont. So tragen einige der durch die Franzosen eingeführten Lebensmittel heute noch zur Differenzierung die spezielle Bezeichnung „westlich", wie es bei *hành tây* (westliche Zwiebel) oder *khoai tây* (westliche Kartoffel) zu finden ist. Damit ist einerseits das Lebensmittel in Abgrenzung zum Heimischen zu verstehen, andererseits aber auch die Betonung verbunden, dass es sich dabei nicht um ein vietnamesisches Produkt handelt und der ehemaligen Kolonialmacht zuzuordnen ist.

---

[93] Die Betonung der politischen Funktion bei Thomas konnten auch die Interviews nicht bestätigen.

Reis stellt die wichtigste Ernährungsgrundlage in Vietnam dar, sodass diese Dominanz sich sprachlich im Alltag niederschlägt. *Cơm* (gekochter Reis) wird in vielerlei Zusammenhängen verwendet: *ăn cơm* – essen – oder die Frage „ăn cơm chưa?" – wörtlich: hast du schon gegessen – bleibt eine Frage, dessen Antwort nicht erwartet wird wie andernorts die Frage „wie geht es?". Die häufige Verwendung von *cơm* zeigt die zentrale Rolle von Reis in den alltäglichen Mahlzeiten, denn es wird überwiegend Reis konsumiert und Nebengerichte „món ăn", wie Gemüse und Fleisch, werden sparsamer gegessen. Neben Reis als kulturellen Marker, hat in Vietnam noch die Fischsauce *nước mắm* (Avieli 2012: 31) eine zentrale Bedeutung, die in der Zubereitung fasst keinen Gerichtes fehlen darf und zusätzlich als Dip zum Essen gereicht wird.

Essen in der Diaspora

Mit Blick auf die Rolle des Essens für Migrant_innen und Angehörige einer Diaspora in Verbindung mit Tourismus sind bislang keine Studien vorhanden. Es wurde lediglich die allgemeine Bedeutung einer nationalen Küche für die Identität von Migrant_innen diskutiert, die Alfonso für die kubanische Diaspora in Großbritannien folgendermaßen zusammenfasst:

> In conclusion, Cuban food provides my participants with a sense of belonging. It is regarded both as a marker of identity and personal identification and a symbol of Cuban culture. In diaspora, national food retains its significance as a reference of home and family life, and it becomes a popular pretext for the gathering of friends and for family celebrations. (Alfonso 2012: 201)

Das kubanische Essen wird in der Diaspora in Großbritannien um viele andere kulinarische Gewohnheiten und andere Geschmäcker erweitert, die, so Alfonso, in das alltägliche Leben mit integriert werden. Allerdings kristallisiert sich ein privater Raum für die Angehörigen der Diaspora heraus, in dem sie ihre kulturelle Identität und somit auch das kubanische Essen zelebrieren können (Alfonso 2012: 201, 178).

Hinsichtlich der Bedeutung des Essens in der vietnamesischen Diaspora gibt es bislang nur vereinzelte Studien über Việt Kiều in den USA und Australien. Ähnlich wie Alfonso beschreiben Thomas und Meyers diese Situationen für die vietnamesische Diaspora in den beiden genannten Ländern. Vor allem Thomas setzt die Entwicklungen und die Bedeu-

Tourismus und Identität

tung des Essens in der vietnamesischen Diaspora in Australien in Bezug zu jenen in Vietnam.

Eine nuanciertere Rolle spielt das vietnamesische Essen in der Diaspora in Australien. Für Việt Kiều ist das vietnamesische Essen ebenfalls genussreich und spricht sinnliche Freuden an wie in Vietnam, nur dass der Genuss der vietnamesischen Speisen in Australien mit der Erinnerung an die Vergangenheit in Vietnam, an die Familie und die Heimat einhergeht. Darüber hinaus ist vietnamesisches Essen in Australien überwiegend eine häusliche Angelegenheit und ist damit sehr zeitintensiv und findet nicht wie in Vietnam auf der Straße statt. Natürlich gibt es auch dort vietnamesische Restaurants, aber das Essen dort wird als geschmacklos betrachtet, da Australien als solches als geruchlos, ohne sinnliche Freuden empfunden wird. Dies beschreibt Thomas überwiegend für die erste Generation der Việt Kiều in Australien, denn insbesondere für die zweite, junge Generation ist Essen dichotomisiert: Vietnamesisches Essen zu Hause steht für die Heimat, Tradition und Vergangenheit der Eltern, Essen außerhalb des Hauses, vor allem *fast food*, ist Ausdruck einer australischen Jugendkultur und damit ein Zugehörigekeitsmarker für die zweite Generation Việt Kiều (Thomas 2004: 59ff.).

Für die vietnamesische Diaspora an der Ostküste der USA beschreibt Meyers die Situation in anderer Weise. Hier hat sich das *Eden Center* als kultureller und kulinarischer Treffpunkt für Việt Kiều etabliert, wo sie die Verbindung mit der Heimat aufrechterhalten können, auch wenn es damit das *Eden Center* als eine neue Heimat erschafft (Meyers 2006: 69). Meyers beschreibt das *Eden Center* als Ort, an dem Việt Kiều nicht nur *Phở*[94] essen können, sondern auch als einen Ort, an dem sie sich ihres Vietnamesisch-Seins wieder bewusst werden können, bevor sie anschließend wieder hinaus in das amerikanische Leben und die amerikanische Gesellschaft gehen (Meyers 2006: 82). Eine ähnliche Rolle wie die des *Eden Centers* kann auch für das *Đông Xuân Center*[95] in Berlin ausge-

---

[94] Phở ist eine Reisnudelsuppe, die entweder mit Rind- oder Hühnerfleisch serviert wird. Phở ist im ganzen Land bekannt und gilt als ein nationales Gericht.

[95] In Anlehnung an den gleichnamigen Großmarkt Đông Xuân in der Altstadt von Hà Nội wurde nach der deutschen Wiedervereinigung in Berlin Lichtenberg der Großhandelsmarkt gegründet, da sich in Berlin die größte vietnamesische Gemeinde Deutschlands befindet (Vgl. Unterkapitel 2.3.2).

macht werden, in das überwiegend Việt Kiều kommen, um vietnamesische Produkte einzukaufen und vietnamesische Gerichte zu konsumieren. So hat sich auf dem Gelände des *Đông Xuân Centers* eine Infrastruktur herausgebildet, die sich an die Bedürfnisse der in Berlin lebenden Việt Kiều angepasst hat.[96]

Abgesehen von den Restaurants im *Đông Xuân Center* in Berlin stoßen vietnamesische Restaurants im übrigen Deutschland bei Việt Kiều überwiegend auf Ablehnung, da die dort angebotenen Speisen zwar der vietnamesischen Küche entspringen, aber nicht an das gewohnte Essen von zu Hause bei ihren Familien in Deutschland, das vornehmlich von den Müttern frisch zubereitet wird, herankommen.[97]

Der Genuss des vietnamesischen Essens – ob in Vietnam, Deutschland, Australien oder den USA – kann dazu dienen, die vietnamesische Kultur und Identität zu stärken. In der Diaspora kann das vietnamesische Essen gleichzeitig ein Marker für nostalgische Erinnerungen an die Vergangenheit und an die Heimat sein.

Es konnte weiterhin gezeigt werden, dass die spirituellen und religiösen, nationsbildenden sowie sprachlichen Funktionen des Essen in Vietnam eng mit sozialen Implikationen verknüpft sind und Essen über die bloße Nahrungszufuhr hinausgeht. Die Funkionen des vietnamesischen Essens spielen insbesondere in der vietnamesischen Diaspora eine wichtige Rolle.

5.5.3 Bedeutung des Essens für die Interviewpartner_innen

Vietnamesisches Essen nimmt auch für die befragten Việt Kiều während ihrer Reise in Vietnam einen großen Stellenwert ein, wobei die Zusammenhänge und Anlässe, in denen vom Essen berichtet wird, sehr unterschiedlich sind. Alle Interviewpartner_innen, bis auf Herr Binh, erzählen von verschiedenen Situationen – entweder auf meine Nachfrage hin oder von sich aus –, die mit Essen in Vietnam zu tun haben.

---

[96] Einzelne Geschäfte, wie beispielsweise ein Friseursalon oder ein Reisebüro, sind durch vietnamesische Werbeanzeigen und vietnamesisch-sprachige Angestellte ganz auf Việt Kiều eingestellt. Eigene Beobachtung Januar 2012.
[97] Informelle Gespräche in Deutschland mit Việt Kiều der zweiten Generation.

Im Unterkapitel 4.5.5 wurde bereits eingehend auf bestimmte touristische Orte eingegangen, die den Befragten anhand von Fotografien vorgelegt wurden und sie ihre Assoziationen dazu mitteilen sollten. In zwei Fällen assoziierten interviewte Việt Kiều beim Anblick der Fotos Essen.

So sagt Frau Ha spontan zu dem ihr gezeigten Foto vom Strand in Nha Trang, dass sie an ganz viele Kokosnüsse denken muss, denn sie sieht auf dem Bild Palmen und assoziert diese anscheinend mit Kokosnusspalmen, denn die Früchte schmecken ihr besonders gut [# 70]. Auch Frau Hien assoziiert das Foto mit dem Kaiserpalast in Huế mit Essen: „Das ist Huế, oder? (K: ja) Ja, jetzt wenn ich die Brücke sehe, dann denke ich an diese Tofuspeise, das Dessert, mit Ingwer. Ja, die lieb ich echt total [# 98]". Aber nicht nur das Bild des Kaiserpalastes erinnert Frau Hien an Essen, sondern die ganze Stadt weckt Erinnerungen.

> Okay. Ich glaube ich fange einfach mal von vorne an, als ich das erste Mal alleine in Vietnam war, das war nämlich die schönste Reise nach Huế. Also Huế hat mir einfach am besten gefallen, weil meine Oma aus Huế kommt ursprünglich und Đà Nẵng hat mir auch sehr gut gefallen. Mein Vater ist dort geboren. Was mir da besonders gefallen hat, ist das Essen. Das hat mich sehr an zu Hause [Deutschland] erinnert. [# 3]

Schon zu Beginn des Gespräches geht Frau Hien direkt auf das Essen in der Region Huế und Đà Nẵng ein. Die Erinnerung an zu Hause durch den Genuss des Essens während der Reise in den beiden Orten ist geprägt von Nostalgie, an die häusliche Geborgenheit in Deutschland, wo vietnamesisches Essen zubereitet und im Kreise der Familie gegessen wird. „Zu Hause" ist bei Frau Hien kein Ort, sondern die Familie, wie ihre vorherige Erläuterung verdeutlicht. Die Familie ist somit der kulinarische Anknüpfungspunkt für Frau Hiens Aushandlungsprozess zwischen ihrem „zu Hause" in Deutschland und der „vertrauten Fremde", die die Heimat ihrer Familie in Huế und Đà Nẵng darstellt.

Gleichzeitig ist diese nostalgische Aussage eine Umkehrung dessen, was im vorangegangenen Kapitel über die vietnamesische Diaspora in Australien und den USA beschrieben wurde, denn dort in den Residenzländern gibt der Genuss der vietnamesischen Speisen Anlass zu nostalgischen Erinnerungen an die Heimat Vietnam. Im Falle Frau Hiens ist das Essen in der Heimat der Eltern und Großeltern der Grund für die Erinnerung an das „zu Hause" bei der Familie in Deutschland. Für Frau Hien, die

Aspekte der identitären Konstruktionsarbeit der Việt Kiều

der zweiten Generation Việt Kiều angehört, wird die nostalgische Erinnerung an die Familie in Deutschland durch die Reise an diesen bestimmten Ort – hier Huế und Đà Nẵng – ausgelöst.

Weiterhin antwortet Frau Hien auf meine Frage, ob es für sie Orte mit besonderen Bedeutungen gibt, folgendermaßen:

> Huế, wegen des Essens, wegen der Farben, Architektur. In Huế war ich auch mit meinem jetzigen Freund gewesen und ich glaub, ich kann da einfach nicht schlechte Erfahrungen machen, weil auch wenn ich da noch mal hinfahrn würde. [# 47]

Dieses Zitat zeigt, dass Frau Hien spontan die Stadt Huế mit Essen als wichtigen Ort für sich benennt, aber auch Huế als Ort der Herkunft ihrer Familie idealisiert, da sie ausschließlich positiv assoziert und das bereits auch für zukünftige Reisen annimmt.

Auf eine andere Frage nach Regelmäßigkeiten während ihrer Reise in Vietnam, denkt sie ebenfalls direkt an das Essen und berichtet von ihren Lieblingsgerichten [# 51]. Diese verschiedenen Äußerungen bezüglich des Essens in Vietnam erstrecken sich über das gesamte Interview. In unterschiedlichen Zusammenhängen spricht sie von Essen in Huế und ihrer Familie (wozu auch ihr Freund gehört). Die Wiederholungen und somit die Konsistenz ihrer gemachten Aussage zum Essen in Huế unterstreichen, dass das vietnamesische Essen einen besonderen Stellenwert für sie einnimmt. Das Bindeglied ist hierbei ihre Familie.

Das Essen in Huế wurde nicht nur von Frau Hien hervorgehoben, sondern auch in den Gesprächen mit Herrn Tho und Herrn Hung betont. Letzterer berichtet ebenfalls beim Anblick des Fotos von Huế ausführlich von seiner Heimatstadt, wo seine Familie herkommt, „und was auch noch wichtig ist, ist das Essen in Huế, das beste Essen Vietnams ist in Huế" [# 83]. Herr Tho hingegen erzählt ohne Vorlegen der Fotografie vom Essen in Huế. Folglich berichtet er sehr begeistert von seiner Reise in die Kaiserstadt: „Und das ESSEN ist in Huế mit Abstand das Beste. Also nicht nur Bún Bò Huế, sondern auch generell viele Sachen haben wir da gegessen. Das war sooo lecker." [# 36][98]

---

[98] Das Wort Essen wurde sprachlich von Herrn Tho besonders betont, weshalb es hier in Großbuchstaben wiedergegeben ist.

Tourismus und Identität

Herr Tho betont, dass er nicht nur die bekannte Spezialität *Bún Bò Huế*[99] gegessen hat, sondern die große Vielfalt der Küche in Huế kennengelernt hat. Diese kulinarische Vielfalt lässt sich auf die eingangs vorgestellte kreative und vielfältige Küche am Kaiserpalast, beschrieben von van Esterik (2008: 72f.), zurückführen, die heute noch besteht beziehungsweise wieder auflebt und bei vielen Vietnames_innen als einer der besten Küchen des Landes bekannt ist.[100] Herr Thos Familie kommt aus Südvietnam und nicht wie Frau Hiens und Herrn Hungs Familien aus Huế. Somit kennt er die Huếer Küche nicht durch die Familie und dessen Kochkünste in Deutschland, sondern hat sie erst im Laufe seiner zweimaligen Nord-Süd-Reise für sich als die beste Küche entdeckt. Frau Hien und Herr Hung sind vorrangig durch ihre Familien, die aus Huế und der Umgebung stammen und somit ihre zweite Heimat darstellen, geprägt. Erinnerungen werden aber durch die Reise verstärkt. Folgende Aspekte spielen bei diesen drei Befragten bezüglich Huế eine Rolle: Was bin ich von zu Hause (der Familie in Deutschland) an Essen gewohnt, was kocht die Familie in Deutschland und was kenne ich vom Hörensagen an Essen in Vietnam.

Dass sich die vietnamesische Küche durch Vielfalt und Unterschiede auszeichnet, erläutern ebenfalls Herr Tho und Herr Hung ausführlich. Sehr detailliert von seinen kulinarischen Erlebnissen berichtet Herr Tho auf meine Frage hin, wo er und seine Begleitung überwiegend gegessen haben – auf der Straße oder in Restaurants:

> Herr Tho: Nein, nein. Ach so, generell essen wir immer nur *streetfood*. Also wir haben dann auch im Hotel nachgefragt: Wo kriegt man guten *streetfood* als *local*, ne. Da hab ich gesagt *local*, nicht Touristen und da haben die uns dann auch schöne, wo man halt so, entweder an diesen Blechtischen sitzt oder auf dem Boden, also nicht auf dem Boden, sondern die kleinen, diese kleinen Playmobil-Hocker.
> K.S.: Wo man nicht mit den Beinen unter den Tisch kommt.
> Herr Tho: Ganz genau. Aber das Essen war Hammer, Hammer. Generell essen wir halt *streetfood* und dann die goldene Regel ist natürlich, wo viele *locals* sitzen, ist es gut und wo nicht, bloß nicht dahinsetzen, echt nicht […]
> […] Also, er [die Begleitung] hat sich viel [Souvenirs] geholt. Also, er hat sich so typische Touristensachen geholt. Aber ansonsten war es mir einfach nur

[99] Rindfleischnudelsuppe nach Huếer Art.
[100] Huế als beste Küche Vietnams wurde in informellen Gesprächen mit Vietnames_innen immer wieder betont.

Aspekte der identitären Konstruktionsarbeit der Việt Kiều

wichtig, die typischen *local foods* von den jeweiligen Regionen zu essen und *Phở* natürlich, mal Süd*phở*, mal Zentral*phở* und Nord*phở*.
K.S.: Und gibt's da Unterschiede?
Herr Tho: JA, definitiv. Also Süden ist mehr schärfer und würziger. Ein bisschen würziger. Während das und da isst man es auch mit viel mehr Gemüse, also richtig viel Gemüse. Im Zentrum ist das süßlich und nicht so und dann so ein bisschen süßlich. Und im Norden ist das mild und dezenter gewürzt, aber halt auch anders, also ein bisschen dezenter. Im Süden benutzt [man], glaube ich, ein paar Gewürze, ein bisschen schärfere Gewürze dazu. Aber dementsprechend ist es auf jeden Fall ein Unterschied von den Phở-Regionen.
K.S.: Aha.
Herr Tho: In Hà Nội hab ich zweimal *Phở* gegessen. Also nein, dreimal und ich wollte einmal urteilen, aber dreimal verloren.
K.S.: Hast du denn auch bei *Phở Tin* gegessen?
Herr Tho: *Phở Tin*, ja, habe ich auch gegessen.
K.S.: Und das hat dir nicht geschmeckt?
Herr Tho: Doch, hat gut geschmeckt, aber nicht so gut wie mein *favourite* hier. Aber [das] hängt davon ab, was man für ein *favourite* kennt.
K.S.: Ja.
Herr Tho: Wenn du hier in irgendein Lokal gehst und was das schlimmste [ist], was du machen kannst, [ist] hier in *Phở 24* zu gehen. Ja, das ist das schlimmste, was man machen kann. Also *overpriced* und man kriegt wenig. Man kriegt so – da wo die Feuchttücher drin sind – diese kleine Tasse, so eine kriegt man mit Salat, also für zwei Leute. Da hab ich gedacht okay. [# 38-53]

Für Herrn Tho ist es wichtig, sich bei der Wahl des Essens während seiner Reise in Vietnam von anderen Tourist_innen abzugrenzen, denn er möchte dort essen, wo auch Einheimische einkehren. Das scheint für ihn ein Garant für richtige und authentische vietnamesische Küche zu sein, wobei er unbedingt darauf achtet, dass das Lokal auch gut besucht ist, da dadurch auch der Geschmack und die Verträglichkeit des Essens sichergestellt sind. Gleichzeitig zeigt Herr Tho mit dem Besuch von Lokalen, die von Einheimischen frequentiert werden, dass er nicht als Tourist gelten und eher zu den Einheimischen gehören möchte. Das vietnamesische Essen und die Bedeutsamkeit auf der Reise, immer das Essen zu probieren, verdeutlicht seinen identitären Aushandlungsprozess. Das Probieren der regionalen Küchen steht für ihn über dem Erwerb von Souvenirs, auch wenn Herr Tho diese in gewissem Maße für andere von seinem Urlaub mitbringt. Herrn Tho ist es wichtig, die als Nationalgericht bekannte Nudelsuppe *Phở*, die in den von ihm bereisten Gebieten unterschiedlich

Tourismus und Identität

gewürzt wird, auszuprobieren. Obwohl er viele verschiedene *Phở*-Suppen, auch die berühmte *Phở Tìn* in Hà Nội, gegessen hat und die Unterschiede benennen kann, kehrt er doch zu seiner Lieblings*phở*, an die er gewöhnt ist, zurück. Gleichzeitig gesteht er aber auf meine Nachfrage hin ein, dass die anderen Nudelsuppen auch gut waren. Andernfalls wäre der Eindruck entstanden, nur seine gewohnte *Phở* aus dem Süden wäre geschmacklich für ihn akzeptabel. Die einzige, die er allerdings aus seiner Bandbreite an Nudelsuppen ausschließt, ist die der Restaurantkette *Phở 24*, dessen Restaurants sich inzwischen vietnamweit und in einigen asiatischen Ländern ausgebreitet haben.

Berichtet Herr Tho von Unterschieden zwischen Nord-, Süd- und Zentralvietnam, so erzählt Herr Hung von den kulinarischen Gegensätzen in urbanen und ländlichen Gebieten und der Vielfalt der vietnamesischen Küche in Hà Nội:

> In Hà Nội selbst ist halt die Bandbreite enorm und die Vielfalt ist riesig und da ess ich irgendwie über Nudelsuppe am morgen bis irgendwie *sticky rice* bis zu dickem Brunch in einem so teuren Hotel esse ich alles. Ich bin nicht so extrem, dass ich da so vielfältiges. Und das ja, ich geh eher so danach wie ich es [mir] leisten kann und auch richtig abwechselnd. Und also ich geh auch mittags manchmal so Reis essen, also wie *cơm bình dân* und so. Aber ich geh auch westlich und asiatisch [essen]. Also auch so was mag ich, diese Fusionküche, die so ein bisschen ja Französisch angehaucht wird. Asiatische Küche gibts auch ein paar nette Lokale in Hà Nội.
> Ja, und wenn man unterwegs ist, find ich, kommt es ein bisschen drauf an. Also ich hab einige Mopedtouren gemacht, also dreimal diesen *northwestern loop* und einmal nach Hà Giang, also auch *northeastern loop* genannt. Also, da bei diesen, das sind ja meistens *ethnic minority* Gebiete und da ist es manchmal sowieso ein bisschen schwerer, also da kriegt man meistens nur so Reis und kann sich *bình dân*-mäßig kann man sich aussuchen. Aber da merkt man dann schon extrem, wie kleiner die Vielfalt ist wie hier in Hà Nội. Was auch noch auffällig ist: Also [es] gibt hier auch noch viel mehr Früchte [zu] essen. In Europa oder jetzt speziell in der Schweiz sind die Früchte extrem teuer und hier kann man [Früchte] die ganze Zeit [essen]. Also das fällt mir extrem auf. Das merk ich auch immer, wenn ich nach Hause komme, dass ich keine Früchte mehr, also dass ich viel weniger Früchte esse als hier, ja.
> Was ich auch toll finde, ist, also ich überleg mir auch häufig beim Essen, also häufig geh ich ja mit Leuten essen, wenn ich in Hà Nội bin. Macht man halt zum Essen ab und an gerne. Also mit Vietnamesen halt gerne. Lass ich mich von denen so in ein Lokal bringen, irgendwas Neues, um was Neues kennenzulernen. Also, dann hab ich schon auch meine Stammlokale. Aber was ich

mir selbst überlege, ja will ich jetzt schnell und satt essen oder will ich jetzt mir irgendwie Zeit nehmen. Weil ich find auch, das find ich schon noch toll, dass man halt so in Vietnam entweder so auch bei einer ganz großen Tafelrunde essen kann, wo man ganz viel bestellt und ganz verschiedene Gerichte dann auch probieren kann und lange da sitzt und isst und trinkt. Aber man kann auch super schnell essen zum Beispiel eine *Phở*, wenn du jetzt dein Moped hinstellst vor den *Phở*-Laden oder eben nicht oder auf der Straße, auf dem Bürgersteig und dann schnell das Essen und dann weiter. Oder so kleine Snacks auf der Straße kaufen kann oder Ananas, zurecht geschnittene Ananasstücke und dann irgendwie weiterfahren kannst. Das finde ich auch. [# 21-24]

Die Beschreibung der kulinarischen Vielfalt und der Abwechslung, die Herr Hung für Hà Nội gibt, zeigt, dass er das Angebot sehr genießt, die verschiedenen kulinarischen Einflüsse auf die vietnamesische Küche attraktiv findet und auch Modernes wie die *Fusionküche* schätzt, die sich aus einer Kombination von verschiedenen Esstraditionen, Zutaten und Zubereitungsarten zusammensetzt. Aus der Schweiz ist Herr Hung eine bestimmte kulinarische Vielfalt gewohnt. Während seiner Reise genießt er die Abwechslung der vietnamesischen Küche sowie die Verfügbarkeit frischer Früchte, weil er aus dem Ausland kommt und diese vietnamesische Vielfalt bezüglich des Essens und der Frische der Früchte in der Schweiz so nicht vorfindet. Er entdeckt kulinarisch sein zweites Heimatland, indem er vieles probiert und damit einen Aushandlungsprozess anstößt.

Herr Hung spricht davon, dass die hauptstädtische große kulinarische Abwechslung insbesondere, wenn man in ländliche Regionen kommt, sehr stark abnimmt. Das von Herrn Hung Beschriebene trifft auch für die Gebiete der ethnischen Minderheiten zu, die überwiegend im Hochland leben und deren marginale Lage und verhältnismäßig schlechte Anbaumöglichkeiten lediglich eine angebotsarme Ernährung ermöglichen. Die von Herrn Hung genannte nördlichste Provinz Hà Giang, die zu den ärmsten in Vietnam gehört, ist durch eine karstige Berglandschaft geprägt, in der lediglich Mais und Trockenreis angebaut werden können. Diese Gegebenheiten spiegeln sich bei Herrn Hungs Reise in der Speisekarte wider.

Nachfolgend schließt er einen Vergleich mit seinem Herkunftsland, der Schweiz, und Vietnam bezüglich des Angebots an Obst an und erläutert sein Essverhalten. Eine große Rolle spielen für Herrn Hung die Auswahlmöglichkeiten in Hà Nội. Hat er im ersten Absatz des Zitates auf die Essensangebote abgezielt, ist es ihm später nochmals wichtig, die soziale Rolle zu betonen, dass er nicht nur die Wahl hat, was er isst, sondern auch wie: alleine und schnell in einen der Garküchen am Straßenrand oder in geselliger Runde mit vietnamesischen Freunden, die ihn auch in neue Lokale bringen. Gleichzeitig verdeutlicht auch der Umfang der Aussage die Wichtigkeit des Essens für Herrn Hung. An anderer Stelle antwortet er auch auf meine Frage nach wiederkehrenden Tätigkeiten bei seinen Vietnamreisen: „Ja, essen muss ich immer. Also essen ist ganz wichtig für mich" [# 30].

Dass das vietnamesische Essen während der Reise in Vietnam eine wichtige Rolle spielt, gaben auch andere Interviewpartner_innen an, wenn auch nicht so umfangreich wie Herr Tho und Herr Hung. Beispielsweise sagte Frau Ngoc: „Also, wir genießen eigentlich sehr das Essen hier. Das ist halt eines so der Highlights" [# 20]. Auch Frau Lieu [# 39] und Frau Lanh [# 8] benennen als Hauptbeschäftigung während ihrer Reise das Essen. Alle Befragten gaben an, auch auf der Straße, also in den zahlreichen Garküchen, zu essen. Als Grund dafür nannte beispielsweise Frau Hoa, dass auf der Straße richtig gekocht wird, das Essen dort leckerer und billiger ist, insbesondere im Vergleich zu vielen Hotels, in denen nur Fertiggerichte serviert würden [# 16].[101] Darüber hinaus geht Frau Van auch auf das Essen in den Garküchen ein:

> Frau Van: Ja, natürlich. Ja, ja auf der Straße ist glaub ich am besten, aber nicht für den Magen, aber für die Figur (lacht). Ja, natürlich ist dann so Kotzerei und so mit eingebunden, aber es lohnt sich (lacht). Ich hab auch immer so ein Packen Medikamente dabei (lacht), Kohletabletten und was weiß ich nicht alles. Genau. Aber meistens hab ich nichts davon gebraucht. Ja, wenn man sich übergibt oder so, hat man dann eine schlaflose Nacht und verbringt man im Badezimmer, aber dann am nächsten Tag geht's weiter.
> K.S. Geht's essen weiter.
> Frau Van: Lecker, genau. Noch schön Fotos gemacht von dem Essen, vor dem Essen. Ja, das ist eigentlich sauberer, auf der Straße zu essen. Dieses *feeling* will man ja auch haben, wenn man so am Straßenrand sitzt, auf so kleinem Hocker, wo man eigentlich genauso gut auf der Erde sitzen könnte (lacht). Ja, ja, wozu soll man in Restaurants gehen? [# 51-53]

---

[101] Die meisten Hotels in Vietnam bieten höchstens ein kleines Frühstück (westlich: Brot mit Marmelade; vietnamesisch: Instant-Nudelsuppe oder Spiegeleier mit Brot) an, da insbesondere in Touristengebieten das Angebot an Garküchen und Restaurants bereits zum Frühstück vorhanden ist.

Frau Van erzählt in diesem Zitat davon, dass das Essen in den Garküchen das Gefühl anspricht, denn es ist anders, dort am Straßenrand zu sitzen, als in einem Restaurant. Die Garküchen am Straßenrand sind für sie authentischer als in Restaurants. Für sie ist es ganz selbstverständlich, in den Garküchen zu essen, was mit der Verwendung von „natürlich" Ausdruck verliehen wird. „Es lohnt sich" dort zu essen und Frau Van nimmt damit auch die negativen Konsequenzen eines Essens auf der Straße in Kauf. Die Art des Sitzens in den Garküchen hatte auch Herr Tho weiter oben beschrieben, da es im Vergleich zu Deutschland etwas Besonderes und Einmaliges ist. Auch für Frau Van ist mit der Wahl des Lokals oder der Garküche eine Aushandlung verbunden, denn sie wählt während der Reise die authentisch vietnamesische Garküche trotz aller potenziellen negativen Auswirkungen, die der Genuss dort bereiten kann. Da die Gerichte aber sehr lecker sind, lässt sie sich davon nicht abhalten. Gesundheitliche Probleme resultieren häufig aus mangelnder Hygiene bei der Zubereitung in den Garküchen. Der Aspekt der Hygiene ist oft eine Sorge von Tourist_innen in Vietnam, wie Pham et al. (2014) in ihrer Studie über die Wahrnehmung von Straßenessen in Hà Nội bei Ausländern herausfanden. Aber auch Cohen und Avieli wiesen bereits darauf hin, dass mangelnde Hygiene bei der Entscheidung „westlicher" Reisender eine Rolle spielt, ob in Garküchen gegessen wird (Cohen und Avieli 2004: 761f.). Allerdings gehört Frau Van als Việt Kiều der zweiten Generation nicht zu den „westlichen" Urlaubern. Ihre Sorge um ihre Gesundheit auf der Reise zeigt, dass sie einerseits wie eine „westliche" Urlauberin denkt, aber andererseits durch Missachtung ihrer eigenen Sorge sich von Tourist_innen abgrenzt. Gleichzeitig verdeutlicht Frau Van damit auch, dass sie in Vietnam dazugehören möchte.

Für Frau Van ist darüber hinaus auch wichtig, die verschiedenen Gerichte zu fotografieren. Damit kann sie die Erinnerung an die vielfältige und authentische vietnamesische Küche auch visuell mit nach Hause und nach Deutschland nehmen, wo sie dieses kulinarische Angebot Vietnams nicht vorfindet.

Auch Herr Tu schreibt in seinem Reisebericht, dass es Speisen gibt, die nicht gut für die Gesundheit sind. Er führt hier als Beispiel die angebrüteten gekochten Enteneier an, von denen er dennoch isst [# 95]. Dieses Bespiel und das vorherige von Frau Van zeigen, dass Việt Kiều – gleich ob erster oder zweiter Generation angehörend – sich nicht durch gesundheitliche oder hygienische Bedenken abschrecken lassen und dennoch die entsprechenden Speisen zu sich nehmen, da ihnen der Genuss des Essens wichtiger scheint.

Gleichzeitig erwähnt Herr Tu aber auch, dass es bestimmte Gerichte gibt, die „Westler" bei einem Besuch in Vietnam nicht essen würden, sodass er in einer Garküche, in der Kutteln serviert werden, seiner deutschen Begleitung nicht genau erklärt, um was es sich bei dem Essen handelt [# 164].

Die Möglichkeit, dass das Essen die Gesundheit beeinträchtigt, steht im Gegensatz zu Aussagen, dass die vietnamesische Küche, wie zum Beispiel Herr Tho im Vergleich zu Deutschland betont [# 140], als leicht, frisch und gesund gilt. Unter Beachtung der Hygiene bei der Zubereitung der Speisen entspricht das vietnamesische Essen der Yin-Yang-Philosophie (âm dương), durch die das Essen die Balance von Süßem, Würzigem, Heißem, Kaltem sowie Frischem und Gekochtem gewährleistet werden (Pham et al. 2014: 310) und das der Gesundheit zuträglich sein soll. Indes betont Avieli, dass die Yin-Yang-Philosophie und die Fünf-Elementen-Lehre im Kochalltag weniger eine Rolle spielen, und meint, dass es sich folglich um im Unterbewusstsein bestehendes kulturelles Wissen handelt (Avieli 2012: 39).

Wie bereits im Unterkapitel 4.4 erwähnt wurde, nehmen die Befragten Souvenirs/Mitbringsel von Vietnam mit nach Deutschland. Darunter sind auch mit Vorliebe vietnamesische Lebensmittel, wie zum Beispiel bei den Angehörigen der ersten Generation Việt Kiều Tee, Kaffee [Hai # 43], getrockneter Tintenfisch [Phuong # 143] oder Obst [Nhat # 42]. Die der zweiten Generation angehörende Frau Lieu nimmt sehr viele Süßigkeiten, Ingwer-Bonbons und getrocknetes, gewürztes und in Streifen geschnittenes Rindfleisch (# 50) mit.

Das Mitnehmen von Souvenirs in Form von Nahrungsmitteln hebt die Bedeutung des vietnamesischen Essens nicht nur in Vietnam während der Reise, sondern auch in der Diaspora in Deutschland hervor. Einerseits veranschaulicht es, dass, trotz der Existenz vieler asiatischer Supermärkte, bestimmte Lebensmittel nicht in Deutschland verfügbar sind und diese Souvenirs damit selten sind. Andererseits werden auch Nahrungsmitteln mitgenommen, obwohl es sie in Deutschland gibt, sodass es folglich stärker darum geht, etwas Echtes und Authentisches aus Vietnam mitzunehmen.

Gleichzeitig wird durch das Essen der mitgebrachten Speisen aus Vietnam die Erinnerung an die Reise und den Urlaub bedient oder wie im Fall von Frau Van, die Fotografien von den konsumierten Gerichten macht, visuell die Erinnerung daran aufrecht erhalten.

Soziale Aspekte des Essens in Vietnam spricht Frau Van ebenfalls an. Bei einem davon geht es vor allem um Armut in Vietnam.

> Und dann danach abends hatten wir noch ein tolles Erlebnis. [...] dann hatte [mein Onkel] einen Freund, der war auch Bauer und er hatte uns eingeladen, bei denen zu essen. Und die waren richtig arm. Nicht wie bei uns. (lacht) Und dann hab ich erstmal gesagt nein, das möcht ich nicht, weil ich wollte denen nicht das Wenige wegessen und dann wie bei den Vietnamesen das [so] ist und kannst [du] nicht ablehnen. Ich habe erstmal gestritten (lacht), ich zu meinem Onkel und ich wollte ich natürlich nicht, dass er und sein Freund das Gesicht verlieren, weil ich dann indirekt ja sage, ihr habt zu wenig. Und hat er gesagt einfach: Meine Liebe, Geld ist nicht wichtig, sondern einfach Freude und der Moment, der Moment der Freude und wir haben wenig, aber wir haben Freude, ja, haben wir für einen Abend mit euch und das ist wichtig. Hab geheult natürlich (lacht) und natürlich zugestimmt und dann hab ich gesagt okay, aber dann werden wir die Getränke kaufen und so haben wir auch gemacht, weil ich hab gehört, dass das eine Großfamilie [ist] und sind auch Kinder da. War dann auch recht viel (lacht). [# 12]

Frau Van schildert in diesem Zitat die Gastfreundschaft eines Freundes ihres Onkels. Gastfreundschaft bezeichnet Almerico folgendermaßen: „The human trait of sharing food is exclusive to its species" (Almerico 2014: 3). Auch wenn wenige Lebensmittel vorhanden sind, besteht das Bedürfnis zu teilen und – wie im Zitat von Frau Van – einen fröhlichen Abend zusammen zu verbringen. Es zeigt aber gleichzeitig auch Solidarität untereinander (Anderson 2005: 125), jenseits jeder sozialen Unterschiede zwischen Gastgeber und Gast. Obwohl das Essen auf den ersten Blick wenig aussieht, so lange genügend Reis vorhanden ist, ist genug Essen auch für Gäste da. Dies lässt sich auch damit erklären, dass das vietnamesische Essen als Zweigespann aus Reis und variierenden Beigerichten besteht und somit dem Reis als Grundlage die größte Wichtigkeit eingeräumt wird (Avieli 2012: 18-21).[102]

Die Aussage verdeutlicht Frau Vans identitären Aushandlungsprozess. Die Situation schildert sie rückblickend als ein „tolles Ereignis", obwohl es

---

[102] Avieli beschreibt diesen Aspekt speziell für das Essen in Hội An, was allerdings meinen Beobachtungen zufolge auch in ganz Vietnam gelten kann.

für sie sehr emotional ist und sie sogar über die Worte des Onkels weinen muss. Zugleich kommt damit ihre eigene Erwartungshaltung an die Situation zum Ausdruck, denn es scheint für sie selbstverständlich, dass sie in dem Moment weinen muss, was die Verwendung des Wortes „natürlich" verdeutlicht. Durch das Weinen wird ihre Erwartungshaltung an eine solche Situation erfüllt. Darüber hinaus handelt sie hier zwischen zwei Polen aus: Auf der einen Seite würde ein_e Vietnames_in in der beschriebenen Situation die Einladung nicht ablehnen, weil zu wenig Essen vorhanden ist. Auf der anderen Seite würde ein_e (deutsche_r) Tourist_in, der mit der vietnamesischen Kultur nicht vertraut ist und die soziale Funktion von „das Gesichtverlieren" nicht kennt, aufgrund der wenigen Speisen und der Armut der Gastgeber, die Einladung ablehnen. Frau Van ist hier hin- und hergerissen zwischen beiden Polen und findet für sich selbst den Kompromiss, als Geschenk Getränke für die Familie mitzubringen.

Des Weiteren geht Frau Van im Anschluss an die Darstellung der Situation bei der Familie ihres Onkels auf einen anderen sozialen Aspekt ein: der Rolle zwischen Frau und Mann in der vietnamesischen Gesellschaft:

> Dann waren wir eben bei der Bauernfamilie und da gab es dann entsprechend wenig Essen und das Blöde war – was sich auch durch die ganz Gesellschaft zieht – ist, dass dann die Frau unter dem Mann steht. Weil Gäste da waren, gab es keinen Platz für die Kinder und für die Frauen. Ja, und die standen dann auch einfach nur daneben und haben zugeschaut beim Essen. Ohh, hab ich aber nicht eingesehen und bin ich auch aufgestanden und sonst stand ich neben der Bauersfrau und die nahm mich an die Hand [...]. [# 14]

Die Rollenverteilung innerhalb der Familie im Hinblick auf das gemeinsame Essen beschreiben Kittler und Sucher folgendermaßen:

> Many societies regulate *commensalism* (who can dine together) as a means of establishing class relationships. Men may eat separately from women and children, or servants may eat in the kitchen, away from their employers. (2008: 5)

In der vietnamesischen Familie essen Männer und Frauen grundsätzlich nicht getrennt voneinander. Wenn Gäste eingeladen werden, ist es der Hausherr, dem die Aufgabe zukommt, die Gäste zu bewirten und zu unterhalten. Sofern genügend Beigerichte vorhanden sind, essen Frauen und Kinder mit. Ist dies, nach Einschätzung der Frau und Köchin, nicht der Fall, hält sie sich beim Essen zurück und lässt dem Gast den Vortritt. Sel-

Aspekte der identitären Konstruktionsarbeit der Việt Kiều

biges gilt, wenn nicht genügend Platz zum Sitzen vorhanden ist.[103] Dementsprechend ist die von Frau Van beschriebene Situation eine alltägliche zwischen Gast und Gastgeber.

Zugleich belegt das Zitat von Frau Van ihren Identitäts- und (Selbst-)Wahrnehmungsprozess als Frau. Durch ihre Sozialisation und ihr Leben in Deutschland hat sie ein anderes Rollenbild mitbekommen und wird in der beschriebenen Situation mit diesem und dem der Vietnames_innen konfrontiert. Indem sie betont, dass sie es nicht einsieht, dass die Frau nicht mitisst und nicht dabeisitzt und entsprechend aufsteht und sich zu ihrer Gastgeberin stellt, zeigt sich Frau Van der Bauersfrau gegenüber solidarisch. Da es in Vietnam in so einer Situation eher üblich ist, dass sich der weibliche Gast zur Gastgeberin gesellt, zum Beispiel um gemeinsam zu erzählen, und die Männer dann unter sich sind, demonstriert Frau Van durch das Aufstehen der Familie gegenüber, dass sie scheinbar die Hierarchie akzeptiert. Gleichzeitig zeigt sie der Familie damit auch ihr Vietnamesisch-Sein, dass sie die Spielregeln kennt. Diese non-verbale Kommunikation von Frau Van ist uneindeutig in der Hinsicht, dass es für die Rezipienten – die Bauersfrau und ihre Familie – missverständlich ist und ihre intendierte Solidarität nicht ankommt.

Des Weiteren spielt das gemeinsame Essen mit der (Groß-)Familie zu bestimmten Anlässen eine besondere Rolle für einige Interviewpartner. So ist Herr Tu direkt nach seiner Ankunft in Vietnam mit seiner deutschen Reisebegleitung in seine Heimat gefahren und beschreibt folgendes Erlebnis in seinem Reisebericht: „After some hours visiting my ancestral graves, we had a friendly meal with my family and drank traditional wine (made by Tay ethnic minority group)." [# 31]. Obwohl Herr Tu nach dem Essen mit der Familie gleich wieder weiterreist, scheint es doch ein besonderer Anlass zu sein, seinen Besuch mit speziellem traditionellen Wein zu feiern.

Während der Feldforschung hatte ich darüber hinaus auch die Gelegenheit, die Gastfreundschaft zwei meiner Gesprächspartner kennenzulernen und an zwei solchen Großfamilienessen teilzunehmen.[104] Herr Hai lud mich zu einer Totengedenkfeier *(ngày giỗ tổ tiên)* ein, zu der die ganze

---

[103] Teilnehmende Beobachtung und Gespräche mit Vietnames_innen.
[104] Die zwei nachfolgenden Beispiele ereigneten sich im Rahmen der teilnehmenden Beobachtung.

Familie zusammenkam, um zu Ehren des Verstorbenen zu kochen, beisammenzusein und die Sozialbeziehungen innerhalb der Familie zu pflegen. Gleichzeitig ist dies eine Gelegenheit, eine Spezialität der Gegend – *Bánh Cuốn Thanh Trì* –, in der Herr Hais Familie lebt, zuzubereiten. Gleichzeitig diente das ausgiebige und umfangreiche Essen auch dazu, mir als Ausländerin die Vielfalt und Köstlichkeit der Gerichte zu präsentieren, denn ich wurde dazu eingeladen, von jedem der zahlreichen Beigerichte und insbesondere *Bánh Cuốn* zu probieren.

Auch Herr Nhat lud mich nach dem Gespräch zu einem Essen seiner Familie ein. Anlass für die Zusammenkunft der Familie im Haus seiner Mutter, wo er den Vietnamaufenthalt über verbrachte, war seine bevorstehende Abreise zurück nach Deutschland. Herr Nhats Abreise war ein guter Grund, viele verschiedene Beigerichte und Spezialitäten zu servieren, da es für ihn in Deutschland nicht mehr in dem Umfang verfügbar wäre. Dazu servierte Herr Nhat für seine Familie einen Rotwein, den er extra aus Deutschland für diesen Anlass mitgebracht hatte.

Die drei zuletzt genannten Beispiele verdeutlichen die Wichtigkeit des Essens und die Tatsache, dass immer ein Anlass für ein Familienessen gefunden wird: Ankunft, Abreise des Việt Kiều oder die vietnamesischen Feiertage oder Gedenktage wie *ngày giỗ tổ tiên*. Zugleich berichteten nur die drei letzten Interviewpartner, die der ersten Generation Việt Kiều angehören und die mich einluden bei diesen Familienessen dabei zu sein, dass diese Art der Zusammenkunft zum Essen für die in Vietnam Geborenen und Aufgewachsenen besonders wichtig sind.

Dass diese Familienessen nicht nur während der Reise in Vietnam von Bedeutung sind, berichtet mir ein Việt Kiều in einem informellen Gespräch in Deutschland. In seiner Familie wird der deutsche sonntägliche Ruhetag zum Anlass genommen, um bei einer hausgemachten Phở die Familie zusammenzubringen. Für den Informanten ist es ein guter Grund, sonntags nach Hause zu fahren. Dieses Beispiel veranschaulicht, dass „food is used to re-create traditional homeland celebrations as a means of evoking pleasant memories" (Alfonso 2012: 193).

5.5.4 Zusammenfassung

Ausführliche und wiederholte Aussagen verdeutlichen den hohen Stellenwert, den die befragten Việt Kiều dem vietnamesischen Essen beimessen. Betont wird dies durch die Tatsache, dass sie – bis auf Herrn Tho in einem Vergleich zwischen beiden Ländern – kein Wort über das Essen in Deutschland verlieren. Es zeigt aber auch, dass sich Việt Kiều, insbesondere der ersten Generation, einig über ihre kulinarische vietnamesische Identität sind, auch wenn es zu gesundheitlichen Beeinträchtigungen durch den Konsum der vietnamesischen Speisen kommen kann. Die Interviewpartner_innen haben durch die Reise die Gelegenheit, sich mit ihrer Identität durch das Essen auseinanderzusetzen und auszuhandeln, wie insbesondere Frau Van und Herr Tho gezeigt haben. Vor allem jene der zweiten Generation nutzen die Reise, um die Vielfalt der vietnamesischen Küche zu genießen und zu entdecken. Einerseits haben sie bezüglich des vietnamesischen Essens ein begrenztes tradiertes Wissen von ihren Eltern erworben, andererseits lernen und entdecken sie durch die Reise neues kulinarisches Wissen dazu. Dadurch, dass sie alle die Garküchen und die dort angebotenen „authentischen" Speisen bevorzugen, verdeutlichen sie ihre Abgrenzung zu Tourist_innen und den Wunsch zu den Einheimischen, die in den Garküchen speisen, dazuzugehören. Damit umgehen sie dem „culinary environmental bubble" der Tourist_innen. Folglich lässt sich auch beim Essen der Việt Kiều ein identitärer Aushandlungsprozess feststellen.

Die politische Bedeutung, wie sie Thomas impliziert, spielt bei den Befragten keine Rolle. Vielmehr konnte die große Bedeutung der Familie herausgearbeitet werden. Insbesondere für die erste Generation sind nach wie vor Gedenkfeiern und Ankunfts- und Abschiedsfeiern ein wichtiger Anlass, um gemeinsam mit der Familie zu essen. Für die zweite Generation ist das tradierte kulinarische Wissen der Familie in Deutschland auf der Reise relevant, da sie dieses mit dem vor Ort abgleichen und neues entdecken, zugleich aber auch die gemeinsamen Familienessen in Deutschland durch den Besuch von Orten in nostalgischer Weise erinnern. Die Familie stellt den kulinarischen Anknüpfungspunkt für Việt Kiều dar. Die Familie und das Essen sind die Brücke zwischen Vietnam und Deutschland und vermitteln Identität.

6 Resümee und Ausblick

1986 begann Vietnam, schrittweise seine Pforten zu öffnen und auf der internationalen Bühne in Erscheinung zu treten. Mit dem Eintritt in die globalisierte Welt gelang gleichsam die Öffnung für den internationalen Tourismus, der trotz zwischenzeitlicher Einbrüche beispielsweise in Folge der Asienkrise 1997-1998 nach meiner Prognose seinen Höhepunkt noch nicht erreicht hat.

Die touristische Entwicklung Vietnams ist multidirektional. Internationale Tourist_innen reisen ins Land, der Binnentourismus steigt erheblich, Việt Kiều reisen in steigender Zahl für Urlaube nach Vietnam. Aber auch die Vietnames_innen, die zu mehr Wohlstand gelangen, reisen ins Ausland. In der vorliegenden Arbeit wurde der Fokus auf die Việt Kiều gelegt, da diese in der Literatur, aber auch in vietnamesischen Tourismusstatistiken kaum bis gar nicht berücksichtigt werden.

Việt Kiều reisen aus den vielfältigsten Motiven nach Vietnam. Insbesondere Angehörige der ersten Generation, die alleine oder mit Familienangehörigen nach Vietnam kommen, gaben als Zweck der Reise an, die Familie zu besuchen. Aber sobald sie in Begleitung eines deutschen Freundes oder Partners nach Vietnam reisen, trat auch das Motiv des Urlaubs als gleichrangiges oder hauptsächliches Motiv auf. In der zweiten Generation wurden sowohl Urlaub als auch Familie gleichwertig als Reisezweck genannt. Hinzu kam in dieser Gruppe ebenfalls eine Arbeitsaufnahme in Vietnam als Zweck der Reise.

Die Präferenzen der Tourismusart sind in den Interessen und Beweggründen der Befragten zu finden, die auch hier sehr vielfältig sind. So konnte dargestellt werden, dass Việt Kiều überwiegend Erholungs-, Natur- und Kulturtourist_innen sind, sie aber nicht einfach auf eine Tourismusart festgelegt werden können, da es bei Einigen Überschneidungen der Interessen und somit der Tourismusarten gibt.

Die Darstellung der Definitionen der Begriffe Reise und Tourismus mit der anschließenden Analyse der Interviewaussagen zeigt, dass im Falle der hier Untersuchten eher von einer Reise nach Vietnam zu sprechen ist und von Tourismus innerhalb des Landes, wobei letzteres mehrheitlich von den Angehörigen der zweiten Generation betrieben wird.

Tourismus und Identität

Die reisenden Việt Kiều bilden durch ihr Reiseverhalten zwei Reisetypen heraus: den Neues-Suchenden- und den Beständigkeitstyp. Ersterer ist auf der Suche nach neuen Erlebnissen und Wissen, wohingegen letzterer während des Aufenthaltes bei der Familie bleibt und ab und zu einen Ausflug macht. Jene, die Neues suchen, nutzen dabei die touristische Infra- und Suprastruktur im erheblichen Umfang, was die Beständigen in sehr geringer Weise tun. Beide Typen nehmen Souvenirs mit nach Deutschland. Bei beiden Typen sind Interviewpartnerinnen auf Abhängigkeiten von der Familie zu sprechen gekommen. Bei der Zuordnung zu einem Typ ist entscheidend, welcher Generation sie angehören und wer sie auf der Reise begleitet.

Es konnten unterschiedliche Wahrnehmungsmuster und ein bestimmter *Tourist Gaze* aufgezeigt werden: Erstens konnte verdeutlicht werden, dass die Wahrnehmung und Assoziationen durch Erinnerungen und Erwartungen geprägt sind. Diese Erwartungen sind wie im Beispiel von Frau Ha, der es von Einheimischen nicht empfohlen wurde, Mỹ Sơn zu besuchen, durch bestehende, insbesondere medial erzeugte Bilder entstanden. Diese Bilder sind so wirkmächtig, dass Frau Ha sich nicht von einem Besuch abbringen lässt. Darüber hinaus müssen die Assoziationen und Imaginationen nicht mit dem abgebildeten Ort übereinstimmen.

Zweitens konnte aufgezeigt werden, dass den touristischen Räumen und ihren bereits bestehenden politischen, symbolischen und sozialen Dimensionen durch reisende Việt Kiều neue oder zusätzliche Bedeutungen zugewiesen werden. Durch persönliche Interpretationen und Erfahrungen vor Ort kann einerseits ein Dritter Raum entstehen und sich erweitern. Das zeigt das Beispiel von Herrn Hung, der beim Anblick des Kaiserpalastes in Huế nicht nur die Kaiserzeit assoziiert, sondern diese politische und soziale Dimension des Ortes um eine weitere sozial-persönliche Komponente erweitert und von Huế als „Heimatstadt" spricht, wo seine Familie lebt [# 31, 83]. Andererseits können die seit der Kindheit durch die Familie gemachten Interpretationen und Assoziationen eines Ortes stagniert sein. Das veranschaulicht der Fall von Frau Van, die insbesondere um die politischen und symbolischen Dimensionen des Kaiserpalastes in Huế weiß, aber dennoch negative Bilder assoziiert, die sie unter keinen Umständen neu aushandeln möchte. Sie lehnt es konsequent ab, was dazu führt, dass ihre gemachten Interpretationen und die politische und symbolische Dimension des Ortes „starr" bleiben. Erinnerte Orte werden unterschiedlich rekonstruiert und reorganisiert.

Ein anderes Wahrnehmungsmuster lässt sich drittens als ein „orientalisiertes" feststellen. Orientalisierte Bilder und Assoziationen gemäß Said sind so mächtig, dass sie die Assoziationen nachhaltig prägen und sich reproduzieren beziehungsweise auch an den besuchten Orten gesucht werden und deshalb deren Faszination ausmachen. Herr Tho ist ein gutes Beispiel dafür, denn in der Kindheit gemachte Erlebnisse, die überwiegend medial erzeugt wurden, lassen den Kaiserpalast als von Konkubinen und Eunuchen bewohnten Raum entstehen. Das macht für ihn die Faszination aus. Das „Exotische" der Kindheit regt die Fantasie beim Anblick der Fotografien an. Ähnlich gestaltet sich die orientalisierte und feminisierte Assoziation von Frau Huyen, die sich den Kaiserpalast in Huế mit Áo Dài tragenden Frauen vorstellt, wo Gedichte rezitiert werden.

Viertens ließ sich zeigen, dass unter reisenden Việt Kiều differenzierte Bilder und Assoziationen entstehen, die gängige und bestehende Bilder sowohl in Vietnam als auch im globalen Norden durch ihre Differenziertheit infrage stellen. Beispielsweise unterscheidet Frau Hoa klar zwischen dem inszenierten Ort des Hồ-Chí-Minh-Mausoleums, das als Paradebeispiel für einen politisierten und symbolisch aufgeladenen Ort gelten kann, und der Person Hồ Chí Minh.

Bezüglich des *Tourist Gaze* auf Menschen wurden Unterschiede zwischen den einzelnen Reisenden und Bereisten festgestellt. Die Eindrücke der Việt Kiều von anderen Reisenden, denen sie während ihrer Reise begegnet sind, zeigten eine Differenzierung zwischen internationalen und vietnamesischen Tourist_innen auf. Den Việt Kiều ist aufgefallen, dass vietnamesische Urlauber_innen überwiegend in Gruppen reisen und Erholung und Spaß beziehungsweise Geselligkeit während der Reise präferieren und im Vergleich zu den europäischen Tourist_innen ein anderes Kaufverhalten aufweisen. Bezüglich der internationalen Reisenden wurden unterschiedliche Aspekte von den Befragten beobachtet: beispielsweise ein anderes Strandverhalten, die veränderte Rolle von *Backpackern* oder Kommunikationsschwierigkeiten zwischen den internationalen Tourist_innen und den im Tourismus Beschäftigten.

Im Hinblick auf die Bereisten selbst ist es ein großer Unterschied, ob es sich um Vietnames_innen der Mehrheitsgesellschaft handelt oder um ethnische Minderheiten. Der touristische Blick auf letztere befindet sich in einem *Othering*-Prozess. Minderheiten werden als rückständig, anders und teilweise als authentisch beschrieben. Lediglich drei Gesprächspartner_innen beleuchten die Situation der ethnischen Minderheiten von verschiedenen Perspektiven. Herr Hung geht darüber noch hinaus, indem er seine eigene Ansicht reflektiert.

Aber auch die Vietnames_innen der Mehrheitsgesellschaft werden teilweise in bestimmten Situationen einem *Othering* unterzogen. Allerdings werden diese zu keiner Zeit als rückständig bezeichnet. Vielmehr handelt es sich um Machthierarchien, die durch Armut oder aus einem bestimmten Rollenverständnis heraus entstehen.

Die Identifikation der befragten Việt Kiều, insbesondere die der zweiten Generation, ist während ihrer Reise situationsabhängig. Die situativen Erfahrungen während der Reise führen zu situativen Identifikationen, die unterschiedlich und ambivalent ausfallen können. Manche Situationen lösen Notwendigkeiten aus, sich selbst zu verorten. Dieser Aushandlungsprozess wird in Situationen, die Aspekte von Heimat, Sprache, Religion und Essen umfassen, angestoßen. Damit ist Schlüsselmotiv der Reise nicht ausschließlich die Bewahrung der Identität (Nguyen und King 2002, 2004), wie es für die Älteren der ersten Generation zutrifft, sondern die Aushandlung der eigenen Identität.

So wurde ersichtlich, dass die Interaktionspartner_innen der ersten Generation sich primär als Vietnames_in sehen und erst in der Auseinandersetzung mit Vietnames_innen als Việt Kiều, wobei dies als eine Fremdbezeichnung zu sehen ist. Der ambivalente Charakter der Identifikation tritt verstärkt bei jenen Interviewten zutage, die der zweiten Generation angehören. So gibt es für sie situative Identifikationen sowohl als Việt Kiều als auch als Vietnames_in und Deutsche_r. Darüber hinaus bringen sie auch alternative Selbstbezeichnungen wie Banane oder Deutsche_r mit vietnamesischen Wurzeln ins Spiel. In den konkreten situativen Erfahrungen wird von den Befragten eine Identifikations- bzw. Übersetzungsleistung gefordert, die sie in Auseinandersetzung mit ihrem konstitutiven Außen jedes Mal neu aushandeln. Trotz der Ambivalenzen stellen sie identitäre Kohärenz her.

Die Interaktionspartner_innen messen Heimat eine starke Bedeutung zu. Dies geschieht, obwohl Vietnam lediglich das Reiseziel ist und nicht das Land, in dem die Teilnehmer_innen ihren Lebensmittelpunkt haben.

Resümee und Ausblick

Es zeigt sich, dass die kulturellen Bindungen zu Vietnam auch während ihres dauerhaften Aufenthaltes in Deutschland durch die Familie stark ausgeprägt sind. Zusätzlich wird durch häufige Reisen nach Vietnam diese Bindung verstärkt und bringt eine (zweite) Heimat hervor. Die Distanz zu Deutschland durch die Reise nach Vietnam macht Deutschland zur Heimat; gleichzeitig festigt sich Vietnam als Heimat durch das Vertrautwerden mit der Kultur und seinen Menschen, was für die zweite Generation der Việt Kiều zutrifft.

Die in Vietnam geborenen und dort aufgewachsenen Việt Kiều entwickeln Deutschland als zweite Heimat, was durch eine Hierarchisierung der Heimaten hervorgehoben wird. Darüber hinaus handelt es sich nicht nur um Heimaten in Deutschland und Vietnam, sondern auch um verschiedene Orte in den beiden Ländern. Sie sind somit auch länderübergreifend zu verorten. Dadurch entstehen multiple Heimaten, die individuell hierarchisiert und mit Bedeutung aufgeladen werden. Wobei hinsichtlich der Hierarchisierung zwischen den Generationen zu unterscheiden ist: Für die erste Generation ist Vietnam die erste und Deutschland die zweite Heimat; für die zweite Generation ist die erste Heimat Deutschland und die zweite Vietnam. Zudem ist insbesondere für die zweite Generation der Aufenthalt in Vietnam eine Reise in eine „vertraute Fremde", da sie Bindungen, schöne Erinnerungen haben und bekannte Dinge damit verbinden, aber gleichzeitig in Situationen kommen, die sie nicht verstehen können.

Hinsichtlich der sprachlichen Heimat ist vor allem eine Differenz zwischen der ersten und zweiten Generation Việt Kiều auffällig. Die erste Generation sieht die sprachliche Heimat in Vietnam. Insbesondere die Jüngeren der ersten Generation haben weder in Vietnam noch in Deutschland sprachliche Probleme. Anders ist es in der zweiten Generation. Sie erwähnen die Sprachdifferenzen innerhalb Vietnams und dass dies ein Auslöser für einen sprachlichen Aushandlungsprozess sein kann. Gleichzeitig positionieren sich einige Angehörige der zweiten Generation bewusst als Việt Kiều, um zu verdeutlichen, dass Vietnam nicht ihre sprachliche Heimat ist, denn rein äußerlich heben sich jene Việt Kiều nicht sehr von den Einheimischen ab, sodass Zugehörigkeit und sprachliche Vertrautheit unterstellt werden, die sich mit Beginn der Kommunikation auflösen.

Religiöse Erfahrungen während der Reise dienen ebenfalls dazu, einen identitären Aushandlungsprozess in Gang zu setzen. Sowohl Angehörige der ersten als auch der zweiten Generation besuchen die Gräber der Ahnen und praktizieren die Ahnenverehrung während ihrer Reise in Vietnam. Lediglich für eine Befragte, Frau Hien, diente ein Aufenthalt in Vietnam unter anderem dazu, spirituelle Praktiken zu vollziehen und zu meditieren, um sich und ihren familiären Hintergrund besser kennenzulernen. Die Ahnenverehrung ist eine vietnamesische Tradition, der neben Vietnames_innen auch Việt Kiều folgen (müssen). Die Aussagen der Interviewten verdeutlichten, dass diese Praktik an den Heimatort der Familie gebunden ist und nicht während einer Reise innerhalb Vietnams beliebig durchgeführt werden kann. Es wurde gezeigt, dass die religiösen Entwicklungen der vietnamesischen Gemeinschaft in Deutschland eng verknüpft sind mit denen in der Heimat Vietnam. Diese Entwicklungen können die Rückreise jedes einzelnen Việt Kiều bedingen. Das genaue Wechselverhältnis dieser verschiedenen Lokalitäten in Deutschland und Vietnam zu untersuchen und miteinander zu verbinden, steht noch aus und wäre ein guter Anknüpfungspunkt für weitere Studien.

Die befragten Việt Kiều messen dem vietnamesischen Essen einen hohen Stellenwert bei. Việt Kiều, insbesondere der ersten Generation, sind sich über ihre kulinarische vietnamesische Identität einig. Die Interviewpartner_innen haben durch die Reise die Gelegenheit, sich mit ihrer Identität durch das Essen auseinanderzusetzen und auszuhandeln. Vor allem jene der zweiten Generation nutzen die Reise, um die Vielfalt der vietnamesischen Küche zu genießen und zu entdecken. Einerseits haben sie bezüglich des vietnamesischen Essens ein begrenztes tradiertes Wissen von ihren Eltern erworben, andererseits lernen und entdecken sie durch die Reise neues kulinarisches Wissen dazu. Dadurch, dass sie alle die Garküchen und die dort angebotenen „authentischen" Speisen bevorzugen, verdeutlichen sie ihre Abgrenzung zu Tourist_innen und den Wunsch zu den Einheimischen, die in den Garküchen speisen, dazuzugehören. Es konnte darüber hinaus die große Bedeutung der Familie herausgearbeitet werden. Insbesondere für die erste Generation sind nach wie vor Gedenkfeiern und Ankunfts- und Abschiedsfeiern ein wichtiger Anlass, um gemeinsam mit der Familie zu essen. Für die zweite Generation ist das tradierte kulinarische Wissen der Familie in Deutschland auf der Reise relevant, da sie dieses mit dem vor Ort abgleichen und neues entdecken, zugleich aber auch die gemeinsamen Familienessen in Deutschland durch den Besuch von Orten in nostalgischer Weise erinnern. Die Familie stellt den kulinarischen Anknüpfungspunkt für Việt Kiều dar. Die Familie und das Essen sind die Brücke zwischen Vietnam und Deutschland und vermitteln Identität.

Diese Arbeit konzentrierte sich einerseits auf die Darstellung der Vietnam-Reisen der Việt Kiều und ihre Wahrnehmungen, andererseits auch auf die Vielfalt ihrer individuellen identitären Aushandlungsprozesse während der Reise.

Welche Rolle der vietnamesische Staat bei der Herausbildung eines Heimat- und Vaterlandsgefühls für Việt Kiều spielt und ob dies zum Zweck der Stärkung eines Nationalbewusstseins geschieht, bleibt ebenfalls eine interessante Frage für weitergehende Untersuchungen.

Die Multidirektionalität der touristischen Entwicklung lässt sich nicht nur individuell, sondern auch innerhalb des Diaspora-Netzwerkes feststellen, worauf einige Befragte kurz eingingen. Das weltweite Việt-Kiều-Netzwerk, sowohl in Hinblick auf die Diaspora-internen Dynamiken als auch auf das Reiseverhalten innerhalb der Diaspora, gilt es in weiterführenden Studien zu untersuchen.

Die vorliegende Arbeit zu *Tourismus und Identität: Vietnam-Reisen als Identitätsarbeit von in Deutschland lebenden Việt Kiều* hat gezeigt, dass es sich um einen genuin mobilen und dynamischen Prozess handelt. Er ist mobil, weil er eine eigene Dynamik besitzt, sowohl in Bezug auf die Identitätsarbeit als auch mit Blick auf die Bedingungen für die Reisen der Việt Kiều. Die hier dargestellte Vielfalt der identitären Aushandlungsprozesse sowie die Charakterisierungen der Vietnam-Reisen der Việt Kiều können als eine Momentaufnahme gelten, die sich ändern kann, sobald sich zum Beispiel die politischen, sozialen und touristischen Ausgangsbedingungen in Deutschland, Vietnam oder der Diaspora wandeln.

Literatur

Ackermann, Andreas (2010): Reisende Kulturen? Das Konzept der Diaspora in den Kulturwissenschaften, illustriert am Beispiel der Yeziden. In: Alexandra Karentzos, Alma-Elisa Kittner und Julia Reuter (Hg.): Topologien des Reisens. Trier, S. 19–31.

Aguilar-San Juan, Karin (2009): Little Saigons. Staying Vietnamese in America. Minneapolis, MN., London: University of Minnesota Press.

Alfonso, Iván Darias (2012): We Are What We Now Eat: Food and Identity in the Cuban Diaspora. In: *Canadian Journal of Latin American and Caribean Studies / Revue canadienne des études latino-américaines et caraibes* 37 (74), S. 173–206, zuletzt geprüft am 02.10.2015.

Ali, Nazia; Holden, Andrew (2011): Tourism's Role in the National Identity Formulation of the United Kingdom's Pakistani Diaspora. In: Elspeth Frew und Leanne White (Hg.): Tourism and National Identities. An International Perspective. London: Routledge, S. 79–92.

Almerico, Gina M. (2014): Food and Identity: Food Studies, Cultural, and Personal Identity. In: *Journal of International Business and Cultural Studies* 8 (June), S. 1–7, zuletzt geprüft am 03.10.2015.

Alneng, Victor (2002): The modern does not cater for natives. Travel ethnography and the conventions of form. In: *Tourist Studies* 2 (2), S. 119–142, zuletzt geprüft am 14.03.2014.

Anderson, Benedict (1996): Die Erfindung der Nation. Zur Karriere eines folgenreichen Konzepts. Erw. Neuausg. Frankfurt: Campus-Verl.

Anderson, Eugene N. (2005): Everyone Eats. Understanding Food and Culture. New York, N.Y., London: New York University Press.

Antweiler, Christoph (2005): Tourismusethnologie: Trends und Visionen. In: Gemeinsamer Arbeitskreis Tourismus und Ethnologie – GATE e.V. (Hg.): Tourismus und Ethnologie. Chancen, Perspektiven und Voraussetzungen für eine verstärkte Zusammenarbeit. Berlin (Konferenzdokumentation), S. 18–27.

Appadurai, Arjun (1988): How to Make a National Cuisine: Cookbooks in Contemporary India. In: *Comparative Studies in Society and History* 30 (1), S. 3–24, zuletzt geprüft am 18.11.2015.

Appadurai, Arjun (1990): Disjuncture and Difference in the Global Cultural Economy. In: *Theory, Culture & Society* 7 (2), S. 295–310. DOI: 10.1177/026327690007002017.

Appadurai, Arjun (1998): Globale Ethnische Räume. In: Ulrich Beck (Hg.): Perspektiven der Weltgesellschaft. Frankfurt am Main: Suhrkamp, S. 11–40.

Ashcroft, Bill; Griffiths, Gareth; Tiffin, Helen (2007): Post-Colonial Studies. The Key Concepts. London: Routledge.

Assmann, Jan (2007): Das kulturelle Gedächtnis. Schrift, Erinnerung und politische Identität in frühen Hochkulturen. 6. Aufl. München: Beck (Bd. 1307).

Avieli, Nir (2012): Rice Talks. Food and Community in a Vietnamese Town. Bloomington: Indiana University Press.

Bachmann-Medick, Doris (2009): Cultural Turns. Neuorientierungen in den Kulturwissenschaften. 4. Aufl. Reinbek bei Hamburg: Rowohlt-Taschenbuch-Verlag (Bd. 55675).

Baumann, Martin (2000): Migration – Religion – Integration. Buddhistische Vietnamesen und hinduistische Tamilen in Deutschland. Marburg: Diagonal-Verlag.

Bell, David; Valentine, Gill (1997): Consuming Geographies. We Are Where We Eat. London: Routledge.

Bhabha, Homi K. (2007): Die Verortung der Kultur. Unveränd. Nachdr. der 1. Aufl. 2000. Tübingen: Stauffenburg-Verlag (Bd. 5).

Binder, Jana (2005): Globality. Eine Ethnographie über Backpacker. Münster: LIT (Bd. 7).

BL (2001): Touristische Infrastruktur. Spektrum Akademischer Verlag. Heidelberg (Lexikon der Geographie). Online verfügbar unter http://www.spektrum.de/lexikon/geographie/touristische-infrastruktur/8190, zuletzt geprüft am 01.09.2015.

Bonnin, Christine (2010): Navigating Fieldwork Politics, Practicalities and Ethics in the Upland Borderlands of Northern Vietnam. In: *Asia Pacific Viewpoint* 51 (2), S. 179– 192. DOI: 10.1111/j.1467-8373.2010.01423.x.

Bonz, Jochen; Struve, Karen (2006): Homi K. Bhabha: Auf der Innenseite kultureller Differenz: "in the middle of difference". In: Stephan Moebius und Dirk Quadflieg (Hg.): Kultur. Theorien der Gegenwart. Wiesbaden: VS Verlag für Sozialwissenschaften, S. 140–153.

Braun, Ottmar L. (1993): (Urlaubs-)Reisemotive. In: Heinz Hahn und H. Jürgen Kagelmann (Hg.): Tourismuspsychologie und Tourismussoziologie. Ein Handbuch zur Tourismuswissenschaft. München: Quintessenz, S. 199–207.

Brocheux, Pierre (2008): Ho Chi Minh. Bilder einer Ikone. In: Bundeszentrale für politische Bildung (Hg.): Vietnam. APuZ – Aus Politik und Zeitgeschichte (27). Frankfurt am Main, S. 14–18.

Bui, Huong T. (2014): The Impact of International Travel on Personal Development – The Case of Asian Backpackers. In: Karl Husa, Alexander Trupp und Helmut Wohlschlägl (Hg.): Southeast Asian Mobility Transitions: Issues and Trends in Migration and Tourism. Vienna: Department of Geography and Regional Research University of Vienna; Univ. Inst. für Geographie und Regionalforschung (Abhandlungen zur Geographie und Regionalforschung, Bd. 19), S. 262–279.

Burns, Peter (1999): An Introduction to Tourism and Anthropology. 1. publ. London: Routledge.

Carruthers, Ashley (2007): Vietnamese Language and Media Policy in the Service of Deterritorialized Nation-Building. In: Lee Hock Guan und Leo Suryadinata (Hg.): Language, Nation and Development in Southeast Asia. Singapore: Institute of Southeast Asian Studies (ISEAS), S. 195–216.

Carruthers, Ashley (2008): Saigon from the Diaspora. In: *Singapore Journal of Tropical Geography* 29 (1), S. 68–86, zuletzt geprüft am 12.08.2014.

Castro Varela, María do Mar; Dhawan, Nikita (2005): Postkoloniale Theorie. Eine kritische Einführung. Bielefeld: Transcript (Bd. 12).

Choi, Horim (2007): Ritual Revitalization and Nativist Ideology in Hanoi. In: Philip Taylor (Hg.): Modernity and Re-enchantment. Religion in Post-revolutionary Vietnam. Singapore: Institute of Southeast Asian Studies (ISEAS), S. 90–120.

Clifford, James (1994): Diasporas. In: *Cultural Anthropology* 9 (3), S. 302–338, zuletzt geprüft am 09.03.2016.

Coccossis, Harry; Constantoglou, Mary E. (2006): The Use of Typologies in Tourism Planning: Problems and Conflicts. Online verfügbar unter http://www-sre.wu-wien.ac.at/ersa/ersaconfs/ersa06/papers/712.pdf, zuletzt geprüft am 13.04.16.

Cohen, Erik (1984): The Sociology of Tourism: Approaches, Issues, and Findings. In: *Annual Review of Sociology* 1984 (10), S. 373–392.

Cohen, Erik (1989): „Primitive and Remote" Hill Tribe Trekking in Thailand. In: *Annals of Tourism Research* (16), S. 30–61.

Cohen, Erik; Avieli, Nir (2004): Food in Tourism. Attraction and Impediment. In: Annals of Tourism Research 31 (4), S. 755–778. DOI: 10.1016/j.annals.2004.02.003.

Cohen, Robin (2008): Global Diasporas. 2. Aufl. London: Routledge.

Coles, Tim; Timothy, Dallen J. (2004a): 'My Field is the World': Conceptualizing Diasporas, Travel and Tourism. In: Tim Coles und Dallen J. Timothy (Hg.): Tourism, Diasporas, and Space. London, New York: Routledge (Bd. 6), S. 1–29.

Coles, Tim; Timothy, Dallen J. (Hg.) (2004b): Tourism, Diasporas, and Space. London, New York: Routledge (Bd. 6).

Dang, Phong (2000): La Diaspora Vietnamienne: Retour et Intégration au Vietnam. In: *Revue européenne de migrations internationales* 16 (1), S. 183–205, zuletzt geprüft am 23.09.2014.

Demay, Aline (2014): Tourism and Colonization in Indochina (1898-1939). Newcastle upon Tyne: Cambridge Scholars Publishing.

Di Giovine, Michael A.; Brulotte, Ronda L. (2014): Introduction: Food and Foodways as Cultural Heritage. In: Ronda L. Brulotte und Di Giovine, Michael A. (Hg.): Edible Identities: Food as Cultural Heritage. Farnham: Ashgate.

Dorais, Louis-Jacques (1991): Refugee Adaptation and Community Structure: The Indochinese in Quebec City, Canada. In: *International Migration Review* 25 (3), S. 551–573.

Dorais, Louis-Jacques (2001): Defining the Overseas Vietnamese. In: *Diaspora: A Journal of Transnational Studies* 10 (1), S. 3–27.

Duval, David Timothy (2004): Conceptualizing Return Visits: A Transnational Perspective. In: Tim Coles und Dallen J. Timothy (Hg.): Tourism, Diasporas, and Space. London, New York: Routledge (Bd. 6), S. 50–61.

Eichmanns, Gabriele (2013): Introduction: Heimat in the Age of Globalization. In: Gabriele Eichmanns und Yvonne Franke (Hg.): Heimat Goes Mobile. Hybrid Forms of Home in Literature and Film. Newcastle upon Tyne: Cambridge Scholars Publ., S. 1–12.

Endres, Kirsten W. (2000): Ritual, Fest und Politik in Nordvietnam. Zwischen Ideologie und Tradition. Münster: LIT (Südostasien, Bd. 10).

Endres, Kirsten W. (2001): Local Dynamics of Renegotiating Ritual Space in Northern Vietnam: The Case of the Dinh. In: *SOJOURN: Journal of Social Issues in Southeast Asia* 16 (1), S. 70–101, zuletzt geprüft am 03.12.2015.

Enzensberger, Hans Magnus (1962): Eine Theorie des Tourismus. In: Hans Magnus Enzensberger: Einzelheiten. Berlin: Suhrkamp, S. 147–168.

Fetscher, Iring (1992): Heimatliebe – Brauch und Mißbrauch eines Begriffs. In: Rüdiger Görner (Hg.): Heimat im Wort. München: Iudicium-Verlag, S. 15–35.

Flick, Uwe (2002): Qualitative Sozialforschung. Eine Einführung. 4. Aufl. Reinbek bei Hamburg: Rowohlt-Taschenbuch-Verlag (Bd. 55654).

glokal e.V. (2012): Mit kolonialen Grüßen ... Berichte und Erzählungen von Auslandsaufenthalten rassismuskritisch betrachtet. Berlin. Online verfügbar unter http://www.glokal.org/wpcontent/uploads/2011/05/BroschuereReiseberichteundRassismus.pdf, zuletzt geprüft am 12.04.16.

Görner, Rüdiger (1992a): Einführendes. Oder: Verständigung über Heimat. In: Rüdiger Görner (Hg.): Heimat im Wort. München: Iudicium-Verlag, S. 11–14.

Görner, Rüdiger (Hg.) (1992b): Heimat im Wort. Symposium Heimat – zu einem Kulturideologischen Begriff des 19. und 20. Jahrhunderts. München: Iudicium-Verlag.

Grigoleit, Grit (2009): Integrationsvarianten. Die Hmong in den USA. 1. Aufl. Passau: Stutz (Bd. 3).

Großheim, Martin (2010): „Über den Wolken" – Vietnamesen zwischen Deutschland und Vietnam. In: Auswärtiges Amt (Hg.): Deutsch-Vietnamesische Beziehungen. Tagungsband zum 35jährigen Jubiläum der diplomatischen Beziehungen zwischen der Bundesrepublik Deutschland und der Sozialistischen Republik Vietnam, S. 31–37.

Großheim, Martin (2011): Ho Chi Minh. Der geheimnisvolle Revolutionär. München: Beck (Beck'sche Reihe, Bd. 1997).

Großmann, Margitta; Rochlitz, Manfred (1993): Mobilität (räumliche). In: Heinz Hahn und H. Jürgen Kagelmann (Hg.): Tourismuspsychologie und Tourismussoziologie. Ein Handbuch zur Tourismuswissenschaft. München: Quintessenz, S. 180–183.

Grümer, Karl-Wilhelm (1993): Gesellschaftliche Rahmenbedingungen für Mobilität/Tourismus/Reisen. In: Heinz Hahn und H. Jürgen Kagelmann (Hg.): Tourismuspsychologie und Tourismussoziologie. Ein Handbuch zur Tourismuswissenschaft. München: Quintessenz, S. 17–24.

Ha, Kien Nghi (2005): Vietnam Revisited. Demokratisierung, Nationale Identität und Adoleszente Arbeitsmigration. Berlin: wvb Wiss. Verlag.

Ha, Kien Nghi (Hg.) (2011): Asiatische Deutsche. Vietnamesische Diaspora and Beyond. Korientation (Organisation). 1. Aufl. Berlin: Assoziation A.

Hall, C. Michael; Page, Stephen (1999): The Geography of Tourism and Recreation. Environment, Place and Space. London: Routledge.

Hall, Colin Michael; Sharples, Liz; Mitchell, Richard; Macionis, Niki, Cambourne, Brock (Hg.) (2004): Food Tourism Around the World. Development, Management and Markets. Amsterdam, London: Elsevier Butterworth-Heinemann.

Hall, Stuart (2012): Rassismus und Kulturelle Identität. Ausgewählte Schriften 2. 5. Aufl. Hamburg: Argument-Verlag (Bd. 226).

Hardy, Andrew (2003): Architects of a Discourse? Scholars, Migrants, and the Notion of Home in Vietnam. In: Yeoh, Brenda S. A, Michael W. Charney, Tong Chee Kiong und Chee Kiong Tong (Hg.): Approaching Transnationalisms. Studies on Transnational Societies, Multicultural Contacts, and Imaginings of Home. Boston, MA: Springer US; Kluwer Academic, S. 301–320.

Hardy, Andrew (2004): Internal Transnationalism and the Formation of the Vietnamese Diaspora. In: Brenda S. A. Yeoh, Katie Willis und Yeoh, Brenda S. A (Hg.): State/ Nation/ Transnation. Perspectives on Transnationalism in the Asia-Pacific. London: Routledge (v. 12), S. 218–237.

Harper, Douglas (2002): Talking About Pictures: A Case for Photo Elicitation. In: *Visual Studies* 17 (1), S. 13–26, zuletzt geprüft am 08.04.2016.

Heidemann, Frank (2011): Ethnologie. Eine Einführung. 1. Aufl. Göttingen: Vandenhoeck & Ruprecht (Bd. 3467).

Helfferich, Cornelia (2011): Die Qualität qualitativer Daten. 4. Aufl. Wiesbaden: VS Verlag für Sozialwissenschaften.

Hennig, Christoph (1997): Reiselust. Touristen, Tourismus und Urlaubskultur. 1. Aufl. Frankfurt am Main: Insel Verlag.

Hollinshead, Keith (2004): Tourism and Third Space Populations: The Restless Motion of Diaspora Peoples. In: Tim Coles und Dallen J. Timothy (Hg.): Tourism, Diasporas, and Space. London, New York: Routledge (Bd. 6), S. 33–49.

Hutter, Manfred (2003): Religionswissenschaft im Kontext der Humanwissenschaften. In: *ZMR* 87 (1), S. 3–20.

Hữu Ngọc (2004): Wandering Through Vietnamese Culture. 4. Aufl. Vietnam: The Gioi Publishers.

Jamieson, Neil L. (1995): Understanding Vietnam. 1. pbk. print. Berkeley: Univ. of California Press.

Jellema, Kate (2007): Returning Home: Ancestor Veneration and the Nationalism of Đổi Mới Vietnam. In: Philip Taylor (Hg.): Modernity and Re-enchantment. Religion in Post-revolutionary Vietnam. Singapore: Institute of Southeast Asian Studies (ISEAS), S. 57–89.

Jenkins, Olivia (2003): Photography and Travel Brochures: The Circle of Representation. In: *Tourism Geographies* 5 (3), S. 305–328, zuletzt geprüft am 09.03.2016.

Jens, Walter (1985): Nachdenken über Heimat. Fremde und Zuhause im Spiegel deutscher Poesie. In: Horst Bienek (Hg.): Heimat. Neue Erkundungen eines alten Themas. München: Carl Hanser (3), S. 14–26.

Johnson, Mark (2010): Aspiring to the 'Tourist Gaze': Selling the Past, Longing for the Future at the World Heritage Site of Hue, Vietnam. In: Michael Hitchcock, Victor T. King und Michael Parnwell (Hg.): Heritage Tourism in Southeast Asia. Copenhagen: NIAS Press; Abingdon: Marston, S. 173–201.

Kanne, Miriam (2011): Andere Heimaten. Transformationen klassischer „Heimat"-Konzepte bei Autorinnen der Gegenwartsliteratur. Sulzbach (Taunus): Helmer (Bd. 16).

Kaspar, Claude (1996): Die Tourismuslehre im Grundriss. 5., überarb. und erg. Aufl. Bern: Haupt (Bd. 1).

Kerner, Ina (2012): Postkoloniale Theorien zur Einführung. Hamburg: Junius (zur Einführung, Bd. 365).

Keupp, Heiner u.a. (2013): Identitätskonstruktionen. Das Patchwork der Identitäten in der Spätmoderne. Unter Mitarbeit von Thoma Ahbe, Gmür, Wolfgang, Höfer, Renate, Beate Mitzscherlich und Kraus, Wolfgang, Straus, Florian. 5. Aufl. Reinbek bei Hamburg: Rowohlt Taschenbuch Verlag.

Khuê Pham (2014): Die gekaufte Braut. In: *Die Zeit*, 03.04.2014 (15), S. 15–18.

Kirchhoff, Sabine; Kuhnt, Sonja; Lipp, Peter; Schlawin, Siegfried (2010): Der Fragebogen. Datenbasis, Konstruktion und Auswertung. 5. Aufl. Wiesbaden: VS-Verlag.

Kittler, Pamela Goyan; Sucher, Kathryn (2008): Food and Culture. 5th ed. Belmont, Cali.: Thomson Wadsworth.

Kleinschmidt, Julia (2013): Die Aufnahme der ersten „boat people" in die Bundesrepublik. Hg. v. Bundeszentrale für politische Bildung (Deutschland Archiv Online). Online verfügbar unter http://www.bpb.de/170611, zuletzt geprüft am 13.04.16.

Koh, Priscilla (2015): You Can Come Home Again: Narratives of Home and Belonging among Second-Generation Việt Kiều in Vietnam. In: *SOJOURN: Journal of Social Issues in Southeast Asia* 30 (1), S. 173–214.

Kravagna, Christian (1997): Vorwort. In: Christian Kravagna (Hg.): Privileg Blick. Kritik der visuellen Kultur. 1. Aufl. Berlin: Ed. ID-Archiv, S. 7–14.

Kruse, Jan (2009): Reader: Einführung in die Qualitative Interviewforschung. Freiburg.

Kuckartz, Udo (2010): Einführung in die computergestützte Analyse qualitativer Daten. 3., aktualisierte Aufl. Wiesbaden: VS Verlag für Sozialwissenschaften.

Kurfürst, Sandra (2012): Redefining Public Space in Hanoi. Places, Practices and Meaning. Berlin: LIT; [London]: Global (v. 13).

Lauser, Andrea (2008): Ahnen, Götter, Geister in Vietnam und der Diaspora. Ein transnationales Forschungsfeld. In: Andrea Lauser (Hg.): Migration und religiöse Dynamik. Ethnologische Religionsforschung im transnationalen Kontext. Bielefeld: Transcript, S. 147–172.

Le, Kelly L. (2014): Cu Chi Tunnels: Vietnamese Transmigrant's Perspective. In: *Annals of Tourism Research* 46, S. 75–88, zuletzt geprüft am 21.07.2014.

LeCompte, Margaret Diane; Schensul, Jean J. (2010): Designing and Conducting Ethnographic Research. An Introduction. 2. Aufl. Lanham Md: AltaMira Press (Ethnographer's toolkit, v. 1).

Lenz, Ramona (2010): Mobilitäten in Europa. Migration und Tourismus auf Kreta und Zypern im Kontext des europäischen Grenzregimes. 1. Aufl. Wiesbaden: VS Verlag für Sozialwissenschaften.

MacCannell, Dean (1973): Staged Authenticity: Arrangements of Social Space in Tourist Settings. In: *American Journal of Sociology* 79 (3), S. 589–603.

MacCannell, Dean (1999): The Tourist. A New Theory of the Leisure Class. 1. printing. Berkeley: Univ. of California Press; University of California Press.

Maoz, Darya (2006): The Mutual Gaze. In: *Annals of Tourism Research* 33 (1), S. 221–239, zuletzt geprüft am 26.11.2014.

Marcus, George E. (1995): Ethnography in/of the World System: The Emergence of Multi-Sited Ethnography. In: *Annual Review of Anthropology* (24), S. 95–117.

Marte, Lidia (2013): Versions of Dominican Mangú: Intersections of Gender and Nation in Caribbean Self-making. In: Hanna Garth (Hg.): Food and Identity in the Caribbean. Oxford: Berg, S. 57–74.

Mayer, Ruth (2005): Diaspora. Eine kritische Begriffsbestimmung. Bielefeld: Transcript (Bd. 14).

Mayer, Ruth (2008): Postmoderne/Postmodernismus. In: Ansgar Nünning (Hg.): Metzler- Lexikon Literatur- und Kulturtheorie. Ansätze – Personen – Grundbegriffe. 4., aktualisierte und erw. Aufl. Stuttgart: Metzler, S. 589–591.

Meyers, Jessica (2006): Pho and Apple Pie: Eden Center as a Representation of Vietnamese American Ethnic Identity in the Washington, D.C. Metropolitan Area, 1975-2005. In: *Journal of Asian American Studies* 9 (1), S. 55–85. DOI: 10.1353/jaas.2006.0003.

Michaud, Jean; Turner, Sarah (2000): Trading Places: Change in a Highland Marketplace, Sa Pa, Lao Cai Province, Vietnam. In: Geoffrey B. Hainsworth (Hg.): Globalization and the Asian Economic Crisis: Indigenous Responses, Coping Strategies and Governance Reform in Southeast Asia. Vancouver: Centre for Southeast Asia Research, S. 97–115.

Michaud, Jean; Turner, Sarah (2006): Contending Visions of a Hill-Station in Vietnam. In: *Annals of Tourism Research* 33 (3), S. 785–808.

Nguyen, Thu-Huong; King, Brian (2002): Migrant Communities and Tourism Consumption. The Case of the Vietnamese in Australia. In: Colin Michael Hall und Allan M. Williams (Hg.): Tourism and Migration. New Relationships between Production and Consumption Williams. Dordrecht, London: Kluwer Academic (v. 65), S. 221–240.

Nguyen, Thu-Huong; King, Brian (2004): The culture of tourism in the diaspora: the case of the Vietnamese community in Australia. In: Tim Coles und Dallen J. Timothy (Hg.): Tourism, Diasporas, and Space. London, New York: Routledge (Bd. 6), S. 172–187.

Nguyen, Thu-Huong; King, Brian; Turner, Lindsay (2003): Travel Behavior and Migrant Cultures: the Vietnamese in Australia. In: Tourism, Culture & Communication (4), S. 95–107.

Nguyễn An Hà (2011): Cộng Đồng và Đội Ngũ Trí Thức Người Việt Nam. Ở một Số Nước Đông Âu Những Năm Đầu Thế Kỉ 21. Hà Nội: Nhà Xuất Bản Khoa Học Xã Hội.

Nguyễn Khắc Viện (2009): Việt Nam – A Long History. 7. Auflage. Hà Nội: Thế Giới Publishers.

Nguyễn Thu Hương; Nguyễn Hữu Đoàn (o.J.): Từ Điển Việt – Đức. Hiện Đại. Thành Phố Hồ Chí Minh: Nhà Xuất Bản Thời Đại.

Nguyễn Văn Huy; Lê Duy Đại; Nguyễn Quý Thao; Vũ Xuân Thảo (2009): Đại Gia Đình Các Dân Tộc Việt Nam. The Great Family of Ethnic Groups in Viet Nam. 4. Aufl. Nhà Xuất Bản Giáo Dục Việt Nam. Hà Nội.

Nguyễn Văn Tuế (Hg.) (2005): Từ Điển Việt – Đức. Wörterbuch Vietnamesisch – Deutsch. Hà Nội: Nhà Xuất Bản Văn Hóa Thông Tin.

Opaschowski, Horst W. (2002): Tourismus. Eine systematische Einführung Analysen und Prognosen. 3., aktualisierte und erweiterte Auflage. Opladen: Leske + Budrich; VS Verlag für Sozialwissenschaften (Bd. 3).

Parnwell, Michael (2010): Tourism and Natural Heritage Management in Vietnam and Thailand. In: Michael Hitchcock, Victor T. King und Michael Parnwell (Hg.): Heritage Tourism in Southeast Asia. Copenhagen: NIAS Press; Abingdon: Marston, S. 236–263.

Peters, Erica J. (2012): Cuisine and Social Status Among Urban Vietnamese, 1888-1926. In: van Nguyen-Marshall, Drummond, Lisa B. W. und Danièle Bélanger (Hg.): The Reinvention of Distinction. Modernity and the Middle Class in Urban Vietnam. Dordrecht, London: Springer (v. 2), S. 43–57.

Pham, Linh L.D.; Tran, Huyen T.; Do, Huong L. (2014): The Perception of Vietnamese Street Food Among Foreigners – An Exploratory Study. In: Karl Husa, Alexander Trupp und Helmut Wohlschlägl (Hg.): Southeast Asian Mobility Transitions: Issues and Trends in Migration and Tourism. Vienna: Department of Geography and Regional Research University of Vienna; Univ. Inst. für Geographie und Regionalforschung (Abhandlungen zur Geographie und Regionalforschung, Bd. 19), S. 304–328.

Phạm, Quang Minh (2010): Die Vietnamesisch-Deutschen Beziehungen aus der Sicht der interkulturellen Kommunikation. In: Auswärtiges Amt (Hg.): Deutsch-Vietnamesische Beziehungen. Tagungsband zum 35jährigen Jubiläum der diplomatischen Beziehungen zwischen der Bundesrepublik Deutschland und der Sozialistischen Republik Vietnam, S. 70–79.

Pink, Sarah (2007): Doing Visual Ethnography. Images, Media and Representation in Research. 2nd ed. London: Sage.

Politbureau on the Overseas Vietnamese Affairs (2004): Resolution no 36 – NQ, March 26, 2004. Hg. v. Communist Party of Vietnam Online Newspaper. Online verfügbar unter http://www.dangcongsan.vn/cpv/Modules/News_English/News_Detail_E.aspx?CN_ID =112268&CO_ID=30184, zuletzt geprüft am 03.12.2013.

Porst, Rolf (2011): Fragebogen. Ein Arbeitsbuch. 3. Aufl. Wiesbaden: VS Verlag für Sozialwissenschaften.

Pries, Ludger (1998): Transnationale Soziale Räume. In: Ulrich Beck (Hg.): Perspektiven der Weltgesellschaft. Frankfurt am Main: Suhrkamp, S. 55–86.

Pries, Ludger (2001): Internationale Migration. Bielefeld: Transcript.

Reinhardt, Thomas (2008): Claude Lévi-Strauss zur Einführung. Hamburg: Junius (zur Einführung, Bd. 358).

Richards, Greg (1996): The Scope and Significance of Cultural Tourism. In: Greg Richards (Hg.): Cultural Tourism in Europe. Wallingford: CAB International, S. 19–45.

Richards, Greg (2001): The Development of Cultural Tourism in Europe. In: Greg Richards (Hg.): Cultural Attractions and European Tourism. Wallingford: CABI Publ., S. 3–29.

Rushdie, Salman (1983): Shame. London: Cape.

Rushdie, Salman (2014): Heimatländer der Phantasie. Essays und Kritiken 1981-1991. 1. Aufl. München: btb (Bd. 74816).

Safran, William (1991): Diasporas in Modern Societies: Myths of Homeland and Return. In: *Diaspora: A Journal of Transnational Studies* 1 (1), S. 83–99.

Safran, William (2004): Deconstructing and Comparing Diasporas. In: Waltraud Kokot, Khachig Tölölyan und Carolin Alfonso (Hg.): Diaspora, Identity, and Religion. New Directions in Theory and Research. London, New York, NY: Routledge (Bd. 14), S. 9–29.

Said, Edward W. (2010): Orientalismus. 2. Aufl. Frankfurt am Main: Fischer.

Schlecker, Markus (2005): Going Back a Long Way: 'Home Place', Thrift and Temporal Orientations in Northern Vietnam. In: *Royal Anthropological Institute* 11, S. 509–526, zuletzt geprüft am 10.11.2015.

Schlehe, Judith (2003): Ethnologie des Tourismus: Zur Entgrenzung von Feldforschung und Reise. In: *PERIPHERIE – Zeitschrift für Politik und Ökonomie in der Dritten Welt* 23 (89), S. 31–47.

Schmiz, Antonie (2011): Transnationalität als Ressource? Netzwerke vietnamesischer Migrantinnen und Migranten zwischen Berlin und Vietnam. Bielefeld: Transcript.

Schönhuth, Michael (o.J.): Das Kulturglossar. Ein Vademecum durch den Kulturdschungel für Interkulturalisten. Trier. Online verfügbar unter http://www.kulturglossar.de/html/o-begriffe.html#othering, zuletzt geprüft am 13.04.16.

Schöningh, Ingo (2011): Wer seine Heimat verlässt, der sucht oder flieht. In: Nora Bibel (Hg.): Heimat Que Huong. Fotografien von vietnamesischen Rückkehrern. Bielefeld: Kerber Christof, S. 8–9.

Schwenkel, Christina (2011): Youth Culture and Fading Memories of War in Hanoi, Vietnam. In: Kathleen M. Adams und Kathleen A. Gillogly (Hg.): Everday Life in Southeast Asia. Bloomington: Indiana University Press, S. 127–136.

Scott, Steffanie, Miller, Fiona, Lloyd, Kate (2006): Doing Fieldwork in Development Geography: Research Culture and Research Spaces in Vietnam. In: *Geographical Research* 44 (1), S. 28–40.

Shields, Rob (1991): Places on the Margin. Alternative Geographies of Modernity. London: Routledge.

Silverman, Katja (1997): Dem Blickregime begegnen. In: Christian Kravagna (Hg.): Privileg Blick. Kritik der visuellen Kultur. 1. Aufl. Berlin: Ed. ID-Archiv, S. 41–64.

Sin, Harng Luh (2009): Volunteer Tourism – "Involve me and I will Learn"? In: *Annals of Tourism Research* 36 (3), S. 480–501.

Singh, Shalini (Hg.) (2009): Domestic Tourism in Asia. Diversity and Divergence. London: Earthscan.

Soja, Edward W. (2011): Thirdspace. Malden MA: Blackwell.

Spreitzhofer, Günter (1997): Ethnotourismus in Südostasien. Hilltribes im Spannungsfeld von Trekking und Opium. In: *ASIEN – The German Journal on Contemporary Asia* (63), S. 45–55.

Spreitzhofer, Günter (2008): Zwischen Khao San und Lonely Planet. Aspekte der postmodernen Backpacking-Identität in Südostasien. In: *ASEAS* (1(2)), S. 140–161. Online verfügbar unter http://www.seas.at/aseas/1_2/ASEAS_1_2_A10.pdf, zuletzt geprüft am 24.03.2012.

Stang, Kristina (2011): Unterwegssein. Ein Heimatbegriff. In: Nora Bibel (Hg.): Heimat Que Huong. Fotografien von vietnamesischen Rückkehrern. Bielefeld: Kerber Christof, S. 10–13.

Strauss, Anselm L.; Corbin, Juliet M. (1996): Grounded Theory. Grundlagen Qualitativer Sozialforschung. Weinheim: Beltz Psychologie-Verl.-Union.

Struve, Karen (2013): Zur Aktualität von Homi K. Bhabha. Einleitung in sein Werk. Wiesbaden: VS Verlag für Sozialwissenschaften; Springer VS.

Thai, Hung Cam (2009): The Legacy of Doi Moi, the Legacy of Immigration. Overseas Vietnamese Grooms Come Home to Vietnam. In: Magali Barbiéri und Danièle Bélanger (Hg.): Reconfiguring Families in Contemporary Vietnam. Stanford California: Stanford University Press, S. 237–262.

Thomas, Mandy (1997): Crossing Over: The Relationship between Overseas Vietnamese and their Homeland. In: *Journal of Intercultural Studies* 18 (2), S. 153–176.

Thomas, Mandy (2004): Transitions in Taste in Vietnam and the Diaspora. In: *Australian Journal of Anthropology* 2004 (April), S. 54–67.

Thurner, Ingrid (2009): Bereist. Beforscht. Wissenschaftstourismus als Ethnotourismus. In: Claudia Trupp und Alexander Trupp (Hg.): Ethnotourismus. Interkulturelle Begegnung auf Augenhöhe? Wien: Mandelbaum (Expansion – Interaktion – Akkulturation, Bd. 16), S. 156–171.

Thúy, Kim (2014): Der Geschmack der Sehnsucht. München: Kunstmann.

Timothy, Dallen J. (2011): Cultural Heritage and Tourism. An Introduction. Bristol, Buffalo: Channel View Publications.

Tremblay, Guy (2000): Sustainability and Cultural Tourism in Sa Pa District, Vietnam: A Look at Some Impacts and Indicators. In: Geoffrey B. Hainsworth (Hg.): Globalization and the Asian Economic Crisis: Indigenous Responses, Coping Strategies and Governance Reform in Southeast Asia. Vancouver: Centre for Southeast Asia Research, S. 117–126.

Trupp, Alexander; Trupp, Claudia (2009a): Zur Einführung: Ethnotourismus und die Konstruktion von Authentizität. In: Claudia Trupp und Alexander Trupp (Hg.): Ethnotourismus. Interkulturelle Begegnung auf Augenhöhe? Wien: Mandelbaum (Expansion – Interaktion – Akkulturation, Bd. 16), S. 7–20.

Trupp, Claudia; Trupp, Alexander (Hg.) (2009b): Ethnotourismus. Interkulturelle Begegnung auf Augenhöhe? Wien: Mandelbaum (Expansion – Interaktion – Akkulturation, Bd. 16).

Turner, Sarah (Hg.) (2013): Red Stamps and Gold Stars. Fieldwork Dilemmas in Upland Socialist Asia. Vancouver: UBC Press.

UNESCO: Intangible Cultural Heritage – Ví and Giặm folk songs of Nghệ Tĩnh. Online verfügbar unter http://www.unesco.org/culture/ich/en/RL/vi-and-giam-folk-songs-of-nghe-tinh-01008, zuletzt geprüft am 06.04.2016.

UNESCO World Heritage Centre: Viet Nam. Online verfügbar unter http://whc.unesco.org/en/statesparties/vn, zuletzt geprüft am 06.04.2016.

UNWTO (2016): World Tourism Barometer. Hg. v. World Tourism Organization. Madrid (Volume 14). Online verfügbar unter http://cf.cdn.unwto.org/sites/all/files/pdf/unwto_barom16_01_january_excerpt.pdf, zuletzt geprüft am 28.07.2017.

Urry, John (2007): Mobilities. Cambridge: Polity.

Urry, John; Larsen, Jonas (2011): The Tourist Gaze 3.0. 3. Aufl. Los Angeles Cali.: Sage.

Vaillant, Barbara (2013): Boat People Vietnamiens. Entre Mémoire et Diaspora. Paris: L'Harmattan.

van Esterik, Penny (2008): Food Culture in Southeast Asia. 1. publ. Westport Connecticut: Greenwood Press.

Vertovec, Steven (2000): Religion and Diaspora, S. 1–45. Online verfügbar unter http://www.transcomm.ox.ac.uk/working%20papers/Vertovec01.PDF, zuletzt geprüft am 13.04.2016.

Vertovec, Steven; Cohen, Robin (1999): Introduction. In: Steven Vertovec und Robin Cohen (Hg.): Migration, Diasporas, and Transnationalism. Cheltenham: Edward Elgar, S. xiii–xxviii.

Vietnamese Women's Museum: Worshipping Mother Goddess. Online verfügbar unter http://www.womenmuseum.org.vn/, zuletzt geprüft am 11.04.2016.

Villiers, John (1965): Südostasien vor der Kolonialzeit. Frankfurt am Main: Fischer (Fischer Weltgeschichte, Bd. 18).

Vorlaufer, Karl (2011): Südostasien. 2., unveränd. Aufl. Darmstadt: WBG.

Vu, The Quyen (1978): Die vietnamesische Gesellschaft im Wandel. Kolonialismus und gesellschaftliche Entwicklung in Vietnam. 1. Aufl. Wiesbaden: Steiner (Sinologica Coloniensia, Bd. 8).

Waibel, Michael (2004): ‚Vietnam – A Tourism Tiger?'. Ausgewählte Aspekte der jüngeren touristischen Entwicklung Vietnams. Online verfügbar unter http://www.michael-waibel.de/ZELTFORUM2-Waibel.pdf, zuletzt geprüft am 13.04.16.

Weigelt, Frank (2013): Die vietnamesisch-buddhistische Diaspora in der Schweiz: Über Organisationsstrukturen und Dynamiken buddhistischer Praxis. Hamburg: Kovač (Schriften zur Kulturwissenschaft, Bd. 98).

Wolf, Bernd (2007): Die vietnamesische Diaspora. Struktur und Kooperationspotenzial mit Schwerpunkt auf Berlin und Hessen. Deutsche Gesellschaft für Technische Zusammenarbeit. Eschborn.

Register

A

Aberglaube 211, 226
Ahnenverehrung 210ff., 214, 226f., 231ff., 268
Alterität 178
âm dương, *siehe* Yin und Yang
Ambivalenz 13, 176, 190, 194, 196, 206, 266
Anderson, Benedict 173
Angkor 80, 114
Appadurai, Arjun 172ff., 177, 240
Armut 3, 139ff., 169, 257f., 266
Assimilation 161, 175, 212, 237
Assmann, Jan 103
Assoziation 32, 103, 105ff., 109, 111, 115, 117, 119, 121, 130, 150, 154, 165, 167ff., 184, 186, 228, 248, 264f.
Außen, konstitutives 190, 195f., 206, 266
Authentizität 57, 121f., 150, 154, 160, 180, 239

B

Ba-Đình-Platz 118
Bà Nà Hill 124f., 127, 129
Backpacker 133f., 147, 169, 265
Backpacking-Tourismus 10
Banane 184, 187, 195f., 200f., 206, 266
Bauman, Zygmunt 228
Begegnung, touristische 94f., 99, 122, 133, 141f., 148, 163
Beobachtung, teilnehmende 13, 39, 42, 57
Beständigkeitstyp 84ff., 89ff., 167, 264
Bhabha, Homi K. 11, 172, 175ff.
Binnentourismus 10, 41, 131, 263
Blickregime 94

boat people 3, 20f., 23f., 27ff., 46f., 232
Buddhismus 179, 228ff., 242
Buôn Ma Thuột 127ff., 161

C

Cap Anamur 26
Chăm 79f., 103, 113f.
consuming geographies 239
Củ-Chi-Tunnel 15, 80f., 88
culinary environmental bubble 237, 239, 261

D

Đà Lạt 76ff., 122f., 132, 161
Đà Nẵng 39, 50, 65, 113, 124, 150f., 248f.
DDR 20f., 23, 27ff., 47f., 51f., 54, 63
Deutsche Demokratische Republik, *siehe* DDR
Dialektik, hegelianische 100, 176
triple dialectic 100
Diaspora 5f., 9ff., 13f., 17, 19ff., 101, 173ff., 177, 200, 209, 229, 235, 238ff., 245ff., 256, 269
Diaspora-Tourismus 10f., 13, 16, 96
Differenz 176f.
đi-về-Modell 210
đổi mới 23, 27, 29, 35, 57, 116, 136, 226f., 243
Đồng Hới 125ff.
Đồng Văn 121, 154ff., 158f., 161
Đông Xuân Center 246f.
Dorf, vietnamesisches 160f., 209ff., 238

E

Empowerment 102
Enträumlichung 174

283

Erholungstourismus 74f.
Erikson, Erik H. 172
Erinnerung 18f., 41, 80f., 98f., 103, 109, 111, 117, 120, 149, 167, 201, 209, 217f., 224, 239, 246ff., 255ff., 264, 267
Erneuerungspolitik, *siehe* đổi mới
Essen 6, 97ff., 112, 128, 171, 180ff., 185, 220, 234ff., 266, 268f.
Ethnotourismus 9, 153, 157
Exotik 42, 96, 97, 110, 112, 121, 153, 168, 265
Expatriate 132f., 183, 187ff.

F
Familienzusammenführung 10, 26f., 29, 52, 218f.
Feldforschung 31f., 35ff., 39ff., 44, 52, 71f., 96, 159, 259
Feriengefühl 144
Fotografie 94, 96ff., 103, 107, 114, 168, 202, 248
Fragebogen 13, 32ff., 39, 48ff.
Fremdbild 178
Fremde, vertraute 178f., 217, 224, 248, 267
Fremdenverkehr 59
Fünf-Elementen-Lehre 241, 256
Fusionküche 252f.

G
Garküche 243, 254ff., 261, 268
Geographien, imaginäre 101, 112
Gilroy, Paul 175
Grounded Theory 43f.

H
Hà Giang 89, 121, 154ff., 162ff., 252f.
Hạ-Long-Bucht 76f., 104, 119f., 126
Hà Nội 3, 21, 36, 39, 50ff., 54f., 63, 65, 68, 70, 76f., 85, 87f., 91, 116, 139, 143, 148ff., 155, 157, 160, 162, 199, 213ff., 219ff., 226, 236, 246, 251ff., 255

Hall, Stuart 172, 175, 177
Heimat 6f., 11ff., 17ff., 29, 36, 57f., 63, 65, 110, 127, 132, 139f., 142, 168, 171, 178ff., 186, 189ff., 206ff., 224f., 229f., 234, 239f., 246ff., 250, 259, 266, 268
sprachliche 219ff., 267
Heimaten, multiple 208, 213, 224, 267
Hmong 102, 154ff., 158, 161
Hồ Chí Minh 25, 115ff., 169, 199, 227, 231, 265
Hồ Chí Minh-Mausoleum 102ff., 115ff., 169, 265
Hồ Chí Minh-Museum 102f.
Hồ Chí Minh-Stadt 13, 15, 36, 39, 53f., 66f., 69f., 75f., 80, 86, 91, 150f., 193
Hội An 65, 98, 201, 240, 257
home stay 90, 157f., 164
Homogenisierung
des Kulinarischen 236f.
Huế 2, 4, 68, 79f., 102f., 108ff., 125, 129, 168, 201, 213, 215, 217f., 221f., 242, 248ff., 264f.
Hybridität 11, 175f.
Hygiene 237, 255f.

I
Identifikation 5, 171f., 175ff., 180ff., 187f., 190, 192, 194, 196, 198, 200ff., 206, 222, 234, 237, 266
Identität 1, 5ff., 11ff., 171ff., 186, 208f., 216
religiöse 6, 182
sprachliche 182
imaginative mobility 96
imagined communities 173
imagined worlds 173
in-between 186
Infrastruktur, touristische 83, 85f., 93, 126, 135
Inszenierung 95
intangible sights 79
Integration 155, 203, 222

K

Kaiser
  Bảo Đại 79, 108
  Gia Long 108
Kaiserpalast Huế 2, 4, 79, 104, 108f., 110ff., 168, 248, 250, 264f.
Kaiserzeit 102, 109f., 168, 264
Kambodscha 23, 26, 80, 114
Keupp, Heiner 9, 173, 177ff.
Kohärenz 180, 206, 266
Kolonialismus 24, 172f., 179
Kommerzialisierung 129, 153
Kommunalhäuser (đình) 227
Kommunismus 116f., 227
Kommunistische Partei 6, 23, 57, 115
Kompartmentalisierung 229
Konfuzianismus 12, 179, 193, 210ff.
Konstruktion, soziale 100
Kontingentflüchtlinge 27
Kulturtourismus 78, 81

L

Lefebvre, Henri 100, 167
Leitfadeninterview 39

M

MacCannell, Dean 121, 156, 163
Macht 94, 96, 101f., 121, 140, 142, 144, 163, 169, 238, 266
Massentourismus 96, 120, 133
McDonaldisierung 236
Meeresforschungszentrum 104
Mekongdelta 67, 87f., 149f.
memory travel 96
Metaidentität 180
Migration 8, 10, 14f., 17, 19, 24f., 27f., 32, 36, 46, 48, 50, 101, 211, 234, 237
Minderheiten, ethnische 35, 52, 77, 102, 121f., 152ff., 157ff., 169, 253, 266
Mobilität 6ff., 19, 59, 174, 208
mobility turn 8

Mũi Né 70, 75, 140
multi-sited ethnography 37
Mutual Gaze 95, 136
Mỹ Sơn 79f., 102ff., 113f., 167f., 264
myth of return 13

N

Nation 208, 212, 226, 240
Nation-building 102, 240
Naturtourismus 74f., 77ff.
Neues-Suchender-Typ 84f., 87ff., 93, 264
ngày giỗ tổ tiên 230, 241, 259, 260
Nguyễn-Dynastie 108
Nha Trang 70, 75, 79, 88f., 102, 104ff., 123f., 126, 134f., 145, 248
Nostalgie 17f., 80, 210, 248

O

Orientalismus 96, 110ff., 138, 168, 265
Othering 121, 140, 153, 157, 169, 266
Otherness 4, 57, 121f., 143, 154, 161f., 165

P

Passungsarbeit 178f.
Pasteurinstitut 104
Phở 233, 246, 251ff., 260
Phong Nha Ke Bang 102
photo elicitation 39f.
Phú Quốc 39, 54, 71, 74f., 77, 79, 89
place myths 97
Positionierung 9, 178
postcolonial turn 173
Postkolonialismus 172
Postmoderne 100, 172
Production of Space 100

Q

quê hương 57, 65, 189, 207, 212, 215, 218, 225

quê ngoại   212f.
quê nội   212f.

R
Raum   100
   alltäglicher   101
   Dritter   101, 118, 264
   Erster   167
   postkolonialer   100
   sprachlicher   209
   touristischer   102
   Zweiter   167, 175
Regionalisierung
   des Kulinarischen   236f.
Reichtum   160, 174, 184f., 187, 189, 205, 239
Reise   59
Reisemotive   5, 57, 59, 61f., 64ff., 69, 82, 166
Reisetypologie   5, 82, 84
Religion   80, 103, 180f., 225f., 228, 238, 266
Resolution 36   23, 58
Revitalisierung   211
   von Religion   225ff., 229
   von Traditionen   153
rites de passage   29, 238
ritual of quotation   97
Rollenbild   144, 169, 259
Rücküberweisung   24, 57, 174
Rushdie, Salman   207f.

S
Sa Pa   89, 92, 102, 157ff., 165
Said, Edward   96, 110, 168, 265
Saussure, Ferdinand de   95
scapes   174
Selbstbild   178, 188, 190, 192
Solidarität   238, 257, 259
Souvenir   42, 84, 86, 90, 92f., 130, 167, 250f., 256, 264
spatial turn   100, 173

Sprache   209, 239
   deutsche   6, 33, 221
   vietnamesische   6, 53, 147, 168, 187, 191, 197, 212, 219, 221ff.
Staatslegitimierung   102
staged authenticity   156
Strandurlaub   105, 124
Subjekt, cartesianisches   172
Suprastruktur, touristische   83f., 86f., 89f., 92, 264
Symbolik   102f., 112, 118

T
Tabu
   kommunikatives   149
   kulturelles   147
Tam Đảo   76, 85f., 151f.
tangible sights   79
Taoismus   241
Teilidentität   5f., 173, 180ff.
Tết   64, 127f., 227, 230, 241
Thailand   26, 91, 130, 155
Tourismus   57
Tourismusart   73
Tourismusform   73
Tourist Gaze   4, 57, 93ff., 99f., 103, 112, 116, 121, 136, 167, 169, 264f.
Tourist_in   122
   Binnen-   122, 125, 132
   internationale_r   6, 122ff., 126, 132, 134f., 153, 156, 169, 237, 263, 265
   russische_r   106, 134f.
   vietnamesische_r   102, 123ff., 131, 169, 265
Transnationalismus   19
Tropfsteinhöhle   125
Typologie, *siehe* Reisetypologie

U
Übersetzung   175, 177, 206, 266
Unabhängigkeit   25

UNESCO 102, 108, 113, 116, 119, 236
UNWTO 1, 63, 66f., 71f.
Urry, John 94f., 97
USA 22f., 25f.
US-amerikanisch-vietnamesischer Krieg 21, 23, 25ff., 112f., 155, 184

V
Vertragsarbeiter_in 20f., 28f., 46ff., 54
Việt Kiều
    Begriff 17, 171
    Begriff, subjektiv 182
Visiting-Friends-and-Relatives-Travel 127
Voluntourismus 70

W
Wasserfall 76ff., 127ff.
Wasserpuppentheater 79f.
Weltkulturerbe 108, 113
Weltkulturgut, immaterielles 102
Weltnaturerbe 102
Wiedervereinigung 28f., 47, 111
Wissen 101
Wissenschaftstourismus 10, 71
World Tourism Organization, *siehe* UNWTO

Y
Yao 154, 158, 161
Yersin, Alexandre 104
Yin und Yang 241, 256

Z
Zugehörigkeit 3f., 13, 15, 57, 114, 186f., 201, 203, 210ff., 225, 228, 230, 234, 237f., 267